钱锺書集

錢鍾書集

管錐編

（一）

生活·讀書·新知 三聯書店

圖書在版編目（CIP）數據

錢鍾書集：管錐編（一）／錢鍾書著. —2版. —北京：生活·讀書·新知三聯書店，2007.10 （2022.8重印）

ISBN 978 – 7 – 108 – 02750 – 4

Ⅰ. 錢… Ⅱ. 錢… Ⅲ.①錢鍾書（1910～1998）– 文集②社會科學 – 文集 Ⅳ. C52

中國版本圖書館 CIP 數據核字（2007）第 086086 號

書名題簽 錢鍾書 楊 絳

特約編輯 趙秀亭

責任編輯 孫曉林 馮金紅

裝幀設計 陸智昌

責任印制 董 歡

出版發行 生活·讀書·新知 三聯書店

（北京市東城區美術館東街 22 號）

郵 編 100010

出 版 說 明

　　錢鍾書先生（一九一〇——一九九八年）是當代中國著名的學者、作家。他的著述，如廣爲傳播的《談藝録》、《管錐編》、《圍城》等，均已成爲二十世紀重要的學術和文學經典。爲了比較全面地呈現錢鍾書先生的學術思想和文學成就，經作者授權，三聯書店組織力量編輯了這套《錢鍾書集》。

　　《錢鍾書集》包括下列十種著述：

　　《談藝録》、《管錐編》、《宋詩選註》、《七綴集》、《圍城》、《人・獸・鬼》、《寫在人生邊上》、《人生邊上的邊上》、《石語》、《槐聚詩存》。

　　這些著述中，凡已正式出版的，我們均據作者的自存本做了校訂。其中，《談藝録》、《管錐編》出版後，作者曾做過多次補訂；這些補訂在兩書再版時均綴於書後。此次結集，我們根據作者的意願，將各次補訂或據作者指示或依文意排入相關章節。另外，我們還訂正了少量排印錯訛。

　　《錢鍾書集》由錢鍾書先生和楊絳先生提供文稿和樣書；陸谷孫、羅新璋、董衡巽、薛鴻時和張佩芬諸先生任外文校訂；陸文虎先生和馬蓉女士分別擔任了《談藝録》和《管錐編》的編輯工作。對以上人士和所有關心、幫助過《錢鍾書集》出版的人，我們都表示誠摯的感謝。

生活・讀書・新知 三聯書店

一九九九年十二月一日

　　此次再版，訂正了初版中少量的文字和標點訛誤；並對《談藝録》、《管錐編》的補訂插入位置稍做調整。

生活・讀書・新知 三聯書店

二〇〇七年八月二十日

錢鍾書對《錢鍾書集》的態度

（代　序）

楊　絳

　　我謹以眷屬的身份，向讀者説説錢鍾書對《錢鍾書集》的態度。因爲他在病中，不能自己寫序。

　　他不願意出《全集》，認爲自己的作品不值得全部收集。他也不願意出《選集》，壓根兒不願意出《集》，因爲他的作品各式各樣，糅合不到一起。作品一一出版就行了，何必再多事出什麽《集》。

　　但從事出版的同志們從讀者需求出發，提出了不同意見，大致可歸納爲三點。（一）錢鍾書的作品，由他點滴授權，在臺灣已出了《作品集》。咱們大陸上倒不讓出？（二）《談藝録》、《管錐編》出版後，他曾再三修改，大量增删。出版者爲了印刷的方便，《談藝録》再版時把《補遺》和《補訂》附在卷末，《管錐編》的《增訂》是另册出版的。讀者閲讀不便。出《集》重排，可把《補遺》、《補訂》和《增訂》的段落，一一納入原文，讀者就可以一口氣讀個完整。（三）儘管自己不出《集》，難保旁人不侵權擅自出《集》。

錢鍾書覺得説來也有道理，終於同意出《錢鍾書集》。隨後他因病住醫院，出《錢鍾書集》的事就由三聯書店和諸位友好協力擔任。我是代他和書店並各友好聯絡的人。

錢鍾書絕對不敢以大師自居。他從不廁身大師之列。他不開宗立派，不傳授弟子。他絕不號召對他作品進行研究，也不喜旁人爲他號召，嚴肅認真的研究是不用號召的。《錢鍾書集》不是他的一家言。《談藝録》和《管錐編》是他的讀書心得，供會心的讀者閱讀欣賞。他偶爾聽到入耳的稱許，會驚喜又驚奇。《七綴集》文字比較明白易曉，也同樣不是普及性讀物。他酷愛詩。我國的舊體詩之外，西洋德、意、英、法原文詩他熟讀的真不少，詩的意境是他深有領會的。所以他評價自己的《詩存》祇是恰如其分。他對自己的長篇小説《圍城》和短篇小説以及散文等創作，都不大滿意。儘管電視劇《圍城》給原作贏得廣泛的讀者，他對這部小説確實不大滿意。他的早年作品喚不起他多大興趣。"小時候幹的營生"會使他"駭且笑"，不過也並不認爲見不得人。誰都有個成長的過程，而且，清一色的性格不多見。錢鍾書常説自己是"一束矛盾"。本《集》的作品不是洽調一致的，祇不過同出錢鍾書筆下而已。

錢鍾書六十年前曾對我説：他志氣不大，但願竭畢生精力，做做學問。六十年來，他就寫了幾本書。本《集》收集了他的主要作品。憑他自己説的"志氣不大"，《錢鍾書集》祇能是菲薄的奉獻。我希望他畢生的虛心和努力，能得到尊重。

一九九七年十一月二十一日

作者在北京三里河南沙沟家中（八十年代）

作者在北京三里河南沙沟（一九八四）

得歸, 與人書曰: 語每早醒來, 一旦復始, 猶
磨之驢, 團團鬻規, 步武陳迹 (...et puis je

m'eveille, je veux dire de grand matin, et je recommence,

tournant toujours dans ce cercle, et mettant le pied à la même

place, comme un âne qui tourne la meule d'un battoir. — Jo-

seph de Maistre, in Sainte-Beuve, Causeries du lundi, Vol. IV,

p.209)。

437頁

白居昜《荅劉和州‹禹錫›》: "不教才展休明
代, 為罰詩爭造化功", "亦謂詩能窮人也。歐陽
脩序梅堯臣詩之意, 堯臣累自言之。《宛陵
集》卷比《依韻和永叔子履冬夕小齋聯句》見寄:
"必餓當見憂, 此病各又果", 自註: "永叔嘗見嘲,
謂古詩人率多寒餓顛困。今二君又為此態而
反有飯顆之誚, 何耶?"; 又卷四一《依韻王介

作者手跡

管錐編總目次

序

　　瞥觀疏記，識小積多。學焉未能，老之已至！遂料简其較易理董者，錐指管窺，先成一輯。假吾歲月，尚欲廣揚。又於西方典籍，褚小有懷，綆短試汲，頗嘗評泊考鏡，原以西文屬草，亦思寫定，聊當外篇。敝帚之享，野芹之獻，其資於用也，能如豕苓桔梗乎哉？或庶幾比木屑竹頭爾。命筆之時，數請益於周君振甫，小叩輒發大鳴，實歸不負虛往，良朋嘉惠，並志簡端。

一九七二年八月。

　　初計此輯尚有論《全唐文》等書五種，而多病意倦，不能急就。已寫定各卷中偶道及"參觀"語，存而未削，聊爲異日之券。

一九七八年一月又記。

序

　　《管錐編》問世以還，數承讀者貽書啓益。余重閱一過，亦見樹義之蘊蓄未宣、舉證之援據不中者，往往而有。欲愜心以求當，遂費詞而無惜。乃增訂以成此卷，所採諸君來教，敬著主名，不忘有自。每則之首，悉標原書頁數。補苴附麗，雖秖比鴻毛之益，或尚非蛇足之添。仍乞周君振甫，爲我別裁焉。原書訛脫字句，無慮數百處，重勞四方函示匡正，若再版可期，當就本文刊訂，今姑略諸。

　　　　　　　　　　　　　　　　　一九八一年八月。

再版識語

　　初版字句頗患訛奪，非盡排印校對之咎，亦原稿失檢錯漏所致也。國內外學人眼明心熱，往往爲一二字惠書訂謬；其糾繩較多者，則有施其南、張觀教、陸文虎三君；而范旭侖君尤刻意爬梳，是正一百餘處。洵拙著之大幸已！應再版之需，倩馬蓉女士薈萃讀者來教，芟複汰重，復益以余所讎定者，都勘改五百餘處。亦知校書如掃落葉，庶免傳訛而滋蔓草爾。

一九八二年六月。

弁　言

　　此書於一九八六年再版，海內外讀者仍賜函是正訛文脱字，少者二三事，多則如王君依民校讎至百十事。察毫指瑕，都感嘉惠。因仍乞馬蓉女士逐處勘改，尋行數墨，亦既勞止！疏忽遺漏，必所難免；徒有務盡之虛願，終以求闕爲解嘲爾。原成《增訂》後，復偶弋獲，牀上安牀，作《增訂》之二；中華書局許於三版時以兩者合爲第五册，固所願也，非敢望也，謹志忻謝。

一九八九年十月三十日。

弁　言

　　兹書刊行後，又一披閱，修益二十處。衰朽爲學，如燃見跋之燭，行逆水之舟，徒自苦耳，復自哂也。

一九九三年五月。

目　次

周易正義 二七則

目　次

毛詩正義 六〇則

目　次

目　次

鳥爲周室王業之象——踽天蹐地——"潛伏"而仍
"孔昭"——"哿"之字義與句型——怨天——詛祖宗

左傳正義 六七則

目　次

史記會註考證 五八則

目　次

目　次

目　次

周易正義

二七則

一　論易之三名

　　第一、《論易之三名》：“《易緯乾鑿度》云：‘易一名而含三義，所謂易也，變易也，不易也。’鄭玄依此義作《易贊》及《易論》云：‘易一名而含三義：易簡一也，變易二也，不易三也’”。按《毛詩正義·詩譜序》：“詩之道放於此乎”；《正義》：“然則詩有三訓：承也，志也，持也。作者承君政之善惡，述己志而作詩，所以持人之行，使不失墜，故一名而三訓也。”皇侃《論語義疏》自序：“捨字制音，呼之爲‘倫’。……一云：‘倫’者次也，言此書事義相生，首末相次也；二云：‘倫’者理也，言此書之中蘊含萬理也；三云：‘倫’者綸也，言此書經綸今古也；四云：‘倫’者輪也，言此書義旨周備，圓轉無窮，如車之輪也。”董仲舒《春秋繁露·深察名號》篇第三五：“合此五科以一言，謂之‘王’；‘王’者皇也，‘王’者方也，‘王’者匡也，‘王’者黄也，‘王’者往也。”智者《法華玄義》卷六上：“機有三義：機是微義，是關義，是宜義。應者亦爲三義：應是赴義，是對義，是應義。”後世著述如董斯張《吹景集》卷一〇《佛字有五音六義》，亦堪連類。脅微不僅一字能涵多意，抑且數意可以同時並用，“合諸科”於“一言”。黑格爾嘗鄙薄吾國語文，以爲不宜思辯①；又自誇德語能冥契道妙，舉"奧伏赫變"（Aufheben）爲例，以相反兩意融會於一字（ein und dasselbe Wort für zwei entgegengesetzte Bestimmungen），拉丁文中亦無義蘊深富爾許者②。其不知漢語，不必責也；無知而掉以輕心，發爲高論，又老師巨子之常態慣技，無足怪也；然而遂使東西海之名理同者如南北海之馬牛風，則不得不爲承學之士惜之。

一字多意，粗別爲二。一曰並行分訓，如《論語·子罕》："空空如也"，"空"可訓虛無，亦可訓誠愨，兩義不同而亦不倍。二曰背出或歧出分訓，如"亂"兼訓"治"，"廢"兼訓"置"，《墨子·經》上早曰："已：成，亡"；古人所謂"反訓"，兩義相違而亦相仇。然此特言其體耳。若用時而祇取一義，則亦無所謂虛涵數意也。心理事理，錯綜交糾：如冰炭相憎、膠漆相愛者，如珠玉輝映、笙磬和諧者，如雞兔共籠、牛驥同槽者，蓋無不有。賅衆理而約爲一字，並行或歧出之分訓得以同時合訓焉，使不倍者交協、相反者互成，如前所舉"易"、"詩"、"論"、"王"等字之三、四、五義，黑格爾用"奧伏赫變"之二義，是也。匹似《墨子·經說》上："爲衣、成也，治病、亡也"；非即示"已"雖具兩義，各行其是乎？

【增訂四】《墨子·經說》上言"已"字具相反兩義："爲衣、成也，治病、亡也。"按《莊子·達生》言紀渻子爲王養鬬雞，"十日而問：'雞已乎？'"即"成"義佳例，謂"鬬雞養成不？"

---

① *Wissenschaft der Logik*，Reclams "Universal-Bibliothek"，I，19.
② *Ibid*，124 – 5.

也。竊以爲"已"字祇有"完畢"一義，蓋屬"成辦詞"，而區別於"力役詞"者（Cf. Gilbert Ryle, *The Concept of Mind*, 1949, pp. 149-52, "Achievement word" vs "Task word"）。所施事物有異，遂"成"、"亡"有別，實則"成衣"、"治病"以至"養鬪雞"與夫殺伏雌而烹之，均可言"已"，示其事完成了畢，初非兩義正反也。"成辦詞"與"力役詞"之辨，《墨子》書可資例證。《經》上："慮、求也"；"慮"乃"力役詞"，"求"則尚未之得，其役未竟也。又云："知、接也"（參觀《莊子·庚桑楚》："知者、接也"），"知"乃"成辦詞"，"接"如《淮南子·原道》"知與物接"之"接"，交也、合也，求索而致及之；《管子·内業》云："生乃思，思乃知，知乃止矣"，功成事畢，遂"止"爾（Cf. Aristotle, Metaphysics, 1048B, 30-4, *The Basic Works of Aristotle*, Random House, p.827, "to see", "to understand" vs "to walk", "to build"）。

【增訂五】張載《正蒙·中正篇》："蓋得正則得所止。……勉蓋未能安也，思蓋未能有也。"以"勉"儷"思"，所謂"力役"；以"安"、"有"申"正"與"得"，即"成辦"爾。

《論語·微子》："隱居放言"，可釋爲極言盡詞，亦可釋爲捨置不言，然二義在此句不能同時合訓，必須拈一棄一。孔融《離合郡姓名字詩》云："無名無譽，放言深藏"，謂"與"字也（"譽"去"言"），僅作棄置解；而路粹枉狀奏孔融云："與白衣禰衡跌蕩放言"，《後漢書·鄭、孔、荀列傳》章懷註："跌蕩，無儀檢也；放，縱也"，又僅作肆極解。是"放言"之"放"體涵分訓，用却未著合訓矣。即以"奥伏赫變"而論，黑格爾謂其蘊"滅

絶"（ein Ende machen）與 "保存"（erhalten）二義①；顧哲理書
中，每限於一義爾。信撾數例。康德《人性學》（Anthropologie）
第七四節論情感（der Affekt），謂當其勃起，則心性之恬静消滅
（Wodurch die Fassung des Gemüts aufgehoben wird）②。席勒
《論流麗與莊重》（Ueber Anmut und Würde）云："事物變易
（Veränderung）而不喪失其本來（ohne seine Identität aufzuhe-
ben）者，唯運行（Bewegung）爲然"③。馮德《心理學》引恒言：
"有因斯得果，成果已失因"（Mit dem Grund ist die Folge gege-
ben，mit der Folge ist der Grund aufgehoben）④。歌德深非詩有
箋釋（Auslegung），以爲釋文不啻取原文而代之，箋者所用字一
一抵銷作者所用字（so hebt ein Wort das andere auf）⑤。此皆祇
局於"滅絶"一義也。席勒《美育書札》（Ueber die ästhetischen
Erziehung des Menschen）第七、第一八函等言分裂者歸於合、牴
牾者歸於和，以"奧伏赫變"與"合併"（Verbinden）、"會通"
（Vereinigen）連用⑥；又謝林《超驗唯心論大系》（System des
transzendentalen Idealismus）中，連行接句，頻見此字，與"解
除"（auflösen）並用⑦，以指矛盾之超越、融貫。則均同時合訓，

---

① Cf. *Die Phänomenologie des Geistes*，Akademie Verlag，90："es ist ein *Ne-gieren* und ein *Aufbewahren* zugleich"．

② *Kants Werke*，hrsg. E. Cassirer，VIII，142．

③ *Schillers Werke*，hrsg. L. Bellermann，2. Aufl.，VII，93．

④ Wundt，*Grundzüge der physiologischen Psychologie*，6. Aufl.，III，663．

⑤ Eckermann，*Gespräche mit Goethe*，10. Nov. 1823，Aufbau，80．

⑥ Schiller，*op. cit.*，289，336．

⑦ *Schellings Werke. Auswahl in 3* Bänden，*Hrsg. O. Weiss*，II，289，293，295，300．

虛涵二意，隱承中世紀神祕家言①，而與黑格爾相視莫逆矣。別見《老子》卷論第四〇章。

　　語出雙關，文蘊兩意，乃詼諧之慣事，固詞章所優爲②，義理亦有之。後將隨文闡說，茲拈二例，聊暢厥旨。

　　《莊子・齊物論》："以是其所非，而非其所是。……物無非彼，物無非是。……彼出於是，是亦因彼，彼是方生之說也。……因是因非，因非因是。……是亦彼也，彼亦是也，彼亦一是非，此亦一是非"；成玄英疏："夫'彼'對於'此'，'是'對於'非'，文家之大體也。今言'彼出於是'者，言約理微，舉

――――――――――

　　①　O. Zirker, *Die Bereicherung des deutschen Wortschatzes durch die spät-mittelalterliche Mystik*，82-3.

　　②　黑格爾說"奧伏赫變"，亦引拉丁文中西塞羅趣語（Witz）佐之。按西塞羅用一字（tollendum），兼"抬舉"與"遺棄"二意，同時合訓，即所謂明升暗降，如吾國言"架空"、"高擱"或西語"一脚踢上樓"、"一筋斗栽上樓"（to kick upstairs, die Treppe hinauffallen）；蘇偉東《羅馬十二帝傳》轉述此謔，僅以西塞羅原字限於"遺棄"之意，外加一字以示"抬舉"（ornandum tollendumque），即未着合訓之用也（Suetonius, II. xii, "The Loeb Classical Library", I, 136）。

　　【增訂四】西塞羅用 tollendum 一字以示升即降、降亦升之意，吾國俗語雙關跌交云："越跌越高"，又云："一交跌在青雲裏"（謂"跌上青雲去"）可相印發；如《兒女英雄傳》三八回："我們老爺索性越跌交越脚高了！"。《南亭四話》卷四嘲某孝廉詩："驀地青雲跌一交"，則雙關謂自青雲中跌下。雨果慰夏多勃里昂曰："汝每失意，降而益下，則人適見汝升而愈高"（Toi qu'on voit à chaque disgrâce / Tomber plus haut encor que tu n'étais monté! —Hugo, *Odes et Ballades*, III. ii, "A. M. de Chateaubriand"）。海湼述別爾內譏拿破侖曰："寶座高登，而聲價低落，洵可謂爲一筋斗栽上紅樓者"（als er aber die Stufen des Thrones erstieg, sank er immer tiefer im Werte; man konnte von ihm sagen: er ist die rote Treppe hinaufgefallen. —Heine: "Ludwig Börne", in *Werke und Briefe*, Aufbau, 1962, Vol. VI, p.91）。皆點化俗語，以高升、下降分指勢位與人品，猶劉塘論衛哲治所謂："其官每高一階，而其品乃下一級"也（《清稗類鈔・正直》）。"一筋斗栽上紅樓"與"一交跌在青雲裏"，足締語言眷屬矣。

'彼'角勢也，欲示舉'彼'明'此'、舉'是'明'非'也"。蓋"文家大體"，當曰："彼出於此"或"非出於是"，他語之對舉者仿此；今乃文成破體，錯配非偶，成氏遂以"言約"、"角勢"疏通之，會心已不遠矣。"是"可作"此"解，亦可作"然"解，如《秋水》："因其所然而然之，則萬物莫不然，因其所非而非之，則萬物莫不非"，成玄英疏："'然'猶'是'也。""彼"可作"他"解，亦可作"非"解，如《詩‧小雅‧桑扈》："彼交匪敖"，又《采菽》："彼交匪紓"，《左傳》襄公二七年引作"匪交匪敖"，《荀子‧勸學》引作"匪交匪紓"，"匪"與"非"同。又如《墨子‧經》上："彼：不可，兩不可也。……辯：爭彼也"，"不可"即"非"，"兩不可"即雙方互"非"，"爭彼"即交"非"——或釋爲"不（否）、可"，分指"不（否）"與"可"，誤矣！果若所釋，當曰："可、不"，猶"唯、否"之不當曰"否、唯"，以名辯之理，先有正言而後起反言，"可"，立方以"不（否）"破；倘兩事並舉，勿宜倒置，觀《莊子‧寓言》："惡乎然？……惡乎不然？……惡乎可？……惡乎不可？"足覘順序也。顧"匪"（非）雖有"彼"訓，如《左傳》襄公八年引《小旻》："如匪行邁謀"，杜預註："匪、彼也"，而"此"無與"非"相對之"是"訓。故不曰："非出於此"，"此亦非也"，而曰："彼出於是"，"是亦彼也"，以隻字並賅"此"之對"彼"與"是"之待"非"。

【增訂四】《莊子‧寓言》亦云："同於己爲是之，異於己爲非之。"又阮元《經籍纂詁》王引之《序》云："《鄘風‧定之方中》篇：'匪直也人'，《檜風‧匪風》篇：'匪風發兮，匪車偈兮'，《小雅‧小旻》篇，《箋》並訓'匪'爲'非'，不如用杜註訓'匪'爲'彼'之善也。"即指原引《左傳》

襄公八年杜註。

"彼出於此"，"此亦彼也"，猶黑格爾謂："甲爲乙之彼，兩者等相爲彼"（Aber A ist ebensosehr das Andere des B. Beide sind auf gleiche Weise Andere）①；"非出於是"，"是亦非也"，猶斯賓諾沙謂："然即否"（Determinatio est negatio），後人申之曰："否亦即然"（Aber jede Verneinung soll als Bestimmung erkannt werden）②。是非之辨與彼此之別，輾轉關生。《淮南子・齊俗訓》："是與非各異，皆自是而非人"；《維摩詰所説經・入不二法門品》第九："從我起二爲二"，肇註："因我故有彼，二名所以生"；足相參印。莊生之"是"、"彼"，各以一字兼然否之執與我他之相二義，此並行分訓之同時合訓也。《禮記・學記》："不學博依，不能安詩"，鄭玄註："廣譬喻也，'依'或爲'衣'"。《説文》："衣，依也"；《白虎通・衣裳》："衣者隱也，裳者障也"。夫隱爲顯之反，不顯言直道而曲喻罕譬；《吕覽・重言》："成公賈曰：'願與君王讔'"，《史記・楚世家》作："伍舉曰：'願有進隱'"，裴駰集解："謂隱藏其意"；《史記・滑稽列傳》："淳于髡喜隱"，正此之謂。《漢書・東方朔傳・贊》："依隱玩世，……其滑稽之雄乎"，如淳註："依違朝隱"，不知而强解耳。《文心雕龍・諧隱》篇之"内怨爲俳"，常州派論詞之"意内言外"（參觀謝章鋌《賭棋山莊詞話》續集卷五），皆隱之屬也。《禮記》之《曲禮》及《内則》均有"不以隱疾"之語，鄭註均曰："衣中之疾"，蓋衣者，所以隱障。然而

---

① *Wissenschaft der Logik*，I. ii，*op. cit.*，I，138.

② Spinoza，*Correspondence*，Letter L（to Jarig Jelles），tr. A. Wolf，270；Jonas Cohn，*Theorie der Dialektik*，227. Cf. R. Polin，*Du Mal*，*du Laid*，*du Faux*，87："C'est parce qu'elIe est négatrice qu'elle ne peut pas être négative".

衣亦可資炫飾,《禮記‧表記》:"衣服以移之",鄭註:"移猶廣大也",孔疏:"使之尊嚴也"。是衣者,"移"也,故"服爲身之章"。《詩‧候人》譏"彼其之子,不稱其服";《中庸》:"衣錦尚絅,惡其文之著也",鄭註:"爲其文章露見";

    【增訂四】《管子‧君臣》下:"旌之以衣服",尹註:"衣服所以表貴賤也。"《管子》之"旌"字與《中庸》之"著"字同,尹註言"表"猶鄭註言"露見"也。

《孟子‧告子》:"令聞廣譽施於身,所以不願人之文繡也",趙歧註:"繡衣服也",明以芳聲播遠擬於鮮衣炫裘;《論衡‧書解》:"夫文德,世服也。空書爲文,實行爲德,著之於衣爲服。衣服以品賢,賢以文爲差",且舉鳳羽虎毛之五色紛綸爲比。則隱身適成引目之具,自障偏有自彰之效,相反相成,同體歧用。詩廣譬喻,託物寓志:其意恍分躍如,衣之隱也、障也;其詞煥乎斐然,衣之引也、彰也。一"衣"字而兼概沉思翰藻,此背出分訓之同時合訓也,談藝者或有取歟。《唐摭言》卷一〇稱趙牧效李賀爲歌詩,"可謂蹙金結繡",又稱劉光遠慕李賀爲長短歌,"尤能埋没意緒";恰可分詁"衣"之兩義矣。

    "變易"與"不易"、"簡易",背出分訓也;"不易"與"簡易",並行分訓也。"易一名而含三義"者,兼背出與並行之分訓而同時合訓也。《繫辭》下云:"爲道也屢遷,變動不居,⋯⋯不可爲典要,唯變所適",變易之謂也;又云:"初率其辭,而揆其方,既有典常",不易與簡易之謂也。足徵三義之驂靳而非背馳矣。然而經生滋惑焉。張爾歧《蒿菴閒話》卷上云:"'簡易'、'變易',皆順文生義,語當不謬。若'不易'則破此立彼,兩義背馳,如仁之與不仁、義之與不義。以'不易'釋'易',將不仁可以釋仁、不義可以釋義乎？承譌襲謬如此，非程、朱誰爲正之！"蓋苟察文義，而未洞究事理，不知變不失常，一而能殊，用動體静，固古人言天運之老生常談。

【增訂四】張爾歧申宋絀漢，渾忘周敦頤《通書・動静》第十六論"神"所謂："動而無動，静而無静，……混兮闢兮"（朱熹註："體本則一，故曰'混'；用散而殊，故曰'闢'"）。

《管子・七法》以"則"與"化"並舉，又《内業》稱"與時變而不化，從物而不移"，《公孫龍子・通變論》有"不變謂變"之辯，姑皆置勿道。《中庸》不云乎："不息則久。……如此者不見而章，不動而變，無爲而成。……其爲物不貳，則其生物不測"；《繫辭》："生生之爲易"、即"不息"也，"至動而不可亂"、即"不貳"也，"變動不居"、即"不測"也。道家之書尤反復而不憚煩。《老子》三七、四八章言"道常無爲而無不爲"；《莊子・大宗師》篇言"生生者不生"，《知北遊》、《則陽》兩篇言"物化者一不化"，又逸文曰："生物者不生，化物者不化"（《列子・天瑞》張湛註引）；《文子・十守》言："故生生者未嘗生，其所生者即生；化化者未嘗化，其所化者即化"，又《微明》言："使有聲者乃無聲也，使有轉者乃無轉也"。故《韓非子・解老》言："常者，無攸易，無定理。"王弼《易》註中屢申斯説，如"復：彖曰：復其見天地之心乎！"王註言"静非對動"，而爲動之"本"。《列子・天瑞》："易無形埒"，張湛註："易亦希簡之別稱也。太易之意，如此而已，故能爲萬化宗主，冥一而不變者也"；曰"簡"、曰"萬化宗主"、曰"不變"，即鄭玄之"三義"爾。蘇軾《前赤壁賦》："逝者如斯，而未嘗往也；盈虚者如彼，而卒莫消長也"；詞人妙語可移以解經儒之詁"易"而"不易"已。

古希臘哲人（Heraclitus）謂"唯變斯定"（By changing it rests）①；或（Plotinus）又謂"不動而動"（L'intelligence se meut en restant immobile）②；中世紀哲人（St. Augustine）謂"不變而使一切變"（Immutabilis, mutans omnia）③。西洋典籍中此類語亦甲乙難盡。歌德詠萬古一條之懸瀑，自鑄偉詞，以不停之"變"（Wechsel）與不遷之"常"（Dauer）二字鎔爲一字（Wölbt sich des bunten Bogens Wechseldauer）④，正合韓非、蘇軾語意；苟

---

① *Fragments*，no. 83（*Hippocrates and Heraclitus*，"Loeb"，IV，497）.

② *Ennéades*，II. ii. 3，tr. É. Bréhier，II，23.

③ *Confessions*，I. iv，"Loeb"，I，8.

④ *Faust*，II，4722. Cf. Coleridge："Hymn before Sunrise"："For ever shattered and the same for ever"；Wordsworth，*Prelude*，VI. 626："The stationary blasts of waterfalls"；Shelley："Ode to Liberty"，78-9："Immovably unquiet".

【增訂三】十七世紀意大利詩人賦噴泉，亦謂其"晶瑩呈狀，不息不行"（sebben nel cristal mobile immota/sua sembianza abbia il fonte—N. Barberini："La Fontana"，quoted in J. Rousset，*Circè et le Paon*，nouv. èd.，154），或謂"水流而若冰凝"（liquida è l'onda e pur gelata appare—G. M. Materdona："La Fontana di Ponte Sisto in Roma" in，G. G. Ferrero，*Marino e i Marinisti*，776）。眼處心生，不異歌德、雪萊等機杼，正如徐凝詠廬山瀑布之"飛"而復能不去"長"在也。

【增訂四】毛奇齡《西河詩話》卷七："杜詩'出門流水住'，'住'字不甚可解。南昌王于一嘗誦其友喻宜仲《金牛寺》詩云：'誰言流水去，常在寺門前。'蕭伯玉聞之曰：'此即杜詩住字解也。'"按杜句出《遊何將軍山林》第十首。"流"而"住"，即"易"而"不易"也；觀徐凝《廬山瀑布》詩，已可解杜句，何待喻氏詩乎？原註引歌德、華茲華斯等詠瀑布及《增訂三》引意大利古詩人詠噴泉，皆不外乎道"流水住"。柯勒律治《筆記》中有一則，亦舉瀑布、噴泉、烟柱爲"常"或"不易"與"變"或"易"共存一處之例焉（The quiet circle in which Change and Permanence co-exist. ... column of smoke，the fountains before St Peter's，waterfall ... — *The Notebooks of S. T. Coleridge*，ed. Kathleen Coburn，Vol. II，§ 2832）。

求漢文一字當之,則鄭玄所贊"變易"而"不易"之"易",庶幾其可。當世一法國詩人摹狀大自然之即成即毀、亦固亦流,合"兩可"(ambiguïté)與"兩棲"(amphibié)二文爲一字(l'amphibiguïté de la Nature)①,又此"易"字之類歟。

【增訂三】聖奧古斯丁語,可參觀亞理士多德所謂上帝有"不動之動"(an activity of immobility —*Nicom. Eth.*, Bk VII, ch. 14, *Basic Works of Aristotle*, Random House, 1058)。後世基督教頌神詩,亦或言"不動尊"(der Unbewegliche),"萬物運行而彼寧静"(Es regt sich alles zwar, doch er bleibt unbewegt—Daniel von Czepko, *Sexcenta monodistiche Sapientum*, in M. Wehrli, *Deutsche Barocklyrik*, 3. Aufl., 170)。十九世紀瑞士名小説《綠衣亨利》卷三首章純發議論,以天運通之藝事,標"動中之静"(die Ruhe in der Bewegung)爲究竟義,初非新諦,而取譬詼詭:"上帝寂然若伏鼠,宇宙拱而運旋"(Gott hält sich mäuschenstill, darum bewegt sich die Welt um ihn—G. Keller, *Der grüne Heinrich*, III.1, *Sämtl. Werke*, Aufbau, IV, 374)。擬上帝於鼷鼠,正如《聖經》擬上帝於"竊賊"(參觀 1612 頁),皆《詩·文王》以"無聲無臭"形容"上天之載"之旨,亦《老子》反復所言"玄德"(第一〇、五一、六五章;參觀一五章:"古之善爲道者,微妙玄通,深不可識"),王弼註謂"不知其主,出乎幽冥"者也(參觀第一八章註:"行術用明,……趣覩形見,物

---

① Francis Ponge:"La Fin de l'Automne", *Le Parti Pris des Choses*, Gallimard, 10.

知避之"；三六章註："器不可覩，而物各得其所，則國之利器也"；四九章註："害之大也，莫大於用其明矣。……無所察焉，百姓何避？"）。尊嚴上帝，屏息潛踪，静如鼠子，動若偷兒，用意蓋同申、韓、鬼谷輩侈陳"聖人之道陰，在隱與匿"、"聖人貴夜行"耳（參觀435－439頁）。《韓非子·八經》曰："故明主之行制也天，其用人也鬼"，舊註謂如天之"不可測"，如鬼之"陰密"。《老子》第四一章稱"道"曰："建德若偷"（參觀嚴遵《道德指歸論·上士聞道篇》："建德若偷，無所不成"），王弼註："偷、匹也"，義不可通，校改紛如，都未厭心，竊以爲"匹"乃"匿"之訛。"偷"如《莊子·漁父》"偷拔其所欲謂之險"之"偷"，宣穎註："潛引人心中之欲。"《出曜經》卷一五《利養品》下稱"息心"得"智慧解脱"曰："如鼠藏穴，潛隱習教。"夫證道得解，而曰"若偷""如鼠"，殆類"孤寡不穀，而王公以爲稱"（第四二章，又三九章）歟。

二　乾

　　“乾、元亨利貞”；《正義》：“天者，定體之名；乾者，體用之稱。故《說卦》云‘乾、健也’，言天之體以健爲用”。按王應麟《困學紀聞》卷一引晁說之謂“體用事理”之辨本諸佛典，“今學者迷於釋氏而不自知”；翁元圻註引周柄中《書李中孚〈答顧寧人論“體”、“用”二字書〉後》，略謂李氏以爲二字始見禪家六祖《壇經》而朱子借用，失之未考，據《繫辭》韓康伯註及《正義》此節，以證晉、唐經說早已習用。宋史繩祖《學齋佔畢》卷八論“‘體’、‘用’字不出於近世”，據《正義》此節及“天行健”句《正義》，周、翁均未知也。文廷式《純常子枝語》卷一〇論二字來歷，引《成唯識論》卷一，又卷二九引《肇論》等外，僅引“天行健”句《正義》。《繫辭》上“夫易何爲者耶”句《正義》再三用二字：“易之功用，其體何爲”，“夫子還是說易之體用之狀”，“易之體用，如此而已”，諸家胥忽而不徵。夫體用相待之諦，思辯所需①；釋典先拈，無庸諱說，既濟吾乏，何

---

　　① Cf. A. Lalande, *Vocabulaire technique et critique de la Philosophie*, 9e éd., 361, 722: "Organe: caractérisé par l'accomplissement d'une fonction déterminée. Fonction: rôle caractéristique joué par un organe".

必土産？當從李斯之諫逐客，不須采慶鄭之諫小駟也。《全晉
文》卷一六五釋僧衛《十住經合註序》：“然能要有資，用必有
本。……斯蓋目體用爲萬法。……夫體用無方，則用實異本”，
殊資參解；“資”與“能”即“本”與“用”，亦即“體”與
“用”。他如范縝《神滅論》之“質”、“用”；智者《法華玄義》
卷一上之“力”、“用”，《文心雕龍·論説》舉“般若”以折裴
頠、王衍曰：“滯有者全繫於形用”；《北齊書·杜弼傳》詔答
所上《老子》註：“理事兼申，能用俱表”。

【增訂三】《文心雕龍》曰“形用”，承魏晉習語。《三國志·
魏書·王弼傳》裴註引《博物記》：“王粲與族兄凱俱避地荊
州，劉表欲以女妻粲，而嫌其形陋而用率；以凱有風貌，乃
以妻凱”——謂粲狀貌陋而舉止率；《周易·乾》王弼註：
“天也者，形之名也；健也者，用形者也”，又《坤》註：
“地也者，形之名也；坤也者，用地者也。”“形用”即“體
用”。《詩·大序》：“詩有六義焉”一節，孔穎達《正義》：
“風、雅、頌者，詩篇之異體，賦、比、興者，詩文之異辭
耳。……賦、比、興是詩之所用，風、雅、頌是詩之成形”；
以“形”、“用”對稱，而後句所言“形”正是前句所言
“體”，亦如《易·乾》孔《正義》之以“體”、“用”當王註
之“形”、“用”也（見 15 頁引）。“體用”在《易》王註中
曾一見，《困·九二》：“困於酒食”節註：“居困之時，處得
其中，體夫剛質，而用中履謙。”

與“用”對稱者曰“質”、曰“形”、曰“能”、曰“力”，亦即謂
“體”；異名同義，所貴得意忘言。范縝《論》：“神之於質，猶利
之於刀，形之於用，猶刀之於利”；《法寶壇經·定慧》第四：

“定是慧體，慧是定用，猶如燈光，有燈即光，無燈即暗”。刀利、燈光，真如葉對花當也。唐人用益泛濫，如《全唐文》卷五七九柳宗元《送琛上人南遊序》：“又有能言體而不及用者，不知二者不可斯須離也”；卷六〇四劉禹錫《答饒州元使君書》：“承示政事與治兵之要，明體以及用，通經以知權”；司空圖《詩品·雄渾》第一開宗明義：“大用外腓，真體內充”——蓋佛理而外，詞章、經濟亦均可言“體用”。

【增訂四】《莊子·則陽》：“況見見聞聞者也”，郭象註：“況體其體，用其性也”；亦以“體”、“用”對稱。隋吉藏《三論玄義》卷上：“但得用門，未識其體……一者體正，二者用正……名爲體觀……名爲用觀”，又卷下：“般若爲體，方便爲用……於體中開爲兩用”；已習以二字雙提並舉。唐賢首《華嚴金師子章·論五教》第六：“力用相收，卷舒自在”，高辨《金師子章光顯鈔》釋爲“以用收體”故“相入”，“以體收用”故“相即”；足證《法華玄義》卷一上之“力”、“用”即“體”、“用”也。唐人以二字爲慣語，如《全唐文》卷一高祖《令陳直言詔》：“非特乖於體用，固亦失於事情”；若卷四一玄宗《道德真經疏釋題詞》：“故知道者德之體，德者道之用也”；則攸關名理，更屬老生常談矣。北宋儒者中二程“借用”尤多，如程頤《周易程氏傳·自序》：“體用一源，顯微無間”；《河南程氏遺書》卷一一《明道語》：“咸恒、體用也；體用無先後”，又“理義、體用也”；屢見不一見。劉彝對宋神宗，且以“明體達用之學”歸功其師胡瑗矣。

【增訂五】智者《摩訶止觀》卷九：“諸禪是通體，通是諸禪用；從體有用，故用附體興，用不孤生。”

且以之爲科舉名目，如元稹、白居易兩人，即同應“才識兼茂、明於體用科”登第。宋儒張載“借用”，早在朱熹前，如《正蒙·神化》：“德其體，道其用，一於氣而已。”李顒、顧炎武皆未察也。顧與李札附見《二曲集》卷一六，有曰：“魏伯陽《參同契》首章云：‘春夏據內體，秋冬當外用’；伯陽東漢人也。……是則並舉‘體’、‘用’，始於伯陽，而惠能用之”；李《答顧寧人書》謂“《參同契》道家修仙之書，禪家必不肯閲”，且所言“皆修鍊工夫次第，非若惠能之專明心性、朱子之專爲全體大用而發也”。顧氏信《參同契》真出東漢人手，又强以修鍊之次第附會爲理事之資能，姑置勿論；而衛道心切，不欲儒家言之濡染釋氏禪宗，乃呶明其沾丐道流方士，渾忘釋、道二氏之等屬“異端”，殆避阱而不恤墮坑者歟！魏了翁《鶴山大全集》卷一〇九《師友雅言》記李微之云：“《六經》、《語》、《孟》發明多少義理，不曾有‘體’、‘用’二字，逮後世方有此字。先儒不以人廢言，取之以明理，而二百年來，纔説性理，便欠此二字不得；亦要别尋二字换却，終不得似此精密。”（參觀許衡《魯齋遺書》卷二《語録》下論“孔孟未嘗言”體用而“每言無非有體有用”）坦直而亦明通之論矣。豈止宋儒之“説性理”也。戴震憎棄宋學，而《東原集》卷三《答江慎修先生論小學書》以指事、象形、形聲、會意爲“書之體”，轉注、假借爲“用文字”，言“六書”者承襲焉（參觀顧廣圻《思適齋集》卷一五《書段氏註〈説文〉後》）；亦徵“二字”之“欠不得”也。王應麟引晁説之語，見《嵩山文集》卷一三《儒言》；通篇八十餘則，胥陰詆王安石“新學”。“體用”乃王氏心傳之一端，其大弟子陸佃《陶山集》卷一一《答李責書》發揮“君子之學有體有用”，曰：“承教於先生之門，嘗聞其一二”；“先生”謂安石。

晁氏信奉天台之教，至自號"老法華"（卷一四《淨土略因》、卷一七《送郭先生序》、卷一八《題智果帖》）；是則"迷乎釋氏"之譏，非病其釋，而病其援釋入儒，祇許兩家雞犬相聞，而不許騎驛往來。然卷一〇《康節先生〈太玄準易圖〉序》云："則體用雖殊，其歸一而已矣"；失檢誤犯乎？抑欲避不能乎？宋人作詩、文，貴"無字無來歷"，品圖畫貴"凡所下筆者，無一筆無來處"（《宣和畫譜》卷一一《王士元》）；儒生説理，亦扇此風，斤斤於名義之出典。勇於師心如陸九淵，《象山全集》卷三五《語録》論修詞曰："文纔上二字一句，便要有出處"，卷二《與朱元晦》、卷一一《與李宰》之二即以"無極"、"容心"、"平心"出於老、莊、列，戒儒者不宜用，正與晁氏之戒言"體用"一揆。嚴周身之防，亦陳仲子之廉而已。黄震《黄氏日鈔》卷五五："'九淵'之説出於《列子》，……而近世名儒陸象山以之自名，豈別有所本耶？"大似反唇相稽，上門罵人耳。

　　"象曰：天行健"；《正義》："或有實象，或有假象。實象者，若地上有水、地中生木升也；皆非虛，故言實也。假象者，若天在山中、風自火出；如此之類，實無此象，假而爲義，故謂之假也。"按《繫辭》上："聖人有以見天下之賾，而擬諸形容，象其物宜，故謂之象。"是"象"也者，大似維果所謂以想象體示概念(i carateri poetici, che sono generi o universali fantastici)[1]。蓋與詩歌之託物寓旨，理有相通。故陳騤《文則》卷上丙："《易》之有象，以盡其意；《詩》之有比，以達其情。文之作也，可無喻乎？"

---

　　[1]　Vico, *Scienza nuova*, §209, *Opere*, Riccardo Ricciardi, 453；cf. §§401-2, 412-7, 460, pp.517-8, 527-30, 551.

章學誠《文史通義》內篇一《易教》下："象之所包廣矣，非徒
《易》而已。……《易》象雖包《六藝》，與《詩》之比興，尤爲表
裏。"然二者貌同而心異，不可不辨也。

　　理賾義玄，説理陳義者取譬於近，假象於實，以爲研幾探微
之津逮，釋氏所謂權宜方便也。古今説理，比比皆然。甚或張皇
幽眇，云義理之博大創闢者（die grössten und kühnsten Theorien）
每生於（geboren）新喻妙譬（ein neues Bild，ein auffallendes
Gleichnis）①，至以譬喻爲致知之具（Das Erkennen ist nur ein Ar-
beiten in den beliebtesten Metaphern）②、窮 理 之 階（l'image
médiatrice）③，其喧賓奪主耶？抑移的就矢也！《易》之有象，取
譬明理也，"所以喻道，而非道也"（語本《淮南子·説山訓》）。求
道之能喻而理之能明，初不拘泥於某象，變其象也可；及道之既
喻而理之既明，亦不戀着於象，捨象也可。到岸捨筏、見月忽指、
獲魚兔而棄筌蹄，胥得意忘言之謂也。詞章之擬象比喻則異乎是。
詩也者，有象之言，依象以成言；捨象忘言，是無詩矣，變象易
言，是別爲一詩甚且非詩矣。故《易》之擬象不即，指示意義之
符（sign）也；《詩》之比喻不離，體示意義之跡（icon）也④。不

<hr>

　　① Herder，*Vom Erkennen und Empfinden der menschlichen Seele*，I，*Werke*，
hrsg. E. Naumann，III，234.

　　② Nietzsche，*Der letzte Philosoph*，§ 149，*Werke*，Alfred Kröner，X，171.

　　③ Bergson，*La Pensée et le Mouvant*，137，149-50.

　　④ Cf. Goethe，*Spruchweisheit in Vers und Prosa*，in *Sämtliche Werke*，"Tem-
pel-Klassiker"，III，463（die Symbolik）；C. Peirce，*Collected Papers*，ed. C. Hart-
shorne and P. Weiss，III. § 362，V，§ 475，VIII. § 183（index，icon，symbol）；M.
Dufrenne，*Phénoménologie de l' Experience esthétique*，I，287（désigner l' objet，
dessiner l'objet）.

即者可以取代，不離者勿容更張。王弼恐讀《易》者之拘象而死在言下也，《易略例·明象》篇重言申明曰："故言者所以明象，得象而忘言；象者所以存意，得意而忘象。……然則忘象者乃得意者也，忘言者乃得象者也。……是故觸類可忘其象，合義可爲其徵。義苟在健，何必馬乎？類苟在順，何必牛乎？爻苟合順，何必坤乃爲牛？義苟應健，何必乾乃爲馬？"蓋象既不即，意無固必，以羊易牛？以鳧當鶩，無不可耳。如《説卦》謂乾爲馬，亦爲木果，坤爲牛，亦爲布釜；言乾道者取象於木果，與取象於馬，意莫二也，言坤道者取象於布釜，與取象於牛，旨無殊也。若移而施之於詩：取《車攻》之"馬鳴蕭蕭"，《無羊》之"牛耳濕濕"，易之曰"雞鳴喔喔"，"象耳扇扇"，則牽一髮而動全身，着一子而改全局，通篇情景必隨以變換，將別開面目，另成章什。毫釐之差，乖以千里，所謂不離者是矣。

　　窮理析義，須資象喻，然而慎思明辨者有戒心焉。游詞足以埋理，綺文足以奪義，韓非所爲歎秦女之媵、楚珠之櫝也（《外儲説》左上）。王弼之惇惇告説，蓋非獲已。《大智度論》卷九五《釋七喻品》言，諸佛以種種語言、名字、譬喻爲説，鈍根處處生著。不能得意忘言，則將以詞害意，以權爲實，假喻也而認作真質（converting Metaphors into Properties；l'image masque l'objet et l'on fait de l'ombre un corps）①，斯亦學道致

---

　　① Thomas Browne, *Pseudodoxia Epidemica*, Bk I, ch. 4, *Works*, ed. J. Grant, I, 142；Joubert, *Pensées*, "Librairie Académique", Perrin, Tit. XXII, §110.

知者之常弊。古之哲人有鑒於詞之足以害意也，或乃以言破言，即用文字消除文字之執，每下一語，輒反其語以破之。《關尹子・三極》篇云："蝍蛆食蛇，蛇食蛙，蛙食蝍蛆，互相食也。聖人之言亦然。……唯善聖者不留一言"；古希臘懷疑派亦謂反言破正，還復自破，"譬如瀉藥，腹中物除，藥亦洩盡"（like a purge which drives the substance out and then in its turn is itself eliminated）①。釋典如《維摩詰所説經・見阿閦佛品》第十二、僧肇《寶藏論・廣照空有品》第一，其此例之蔚爲大觀者乎。擬象比喻，亦有相抵互消之法，請徵之《莊子》。羅璧《識遺》卷七嘗歎："文章一事數喻爲難，獨莊子百變不窮"，因舉證爲驗。夫以詞章之法科《莊子》，未始不可，然於莊子之用心未始有得也。説理明道而一意數喻者，所以防讀者之囿於一喻而生執着也。星繁則月失明，連林則獨樹不奇，應接多則心眼活；紛至沓來，爭妍競秀，見異斯遷，因物以付，庶幾過而勿留，運而無所積，流行而不滯，通多方而不守一隅矣。西洋柏格森説理最喜取象設譬，羅素嘗嘲諷之，謂其書中道及生命時，比喻紛繁，古今詩人，無堪倫偶（The number of similes for life to be found in his works exceeds the number in any poet known to me）②。而柏格森自言，喻夥象殊（beaucoup d'images diverses），則妙悟勝義不至爲一喻一象之所專攘而僭奪（on empêchera l'une

---

① Diogenes Laertius, *Lives of Eminent Philosophers*, IX. 76, "Loeb", II, 491. Cf. *Sextus Empiricus*, "Loeb", I, 9: "The main basic principle of the Sceptic system is that of opposing to every proposition an equal proposition", 11: "the Sceptic enunciates his formulae so that they are virtually cancelled by themselves".

② *A History of Western Philosophy*, Allen and Unwin, 827.

quelconque d'entre elles d'usurper la place de l'intuition)①。

【增訂四】弗洛伊德言："描述心理，唯有出以擬比。然必時時更易之，蓋無一比擬堪經久也"（Psychology we can describe only with the aid of analogies. ...But we must keep changing these analogies; none of them bears up long enough.
—*The Question of Lay Analysis*，in Freud，*Complete Psychological Works*，Standard Edition by James Strachey and Anna Freud，Vol. XX，p. 195）。與柏格森語印可。

以今揆古，揣莊子之用心，雖不中當亦不遠。若夫詩中之博依繁喻，乃如四面圍攻，八音交響，羣輕折軸，累土爲山，積漸而高，力久而入（cumulative，convergent），初非乍此倏彼、斗起歘絕、後先消長代興者（dispersive，diversionary），作用蓋區以別矣②。

是故《易》之象，義理寄宿之蘧廬也，樂餌以止過客之旅亭也；《詩》之喻，文情歸宿之菟裘也，哭斯歌斯、聚骨肉之家室也。倘視《易》之象如《詩》之喻，未嘗不可擷我春華，拾其芳草。劉勰稱"易統其首"，韓愈贊"易奇而法"，雖勃窣理窟，而恢張文囿，失之東隅，收之桑榆，未爲虧也。關尹子以言之彼此相消，比之蛇、蛙、蝍蛆互相吞噬，而蘇軾《詩集》卷二四《雍秀才畫草蟲八物》詩之三《蝦蟆》："慎勿困蜈蚣，饑蛇不汝放！"施註云："世有畫蜈蚣、蝦蟆、蛇三物爲圖者，謂蜈蚣畏蝦

---

① *La Pensée et le Mouvant*，210.

② Cf. C. S. Lewis，*Rehabilitations*，151-2，162，170；Donald A. Stauffer，*The Nature of Poetry*，83 ff.；Jean Rousset，*Circé et le Paon*，191 ff.；H. Morier，*Dictionnaire de Poétique et de Rhétorique*，201.

蟆，蝦蟆畏蛇，而蛇復畏蜈蚣也。今以三物聚而爲一，雖有相吞噬之意，無敢先之者；蓋更相制服，去一則能肆其毒焉"（參觀陸佃《埤雅》卷一〇："舊説蟾蜍食蝍蛆，蝍蛆食蛇，蛇食蟾蜍，三物相值，莫敢先動"）。是則相消不留者，亦能相持並存；哲人得意而欲忘之言、得言而欲忘之象，適供詞人之尋章摘句、含英咀華，正若此矣。苟反其道，以《詩》之喻視同《易》之象，等不離者於不即，于是持"詩無通詁"之論，作"求女思賢"之箋；忘言覓詞外之意，超象揣形上之旨；喪所懷來，而亦無所得返。以深文周内爲深識底蘊，索隱附會，穿鑿羅織；匡鼎之説詩，幾乎同管輅之射覆，絳帳之授經，甚且成烏臺之勘案。自漢以還，有以此專門名家者。洵可免於固哉高叟之譏矣！

《正義》"實象"、"假象"之辨，殊適談藝之用。古希臘人言想象（Imagination），謂幻想事物有可能者（things that can be），亦有不可能者（those that cannot be），例如神話中人生羽翼、三首三身；文藝復興時期意大利論師馬祖尼（Jacopo Mazzoni）稱述以爲亞理士多德遺教者也[①]。非即"實象"與"假象"乎？談藝者於漢唐註疏未可芟置也。

---

① *Della Difesa della "Commedia" di Dante*，I. lxvii，in A. H. Gilbert，ed.，*Literary Criticism: Plato to Dryden*，387.

三　泰

☷乾下坤上。按元楊瑀《山居新語》記陳鑑如寫趙孟頫像，趙
援筆改正，謂曰："人中者，以自此而上，眼、耳、鼻皆雙竅，自此
而下，口暨二便皆單竅，成一《泰》卦也。"陶宗儀《輟耕録》卷五
采此則；趙台鼎《脈望》卷五亦有其説；郎瑛《七修類稿》卷一五
以"口"爲人中，駁是説而未言所出；王弘撰《山志》初集卷一論
八卦備於人之一身，舉《泰》爲人中之例，殆承襲元以來陳言耳。

【增訂三】陳繼儒《晚香堂小品》卷一〇《食物纂要序》亦襲
人身九竅爲"泰卦"之説。

《逸周書·武順解》："人有中曰參，無中曰兩，……男生而成三，女
生而成兩"，謝墉註："皆下體形象"；曹籀《古文原始》據此遂謂
《説文》"中，和也"之"和"字乃"私"字之譌。則非人面之"人
中"，而如《通志·六書略》五《論象形之惑》所釋"厶"、"了"二
字，略同西方舊日惡謔之"人中"[1]。方以智《通雅》卷首之一：

---

[1]　*Memoirs of Martinus Scriblerus*，ch.15，ed. C. Kerby-Miller，158："...the
Organ of Generation is the true and only seat of the Soul. That this part is seated in
the middle, and near the Centre of the whole Body is obvious." Cf. R. M. Wardle，
Oliver Goldsmith，37 ("Now，blockhead，where is your centre of gravity?"etc.).

"趙宦光《長箋》'也'必作'殹',惡其訓醜耶?豫章'之'、廣州'海',何以避之!";王鳴盛《蛾術編》卷三〇:"今本《尚書》出晉皇甫謐手,如《盤庚》:'惡之易也',《太誓》:'乃聞不言也',《太甲》:'以自覆也',皆删改之。""中"字之訓,果如曹老人言,其字正避無可避、删無可删也。

四　蠱

　　《象》："初六：幹父之蠱，有子，考無咎"；《註》："幹父之事，能承先軌，堪其任者也，故曰'有子'也。"按蕭穆《敬孚類稿》卷六《跋〈東塾讀書記〉》略謂朱熹《張敬父畫像贊》中"汲汲乎其幹父之勞"一句，陳澧稱爲"直筆"，非是，朱語自用"古訓"；《易·序卦》："蠱者，事也"，虞翻、李鼎祚皆以能繼父之志事爲解，《顏氏家訓·治家》篇、《唐大詔令》載寶應二年《李光弼實封一子官制》亦用此義，宋以後始有訓"幹蠱"爲蓋父之愆，如舜之於瞽瞍、禹之於鯀者。王弼斯註，以"蠱"解爲"事"，正屬"古訓"。朱文中有可與此句互明者，蕭氏苟引以自佐，便更持之有故；陳氏究心朱學，亦未通觀明辨，據單文而鑿爲深文，誤用其心有焉。《張像贊》見《朱文公集》卷八五，上句爲"拳拳乎其致主之切"；卷四〇《答劉平甫》之一云："大抵家務冗幹既多，此不可已者。若於其餘時，又以不急雜務虛費光陰，則是終無時讀書也。愚意講學、幹蠱之外，挽弓、鳴琴、抄書、讎校之類，皆且可罷。此等不惟廢讀書，亦妨幹也"，"幹蠱"乃辦事、了事之意，尋常書札中語也。卷四--《答程允夫》之一三雖云："魏公好佛，敬夫無如之何"，然卷九五下《魏國公張公行狀》衹言："公之學一本天理，尤深於《易》、《春秋》、《論》、《孟》"，卷八九《修撰張公神道碑》亦隻字不及父子異趣，而曰："孝承父志"，即《贊》之"汲汲乎幹父之勞"。碑、狀爲尊、賢者諱如此，豈贊中乃貶父以褒子乎？唐、宋正史、野記及詩文中用"幹蠱"之"古訓"者，俯拾都是，姑舉四例，均義旨皎然，無庸疑揣。《南史》卷三〇《何尚之一門傳·論》："昌寓雅仗名節，殆曰人望；敬容材實幹蠱，賄而敗業，惜乎！"昌寓既"名節"不虧，則無"愆"，須敬容爲之"蓋"，而敬容既以"賄敗"，則并未能"蓋"己之"愆"，故"幹蠱"即《傳》稱敬容勤於"理事"耳。包何《相里使君第七男生日》："他時幹蠱聲名著，今日懸弧宴樂酣"；供官獻諛，斷不敢皮裏陽秋，諷刺阿翁以爲頌禱呱呱者之地也。蘇轍《欒城集》卷一三《次韻子瞻來高安相別》："遲年最長二十六，已能幹父窮愁裏"；"遲"、轍長子名，"父"、轍自謂，豈譽兒有癖，乃竟不惜自誣愆尤耶？

【增訂四】唐封演《封氏聞見記》卷九："熊曜爲臨清尉，以幹蠱聞。"即了公事之謂。宋劉克莊《後村大全集》卷一五一《少奇墓誌銘》："幹家蠱，應世務，綽然餘裕也。"即了家事之謂。《山谷外集》卷九《代書》："奉身甚和友，幹父辦咄嗟"，亦如原引蘇轍詩之言"幹父窮愁裏"，而曰"辦咄嗟"，尤見"蠱"之解爲"事"也。《全唐文》卷三四四顏真卿《杜公［濟］神道碑銘》："夫人京兆韋氏……移天有幹夫之蠱"；則此語不特用於父子，並可用於夫妻焉。

洪邁《夷堅志》卷五《武女異疾》："鄂州富商武邦寧啓大肆，貨縑帛，……其次子康民讀書爲士人，使長子幹蠱"，又《三志辛》卷六《張士倜》："延平張維左司前妻羅氏生二子，……繼室宗氏亦二子，……更代幹蠱”；皆謂代父辦事營業。然則朱《贊》雖本“古訓”乎，正亦隨循時俗用字耳；本“古訓”易知，亦正從時用則不易知而考論修詞者却不可不知也。宋以後雖多作“蓋父之愆”解，“理事”之義未湮，如張居正《太岳集》卷二一《答總督譚二華》：“當此幹蠱之時，不少行綜覈之政，惡能振之哉？”謂“任事籌邊”。居正初不刻意爲“古文”，函牘詞筆尤直白平易，其非希古矯時可知矣。

五　觀

《彖》："聖人以神道設教，而天下服矣。"按《禮記·祭義》："因物之精，制爲之極，明命鬼神，以爲黔首則，百衆以畏，萬民以服"；可申説此二句，古人政理之要言也。《管子·牧民》篇論"守國之度"、"順民之經"，所謂"明鬼神"、"祇山川"、"敬宗廟"、"恭祖舊"，不外《觀·彖》語意。《淮南子·氾論訓》歷舉俗忌如"饗大高者，而彘爲上牲；葬死人者，裘不可以藏；相戲以刃者，太祖軵其肘；枕户橉而卧者，鬼神蹠其首"；而抉其隱曰："凡此之屬，皆不可勝著於書策竹帛而藏於官府者也，故以機祥明之。爲愚者之不知其害，乃借鬼神之威，以聲其教。"《論衡·四諱》篇亦曰："夫忌諱非一，必託之神怪，若設以死亡，然後世人信用。"皆可爲"神道設教"示例。蓋世俗之避忌禁諱(taboos)，宗教之命脈係焉，禮法之萌芽茁焉①，未可卑爲不足道也。《墨子·明鬼》篇曰："今若使天下之人偕若信鬼神之能賞賢而罰暴也，則夫天下豈亂哉？"又曰："古者聖王必以鬼神爲。其務鬼神厚矣，故書之竹帛、……故琢之盤盂、鏤之金石以重之。"《淮南》、《論衡》所舉，

---

① Freud, *Totem und Tabu*, 2. Aufl., 26(Gesetzeskodex), 91 (Gewissen).

特神道設教之"不勝"書於竹帛、鏤於金石者耳。後世談士闡發政教相須,與墨子暗合。如魏禧《魏叔子文集》卷一《地獄論》云:"刑賞窮而作《春秋》,筆削窮而説地獄";魏源《古微堂集》內集卷一《學篇》云:"鬼神之説有益於人心,陰輔王教者甚大;王法顯誅所不及者,惟陰教足以懾之。"夫設教濟政法之窮,明鬼爲官吏之佐,乃愚民以治民之一道。二魏見其治民之效,而未省其愚民之非也。十八世紀英史家吉朋(Gibbon)嘗謂,衆人(the people)視各教皆真(equally true),哲人(the philosopher)視各教皆妄(equally false),官人(the magistrate)視各教皆有用(equally useful)①,則直湊單微矣。

【增訂三】吉朋謂哲人於國家所奉宗教,"貌敬"(external reverence)而"腹誹"(inward contempt),君主之崇祀神道,亦藉以馭民,初非虔信。同時人若孟德斯鳩、休謨論古羅馬宗教,皆道此,而吉朋筆舌尤冷雋耳(Cf. Peter Gay, *Style in History*, McGraw-Hill Paper Back, 43-4)。非特古羅馬哲人爲然。古希臘懷疑派而還,相率諄諄告誡,謂於國教以至俗信,不妨二心兩舌,外示和同而內不奉持(in saying this we express no belief),所以免禍遠害,蒙田、笛卡爾且標爲律己之首要(la règle des règles; la première maxime)焉(E. Bevan, *Later Greek Religion*, 52 ff. Sextus Empiricus; Montaigne, *Essais*, I. xxiii, "Bib. de la Pléiade", 131; Descartes, *Discours de la Méthode*, III ed. G. Gadoffre, 23)。十六世紀基督教神甫制定"內心保留"

---

① *Decline and Fall of the Roman Empire*, ch. 2, "World's Classics", I, 31-2.

(mental reservation)之法，作用大同。康帕內拉嘗賦詩，題曰："哲人有識而無力"（Senno senza Forza de' Savi），謂哲人達心而懦，洞察世法之鄙妄，而祇能閉戶獨居時，心光自照（vissero sol col senno a chiuse porte），及夫外出（in pubblico），則不敢不隨俗委蛇（*Opere di G. Bruno e di T. Campanella*，Riccardo Ricciardi，799）。吾人飫聞《老子》所謂："和其光，同其塵"，與夫釋氏所謂"權實雙行法"（參觀 676-678 頁），於此等言教，當不少見多怪也。身心二本，內外兩截，固流俗人優爲常習；飾貌匿情，當面覆背，行之容易，視亦等閒。顧哲人於此，熟思乃悟，苦參始證，且拈出若箴銘然，何其用心之枉而見事之遲乎！殆藉思辯之功，"自發"（an sich）之明進而爲"自覺"（für sich）之融耶（Hegel，*Phänomenologie des Geistes*，hrsg. J. Hoffmeister，22）？"衆裏尋他千百度，回頭驀見，那人正在，燈火闌珊處"（參觀 699 頁），殆此之謂耶？

古希臘、羅馬文史屢言君主捏造神道爲御民之具。聖·奧古斯丁斥君主明知宗教之妄而誘民信爲真，俾易于羈絆（et homines principes, ...ea quae vana esse noverant religionis nomine populis tamquam vera suadebant, hoc modo eos civili societati velut aptius alligantes）[1]。相傳奧古士德大帝云："有神則資利用，故既欲利用，即可假設其爲有"（Expedit esse deos; et, ut expedit, esse putemus）[2]，此真"聖人"以"神道設教而天下服"之供

---

[1] St Augustine，*The City of God*，IV. xxxii，"Loeb"，II，122.

[2] Cf. T. R. Glover，*The Greek Byways*，200，260.

狀；柳宗元《斷刑論》下所謂："且古之所以言天者，蓋以愚蚩
蚩者耳，非爲聰明睿智者設也。"亞理士多德告爲君者當使民皆
見己之虔奉神道(Also he should appear to be particularly earnest
in the service of the Gods)①；馬基亞偉利昌言，爲君者不必信
教(essere religioso)，而不可不貌示篤信(parere)②。孟德斯鳩以
爲庶民不信神道，害猶不大，君主弁髦一切典章法律，若復不畏
天懼神，便似虎兕出柙，爲所欲爲(Cet animal terrible qui ne
sent sa liberté que lorsqu'il déchire et qu'il dévore)③，則欲以其
道還治其身。吾國古人每借天變以諫誡帝王，如《晏子春秋·
諫》上之一八及二一以彗星爲"天教"、熒惑爲"天罰"，又《吕
氏春秋·制樂》記文王、宋景公等事，後世史家且特設《五行
志》。然君主復即以此道還治臣工，有災異則譴咎公卿。如《漢
書·翟方進傳》熒惑星變，"大臣宜當之"，致方進自殺；《晉書·
石季龍載紀》上石宣欲殺王朗而無因，會熒惑守房，思以朗當
之；《明史·世宗紀》嘉靖十一年八月彗星見，乃"敕羣臣修
省"。此類亦史不絕書，有若反戈之擊、入甕之請；蓋人事一彼
一此，非一端可執矣。

【增訂一】《管子·四時》謂"聖人日食則修德，月食則修刑"
云云，用意未爲不周。殊不知君果敬天而畏鬼神，其見災異亦

① Politics，Bk.VII，ch.11，Basic Works of Aristotle，Random House，1260.
② Machiavelli，Il Principe，cap.18，Opere，Riccardo Ricciardi，57. Cf Burton，Anatomy of Melancholy，Part III，Sect.IV，Mem.I，Subs.II，"Everyman's"，III，328-331（Captain Machiavel etc.）.
③ Montesquieu，De l'Esprit des Lois，Liv.XXIV，ch.2，Oeuvres complétes，"Bibliothèque de la Plèiade"，II，716.

未遽反躬罪己、修德祥刑。《史記‧封禪書》言秦世天子"祝官有秘祝，即有災祥，輒祝祠，移過於下。"蓋凡臣下所以律君上者，君上莫不可以其道加諸臣下，反戈倒擊，接箭還射，諉過有詞，移禍多術。《封禪書》及《孝文本紀》皆記漢文帝除"秘祝"；然"祝祠"之官雖除，"移過"之風不變，如翟方進事非歟？且省去秘祝等張致，逕使大臣當災，直捷了當矣。

【增訂三】臣下律君上者，君上即以責臣下，參觀1528頁引光聰諧論"官箴"變而爲"箴官"。然世事難以一概。《呂氏春秋‧制樂》記宋景公時"熒惑在心"，子韋曰："熒惑者，天罰也。……禍當於君；雖然，可移於宰相，……可移於民，……可移於歲"；公不忍，"寧獨死"，天鑑其"至德"，延齡二十一歲。《左傳》哀公六年七月"有雲如衆赤鳥，夾日以飛"，楚昭王使問諸周太史，周太史曰："其當王身乎！若禜之，可移於令尹司馬"；王不肯，曰："有罪受罰，又焉移之？"遂卒。是"秘祝"乃春秋以來古法，不自秦始。二事均徵君上不乏畏天而願受罰者，臣下則教之以天可欺而得逃罪焉；本愛君之旨，獻謀移禍。《舊唐書‧高宗紀》下總章元年四月有彗星見，詔內外臣僚各上封事"極言過失"，於是羣臣上言："星雖孛而光芒小，此非國眚，不足上勞聖慮。……星孛於東北，此高麗將滅之徵"；《禮儀志》二證聖元年正月佛堂即天堂災，延燒明堂，"則天欲責躬"，而羣臣"詔妄"，或謂："火流王屋，彌顯大周之祥"，或謂："彌勒初成佛道時，有天魔燒宮。"二事均徵君上或偶畏天而欲修德者，臣下則詔之爲天所眷而毋引咎焉；本愛君之旨，貢諛長惡。"神道"之"教"，遂同虛"設"矣。《外戚傳》記薛懷義失寵"恨怒"，遂"焚明堂，天堂並爲灰燼，

則天愧而隱之”；則其“欲責躬”者，掩飾之詞也，然臣而不
“詔妄”，自可乘機進諫，如因風之吹火焉。故白居易《新樂府·
司天臺》歎：“羲和死來職事廢，官不求賢空取藝。……上凌下
替謫見天……眼見心知不敢言；明朝趨入明光殿，唯奏慶雲壽
星見”；司天以儌君者，亦可遮天以媚君。顧居易知“司天臺”
之溺職乖本矣，而《新樂府·采詩官》又歎：“郊廟登歌讚君
美，樂府艷詞悅君意。……夕郎所奏皆德音，春官每奏唯祥
瑞”，因歸咎於“采詩官”之不置。則猶知其一未知其二。夫
苟“不求賢”而得其人，即置“采詩官”，亦將如“司天”太
史行徑，託爲神功聖德之謳，以當慶雲壽星之奏耳。《荀子·
君道》所謂：“有治人，無治法”（參觀《致士》），斯其一端。
蓋良法美意，布在方策，而見諸行事，則雖典章所定，難保奸
黠者之不曲解便私（knave-proof），雖規矩可循，亦難保蚩愚
者之無誤會妄作（fool-proof）也（參觀 1599–1601 頁）。

【增訂五】諳練政事、掌握國柄之俾士瑪與荀子“有治人、無
治法”之旨曠世冥契。余讀其與人書有云：“法不良而官吏賢
尚可爲治；官吏否惡，則良法亦於事無濟”（Mit schlechten
Gesetzen und guten Beamten lässt sieh immer noch regier-
en. Bei Schlechten Beamten aber helfen uns die besten Ge-
setze nichts—Bismarck，An Wagener，1850）。

【增訂四】王安石謂“天變不足畏”，儒生輩大譁。《通鑑》後
唐明宗長興三年康澄上書曰：“國家有不足懼者五，有深可畏
者六。陰陽不調不足懼，三辰失行不足懼，……”已先安石而
公言之矣。主政者不反躬自省，而殺人以當天變，中外古史數
載其事。《後漢書·董卓傳》：“時太史望氣，言當有大臣戮死

者。卓乃使人誣衛尉張溫……殺之以塞天變。"《魏書·天象志》四："延昌四年,月犯軒轅,女主應之,其後皇太后高尼崩於瑤光寺。……胡太后害高氏以厭天變。"蘇偉東《羅馬十二帝傳·尼羅傳》："彗星(stella crinata)連夕見,說者謂天象主國君將薨。帝憂焉,聞占星者巴比勒士(Babillus)言,殺顯貴(illustri)可厭之,乃下令盡誅大臣"(Suetonius,VI,xxxvi,Loeb,Vol.II,p.150)。如出一轍。君臣、主僕、上司下僚之間,覓諉過之人,有替死之鬼,本屬恒情常態,此則見諸迷信者耳。古意大利霸主(Cesare Borgia)命將軍破城大戮,及犯衆怒,乃殺其人以謝民而示咎不在己(volle monstrare che, se caudeltà alcuna era seguita, non era nata da lui, ma della acerba natura del ministro [messer Remirro de Orco]. ─Il Principe, vii, Machiavelli, Opere, Riccardo Ricciardi, p.25)。今日美國一政魁行事,或一言以蔽之曰:"我負責,人任過"(The Nixon formula:"I am responsible; the others are to blame")。與殺人以當天變,得非貌異而心同、百慮而一致哉!又原引《舊唐書·高宗紀》羣臣言彗星見乃"高麗將滅之徵",即《朱文公文集》卷二七《與陳福公書》所謂:"[士大夫]語及天變,則盡以歸之虜酋,使應天道,此已爲詒諛不忠之大";則於"可移於宰相"、"可移於民"之外,平添"可移於敵國",尤爲便佞之巧矣。《全唐文》卷七七一李商隱《爲汝南公賀彗星不見表》:"況蕞爾戎羯,正犯疆場,載思星見之徵,恐是虜亡之兆";亦士大夫以"天變歸之虜酋"之古例。參觀《北史·魏本紀》第五:"孝武皇帝永熙三年二月熒惑入南斗,衆星北流。……梁武跣而下殿,以禳星變;及聞

［高歡追逐孝武］帝之西，慚曰：‘虜亦應天乎！’”
《荀子·天論》：“日、月食而救之，天旱而雩，卜筮然後決大事，非以爲得求也，以文之也；故君子以爲文，而百姓以爲神”；楊倞註：“順人之情，以爲文飾”。神道設教，乃秉政者以民間原有信忌之或足以佐其爲治也，因而損益依傍，俗成約定，俾用之倘有效者，而言之差成理，所謂“文之也”。若遽斷鬼神迂怪之談胥一二“聖人”之虛構，祭祀苟曲之統僉一二“君子”所首創，則意過於通，又十八世紀之陳言爾①。

　　李商隱《過故崔兗海宅》：“莫憑無鬼論，終負託孤心”，道出“神道設教”之旨，詞人一聯足抵論士百數十言。顧炎武《日知録》卷二：“國亂無政，小民有情而不得申，有冤而不得理，於是不得不愬之於神，而詛盟之事起矣。……於是賞罰之柄，乃移之冥漠之中，而蚩蚩之氓，其畏王鈇，不如其畏鬼責矣。乃世之君子，猶有所取焉，以輔王政之窮。今日所傳地獄之説、感應之書，皆苗民詛盟之餘習也。……王政行乎上，而人自不復有求於神，故曰：‘有道之世，其鬼不神。’”文廷式《純常子枝語》卷二三：“陸象山《語録》云：‘臨安四聖觀，六月間傾城，士女咸往禱祀。或問：何以致人歸向如此？答曰：只是賞罰不明。’余謂政治家當言賞罰，宗教家則言吉凶。賞罰明則行善者吉，作惡者凶，天下曉然，祈禱之事自息矣。”陸氏意已發於北宋華鎮《雲溪居士集》卷一六《蠱論》之三：“使世之刑誅，如報應之説無僭濫而不可僥倖，則小人知畏而無待於報應矣。”華、陸、顧文論神道，樹義別於二魏。二魏爲治人者言，法令之力所不逮，

---

　　①　S. Reinach, *Orpheus*, tr. F. Simmonds，8-9（the theory of imposture）.

得宗教以裁約之；華、陸、顧文抉剔治於人者之衷心，遭荼毒而不獲申於人世，乃禱諸鬼神以冀疾苦之或蘇。西人如李伐洛(Rivarol)能兼明二意，既言宗教爲法律之補充(le supplément des lois, *religio quae religat*)，復言民不聊生(ce monde insupportable)，乞靈宗教，以他生稍慰此生①。後一意即費爾巴哈所謂下地有窮民則上天有財神，上帝出於人世之缺陷怨望(Nur der arme Mensch hat einen reicher Gott. Gott entspringt aus dem Gefühl eines Mangels)②；亦正馬克思所謂宗教乃人民對實際困苦之抗議，不啻爲人民之鴉片(die Protestation gegen das wirkliche Elend, das Opium des Volks)③。浪漫主義詩人早言，俗子(Philister)仰宗教以解憂止痛，不過如收鴉片之效(Ihre sogenannte Religion wirkt bloss wie ein Opiat)④；或言，世人莫不吸食精神鴉片，以謬誤信仰自醉(Nous sommes tous fumeurs d'opium au moral. Nous nous enivrons de croyances mensongères)⑤。後來小說家有以不信奉基督教比於不求助鴉片(to do without opium)⑥；哲學家有以宗教比牙痛時所服之麻醉劑(die augen-

---

①　*Lettres à M. Necker*, I et II, *Écrits politiques et littéraires*, choisis par V. – H. Debidour, 97, 99.

②　*Das Wesen des Christenthums*, Kap. 7, *Sämmtliche Werke*, hrsg. W. Bolin und F, Jodl, VI, 90.

③　"Zur Kritik dir Hegelschen Rechtsphilosophie", *Die Heilige Familie*, usw., Dietz, 12. Cf. Dryden, *Religio Laici*, 54–61, *Poems*, Oxford, 100.

④　Novalis, *Fragmente*, Nr. 1388, hrsg. E. Kamnitzer, 451–2.

⑤　De Vigny, *Journal d'un Poète*, 1839, *Oeuvres complètes*, "Bibliothèque de la Pléiade", II, 1116; cf. 1134.

⑥　J. W. Cross, *Life of George Eliot*, II, 283.

blickliche Milderung und Narkotisierung，wie sie zum Beispiel bei Zahnschmerz gebräuchlich ist)①。要推馬克思語爲最明快矣。

【增訂三】海涅屢取譬於此，如追憶亡友一編中言宗教爲"可口之催眠藥水、精神鴉片（geistiges Opium）"；又 1840 年巴黎通信譏英國人日趨惰靡，將如中國人之不尚武，"宗教虔信主義乃最有害之鴉片"（durch den Pietismus，dieses schlimmste Opium），與有咎焉（*Ludwig Börne：eine Denkschrift*，IV；*Lutetia*，XVI—*Werke und Briefe*，Aufbau，VI，194，327）。

---

① Nietzsche，*Menschliches*，*Allzumenschliches*，Bdl § 108，*Werke*，hrsg. K. Schlechta，I，517. Cf. Emily Dickinson："This World is not Conclusion"："Narcotics cannot still the Tooth / That nibbles at the soul—."

六　噬

　　"噬、嗑，亨"；《註》："噬、齧也，嗑、合也。凡物之不親，由有間也；物之不齊，由有過也；有間與過，齧而合之，所以通也。"按此以噬嗑爲相反相成（coincidentia oppositorum）之象。故《象》曰："頤中有物曰噬嗑，噬嗑而亨；剛柔分動而明，雷電合而章。"蓋謂分而合，合而通：上齒之動也就下，下齒之動也向上，分出而反者也，齒決則合歸而通矣。比擬親切，所謂"近取諸身"也。古希臘赫拉克利都斯首以辯證之正反相成喻爲弓弦或琴絲之張（attunement of opposite tensions，like that of the bow and the harp）[1]；近世則有以剪刀（scissors）及咬嚼（the action of our jaws in mastication）爲喻者[2]，正同"噬嗑"之象。《太平御覽》卷三六七引《燕書》："烈祖嘗從容問諸侍臣曰：'夫口以下動，乃能制物，鈇鑕爲用，亦噬嗑之意，而從上下何也?'申弼答曰：'口之下動，上使下也；鈇鑕之用，上斬下也。'"鑕即鍘也，斤之與椹，以拒爲迎，其理與剪之雙刃相交正同。英國滑稽者嘗謂夫妻反目如巨剪（shears）之分張，外人多事干預，必

---

　　[1]　*Fragments*，No.45，*op. cit.*，485.

　　[2]　Morris. R. Cohen, *A Preface to Logic*，76；*Reason and Nature*，165.

遭切割之苦①；意大利語以兩造争訟時之辯護師比於剪刀之雙刃（le lame delle forbici），彼攻此訐，而互不相傷，受損害者則當事人②。亦皆擬議反而相成、分而有合耳。"噬"當與"睽"參觀，睽者間隔也，噬者破間隔而通之也。

① Lady Holland，*A Memoir of Sydney Smith*，ch. 11，Longmans，234.

② Dino Provenzal，*Perché si dice cosi*？53.

七　頤

　　"象曰：君子以慎言語，節飲食"；《正義》："禍從口出，患
從口入。"按《朱文公集》卷七《奉答張彥輔戲贈之句》自註：
"王輔嗣註《頤》卦大《象》云：'禍從口出，病從口入'"，蓋誤
憶孔疏爲王註也。《正義》語逕取之傅玄《口銘》（《太平御覽》
卷三六七），《困學紀聞》卷一已道之。《大戴禮・武王踐阼》篇
《機銘》"口戕口"三字涵括此象，則未有言者。《易》以言語、
飲食相提並稱，而《鬼谷子・權篇》引"古人有言"曰："口可
以食，不可以言"；《焦氏易林・否》之《巽》曰："杜口結舌，
言爲禍母"；《南齊書・張融傳》引《問律自序》曰："人生之口，
正可論道說義，唯飲與食，此外如樹網焉"，又《謝瀹傳》曰：
"兄朏爲吳興，瀹於征虜渚送別，朏指瀹口曰：'此中唯宜飲
酒'"；《全唐文》卷六〇八劉禹錫《口兵誡》曰："我誡於口，惟
心之門。毋爲我兵，當爲我藩。以慎爲鍵，以忍爲閽。可以多
食，勿以多言。"諸如此類，皆斤斤嚴口舌之戒而弛口腹之防，
亦見人之懼禍過於畏病，而處世難於攝生矣。

八 大 過

"九二：枯楊生稊；老夫得其女妻，無不利。象曰：老夫女妻，過以相與也。"按《全後漢文》卷九二陳琳《止欲賦》："忽日月之徐邁，庶枯楊之生稊"，蓋言雖恨佳期之後期，猶冀年老而能得少室也。陸心源《唐文續拾》卷五杜寶符《唐故京兆杜氏夫人墓誌銘》："邱墟荒野，有時而城。死楊空株，有時而稊。夫人此去，永永無期！""死楊"二語，謂草木枯悴，有逢春再苗之時，而人之死者則不能復生。此本詩文中常喻，即林黛玉葬花所歎："桃李明年能再發，明年閨中知有誰"也。作者牽於押韻，用《易經》語，遂成語病，若向死婦宣告："吾將續娶新人，汝則一瞑長逝。"亦運古屬詞之失於檢點者。

"九五：枯楊生華，老婦得其士夫，無咎無譽。象曰：枯楊生華，何可久也！老婦士夫，亦可醜也！"一事也，皆"過以相與"也，而於老夫則獎之，於老婦則責之。恒之六五："恒其德，貞；婦人吉，夫子凶。象曰：婦人貞，吉，從一而終也；夫子制義，從婦凶也。"《詩·衛風·氓》："士之耽兮，猶可說也；女之耽兮，不可說也。"皆乖平等之道，假典常以逞男子之私便，古諧語所謂："使撰詩、制禮、定律者爲周姥而非周公，當不如是"

(《藝文類聚》卷三五引《妬記》《謝太傅、劉夫人》條、《綠窗新話》卷上《曹縣令朱氏奪權》條引《青瑣高議》通行本《高議》無、《醉翁談録》丁集卷二《婦人嫉妬》條、《廣笑府》卷六《周公詩禮》條、活埋庵道人《識小録》卷一《戲貽客柬》）。明王文禄《海沂子·敦原》篇曰："制禮者爲男子，不免爲己謀"，一語道破。此亦如亞理奧斯圖（Ariosto）詩中詛咒古人定律（sia maladetto chi tal legge pose），許男放蕩而責女幽貞[1]；小仲馬劇中謂男子自恃强權（du droit du plus fort），制立兩套倫理（L'homme a fait deux morales），一爲男設，一爲女設[2]。考道德演變者是以有"雙重兩性道德"之説[3]。意大利古小説歎男子制法行法，高下在心，故於女苛酷，苟物極而反，女得執政（che la rota raggirasse e che elle governassero gli uomini），其心性柔慈（pietose e dolci di core），必不以男之道還治男身[4]；則尤爲異想創論矣。參觀《全後漢文》卷論《昌言》下。

傅玄《苦相篇·豫章行》（《玉臺新詠》卷二）及白居易《婦

---

[1]　*Orlando Furioso*，Canto IV. 63e 66，"Biblioteca Classica Hoepliana"，32. cf. Goldoni，*Il Servitore di Due Padroni*，II. ii（Smeraldina）.

【增訂四】蒙田謂婦女每率性徑行，不遵世法，却無可非議，蓋"此等法度皆男子所制，婦女初未與聞焉"（Les femmes n'ont pas tort du tout quand elles refusent les reigles de vie qui sont introduites au monde, d'autant que ce sont les hommes qui les ont faictes sans elles. —Montaigne："Sur des vers de Virgile"，*Essais*，III. v，Bibliothèque de la Pléiade，p. 821）。即所謂："怪得是周公做，若是周婆做時，斷不如此説。"

[2]　*Monsieur Alphonse*，Préface，*Théâtre Complet*，Calmann Lévy，VI，32，33.

[3]　哲學、宗教、法律家言具見 W. G. Sumner，*Folkways*，359-62.

[4]　M. Bandello，*Le Novelle*，XXVI，dedicatoria，Laterza，I，345-6.

人苦》二詩陳訴男女嫁娶之道不公失允，義正而詞切。後來如《二刻拍案驚奇》卷十一"天下事有些不平的所在"云云，李漁《一家言》卷八《花心動》詞"制禮前王多缺，怪男女多情，有何分別"云云，意雖相似，其語佻而不莊。《兒女英雄傳》第二七回"同一個人，怎的女子就該從一而終"云云，則明知其不當，且從而強爲之辭焉。然吾國習傳，尚有一事，未見論者拈出。徵之元人院本即可。楊景賢《劉行首》第一折鬼仙自言："五世爲童女身，不曾破色慾之戒"；王重陽應之曰："若要度你呵，你可下人間，託生做女子，爲劉行首，二十年還了五世宿債"。《度柳翠·楔子》觀世音亦云："我那淨瓶內楊枝柳葉上偶汙微塵，罸往人世，化作風塵匪妓，名爲柳翠，直待三十年之後，填滿宿債，返本還元。"胥與《西遊記》之誇稱唐僧爲十世童身者適反。是則學道修行，男期守身，而女須失身，一若與"周公貽孽"之"女戒淫邪、男恕風流"（李漁詞語），大相逕庭者，而其實乃重男賤女之至盡也。蓋視女人身爲男子行欲而設（instrumenta libidinis, sex object）；故女而守貞，反負色債，女而縱淫，便有捨身捐軀諸功德。釋氏之"金沙灘頭馬郎婦"（詳見《太平廣記》卷論卷一○一《延州婦人》），基督教之聖姑娜非沙（Santa Nafissa）、聖姑埃及女瑪利亞（Santa Maria la Gitana），皆此物此志。壽涯禪師《漁家傲》詠魚籃觀音所謂："牽人愛，還盡許多菩薩債"（《全宋詞》二一三頁）。又"生稀"、"生華"，歧視而不齊觀之極致矣。

九　睽

　　睽，"彖曰：火動而上，澤動而下。二女同居，其志不同行。……天地睽而其事同也，男女睽而其志通也，萬物睽而其事類也。睽之時用大矣哉！"《正義》："水火二物，共成烹飪，理宜相濟；今火在上而炎上，澤居下而潤下，無相成之道，所以爲乖。……歷就天地、男女、萬物，廣明睽義，體乖而用合也。"按此亦明反而相成，有間而能相通之旨。睽有三類：一者體乖而用不合，火在水上是也；二者體不乖而用不合，二女同居是也——此兩者皆睽而不咸，格而不貫，貌合實離，無相成之道；三者乖而能合，反而相成，天地事同，男女志通，其體睽也，而其用則咸矣。

　　《革》之象亦曰："二女同居，其志不相得。"《咸》之象又曰："咸，感也，柔上而剛下，二氣感應以相與。……男下女"；註："凡感之爲道，不能感非類者也，故引取女，以明同類之義也。"皆與《睽》之象印證。同類相感，然二女同居則同中之同，故反致睽乖；《左傳》昭公二十年晏子論"和"與"同"所謂："若以水濟水，誰能食之？琴瑟之專壹，誰能聽之？同之不可也如是。"蓋全同而至於"壹"，絕異而至於"睽"，則不能"感"；

必異中有同、同中有異始可。《參同契》中篇："二女共室，顏色甚姝。令蘇秦通言，張儀結媒，使爲夫妻，弊髮腐舌，終不相知，猶和膠補釜，以滷塗瘡，去冷加冰，除熱用湯，飛龜舞蛇，愈見乖張。"即取《易》喻而鋪張排比耳。

一〇 損

損，“象曰：君子以懲忿窒欲”；《正義》：“懲者息其既往，窒者閉其將來；忿、欲皆有往來，懲、窒互文而相足也。”按孔穎達蓋得法於鄭玄者。《禮記·坊記》：“君子約言，小人先言”，鄭註：“‘約’與‘先’互言爾；君子‘約’則小人‘多’矣，小人‘先’則君子‘後’矣”。孔能觸類傍通，《左傳》宣公十二年：“隨武子曰：‘貴有常尊，賤有等威，禮不逆矣’”；《正義》：“言‘貴有常尊’，則當云‘賤有常卑’，而云‘賤有等威’者，威儀、等差，文兼貴賤，既屬‘常尊’於‘貴’，遂屬‘等威’於‘賤’，使互相發明耳。”又十四年：“申舟曰：‘鄭昭宋聾’”；《正義》：“‘鄭昭’言其目明，則宋不明也；‘宋聾’言其耳闇，則鄭不闇也。耳目各舉一事而對以相反。”數節捉置一處，“互文相足”之法更可了然。

【增訂三】杜甫《潼關吏》：“大城鐵不如，小城萬丈餘”；仇註：“上句言其堅，下句言其高。”施鴻保《讀杜詩說》：“此互言也。大城未嘗不高，小城何嘗不堅。分解非是。”即孔疏所謂“互文相足”。

一一 姤

姤，"女壯，勿用取女。……初六：羸豕孚蹢躅"；《正義》："此女壯甚，淫壯若此，不可與之長久。"《註》："羸豕謂牝豕也，孚猶務，躁也。不貞之陰，失其所牽，其爲淫醜，若羸豕之孚務蹢躅也。"按蓋以豕之象擬示淫欲也。《左傳》定公一四年，衛夫人南子與宋朝淫亂，"野人歌之曰："既定爾婁豬，盍歸吾艾豭?'"《史記·秦始皇本紀》三十七年十一月望於南海而刻石，文有曰："防止内外，禁止淫泆，男女絜誠；夫爲寄豭，殺之無罪。"可資參驗。寒山詩曰："世有一等愚，……貪淫狀若豬"；《太平廣記》卷二一六《張璟藏》條引《朝野僉載》云："准相書：豬視者淫。"俗説由來舊矣。古希臘、羅馬亦以壯豕、羸豕等詞爲褻語，與周祈《名義考》卷一〇《豬豝》所言"巴"字同義①；近世西語稱淫穢之事曰"豕行"（Ferkelei, cochonnerie, porcheria）。顧豕不僅象徵色欲，亦復象徵食欲。封豕、封豨，古之口實，《藝文類聚》卷九四郭璞《封豕贊》所謂："有物貪婪，……薦食無厭"。古羅馬哲人言，人具五欲，尤耽食色（libidines

---

① Athenaeus, *The Deipnosophists*，XIII.581，"Loeb"，VI，137 note.

in cibos atque in Venerem prodigae），不廉不節，最與驢若豕相同（sunt homini cum sue atque asino communes）①；分別取驢象色欲，取豕象食欲。是故《西遊記》中豬八戒，"食腸"如壑，"色膽如天"（第一九回八戒自稱"色膽如天叫似雷"），乃古來兩說之綜合，一身而二任者。《老子》第二九章："聖人去甚，去奢，去泰"，河上公註"甚"字爲"貪淫聲色"；據《說文》："甚，尤安樂也，從甘、匹"，朱駿聲《說文通訓定聲》說之曰："'甘'者飲食，'匹'者男女，人之大欲存焉，故訓安樂之尤"。吾國古文字之有"甚"，兼"甘"與"匹"，亦猶吾國舊小說角色之有豬八戒，兼封豕與艾豭，以一當兩也。

---

①   Aulus Gellius, *The Attic Nights*，XIX.ii，"Loeb"，III，356.

一二　革

　　"彖曰：革，水火相息"；《註》："變之所生，生於不合者也。息者，生變之謂也"；《正義》："燥濕殊性，不可共處。若其共處，必相侵剋。既相侵剋，其變乃生。"按王弼、孔穎達説"息"字，兼"生變"與"侵剋"兩義。《漢書·藝文志》論諸子十家曰："辟猶水火，相滅亦相生也。……相反而皆相成也"，正《易》語之的詁。《論衡·譴告篇》："凡物能割截者，必異性者也；能相奉成者，必同氣者也。是故離下兑上曰'革'，革，更也；火、金殊氣，故能相革，如俱火而皆金，安能相成?"亦道此理，而遜《漢書》語之圓簡。"息"有生之意，與"消"爲滅之意相對；《太玄經·格》之次六曰："息金消石，往小來弈"，"消"與"息"對，適如"往"與"來"對，亦猶賈誼《鵩賦》云："合散消息，安有常則"，以"合"對"散"而以"消"對"息"也。羅璧《識遺》卷五考"息"字有二意："《易》'不息則久'，《左傳》'繼好息民'，'王者之迹息'，皆訓止。《周禮》'保息以養萬民'，《孟子》'夜之所息'，《漢書·高帝紀》'臣有息女'，《貨殖傳》'息二千'，《宣帝紀》'刑者不可息'，皆訓生。"僅知生息、止息兩意之歧出分訓，而未覯《易》此語之以生息、滅息兩意之同時合訓也。

　　"初九：鞏用黃牛之革。象曰：鞏用黃牛，不可以有爲也"；
《註》"在革之始，革道未成。……鞏，固也；黃，中也；牛之
革，堅刃不可變也"；《正義》："'革'之爲義，變改之名。……
皮雖從革之物，然牛皮堅刃難變。"按遯之六二："執之用黃牛之
革，莫之勝説。象曰：執用黃牛，固志也。"當合觀。《説文解
字》："革，更也。……鞏，以韋束也。《易》曰：'鞏用黃牛之
革'"；段玉裁註："王弼曰：'鞏，固也'；按此與卦名之'革'
相反而相成。"殊得窈眇。蓋以牛革象事物之牢固不易變更，以
見積重難返，習俗難移，革故鼎新，其事殊艱也。夫以"難變"
之物，爲"變改之名"，象之與意，大似鑿枘。此固屢見不鮮者，
姑命之曰"反象以徵"（Reverse symbolism）。詞令每正言若反，
欲蓋彌彰，如舊謔埋銀地下而插標其上曰："此處無銀"，或西諺
諷考究字源曰："草木叢生，謂之'光風'，以其蒙密不通光漏風
也"（Lucus a non lucendo）①。擬事寓意，翩其反而，亦若是班，
須逆揣而不宜順求，"革"取象於牛皮是已。圓夢卜讖以爲慣技，
如《世説・文學》門解夢棺爲貴象，夢糞爲富象（別詳《列子》
卷論《周穆王》篇）；明人拆字書《新訂指明心法》有"反體"
法，"如以'慶'字來問者，未可言慶，有'憂'字脚"；《儒林
外史》第二〇回甘露庵老僧慰牛布衣曰："説凶得吉"。《禮記・
郊特牲》："孔子曰：'士使之射，不能，則辭以疾，懸弧之義
也'"，鄭玄註："男子生而懸弧於門左，示有射道而未能也"；則

---

　　①　Quintillian, *Institutio oratoria*, I. vi. 34-5（a contrariis aliqua trahi），
"Loeb"，I，126.

懸弧適所以示不能張弧耳。《曾子問》："嫁女之家三夜不息燭，思相離也"；則居室之燦然不夜適所以示居人之黯然若喪耳。

【增訂四】《禮記·曾子問》一節，參觀《全唐文》卷一五四韋挺《論風俗失禮表》："夫婦之道，王化所基，故有三日不息燭、不舉樂之感。今昏嫁之初，雜奏絲竹，以窮晏歡，官司習俗，勿爲條禁"；尤侗《鈞天樂》第六齣中《漿水令》眉批："語云：'樂似哀，嫁女之家日日啼'。"黃遵憲《日本雜事詩》九一首："絳蠟高燒照別離"云云，自註："大家嫁女，……滿堂燃燭，兼設庭燎，蓋送死之禮，表不再歸也"；則中國古禮失而尚可求之於東瀛矣。

《後漢書·蔡茂傳》："夢坐大殿，極上有三穗禾，茂跳取之，得其中穗，輒復失之。以問主簿郭賀，賀離席慶曰：'大殿者，官府之形象也；極而有禾，人臣之上祿；取中穗，是中台之位也。於字，禾、失爲秩，雖曰失之，乃所以得祿秩也。'"亦即圓夢、拆字等用"反體"法之古例。

《韓非子·觀行》："西門豹性急，常佩韋以自緩；董安于性緩，常佩弦以自急"；《藝文類聚》卷六〇魏武帝《令》："往歲作百辟刀五枚。……吾諸子中有不好武而好文學，將以次與之"；《太平廣記》卷一六九引《廣人物志》記李勣語張文瓘："某遲疑少決，故贈之以刀，戒令果斷也；某放達不拘，故贈之以帶，戒令檢約也"。事理正同；苟觀弦而度佩者性行躁急，覩刀而度佩者好武果決，乖矣！《西京雜記》卷下鄒長倩與公孫弘書："撲滿者，以土爲器以蓄錢，且其有入竅而無出竅，滿則撲之。……士有聚斂而不能散者，將有撲滿之敗，可不誡歟！故贈君撲滿一枚"（參觀宋濂《宋文憲公全集》卷三六《撲滿説》）；脱贈者不明申涵意，受者誤"誠"作勸，以爲朂其好貨積財，則大乖矣！英國一文家貽書女友，謂欲餽酸辣泡菜一器，俾渠鑑之而一反言動，回甘如飴（for if you do［grow sour］I shall send you a pot of Pickles（by way of contraries）to sweeten you）①；倘其人未言，彼姝得餽，順解此象而不逆擬厥意，於是尖酸潑辣，加厲增長，又大乖矣！受者與贈物之性原相即或相引而督其離，或受者與贈物之性原相離或相卻而督其即，皆鑑戒也，殊途而同歸於反象以徵者也。《雲仙雜記》卷七："杜甫子宗武以詩示阮兵曹，兵曹答以石斧一具，隨使并詩還之。宗武曰：'斧、父斤也，使我呈父加斤削也。'俄而阮聞之，曰：'誤矣！欲子斫斷其手；此手若存，則天下詩名又在杜家矣！'"則阮之贈斧，猶君命臣自裁之賜劍，乃即物直指其用，宗武蓋認直指之器爲曲示之象矣。宗教家言常以空無一物之虛堂、净無點墨之白紙，象示所謂至大極本之真質（emptiness or void as the negative representation of the numinous）②，即反象以徵之充類至盡。宋周敦頤《太極圖》、明釋法藏《五宗原》均以空白圓圈○始，示大道之原，可連類互證焉。

【增訂四】波斯古神秘詩人魯米（Jalāladdīn Rūmī）嘗賦中國人與希臘人競技於王前，皆自誇綵繪之工。王遂命各畫一石壁。中國人五光十色，極塗澤之能事；希臘人視顏色若玷汙然，盡除點染，衹磨石光净如鏡（The Chinese use a thousand colours；the Greeks despise all colours as stains，efface every hue and polish the stone front to a glassy brilliance）。王重賞希臘人，以爲能見道真，有會於使此心明鏡無埃，對越上帝

---

① Laurence Sterne, *Letters*, ed. L. P. Curtis, 83（to Catherine Fourmantel）.
② R. Otto, *The Idea of the Holy*, tr. J. W. Harvey, 70-2.

也（making their hearts a stainless mirror for God. —R.A. Vaughan，*Hours with the Mystics*，BK VII，ch.2，Vol.II，p.13）。素壁猶虚堂、白紙、空圈，胥"不可説、不可説"、"空諸所有"之象爾。

【增訂三】《全金元詞》一二三○頁李道純《沁園春》："這個○兒，自歷劫以來無象"云云，亦以空白圓圈示"本來模樣"。

一三　震

　　震，"六三：震蘇蘇；上六：震索索"；《正義》："畏懼不安之貌"。按是也。虞翻曰："死而復生曰蘇"，姚配中《周易姚氏學》卷二申其説，不可從。《水滸》第三七回宋江與公人聽梢公唱湖州歌"老爺生長在江邊"云云（《封神演義》第三四回哪吒作歌襲此），"都穌軟了"；第四二回宋江逃入玄女廟，躲進神厨，貫華堂本作"身體把不住簌簌地抖"；《殺狗勸夫》第二折孫蟲兒唱："則被這吸里忽剌的朔風兒，那裏好篤簌簌避！""穌"、"簌簌"與"蘇蘇"、"索索"，皆音之轉。今吳語道恐戰或寒戰，尚曰："嚇穌哉！"或"瑟瑟抖"。

一四　艮

　　"艮其背，不獲其身；行其庭，不見其人。無咎"；《註》：
"凡物對面而不相通，否之道也。……目無患也。……唯不相見
乃可也。施止於背，不隔物欲，得其所止也。背者無見之物也，
無見則自然靜止"；《正義》："目者能見之物；施止於面，則抑割所
見，強隔其欲，是目見之所患，今施止於背，則目無患也。……
老子曰：'不見可欲，使心不亂。'……故施止於無見之所，則不
隔物欲，得所止也。若施止於面而不相通，強止其情，則姦邪並
興"。按《老子》第三章亦曰："常使民無知無欲"，王弼陰取其
旨釋《艮》，孔穎達則昌言不諱，以閉塞視聽爲靜心止欲之先務。
《繫辭》上："賢人之業簡易"云云，《正義》徧引老、莊、列語，
陳澧《東塾讀書記》卷四指摘之，謂孔之《易》疏"能掃棄釋氏
之説，而不能屏絶老、莊、列之説，此其病也！"，且云："尤非
經意。"蓋未察王、韓《易》註早蘊老、莊，孔氏疏通，自難迴
避，且亦自有合"經意"者，《艮·正義》非歟？陳氏能破漢、
宋之門户，鄭、朱並尊，而未化儒、道之町畦，《易》、《老》設
蘸，所謂"今汝畫"也。實則鄭玄初不謹守家法，《禮記·禮運》
"是謂小康"句鄭註："大道之人以禮於忠信爲薄"（隱用《老子》

第三八章），《大學》"悖入悖出"句鄭《註》："老子曰：'多藏必厚亡'"，是其例。穎達尊奉道家，致遭當時釋子醜詆，唐釋道宣《高僧傳》二集卷三《慧净傳》："時有國子祭酒孔穎達，心存道黨，潛扇蠅言"云云，可發一笑。

"隔物欲"而取於"背"，有二義焉。一者不見可欲：有可欲之物陳吾前，恐其亂衷曲也，不面對作平視而轉身背向之，猶《革》之"革面"。王引之《經義述聞·易》上據《廣雅》："面、鄉也"，"鄉"同"向"，因云"革面"、即"改其所向"，是也。竊謂《鶡冠子·泰鴻》篇："首尾易面"，最足證"面"即訓"向"，王氏舉例，無明白如此者。背、面之反向也。然雖言不見，而實知其可欲，動心忍性，適滋"抑割"、"强止"之患；故禪人"忘心不除境"（《五燈會元》卷一七寶覺），所謂"閉目不窺，已是一重公案"（魏泰《東軒筆錄》卷一二），亦所謂"看的不妨，想的獨狠"（沈廷松《皇明百家小說》第一一三帙潘游龍《笑禪錄》）。二者見不可欲：物之可欲，每由其面，其背初不爾，倘覻背之無可欲乃至可憎可怖，則庶幾勿爲面所迷惑。蓋我不"革面"，而物"革面"，亦即我不背向物，而使物背向我。等面、背於表裏，別幻象於真相。如寒山詩："寒山出此語，復似顛狂漢；有事對面説，所以足人怨；心真出語直，直心無背面"（又一首："若能如是知，是知無背面"）；謂世俗常態每面前虚詞取悦，背後方實言無飾。《五燈會元》卷九潙山靈祐語："道人之心，質直無偽，無背無面，無詐妄心"；蓋有背有面，即是"詐妄"，以一"質"則一"僞"耳。《書·益稷》："女毋面從，退有後言"；《詩·大雅·桑柔》："民之罔極，職涼善背；涼曰不可，覆背善詈"；《莊子·盜跖》："吾聞之，好面譽人者，亦好背而毁之";杜甫《莫相疑行》:"晚將末契託年少,當面輸心背面笑!"皆示當面易遭欺罔,轉背方知端的。文學中寓言十九,每託後義。如世人熟曉之《紅樓夢》第一二回賈瑞照"風月寶鑑",跛足道人叮囑曰:"專治邪思妄動之症。……千萬不可照正面,只照背面,要緊!要緊!"豈非"艮其背"耶?"其背"可"艮","妄動"能"治"之謂也。

【增訂三】《西遊記》三一回行者語八戒曰:"這妖怪無禮,他敢背前面後罵我";又斥黃袍怪曰:"你害他便也罷,却又背前面後罵我。"行者謂黃袍怪罵己時,不當己之面而當己之背,"背前"正亦"面後",疊詞一意。

十三世紀德國詩寫貴人病亟,忽覩美婦(schoene ein Vrouwe)立榻前,金冠寶帶(von golde ir krône, wol geberlt/ir wât ir gûrtel ir vürspan),儀表似天人,驚問阿誰,婦答:"我乃人間世爾,卿曷視吾背"(ich binz diu Werlt, /du solt mich hinden schouwen an);婦因轉身,背皆白骨無肉,蛆、蟆蠕動其中,惡氣刺鼻如狗屍腐臭(Ir was der rucke vleisches hol, /er war gar kroten vürme vol/und stanc alsam ein vûler hunt)①。

【增訂四】十三世紀德國大詩人(Walther von der Vogelweide)有一篇與魔鬼決絶,亦斥"俗世"爲"婦人"(Frô Welt):"汝面姝麗,汝背則穢惡可憎"(dô was dîn schoene an ze schowen wünneclîch al sunder lougen:/doch was schanden alse vil, /dô ich dîn hînden wart gewar,/daz ich dich iemer schelten will);説者謂中世紀常喻"俗世"爲美貌婦人,其背

———

① Der Guotaere, *The Penguin Book of German Verse*, 39.

皮肉消腐，蛆蟲聚噆焉（die schöne Dame，deren Rücken von Fäulnis und Ungeziefer zerfressen ist，——Max Wehrli，*Deutsche Lyrik des Mittelalters*，6th rev. ed.，1984，pp. 253，588）。丹麥神話中頑仙之現女身者，觀其前，美艷可人，相其後背則枵然空殼而已（The Danish elves or ellewomen appeared beautiful and engaging from the front but were hollow behind.——Katharine Briggs，*A Dictionary of Fairies*，Penguin，1979，pp. 92，122）。"風月寶鑑"之正反異照，迷覺殊趣，若是班乎。

十七世紀英國詩寫罪惡（Sin）現女人身，面抹粉施朱，掩飾本相，以蠱媚凡俗，而背尻深黑作夜色（For she with art and paint could fine dissemble / Her loathsome face；her back parts（blacke as night）[1]。歐洲十七世紀又尚雙面畫像，正面爲其人小照，轉畫幅之背，則赫然示髑髏相（ces singuliers anamorphoses，ou portraits doubles d'un visage qu'il suffit de retourner pour le voir changer en tête de mort），所以自儆生死無常、繁華不實[2]。皆與"艮其背"、"反面一照，衹見一個骷髏兒"，不謀而合。十七世紀一德國詩人歎人苦不自知云："汝尾人而行，瞭然即覩其過惡；若夫汝之過惡，則人自後視汝背得見之"（Kannst du dem，

---

① Phineas Fletcher，*The Locusts*，I，st. 12，*The Oxford Book of Seven-teenth-Century English Verse*，210.

② J. Rousset，*Anthologie de la Poésie baroque française*，I，17. Cf. Burton，*Anatomy of Melancholy*，"Democritus to the Reader"，George Bell，I，132（the double or turning pictures）；Rousset，*Circé et le Paon*，nouv. éd.，1954，p. 24（Gracian："regarder les choses à rebours"）.

der für dir geht，seine Mangel bald erblicken，／Wird dir deine se-
hen auch，wer dir nachsieht auf den Rükken)[1]；相君之背，方
知過惡，亦"反面一照"而見不可欲耳。抑面背迥殊，即表裏非
一、貌實不符，如陸龜蒙《登高文》所謂："反掌背面，天遼海
隔。"苟明此旨，則不必執著於顏面之與尻背。《鏡花緣》第二五
回寫兩面國人"和顏悦色，滿面謙恭光景，令人不覺可愛可親"，
而唐敖揭起腦後浩然巾，只見"裏面藏着一張惡臉，鼠眼鷹鼻，
滿臉橫肉"，駭絶下跪，大叫"嚇殺我了!"第三九回謂兩面國王
"浩然巾内久已藏著一張壞臉"，"對着人是一張臉，背着人又是
一張臉"。則前後表裏均爲面，初無腦後之背。莎士比亞劇中寫
摩洛哥王子揭黃金匣蓋，中乃髑髏(a carrion death)，喻外表
(outside to behold)之不足信恃[2]；加爾德隆劇中寫術士見意中
美人面蒙紗羃(cubierta con manto)，雅步相就，驚喜抱持，揭
羃則骷髏耳(descúbrela y vé/el cadaver)，方駭歎問，枯骨出聲
曰："人間世榮華，都作如是觀"(Asi，Cipriano，son/Todas las
glorias del mundo)[3]。則真質復不在背而在内，當發覆而不宜革
面。然作者寄意，貌異心同，莫非言惡隱而美顯，遂炫目惑
志爾。

---

[1] Logau："Kenne dich!" *Sinngedichte*. *Eine Auswahl*，hrsg. U. Berger，139.

[2] *The Merchant of Venice*，II. vii. 63. ff.. Cf. St John Damascene，*Barlaam und Ioasaph*，vi，Apologue 2，"Loeb"，75-7.

[3] Calderon，*El Mágico Prodigioso*，Jornada II，*Las Comedias de De Pedro Calderon*，Fleischer. III，417.

一五　漸

　　"九三：鴻漸於陸，夫征不復，婦孕不育"；《註》："夫征不復，樂於邪配，則婦亦不能守貞矣。"按王弼註頗切世情，經生動以猥瑣訶之，過矣。後世賦詠思婦閨情，輒描摹孤芳子處，矢志蘊愁，尟及此者。然徵之於實，則遠役長離，不保無其事。曹植《雜詩》："妾身守空閨，良人行從軍，自期三年歸，今已歷九春"，明貞固不易；而《古詩十九首》："蕩子行不歸，空牀難獨守"，又示冷淡未甘。二者蓋皆有之。李陵《答蘇武書》："生妻去帷"（《漢書·李廣蘇建傳》："子卿婦年少，聞已更嫁矣"）；《舊唐書·柳公綽傳》："鄂軍既在行營，公綽時令左右省問其家；……軍士之妻冶容不謹者，沉之於江"；劉禹錫（一作嚴鄖）《望夫石》："近來豈少征夫婦，笑採蘼蕪上北山"；吕居仁《軒渠録》（《説郛》卷七）載遼婦寄夫從軍南下詩："垂楊傳語山丹，你到江南艱難；你那裏討個南婆，我這裏嫁個契丹。"均資比勘。《左傳》僖公二十三年重耳要季隗曰："待我二十五年不來而後嫁"，足以覘遠別而難卜歸期者之心事矣。《詩·東山》："其新孔嘉，其舊如之何？"竊以爲當與《易》此節合觀，舊解未的。二句寫征人心口自語："當年新婚，愛好甚摯，久暌言旋，不識舊情未變否？"乃慮其婦闊別愛移，身疏而心亦遐，不復敦夙好，正所謂"近鄉情更怯"耳。王建《遠將歸》："遠將歸，勝未別時，在家相見熟，新歸歡不足"；則求金者遠歸之喜詞，與舍軀者生還之疑詞，區以別矣。西方古詩歌或歎喋血餘生、無錢無食，襤褸如丐，千里歸來，則婦初不閒曠，與不知誰何生子累累（Wohlge-brauchte Weiber，/Ungewisse Kinder）；或託爲妻詬夫從軍云："汝去我甚急，頭插鳥羽，獨不慮歸來時身將披龜甲耶！"（Ma di penne，a fuggirmi，il capo adorna；/ché porterai nel trionfo altero/della luna ottomana ambe le corna！）①雖口角獷鄙，要亦如王弼註所言情事也。

———————

①　Logau："Angedankte Soldaten"，*op. cit.*，142；L. Casaburi："Rimprovero di bella donna al suo marito，che propone d'andare alla guerra"，*Marino e i Marinisti*，Ricciardi，1061. Cf. Byron，*Don Juan*，11. 23，Varirorum ed. by T. G. Steffan and W. W. Pratt，II 287；G. W. E. Russell，*Collections and Recollections*，ch. 31，Nelson，308(a charade of a crusader knight and his lady).

一六　歸　妹

　　“初九：歸妹以娣，跛能履。九二：眇能視”；《正義》：“雖非正配，不失常道，譬猶跛人之足然，雖不正，不廢能履，……猶如眇目之人，視雖不正，不廢能視。”按“歸妹以娣”即古俗之“姊妹共夫婚姻”（sororal polygyny）。《履》之“六三：眇能視，跛能履。象曰：眇能視，不足以有明也；跛能履，不足以與行也”。二卦擬象全同，而旨歸適反。《歸妹》之於跛、眇，取之之意也，尚有憾爾；《履》之於跛、眇，棄之之意也，不無惜爾。一抑而終揚，一揚而仍抑。正如木槿朝花夕落，故名“日及”，《藝文類聚》卷八九載蘇彥詩序：“余既翫其葩，而歎其榮不終日”，是雖愛其朝花而終恨其夕落也；又載東方朔書：“木槿夕死朝榮，士亦不長貧也”，則同白居易《放言》之五“松樹千年終是朽，槿花一日亦爲榮”，縱知其夕落而仍羨其朝花矣[1]。《坤》六四有“括囊”之喻，《周易姚氏學》卷一謂《荀子》、《漢書》以爲“譏詞”，霍性上疏以爲“褒詞”，亦堪參酌。同此事物，援

---

　　[1]　Cf. C. Reade, *The Cloister and the Hearth*, ch. 72: "Jerome reported that Clement's spirit was willing, but his flesh was weak. 'Good!' said Anselm; 'his flesh is weak, but his spirit is willing'"("Everyman's", 515).

爲比喻，或以褒，或以貶，或示喜，或示惡，詞氣迥異；修詞之學，亟宜拈示。斯多噶派哲人嘗曰："萬物各有二柄"（Everything has two handles），人手當擇所執①。刺取其意，合采慎到、韓非"二柄"之稱，聊明吾旨，命之"比喻之兩柄"可也。

水中映月之喻常見釋書，示不可捉搦也。然而喻至道於水月，乃歎其玄妙，喻浮世於水月，則斥其虛妄，譽與毀區以別焉（參觀《大智度論·解了諸法釋論》第一二説"如水中月"）。不勞廣徵，即取晉釋慧遠《鳩摩羅什法師大乘大義》卷上爲例。其稱"法身同化"，無四大五根，"如鏡中像、水中月，見如有色，而無觸等，則非色也"，水月之喻，蓋以揚之；其言"幻化夢響"，如"鏡像、水月，但誑心眼"，水月之喻，又以抑之。詞章沿用亦然。《全唐文》卷三五〇李白《誌公畫贊》："水中之月，了不可取"；又卷七一五韋處厚《大義禪師碑銘》記尸利禪師答順宗："佛猶水中月，可見不可取"；施肩吾《聽南僧説偈詞》："惠風吹盡六條塵，清净水中初見月"。超妙而不可即也，猶云"仰之彌高，瞻之在前，忽焉在後"，或"高山仰止，雖不能至，心嚮往之"，是爲心服之贊詞。李涉《送妻入道》："縱使空門再相見，還如秋月水中看"；黃庭堅《沁園春》："鏡裏拈花，水中捉月，覷着無由得近伊"；《紅樓夢》第五回仙曲《枉凝眸》："一個枉自嗟訝，一個空勞牽掛，一個是水中月，一個是鏡中花"。點化禪藻，發抒綺思，則撩逗而不可即也，猶云"甜糖抹在鼻子上，只教他舐不着"（《水滸》第二四回），或"鼻凹兒裏砂糖水，心窩裏蘇合油，餂不着空把人拖逗"（《北宫詞紀外集》卷三楊慎

---

① Epictetus, *Encheiridion*，§ 45，"Loeb"，II，527.

《思情》），是爲心癢之恨詞。《申子·大體》曰："鏡設精無爲，
而美惡自備；衡設平無爲，而輕重自得"；《論衡·自紀》曰：
"如衡之平，如鑑之開"；《全三國文》卷五九諸葛亮《與人書》
曰："吾心如秤，不能爲人作輕重"；王涯《廣宣上人以詩賀放
榜、和謝》："用心空學秤無私"。均以秤喻無成見私心，處事遇
人，各如其分，公平允當，褒誇之詞也。《朱子語類》卷一六：
"這心之正，却如秤一般，未有物時，秤無不平，才把一物在上
面，秤便不平了"；周亮工《書影》卷一〇："佛氏有'花友'、
'秤友'之喻，花者因時爲盛衰，秤者視物爲低昂"。則言心之失
正、人之趨炎，爲誚讓之喻矣，"秤友"正劉峻《廣絶交論》所
斥"操權衡"之"量交"也。世異域殊，執喻之柄，亦每不同。
如意語、英語均有"使鐘錶停止"之喻，而美刺之旨各別。意人
一小説云："此婦能使鐘錶停止不行"（Que pezzo di donna che
fa fermare gli orologi）[①]，歎容貌之美；如宋之問《浣紗篇》稱
西施之"艷色"、"靓妝"曰："鳥驚入松網，魚畏沈荷花"，或
《紅樓夢》第二七回曰："這些人打扮的桃羞杏讓，燕妒鶯慚"。
而英人一劇本云："然此間有一二婦人，其面貌足止鐘不行"
（But then there's one or two faces 'ere that' ud stop a clock）[②]，
斥容貌之陋，則如《孤本元明雜劇》中《女姑姑》禾旦自道"生得
醜"曰："驢見驚，馬見走，駱駝看見翻筋斗"。言譯事者以兩國語
文中貌相如而實不相如之詞與字，比於當面輸心背面笑之"僞友"

① V. Brancati, *Don Giovanni in Sicilia*, quoted in D. Provenzal, *Dizionario delle Immagini*, 93, "Beltà".

② J. B. Priestley, *When We are Married*, Act III, *The Plays of J. B. Priestley*, Heinemann, II, 214.

（les faux amis）①，防惕謹嚴，比喻之兩柄亦正如賣友之兩面矣。

比喻有兩柄而復具多邊。蓋事物一而已，然非止一性一能，遂不限於一功一效。取譬者用心或別，着眼因殊，指（denota-tum）同而旨（significatum）則異；故一事物之象可以孑立應多，守常處變。譬夫月，形圓而體明，圓若明之在月，猶《墨經》言堅若白之在石，"不相外"而"相盈"，或猶《楞嚴經》言空與土之在"法界"，"二性周徧"而"不相陵滅"者也。鏡喻於月，如庾信《詠鏡》："月生無有桂"，取明之相似，而亦可兼取圓之相似。茶團、香餅喻於月，如王禹偁《龍鳳茶》："圓似三秋皓月輪"，或蘇軾《惠山謁錢道人烹小龍團》："獨携天上小團月，來試人間第二泉"；王沂孫《天香·龍涎香》："孤嶠蟠烟，層濤蛻月"，或周密《天香·龍涎香》："驪宮玉唾誰擣，麝月雙心"；僅取圓之相似，不及於明。

【增訂三】香餅可喻爲圓月，周嘉冑《香乘》卷一四至一八屢言其製，如"作餅爇之"，"爲薄餅燒之"，"散燒或捻小餅亦可"，"捻作餅子燒之"等。香盤亦可喻爲圓月，其製見洪芻《香譜》卷下，圓徑每二、三尺，燃於飲席及佛寺；《全宋詞》二五二六頁彭耜《十二時》："此心終日繞香盤，在篆畦兒裏"，即此物也。

【增訂四】陳與義《簡齋詩集》卷五《又和歲除感懷用前韻》："下里燒香篆屈盤"；陸游《劍南詩稿》卷一七《初寒夜坐》："微火如螢度篆盤。"亦皆道香盤模狀。

---

① Cf. J.-P. Vinay èt J. Darbelnet，*Stylistique comparée du Français et de l'Anglais*，70-2，170-3.

月亦可喻目，洞矚明察之意，如蘇軾《弔李臺卿》："看書眼如月"，非并狀李生之貌"環眼圓睜"。月又可喻女君，太陰當空之意，如陳子昂《感遇》第一首："微月生西海，幽陽始代昇"，陳沆《詩比興箋》解爲隱擬武則天，則圓與明皆非所思存，未可穿鑿謂并涵阿武婆之"圓姿替月"、"容光照人"。"月眼"、"月面"均爲常言，而眼取月之明，面取月之圓，各傍月性之一邊也。請徵之《易》本書。《坤》："利牝馬之貞"，以馬象坤，取其"順"也；《說卦傳》："乾爲馬"，復取其"健"也。一馬耳，或稱其德焉，或稱其力焉。且如前引"水月"諸句，雖揚抑不同，而可望不可即之意則同，是柄固異而邊無殊也。《華嚴經·世主莊嚴品》第一："如來法身不思議，如影分形等法界"，清涼澄觀《疏鈔》卷九釋曰："若月入百川，尋影之月，月體不分"；王安石《王荆文公詩》卷四三《記夢》："月入千江體不分，道人非復世間人"，黃庭堅《豫章黃先生集》卷一四《黃龍南禪師真贊》："影落千江，誰知月處"，又《五祖演禪師真贊》："無心萬事禪，一月千江水"，朱松《韋齋集》卷一《謁普照塔》："是身如皎月，有水著處現，彈指徧大千，何止數鄉縣"；則言平等普及，分殊理一，爲"水月"之第二邊。李白《贈宣州靈源寺仲濬公》："觀心同水月"，猶《誌公畫贊》之旨，尚爲第一邊；而其《溧陽瀨水貞義女碑銘》："明明千秋，如月在水"，則另主皎潔不滅，光景常新，乃"水月"之第三邊。《醉醒石》第一三回《嘲妓》詩："也巢丹鳳也栖鴉，暮粉朝鉛取次搽；月落萬川心好似，清光不解駐誰家！"移贊佛之喻以譏妓，則與《華嚴經》、王、黃、朱詩文同邊而異柄矣。一物之體，可面面觀，立喻者各取所需，每舉一而不及餘；讀者倘見喻起意，橫出旁申，蘇軾《日喻》所嘲盲者扣槃得聲、捫燭得形，無以異爾。《大般涅槃經·獅子吼菩薩品》第一〇之三：“引喻不必盡取，或取少分，或取多分”（參觀《法華玄義》卷七下、卷一〇下），《翻譯名義集》第五三篇有“分喻”之目；“分”者，不盡、不全之意，略如《呂氏春秋·貴生》：“六欲分得其宜也”，高誘註：“分、半也”，或《荀子·仲尼》：“以齊之分”，楊倞註：“分、半也。”以彼喻此，二者部“分”相似，非全體渾同。“分”與吾所謂“邊”印可。嘗見英詩人作兒歌云：“針有頭而無髮，鐘有面而無口，引線有眼而不能視”（A pin has a head, but no hair；/ A clock has a face, but no mouth there；/ Needles have eyes, but they cannot see)[1]，舉例甚夥，皆明“引喻取分”之意。《翻譯名義集》曰：“雪山比象，安責尾牙？滿月況面，豈有眉目？”同心之言也（參觀《毛詩》卷論《大東》）。

【增訂三】《大智度論》卷九一《釋具足品》第八一上：“以明心事，故說譬喻，取其少許相似處爲喻。……如師子喻王；師子於獸中無畏，王於羣下自在無難，故以爲喻，復何可責四足負毛爲異耶？”“少許相似處”即“分”耳。

【增訂四】《文心雕龍·比興》：“關雎有別，故后妃方德；尸鳩貞一，故夫人象義。義取其貞，無從於夷禽；德貴其別，不嫌於鷙鳥。明而未融，故發注而後見也。”蓋如《豳風·狼跋》“美”周公而“不嫌”取譬於貪獸矣。“義取”物之一端而“無從”其他，即《大般涅槃經》所謂“引喻不必盡取”，“邊”之

---

① Christina Rossetti：“Sing-song”，*Poetical Works*，ed. W. M. Rossetti，432-3；cf 434：“The peacock has a scores of eyes with which he cannot see” etc..

謂也（Cf. Christine Brooke-Rose, *A Grammar of Metaphor*, 1958, pp. 12, 209; "When we use a noun metaphorically, we make abstraction of certain attributes which it possesses, leaving out others which would not fit"）。劉氏通曉釋典，倘有所參悟歟？特未團詞括要，遂於"分喻"之旨，尚"明而未融"耳。當世思辯家（Donald Davidson）有名言："明比皆真，暗喻多妄"（All similes are true and most metaphors are false）；蓋謂無一物不與他物大體或末節有相似處，可以顯擬，而每一物獨特無二，迥異他物，無堪齊等，不可隱同（Everything is like everything else in some respect, however unimportant, and everything actually is itself and not something else）。

【增訂五】即《莊子·天下篇》述惠施所謂："萬物畢同畢異"；《墨子·小取》所謂："辟也者，舉他物而明之也。……夫物有以同，而不率遂同。"

【增訂四】顯擬二物，曰"如"曰"似"，則尚非等同，有不"盡取"者在；苟無"如"、"似"等字，則若渾淪以二物隱同，一"邊"而可申至於他"邊"矣。雖然，文章狡獪，游戲三昧，"取"物一節而復可並"從"其餘，引喻"取分"而不妨充類及他，參觀254－257頁、《談藝錄》第二黃山谷詩補註第五十九。斯又活法之須圓覽者。

喻有柄有邊，後將隨見隨説，先發凡於此。

一七　繫辭（一）

　　《繫辭》上：“一陰一陽之謂道”；《正義》：“以理言之爲道，以數言之謂之一，以體言之謂之無，以物得開通謂之道，以微妙不測謂之神，以應機變化謂之易。總而言之，皆虛無之謂也。”按阮籍《通老子論》云：“道者自然，《易》謂之‘太極’，《春秋》謂之‘元’，《老子》謂之‘道’也”（《全三國文》卷四五）；成公綏《天地賦》云：“天地至神，難以一言定稱。故體而言之，則曰‘兩儀’；假而言之，則曰‘乾坤’；氣而言之，則曰‘陰陽’；性而言之，則曰‘柔剛’；色而言之，則曰‘玄黄’；名而言之，則曰‘天地’”（《全晉文》卷五九）；《河南二程遺書》卷一一云：“天者理也，神者妙萬物而爲言者也，帝者以主宰事而名也”；孫奕《履齋示兒編》卷一云：“以形體謂之天，以主宰謂之帝，以運動謂之乾”。大莫能名，姑與以一名而不能盡其實，遂繁稱多名，更端以示。夫多名適見無可名、不能名也。《列子·仲尼》篇“蕩蕩乎民無能名焉”句張湛註引何晏《無名論》曰：“夫唯無名，故可得徧以天下之名名之，然豈其名也哉？”西方神秘家（Dionysius the Areopagite）謂損以求之（Via negativa），則升而至於無名，益以求之

（Via affirmativa），則降而至於多名①；故大道真宰無名（anon-
ymous）而復多名（polynonymous）②。理足相參，即《老子》開
宗明義之"可名非常名"耳。

① R. A. Vaughan，*Hours with the Mystics*. 6th ed. , I. 115−6.
② K. Vossler, *The Spirit of Language in Civilisation*, tr. O. Oeser. 33；E. Cas-
sirer, *Language and Myth*, tr. Susanne Langer,71−3.

一八　繫辭（二）

　　《繫辭》上："顯諸仁，藏諸用，鼓萬物而不與聖人同憂"；《註》："萬物由之以化。……聖人雖體道以爲用，未能至無以爲體，故順通天下，則有經營之跡也"；《正義》："道之功用，能鼓動萬物，使之化育。……道則無心無跡，聖人則無心有跡。……內則雖是無心，外則有經營之跡，則有憂也。"按《文選》左思《魏都賦》"匪同憂於有聖"，李善註引王弼《周易》註云："乾坤簡易是常，無偏於生養，無擇於人物，不能委曲與聖人同此憂也"（張雲璈《選學膠言》卷四謂當是王肅註，李誤作王弼），視韓康伯此註較明白，而與《老子》"天地不仁"句王弼註相發，參觀《老子》卷論第五章。然韓註無語疵，孔疏則詞欠圓明，當云：道無心而有跡，聖人則有心亦有跡，蓋道化育而不經營故也。《繫辭》本節上文曰："顯諸神"，下文曰："見乃謂之象，形乃謂之器"，豈非道有跡乎？聖人有心故憂，道無心則不憂矣。揚雄《法言·問道》："吾於天與，見無爲之爲矣。或問：雕刻眾形者匪天與？曰：以其不雕刻也。"揚雄雖自言此乃取老子之説，而語更爽利，可作無心有跡之確解。《三國志·魏書·鍾會傳》裴註引何劭《王弼傳》記"何晏以爲聖人無喜怒哀樂，弼與不同";《世説新語・傷逝》亦記王衍曰:"聖人忘情。"意謂"聖人"既法天體道,過化存神,則自能如天若道之"無心"而"不憂"。與古希臘哲人言有道之士契合自然(Life in agreement with Nature),心如木石,無喜怒哀樂之情(Apathy)者①,無以異也。

《明道語録》:"聖人人也,故不能無憂。天則不爲堯存,不爲桀亡者也";《伊川語録》:"'鼓舞萬物,不與聖人同憂',此天與人異處,聖人有不能爲天之所爲處。"二程闡發《易》語,即斯賓諾莎所謂"上帝無情感"(Deus expers est passionum),不憂不喜,不愛不憎也②。然上帝無情,則天人懸絶,禱祀唐捐;而上帝有情,又下躋衆生,無以高異。於是談者彌縫補苴以求兩全,或謂其"道是無情卻有情"(passus est impassibiliter; impassibilis sed non incompassibilis)③,或謂其哀樂而無動於中(experience the intensest pain and pleasure without being affected by it)④。引而申之,倘亦與人同憂而不愁苦者歟? 以南轅北轍之背爲東食西宿之兼者歟? 參觀《全晉文》卷論何劭《王弼傳》。

---

① Diogenes Laertius, *op. cit.*, VII. 87, 117, "Loeb", II, 195, 221. cf. Plutarch: "How the young Man should study Poetry", 14, *Moralia*, "Loeb", I, 196.

② Spinoza, *Ethica*, V, Prop. 17 et Cor., "Classiques Garnier", II, 198-9.

③ S. Athanase, quoted in Leibniz, *Théodicée*, Disc. prél., § 22, *Die Philosophischen Schriften*, hrsg. C. J. Gebhardt, VI, 63; S. Bernard, quoted in Feuerbach, *Das Wesen des Christenthums*, Kap. 5, *op. cit.*, 67.

④ R. L. Nettleship, quoted in C. E. Montague, *A Writer's Notes on his Trade*, "The Phoenix Library", 237.

一九　繫辭（三）

　　《繫辭》上：“易、聖人之所以極深而研幾也”；《註》：“極未形之理則曰‘深’，適動微之會則曰‘幾’”；《正義》：“‘幾’者，離無入有，是有初之微。”按《繫辭》下：“知幾其神乎！幾者，動之微、吉之先見者也”；《註》：“幾者，去無入有。理而無形，不可以名尋，不可以形覩者也。唯神也，……故能朗然玄照，鑒於未形也。合抱之木，起於毫末，吉凶之彰，始於微兆”；《正義》：“‘幾’、微也。……事物初動之時，其理未著，唯纖微而已。若其已著之後，則心事顯露，不得爲幾；若未動之前，又寂然頓無，兼亦不得稱幾也。幾是離無入有，在有無之際。”二疏合觀，“幾”義益明。《老子》第一四章：“視之不見名曰夷”，“夷”一作“幾”，范應元《道德經古本集註》引唐傅奕云：“幾者、幽而無象也”；祇言其“無”而“不見”，未言其“有”而“可知”，文理不如孔疏之密察周賅。張載《正蒙·神化》篇：“幾者、象見而未形也”，則得之矣。韓康伯註實節取《老子》第六四章：“其安易持，其未兆易謀，其脆易泮，其微易散，爲之於未有，治之於未亂。合抱之木，生於毫末；九層之臺，起於累土；千里之行，始於足下”；即《鬼谷子·抵巇》篇所言“抵巇之理”：“巇始有朕，可抵而塞”，“聖人見萌芽巇罅，則抵之以法”。周君振甫謂韓註多語病；既曰“去無入有”，是“有”形也，何得曰“鑒於未形”——“毫末”豈非“有形”乎？不特此也，樹木之長大，其“動”不著，非若飛走陟降之類，觸目會心。且萌芽毫末漸至於拱把合抱，假以爲例，似與亞理士多德以來所稱“潛能”或“潛力”（potentiality）①易相混淆。潛能者，能然而尚未然；幾者，已動而似未動，故曰“動之微”，《鬼谷子·揣》篇命之曰“幾之勢”。“知幾”非無巴鼻之猜度，乃有朕兆而推斷，特其朕兆尚微而未著，常情遂忽而不覩；能察事象之微，識尋常所忽，斯所以爲“神”。譬如地震或天變伊始，禽蟲失常變態而人蒙昧不省；蓋災之“初動”，於禽蟲已爲“顯露”，於人猶屬“纖微”，故禽蟲無愧先覺，而人則不知“幾”焉。然禽蟲何故變態，人固不得而知，禽蟲作諸變態，人自可得而見；苟博物深思，於他人不注目經心之禽蟲變態，因微知著，揣識災異之端倪，則“知幾”之“神”矣。“動之微”者，雖已動而尚難見、不易知，是以見之者罕、知之者稀也。請借詩人佳句，更端以説可乎？杜詩《閬山歌》：“松浮欲盡不盡雲，江動將崩未崩石”；石之將崩已著，特尚未崩耳，不得爲“幾”也。韓詩《雉帶箭》：“將軍欲以巧勝人，盤馬彎弓惜不發”；情狀似《管子·小問》桓公北伐孤竹，途中見神人，“闟然止，瞠然視，援弓將射，引而未敢發也”，或《孟子·盡心》之“引而不發，躍如也”，與米凱郎吉羅論雕塑人物，必選其“鬱怒”（furia）之態，

---

① Cf. A. Lalande, *op. cit.*, 859-861, art. "Puissance", note；Hegel, *Geschichte der Philosophie*, "Einleitung", Felix Meiner, 101-3（das Vermögen, das An-sichsein）.

聚力作勢，一觸即發（action barely restrained）[1]，理無二致。顧箭在弦上，發之勢昭然，則發之動當然，亦不得爲“幾”也。白詩《魏王堤》：“何處未春先有思，柳條無力魏王堤”，庶幾見春之“幾”者；蘇詩《高郵陳直躬處士畫雁》：“野雁見人時，未動意先改”，又《次韻趙景睨春思》：“春風如繫馬，未動意先騁”，曰“先改”、“先騁”，雖曰“未動”，亦已謂之“動”矣。曾幾《茶山集》卷三《探梅》：“雪含欲下不下意，梅作將開未開色”；句法擬杜，“意”字同蘇，而復以“含”、“欲”字闡之，幾堪爲知“幾”者。程俱《北山小集》卷一六《賀方回畫筍有龔高畫二。其一戴勝，殆非筆墨所成；其一鼯鼠尤妙，形態曲盡，有貪而畏人之意。各題數語其上》，第二首：“有惕其中，而志逐逐；何以占之？機見於目”；“志逐逐”猶言“意騁”、“意改”，末句用《陰符經》下篇：“心生於物，死於物，機在目”，“機”即“幾”，“逐逐”之動尚未着於鼠體，而“逐逐”之志，已動乎中而形乎外，“見於目”焉。斯可以詮“動微”、“在有無際”也。駱賓王《代李敬業傳檄天下文》曰：“坐昧先幾之兆”，後世竿牘諛人，亦每曰：“燭照幾先”，皆誤以“知幾”爲先知。《韓非子·解老》曰：“先物行、先理動之謂前識；前識者，無緣而妄意度耳”；“先幾”是在“幾”之先，即尚“無緣”；“知幾”則已有“幾”可知，非“無緣妄度”也。《南史》卷三四《周弘正傳》王僧辯曰：“弘正智不後機，體能濟勝”，又曰：“吾固知王僧達非後機者”；則未失《易》意，有“幾”即見，非前識亦非後覺也。

---

[1]　R.J. Clements，*Michelangelo's Theory of Art*，175 Cf. W. J. Bate，*John Keats*，246（"Stationing"）.

二○　繫辭（四）

　　《繫辭》上：“聖人以此洗心，退藏於密”；《註》：“洗濯萬物之心。”按下云：“聖人以此齋戒，以神明其德”，《註》：“洗心曰齋，防患曰戒”；此處亦言“洗濯”己之心，非謂“洗濯萬物之心”也。《莊子·山木》：“願君刳形去皮，洒心去欲”，又《知北遊》：“汝齋戒，疏瀹而心，澡雪而精神”，語意胥與《繫辭》之“洗心”契會。《全晉文》卷四九傅玄《傅子》：“人皆知滌其器而莫知洗其心”；《南史》卷四七《荀伯玉傳》記竺景秀語：“若許某自新，必吞刀刮腸，飲灰洗胃”。“洗胃”、“洗心”，屬詞無異《孟子·梁惠王》之“寡人耻之，願比死者一洒之”，蓋晉、宋習用矣。王引之《經義述聞·易》下謂“洗”與“先”通，虞翻解“先心”爲“知來”，是也，班固《幽通賦》亦曰：“神先心以定命”。王蓋不究義理，并弗顧文理，而祇知字之通假耳。“以此先心”既甚不詞，訓“先心”爲“知來”又文義牽强，未可以虞翻視韓康伯生世稍古而信好其解也。莊周不更古於虞翻乎？《幽通賦》：“神先心以定命兮，命隨行以消息”，《文選》載班固妹曹大家註：“言人之行各隨其命，命者神先定之。”兩句相對相當，“行”爲“人之行”，則“心”即“人之心”，而“神”者，“大道神明"。蓋謂"命"已"先"由天"定",非人"心"能回(fore-ordination),與虞翻以"先心"爲前識"知來"(foreknowledge)之解,了不相涉而幾若相仇;王氏引以張目,乖矣!

【增訂一】《東塾讀書記》卷四譏"虞氏《易》註多不通"。説"洗心"爲"先心",適堪示例。《後漢書·隗囂傳》囂上疏:"如遂蒙恩,更得洗心,死且不朽";則東漢初用《易》語已不異後世。《管子·心術》上:"潔其宮,開其門;宮者,謂心也,心也者,智之舍也";"潔"與"洗"同取義於濯垢,蓋此喻從來遠矣。

【增訂三】《後漢書·順帝紀》阳嘉三年五月戊戌制詔:"嘉與海内洗心更始,其大赦天下";《潛夫論·述赦》:"其文帝曰:'……將與士大夫洒心更始,歲歲洒之。'"是"洗心"早成東漢官書中印板落套語也。《漢書·元后傳》:"且羌胡尚殺首子以盪腸正世",師古註:"盪、洗滌也";亦同"割腸洗胃"之爲假喻。《金樓子·立言》:"長沮浴,桀溺問焉。長沮曰:'浴須浴其内,然後其表。五藏六府尚有未潔,四支八體何爲者耶?夫浴者,將使表裏潔也。'"梁元此書引語述事,多本古逸;"浴内"、"潔裏"與"潔宮"、"洗心"、"洗胃",一致同揆,更徵心同而言公矣。梵典設譬,冥契漢籍。《大智度論》卷二七《釋初品中大慈大悲》:"衣如聖人心,垢如諸煩惱,雖以智慧水浣,煩惱氣猶在。"若西晉譯《法句譬喻經·多聞品》第三:"夫妻驚愕,精神戰懼,改惡洗心,頭腦打地",則似譯僧用華言成語耳。

【增訂四】《大戴禮記·主言》:"是故聖人等之以禮,立之以義,行之以順,而民棄惡也如灌。""灌"與"洗心"、"潔裏"之喻同源。《莊子·庚桑楚》："南榮趎請入就舍,召其所好,去其所惡,十日自愁,復見老子。老子曰:'汝自洒濯,孰哉鬱鬱乎?然而其中津津乎猶有惡也'";所謂"洒濯",即指"去其所惡",正"洗心"也,然"心"雖"洗"而未净,故"其中津津乎猶有惡也"。王引之所采虞翻以"洗"爲"先",洵單文孤證之曲説矣。

二一　繫辭（五）

　　《繫辭》上：“吉凶與民同患”；《正義》：“凶雖民之所患，吉亦民之所患也；既得其吉，又患其失，故老子云‘寵辱若驚’也”。按《疏》言殊辯，然實誤解之强詞。此正如《繫辭》上曰：“潤之以風雨”，而《説卦》則曰：“風以散之，雨以潤之。”孔氏非不曉古人修詞有此法式者，《左傳》襄公二年：“以索馬牛皆百匹”，孔《正義》：“牛當稱‘頭’，而亦云‘匹’者，因馬而名牛曰‘匹’，兼言之耳。經、傳之文，此類多矣。《易·繫辭》云：‘潤之以風雨’，《論語》云：‘沽酒市脯不食’，《玉藻》云：‘大夫不得造車馬’，皆從一而省文也。”孔既知斯理，卻不省本處亦因“凶”字而并“吉”曰“患”，千慮一失，足徵制立條例者未必常能見例而繫之條也。《論語·鄉黨》“沽酒市脯不食”句，邢昺疏全襲《左傳》襄二年孔氏《正義》。孔平仲《珩璜新義》云：“宋玉《賦》‘豈能料天地之高哉’，地言‘高’，不可也；《後漢書·楊厚傳》‘耳目不明’，耳言‘明’，不可也”；是不知穎達所定“從一省文”之例，數典而忘其祖矣。王楙《野客叢書》卷二一言“因其一而并其一，古人省言之體”；徐火勃《筆精》卷一言“古人之文，有因此而援彼者，有從此而省彼者”；皆舉“潤之以風雨"、"不可造車馬"、"沽酒市脯不食"等句爲例，均似不知已早著於《正義》者。《日知錄》卷二七《通鑑註》條舉古人之詞"並及"，如"愛憎、憎也"，"得失、失也"，"利害、害也"，"緩急、急也"，"成敗、敗也"，"同異、異也"，"贏縮、縮也"，"禍福、禍也"；"並及"即《正義》之"兼言"耳。王國維《觀堂集林》卷二《與友人論〈詩〉、〈書〉中成語書》有云："古人言'陟降'，不必兼陟與降二義。《周頌》：'念慈皇祖，陟降庭止'，'陟降厥士，日監在玆'，以'降'爲主而兼言'陟'者也。《大雅》：'文王陟降，在帝左右'，以'陟'爲主而兼言'降'者也。"實亦不外孔、顧之意。孔說從此而省彼，顧、王說因此而及彼，兩者每爲一事，直所從言之異路耳。譬如不曰"不可造車畜馬"，而曰"不可造車馬"，謂"造"字爲從"車"而省"畜"之文，固可，而謂"馬"字乃因"車"而牽引之文，亦未嘗不可；不曰"散潤之以風雨"，而曰"潤之以風雨"，倘着眼"風"字，則"潤"自爲兼"散"之省文，而苟着眼"潤"字，則"風"爲因"雨"而連及之文矣。從一省文之例，古人道者較多。因一兼言之例，於顧、王所拈，復益一二。《禮記·學記》："君子知至學之難易"；"難易"即"難"，因難而兼言"易"也，《正義》分別解釋，失之。《左傳》昭公四年："子產曰：'苟利社稷，生死以之'"；謂雖死不惜，而兼言"生"，實同僖公二十八年："榮季曰：'死而利國，猶或爲之'"。《史記·封禪書》："則祠蚩尤，釁鼓旗"，因"鼓"而兼言"旗"，又《匈奴列傳》："舉事而候星月，月盛壯則攻戰，月虧則退兵"；觀第二、三句，則首句之因"月"而兼言"星"，曉然可見。《太玄經·昆》之次六："文車同軌"，因"車"而兼言"文"。《法言·問道篇》："刀不

利，筆不銛，而獨加諸砥，不亦可乎？"刀鈍可礪，筆禿不可礪
（《説苑・建本篇》："礪所以致刃也"），此因"刀"而兼"筆"
乎？或亦從"砥"而省"削"耶？故承之曰："人砥則秦尚矣"。
左思《吳都賦》："魚鳥聱耴"；《文選》李善註："聱耴，衆聲
也"；吕向註："魚當無聲，此云'魚鳥聱耴'，文之失也"，正可
以因"鳥"兼"魚"爲左氏解嘲，不必引司馬相如《上林賦》
"魚鼈讙聲"之句也。參觀《毛詩》卷論《擊鼓》有關修詞中兩
字相銜接因而意義同化或吞併之例。

二二 繫辭（六）

　　《繫辭》下：“子曰：‘天下何思何慮；天下同歸而殊塗，一致而百慮’”；《註》：“苟識其要，不在博求，一以貫之，不慮而盡矣。”按《史記・自序》論六家要指，引《易大傳》云云，意謂不謀而合。康伯此註，則非其意，乃謂執簡馭繁，似《龜策列傳》所云：“人各自安，化分爲百室，道散而無垠，故推歸之至微”；亦班固《幽通賦》所云：“道混成而自然兮，術同原而分流。”思慮各殊，指歸同一，《繫辭》語可以陸九淵語釋之。《象山全集》卷二二《雜說》：“千萬世之前有聖人出焉，同此心，同此理也；千萬世之後，有聖人出焉，同此心，同此理也；東、南、西、北海有聖人出焉，同此心，同此理也。”九淵之説，即《樂緯稽耀嘉》所謂：“聖人雖生異世，其心意同如一也”（《玉函山房輯佚書》卷五四），而推宙以及宇耳；然仍偏而未匝，當以劉安、列禦寇語輔之。《淮南子・脩務訓》：“若夫水之用舟，沙之用鳩，泥之用輴，山之用蔂，夏瀆而冬陂，因高爲田，因下爲池，此非吾所謂爲之。聖人之從事也，殊體而合於理，其所由異路而同歸”；《列子・湯問》篇：“九土所資，或農或商，或田或漁，如冬裘夏葛，水舟陸車，默而得之，性而成之”，張湛註：

"夫方土所資，自然而能，故吳越之用舟，燕朔之乘馬，得之於水陸之宜，不假學於賢智。慎到曰：'治水者茨防決塞，雖在夷貊，相似如一，學之於水，不學之於禹也'"。心同理同，正緣物同理同；水性如一，故治水者之心思亦若合符契。《文子·自然》："循理而舉事，因資而成功，惟自然之勢。……夫水用舟，沙用鳩，泥用輴，山用樏，夏瀆、冬陂，因高爲山，因下爲池，非吾所爲也"；亦此意，而言之不如二子之明且清矣。思辯之當然(Laws of thought)，出於事物之必然(Laws of things)，物格知至，斯所以百慮一致、殊塗同歸耳。斯賓諾莎論思想之倫次、係連與事物之倫次、係連相符(Ordo et connexio idearum idem est, ac ordo et connexio rerum)①，維果言思想之倫次當依隨事物之倫次(L'ordine dell'idee dee procedere secondo l'ordine delle cose)②，皆言心之同然，本乎理之當然，而理之當然，本乎物之必然，亦即合乎物之本然也。

①　*Ethica*，Pars II，Prop. 7，*op. cit.*，I，131.
②　*Scienza Nuova*，§238，*op. cit.*，458.

二三　繫辭（七）

　　《繫辭》下："屈信相感，而利生焉。尺蠖之屈，以求信也。"
按《全唐文》卷九五〇高無際《漢武帝後庭鞦韆賦》："乍龍伸而蠖
屈，將欲上而復低。……類七縱而七捨，期必高而讓高。"頗能
闡明《易》此喻欲進故退之意。《六韜・武韜・發啟》："鷙鳥將
擊，卑飛斂翼；猛獸將搏，弭耳俯伏"；《呂氏春秋・決勝》："諸
搏攫抵噬之獸，其用齒角爪牙也，必託於卑微隱蔽，此所以成
勝"（高誘註舉狐搏雉爲説，即本《淮南子》）；《淮南子・兵略
訓》："飛鳥之擊也，俯其首；猛獸之攫也，匿其爪"，又《人間
訓》："夫狐之搏雉也，必先卑體弭耳，以待其來也"；劉基《誠
意伯文集》卷八《連珠》："蓋聞虎之躍也，必伏乃厲，鵠之舉
也，必俯乃高。"擬象不同，寓意不異，皆《老子》第二二章之
"枉則直"也。西洋常語亦云："後退所以前躍"（reculer pour
mieux sauter）①，如《塊肉餘生述》中密考伯先生欲借小債，爲

---

① E. g. Montaigne, *Essais*, I. 39("Bib. de la Pléiade", 248-9); Leibniz: "Let-
tre à Bourguet", "Lettre touchant ce qui est indépendant des sens et de la matière",
etc.(*op. cit*., III, 578; IV. 508); G. Herbert, *Jacula Prudentum*, no. 1121 (*Works*,
ed. E. F. Hutchinson, 359); Chesterfield: "To His Son" (*Letters*, ed. B. Dobrèe, V,
2343).

發大財之地，曰"吾之小退卻，將以大距躍也"（fallen back，for a spring）①。古羅馬人早有欲獲全勝、須暫讓步（pro tempore cede）之語②，而取譬於前躍必先後退，似始見於文藝復興意大利著作，皆以超越溝渠（un fosso da passare，trapassando un fosso）爲比③。詩家形容戰術之以卻爲攻，喻於鷹（Hawk）飛愈高，則下擊愈中（The greater Gate she getteth up on high，/The truer stoupe she makes at anything）④，與《六韜》、《淮南》鳥擊語，可謂貌異心同。又有詩家以蟹爬（Krebsgang，crab）比世人之以退爲進、欲高故卑（Mensch，senke dich herab，so steigest du hinauf；Downward to climb，backward to dance）⑤，則亦如蠖屈之取資於蜎飛蠕動矣。

① *David Copperfield*，ch.27（Mr Micawber）.

② *Dicta Catonis*，II，10（*The Minor Latin Poets*，"Loeb"，606）；cf. Montaigne，*Essais*，I.12（*op. cit.*，60 ff.）.

③ R.J.Clements，*Michelangelo's Theory of Art*，42；Bruno，*Spaccio de la Bestia Trionfante*，Dialogo I（*Opere di G. Bruno e di T. Campanella*，Riccardo Ricciardi，475）.

【增訂四】博亞爾多名篇亦寫戰士卻後以取勢，乃一躍而至前（al fin delle parole un salto piglia；/Vero è che indietro alquanto ebbe a tornare/A prender corso...——Boiardo，*Orlando Innamorato*，Lib. II，Canto viii，§23，Garzanti，1978，Vol.II，II，p.694）。

④ G.Gascoigne，*Dulce Bellum Inexpertis*，st 34（quoted in Coleridge，*Collected Letters*，ed.E.L.Griggs，IV，756）；cf. *Don Quijote*，Parte II，cap.41；"...como hace el sacre é neblí sobre la garza para cogerla，por más que se remonte"（"Clásicos Castellanos"，VII，83）.

⑤ Daniel von Czepko，*Sexcenta Monodisticha Sapientum*（M. Wehrli，*Deutsche Barocklyrik*，3.Aufl.，176）；Pope，*The Dunciad*，Bk II，297-8（*Poems*，"Twickenham Ed."，V，139）.

二四　繫辭（八）

　　《繫辭》下：“物相雜，故曰文。”按劉熙載《藝概》卷一引而申之，觸類而長之：“《易·繫辭》：‘物相雜，故曰文’；《國語》：‘物一無文’。徐鍇《說文通論》：‘强弱相成，剛柔相形，故於文：人、乂爲文’。朱子《語錄》：‘兩物相對待，故有文，若相離去，便不成文矣’。爲文者盍思文之所生乎？”又曰：“《國語》言‘物一無文’，後人更當知物無一則無文。蓋一乃文之真宰；必有一在其中，斯能用夫不一者也。”史伯對鄭桓公曰：“聲一無聽，物一無文”，見《國語·鄭語》。曰“雜”曰“不一”，即所謂“品色繁殊，目悦心娱”（Varietas delectat）[1]。劉氏標一與不一相輔成文，其理殊精：一則雜而不亂，雜則一而能多。古希臘人談藝，舉“一貫寓於萬殊”（Unity in variety）爲第一義諦（the fundamental theory）[2]，後之論者至定爲金科玉律（das Gesetz der Einheit in der Mannigfaltigkeit）[3]，正劉氏之言“一在其

---

　　[1]　Phaedrus，II，Prol. 10；cf. Publius Syrus，§ 278（*The Minor Latin Poets*，“Loeb”，50）.

　　[2]　B. Bosanquet，*A History of Aesthetic*，2nd ed. ，4 and 30.

　　[3]　Th. Lipps，*Grundlegung der Aesthetik*，I，29 f. .

中，用夫不一”也。枯立治論詩家才力愈高，則“多多而益一”
(il più nell'uno)[1]，亦資印證。

―――――――――

① *The Table-Talk of S. T. Coleridge*, ed. T. Ashe, George Bell, 146, 268, 291.

二五　繫辭（九）

　　《繫辭》下：“危者使平，易者使傾”；《註》：“易，慢易也。”按《繫辭》下：“子曰：‘危者安其位者也，亡者保其存者也，亂者有其治者也’”；《繫辭》下：“尺蠖之屈，以求信也；龍蛇之蟄，以存身也”；謙卦：“象曰：天道虧盈而益謙，地道變盈而流謙，鬼神害盈而福謙，人道惡盈而好謙。”此《老子》重言不憚煩者也，如九章：“持而盈之，不如其已；揣而梲之，不可長保”；十五章：“保此道者不欲盈”；二二章：“曲則全，枉則直，窪則盈，敝則新”；四二章：“故物或損之而益，或益之而損”；五八章：“禍兮福之所倚，福兮禍之所伏”；七七章：“天之道其猶張弓與！高者抑之，下者舉之，有餘者損之，不足者補之。天之道，損有餘而補不足。”《文子·十守》云：“天之道抑高而舉下，損有餘，補不足，……强梁者死，滿足者亡。”《越絶書·計倪篇》云：“進有退之義，存有亡之幾，得有喪之理。”賈誼《鵩鳥賦》所謂“憂喜齊門，吉凶同穴”，并歷舉古事以明其糾纏回轉。班固《幽通賦》所援“變化”“倚伏”之例更多。希臘古文學中好詠歎“造化嘲弄”、“鬼神忌盈”、“報應”（Irony of Fate，Divine jealousy，

Nemesis)①，僅着眼於"易者使傾"、"福兮禍伏"、"損有餘"，揚雄《解嘲》所謂："炎炎者滅，隆隆者絕，高明之家，鬼瞰其室。"古希臘哲人曰："神功天運乃抑高明使之卑，舉卑下使之高"（He［Zeus］is humbling the proud and exalting the humble)②；《舊約全書》亦言："谷升爲陵，山夷爲壤"（Every valley shall be exalted，and every mountain and hill shall be made low)③；庶與《易》、《老》相參。近世愛麥生有《補損》（Compensation)一文④，尤暢述正反相成、盈缺相生之旨，惜多游詞，腫不益肥也。

---

①　W. C. Greene，*Moira*，75，85-7.

②　Diogenes Laertius，I，69，Chilo，*op. cit.*，I，71.

③　Isaiah，XI．3；Luke，III. 5. Cf. W. Y. Tindall，*John Bunyan，Mechanick Preacher*，115.

④　Emerson，*Works*，Centenary Ed.，II，108 ff..

二六　説卦（一）

　　《説卦》：“數往者順，知來者逆”；《正義》：“人欲知既往之事者，《易》則順後而知之；人欲知將來之事者，《易》則逆前而數之。”按《繫辭》下：“夫《易》彰往而察來”，此處又拈出“順”、“逆”。然顧後則於既往亦得曰“逆”，瞻前則於將來亦得曰“順”，直所從言之異路耳。故“前”、“後”、“往”、“來”等字，每可互訓。“前事不忘，後事之師”；“前路既已多，後塗隨年侵”（陸機《豫章行》）；“前”指過去，“後”指未來。然如李抱玉《讓元帥及山南節度使表》：“去年既侵右地，復擾西山，倘至前秋，兩道俱下”（《全唐文》卷三七九）；杜甫《晚發公安》：“舟楫渺然自此去，江湖遠適無前期”；薛能《襃城驛有故元相公舊題詩、因仰歎而作》：“我來已變當初地，前過應無繼此詩”；“前”胥作未來解。復如吳潛《鵲橋仙·己未七夕》：“銀河半隱蟾高掛，已覺炎光向後”；“後”又作過去解，適反於《南齊書·荀伯玉傳》：“伯玉問何當舒，上曰：‘卻後三年’”或白居易《十二月二十三日》：“案頭曆日雖未盡，向後唯殘六七行”。“往者不諫，來者可追”；“年往迅勁矢，時來亮急絃”（陸機《緩歌行》）；“往”指過去，“來”指未來。然如《史記·自序》：“比《樂書》

以述來古"，《列子·楊朱》："但伏羲以來三十餘萬歲"，諸葛亮
《出師表》："爾來二十一年矣"，李白《蜀道難》："爾來四萬八千
歲，不與秦塞通人烟"，"來"皆謂已往或從前。而如《尚書·召
誥》："孺子其朋其往"，孔傳："戒其自今已往"，《管子·大匡》：
"從今以往二年"；《論語·八佾》："自既灌而往者"，孔註："既
灌之後"；《維摩詰所說經·菩薩行品》第一一："阿難白佛：'我
從今已往，不敢自謂以爲多聞'"；唐高祖《賜李靖手勑》："今日
以去，心中更不須憶"（陸心源《唐文拾遺》卷一）；"往"、"去"
皆謂未來或向後，正同《漢書·西南夷、兩粵、朝鮮傳》載趙陀
下令："自今以來"（參觀王念孫《讀書雜誌·史記》六舉例）。
《晉書·謝鯤傳》字法，頗耐玩味："王敦至石頭，歎曰：'吾不
復得爲盛德事矣！'鯤曰：'何爲其然？但使自今以往，日忘日去
耳'"；"以往"謂將來，"日去"謂隨日之過而漸除尤悔。《論語·
述而》："與其潔也，不保其往也"；鄭玄註："'往'猶去也；人
虛己而來，當與之進，亦何能保其去後之行"；皇侃疏："'往'
謂已過之行，顧歡曰：'往謂前日之行也'"。是鄭釋"往"爲未
來，貼切"保"字，而顧、皇釋"往"爲已過，故皇强以鄭、顧
通融曰："'去後之行'亦謂今日之前，是已去之後也。"鄭之
"去"與"人來"之"來"相對，皇則説爲"過去"、"未來"之
"去"；正緣"去"、"來"、"前"、"後"等字兼相反兩訓，舞文曲
解，則亦尠扞格耳。曰"來"曰"往"，皆得示未來，異域語可
參[1]。哲人所謂："未來（l'avenir）非特迎人而來（ce qui vient

---

[1]　O. Jespersen, *The Philosophy of Grammar*, 261, 279 (Verbs meaning "go"
and "come" used to indicate futurity).

vers nous），亦人所面之而往（ce vers quoi nous allons）"①。吾國語"將來"與"向往"恰可達斯二意。過去亦爾：自古溯游下至於今則爲"來"，自今溯洄上及於古則爲"往"，而皆可曰"向"。均一事之殊觀或一物之兩柄也。《漢書·王嘉傳》諫益封董賢等曰："往古以來，貴臣未嘗有此"，至兼用之。"前"之與"後"，若是班乎。南美洲部落語（the Bolivian Quecha language）稱未來曰"在我後"（behind oneself）而稱過去曰"當我前"（ahead of one），因往事歷歷心目，如面前物之可見，來事不能測識，如背後之物非目所能覿（what one cannot see must be "behind one"）②。其詞雖與今之"前"爲過去而今之"後"爲未來貌若相同，而用意與"前"瞻將來、"後"顧已往又實則相反矣。

【增訂四】古希臘人亦謂過去當人面前而未來在人背後，適與南美洲部落語同；故人生如目前瞻而足卻行（The ancient Greeks considered that the past was in front of them and the future behind them, the reverse of what we now think. ... we are like people walking backwards into unknown territory trying to guess what its nature will be from what we can see at the present moment and from what we have seen from the past. —W. B. Stanford, *Enemies of Poetry*, 1980, p. 112）。就人心之思感而言，未來爲瞻之在"前"者，已往爲顧之在"後"者，故憶曰"回"而望曰"期"；就時間之遷流而言，則已往居於"前"，未來續在"後"，序次晉然。直所從

---

① M. -J. Guyau, quoted in J. A. Gunn, *The Problem of Time*, 243.

② Reuben A. Brower, ed., *On Translation*, 12.

言之異路耳（While expressions like *ahead of us*, *look for-ward*, *and before us* orient times with respect to people，expressions like *precede* and *follow* orient times with respect to time. ──G. Lakoff and M. Johnson，*Metaphors We Live By*，1980，p. 43；cf. p. 41："In the weeks ahead of us（future）；That's all behind us now（past）. In the following weeks（future）；In the preceding weeks（past）."）。《晉書·杜預傳》："請伐吳之期，帝報待明年，預表陳至計云：'若當待後年，天時人事，不得如常。宜俟來冬，更爲大舉。'"上表在"向暑"時，"後年"即"明年"，"來冬"即"今冬"；"後年"就時之遷流序次言，"來冬"就人心之瞻顧方向言爾。

二七　説卦（二）

　　《説卦》："乾爲天，爲父，爲良馬，爲老馬。坤爲地，爲母，爲子母牛。"按此等擬象，各國或同或異。坤之爲母，則西方亦有地媪之目，德國談藝名家早云，古今語言中以地爲陰性名詞，圖像作女人身（Die Erde hat eine Bennenung weiblichen Ge-schlechts und ist in weiblicher Gestalt gebilde）[1]。乾之爲馬，西方傳説乃大異；或人考論謡諺風俗，斷謂自上古已以馬與婦女雙提合一（Die innige Zusammenstellung von Pferd und Frau ist uralt）[2]。安得好事者傍通直貫，據《説卦》而廣討參稽乎？

---

　　[1]　J. J. Winckelmann："Versuch einer Allegorie"，*Kleine Schriften und Briefe*，hrsg. von W. Senff，179.

　　[2]　M. Jähns，*Ross und Reiter in Leben und Sprache*，*Glauben und Geschichte der Deutschen*，quoted in E. Jones，*Nightmare*，*Witches*，*and Devils*，248.

毛詩正義

六〇則

一　詩　譜　序

　　鄭玄《詩譜序》："《虞書》曰：'詩言志，歌永言，聲依永，律和聲'；然則詩之道放於此乎"；《正義》："名爲'詩'者，《内則》説負子之禮云：'詩負之'，《註》云：'詩之爲言承也'；《春秋説題辭》云：'在事爲詩，未發爲謀，恬憺爲心，思慮爲志，詩之爲言志也'；《詩緯含神霧》云：'詩者持也'。然則詩有三訓：承也，志也，持也。作者承君政之善惡，述己志而作詩，所以持人之行，使不失墜，故一名而三訓也。"按此即並行分訓之同時合訓也。然説"志"與"持"，皆未盡底蘊。《關雎序》云："詩者，志之所之，在心爲志，發言爲詩"，《釋名》本之云："詩，之也；志之所之也"，《禮記・孔子閒居》論"五至"云："志之所至，詩亦至焉"；是任心而揚，唯意所適，即"發乎情"之"發"。《詩緯含神霧》云："詩者，持也"，即"止乎禮義"之"止"；《荀子・勸學》篇曰："詩者，中聲之所止也"，《大略》篇論《國風》曰："盈其欲而不愆其止"，正此"止"也。非徒如《正義》所云"持人之行"，亦且自持情性，使喜怒哀樂，合度中節，異乎探喉肆口，直吐快心。《論語・八佾》之"樂而不淫，哀而不傷"；《禮記・經解》之"温柔敦厚"；《史記・屈原列傳》

之"怨誹而不亂";古人説詩之語,同歸乎"持"而"不愈其止"而已。陸龜蒙《自遺詩三十首・序》云:"詩者、持也,持其情性,使不暴去";"暴去"者,"淫"、"傷"、"亂"、"愈"之謂,過度不中節也。夫"長歌當哭",而歌非哭也,哭者情感之天然發洩,而歌者情感之藝術表現也。"發"而能"止","之"而能"持",則抒情通乎造藝,而非徒以宣洩爲快有如西人所嘲"靈魂之便溺"(seelisch auf die Toilene gehen)矣。"之"與"持"一縱一斂,一送一控,相反而亦相成,又背出分訓之同時合訓者。又李之儀《姑溪居士後集》卷十五《雜題跋》"作詩字字要有來處"一條引王安石《字説》:"'詩'從'言'從'寺',寺者法度之所在也"(參觀晁説之《嵩山文集》卷一三《儒言》八《詩》)。倘"法度"指防範懸戒、儆惡閑邪而言,即"持人之行"之意,金文如《郱公望鐘》正以"寺"字爲"持"字。倘"法度"即杜甫所謂"詩律細"、唐庚所謂"詩律傷嚴",則舊解出新意矣。

二　關雎（一）

　　《關雎·序》：　“風，風也，教也；風以動之，教以化之。……上以風化下，下以風刺上”；《正義》：“微動若風，言出而過改，猶風行而草偃，故曰風。……《尚書》之‘三風十愆’，疾病也；詩人之四始六義，救藥也。”按《韓詩外傳》卷三：“人主之疾，十有二發，非有賢醫，不能治也：痿、蹶、逆、脹、滿、支、隔、肓、煩、喘、痹、風。……無使百姓歌吟誹謗，則風不作。”《漢書·五行志》中之上：“君炕陽而暴虐，臣畏刑而柑口，則怨謗之氣發於歌謠，故有詩妖。”二節可相發明。《韓詩外傳》之“風”，即“怨謗之氣”，言“疾病”。《外傳》之“歌吟誹謗”，即“發於歌謠”之“四始六義”，言“救藥”。“風”字可雙關風謠與風教兩義，《正義》所謂病與藥，蓋背出分訓之同時合訓也。是故言其作用（purpose and function），“風”者，風諫也、風教也。言其本源（origin and provenance），“風”者，土風也、風謠也（《漢書·五行志》下之上：“夫天子省風以作樂”，應劭註：“‘風’，土地風俗也”），今語所謂地方民歌也。言其體制（mode of existence and medium of expression），“風”者，風詠也、風誦也，係乎喉舌唇吻（《論衡·明雩篇》：“‘風乎舞雩’；

'風'，歌也"；仲長統《樂志論》："諷於舞雩之下"），今語所謂口頭歌唱文學也；《漢書·藝文志》不云乎："凡三百五篇，遭秦而全者，以其諷誦，不獨在竹帛故也。""風"之一字而於《詩》之淵源體用包舉囊括，又並行分訓之同時合訓矣。

三　關雎（二）

　　《關雎·序》："聲成文，謂之音"；《傳》："'成文'者，宮商上下相應"；《正義》："使五聲爲曲，似五色成文"。按《禮記·樂記》："聲相應，故生變，變成方，謂之音"，《註》："方猶文章"；又"聲成文，謂之音"，《正義》："聲之清濁，雜比成文"。即《易·繫辭》："物相雜，故曰文"，或陸機《文賦》："暨音聲之迭代，若五色之相宣"。夫文乃眼色爲緣，屬眼識界，音乃耳聲爲緣，屬耳識界；"成文爲音"，是通耳於眼、比聲於色。《左傳》襄公二十九年季札論樂，聞歌《大雅》曰："曲而有直體"；杜預註："論其聲如此"。亦以聽有聲説成視有形，與"成文"、"成方"相類。西洋古心理學本以"形式"（form）爲空間中事，浸假乃擴而並指時間中事，如樂調音節等①。近人論樂有遠近表裏，比於風物堂室（Raumtiefenhören）②。此類於"聲成文"之説，不過如大輅之於椎輪爾。

　　【增訂四】普羅斯脱小説寫一人（Swann）聆樂（la sonate pour

---

① 　C. Spearman，*Psychology down the Ages*，I，71.

② 　F. Kainz，*Aesthetics the Science*，tr. H. M. Schueller，306.

piano et violon de Vinteuil) 時體會, 細貼精微, 罕可倫偶, 終
之曰: "覺當前之物非復純爲音聲之樂曲, 而如具建築之型模"
(il avait devant lui cette chose qui n'est plus de la musique
pure, qui est du dessin de l'architecture, — *Du côté de chez
Swann*, ii. *A la recherche du temps perdu*, Bib. de la
Pléiade, Vol. II, p. 209)。亦即時間中之 "聲" 宛然 "成" 空
間中之 "文" 也。參觀謝林(Schelling)言 "建築即凝固之音樂"
(Ein edler Philosoph sprach von der Baukunst als einer er-
starrten Musik. —Goethe, *Maximen und Reflexionen*,
§ 776, *Werke*, Hamburger Ausgabe, Vol. XII, p. 474; cf.
pp. 757 – 8 "Anmerkungen")。

《樂記》又曰: "屈伸、俯仰、綴兆、舒疾, 樂之文也", 則
指應樂而舞之態, 正如所謂 "周還、裼襲, 禮之文也", 即下文
之 "舞動其容"。非 "聲成文" 之謂聲音自有其文, 不資外緣也。

四　關雎（三）

《關雎·序》："情發於聲，聲成文，謂之音"；《正義》："詩是樂之心，樂爲詩之聲，故詩樂同其功也。初作樂者，準詩而爲聲；聲既成形，須依聲而作詩，故後之作詩者，皆主應於樂文也。……設有言而非志，謂之矯情；情見於聲，矯亦可識。若夫取彼素絲，織爲綺縠，或色美而材薄，或文惡而質良，唯善賈者別之。取彼歌謠，播爲音樂，或詞是而意非，或言邪而志正，唯達樂者曉之"。

【增訂四】原引《關雎·序》及《正義》一節，錯簡割裂，訂正如下：

《關雎·序》："情發於聲，聲成文，謂之音。……移風俗"；《正義》："哀樂之情，發於言語之聲……依人音而制樂。若據樂初之時，則人能成文，始入於樂。若據制樂之後，則人之作詩，先須成樂之文，乃成爲音。……設有言而非志，謂之矯情；情見於聲，矯亦可識。若夫取彼素絲，織爲綺縠，或色美而材薄，或文惡而質良，唯善賈者別之。取彼歌謠，播爲音樂，或詞是而意非，或言邪而志正，唯達樂者曉之。……詩是樂之心，樂爲詩之聲，故詩樂同其功也。"按精湛之論……孔疏

"依人音"即申鄭玄《詩譜》……

按精湛之論，前謂詩樂理宜配合，猶近世言詩歌入樂所稱"文詞與音調之一致"（die Wort-Ton-Einheit）；後謂詩樂性有差異，詩之"言"可"矯"而樂之"聲"難"矯"。兹分説之。

孔疏"準詩"即申鄭玄《詩譜》所引《虞書》："詩言志，歌永言"，亦即《樂記》："詩言其志也，歌詠其聲也，舞動其容也。"戴震《東原集》卷一《書鄭風後》力辯以"鄭聲淫"解爲"鄭詩淫"之非，有曰："凡所謂'聲'、所謂'音'，非言其詩也。如靡靡之樂、滌濫之音，其始作也，實自鄭、衛、桑間、濮上耳。然則鄭、衛之音非鄭詩、衛詩，桑間、濮上之音非《桑中》詩，其義甚明。"厥詞辨矣，然於詩樂配合之理即所謂"準詩"者，概乎未識，蓋經生之不通藝事也。且《虞書》、《樂記》明言歌"聲"所"詠"乃詩所"言"之"志"，戴氏恝置不顧，經生復荒於經矣。

【增訂四】戴震語可參觀毛奇齡《西河詩話》卷四："在曹侍郎許，見南宋范必允詩序，有云：'文人之相輕也，始則忮之，繼則苛之，吹毛索瘢，惟恐其一語之善、一詞之當，曲爲擠抑，至於無餘，無餘而後已。夫鄭詩未嘗淫也，聲淫耳。既目爲淫，則必拗曲揉枉以實已之説；鄭詩之不淫者，亦必使其淫而後快，鄭人之不淫者，亦必使其淫而後快。文人相輕，何以異是！'云云。始知前人亦早有爲是言者。"南宋范氏語未識何出，毛氏蓋借以攻朱熹耳。

傅毅《舞賦》託爲宋玉曰："論其詩，不如聽其聲，聽其聲，不如察其形"，襄王曰："其如鄭何！"即謂鄭聲淫，而鄭舞依聲動容，亦不免淫。聲之準言，亦猶舞之準聲。夫洋洋雄傑之詞不宜

“詠”以靡靡滌濫之聲，而度以桑、濮之音者，其詩必情詞佚蕩，方相得而益彰。不然，合之兩傷，如武夫上陣而施粉黛，新婦入厨而披甲胄，物乖攸宜，用違其器。汪士鐸《汪梅村先生集》卷五《記聲詞》之二：“詩自爲詩，詞也；聲自爲聲，歌之調也，非詩也，調之淫哀，雖莊雅無益也。《樂記》之……鄭、衛、宋、齊之音，《論語》之‘鄭聲’，皆調也，如今里俗之崑山、高平、弋陽諸調之類。崑山嘽緩曼衍，故淫；高平高亢簡質，故悲；弋陽游蕩浮薄，故怨；聆其聲，不聞其詞，其感人如此，非其詞之過也”；並舉古樂府中“曲”、“調”爲例。實與戴氏同歸，説較邃密耳。然亦有見於分、無見於合也。“調”即“淫”乎，而歌“莊雅”之“詞”，其“聲”必有別於歌佻褻之“詞”，“聲”之“淫”必因“詞”之佻若莊而有隆有殺、或肆或斂；“調”即“悲”乎，而歌歡樂之“詞”，其“聲”必有別於歌哀戚之“詞”，“聲”之“悲”必因“詞”之哀若樂而有乘有除、或生或克。正猶吳語調柔，燕語調剛，龔自珍《己亥雜詩》所謂“北俊南孊氣不同”也；顧燕人款曲，自有其和聲軟語，剛中之柔也，而吳人怒罵，復自有其属聲疾語，又柔中之剛矣。“曲”、“調”與“詞”固不相“準”，而“詞”與“聲”，則當別論。譬如《西廂記》第二本《楔子》惠明“捨着命提刀仗劍”，唱《耍孩兒》，第二折紅娘請張生赴“鴛鴦帳”、“孔雀屏”，亦唱《耍孩兒》，第四本第三折鶯鶯“眼中流血、心內成灰”，又唱《耍孩兒》；情詞雖異而“曲”、“調”可同也。脱出之歌喉，則鶯鶯之《耍孩兒》必帶哭聲，而紅娘之《耍孩兒》必不然，惠明之《耍孩兒》必大不然；情“詞”既異，則“曲”、“調”雖同而歌“聲”不得不異。“歌永言”者，此之謂也。《文心雕龍·樂府》篇曰：“詩爲樂心，聲爲樂體”；此《正義》所謂“初作樂者，準詩而爲聲”也，今語曰“上譜”。趙德麟《侯鯖録》卷七記王安石語：“古之歌者，皆先有詞，後有聲，故曰：‘詩言志，歌永言，聲依永，律和聲’；如今先撰腔子，後填詞，却是‘永依聲’也”；《朱子語類》卷七八：“古人作詩，自道心事；他人歌之，其聲之長短清濁，各依其詩之語言。今人先安排腔調，造作語言合之，則是‘永依聲’也”；此《正義》所謂“聲既成形，須依聲而作詩”也，今語曰“配詞”。孔疏蓋兼及之。

【增訂四】況周頤《蕙風詞話》卷四：“‘意内言外’，詞家之恒言也。《韻會舉要》引作‘音内言外’，當是所見宋本如是，以訓詩詞之‘詞’，於誼殊優。凡物在内者恒先，在外者恒後；詞必先有調而後以詞填之，調即‘音’也。”即王安石、朱熹所謂“填詞”是“永依聲”也。

《正義》後半更耐玩索，於詩與樂之本質差殊，稍能開宗明義。意謂言詞可以飾僞違心，而音聲不容造作矯情，故言之誠僞，聞音可辨，知音乃所以知言。蓋音聲之作僞較言詞爲稍難，例如哀啼之視祭文、輓詩，其由衷立誠與否，差易辨識；孔氏所謂“情見於聲，矯亦可識”也。《樂記》云：“唯樂不可以爲僞；樂者心之動也，聲者樂之象也”；《孟子·盡心》：“仁言不如仁聲之入人深也”；《吕氏春秋·音初》：“君子小人，皆形於樂，不可隱匿”；譚峭《化書·德化》：“衣冠可詐，而形器不可詐，言語可文，而聲音不可文。”皆以聲音爲出於人心之至真，入於人心之至深，直捷而不迂，親切而無介，是以言雖被“心聲”之目，而音不落言詮，更爲由乎衷、發乎内、昭示本心之聲，《樂緯動聲儀》所謂：“從胸臆之中而徹太極”（《玉函山房輯佚書》卷五四）。古希臘人談藝，推樂最能傳真像實（the most"imitative"），徑指心源，袒襫衷蘊（a direct, express image）[1]。

【增訂三】德國浪漫主義論師稱聲音較言語爲親切："人心深處，情思如潛波滂沛，變動不居。以語言舉數之、名目之、抒寫之，不過寄寓於外物異體；音樂則動中流外，自取乎己，不乞諸鄰者也"（und ebenso ist es mit dem geheimnisvollen Strome in den Tiefen des menschlichen Gemütes beschaffen, die Sprache zählt und nennt and beschreibt seine Verwandlungen, in fremden Stoff; die Tonkunst strömt ihn uns selber vor—W. H. Wackenroder, *Herzensergiessungen eines kunstliebenden Klost-erbruders*, ed. A Gillies, 148）。

近代叔本華越世高談，謂音樂寫心示志（Abbild des Willens selbst），透表入裏，遺皮毛而得真質（vom Wesen）[2]。胥足爲吾古説之箋釋。雖都不免張皇幽眇，要知情發乎聲與情見乎詞之不可等同，毋以詞害意可也。僅據《正義》此節，中國美學史即當留片席地與孔穎達。不能纖芥弗遺，豈得爲邱山是棄之藉口哉？

---

① S. H. Butcher, *Aristotle's Theory of Poetry and Fine Art*, 4th ed., 128 ff..

② *Die Welt als Wille und Vorstellung*, III, §52, *Sämtliche Werke*, hrsg. E. Grisebach, I, 340.

五　關雎（四）

《關雎·序》："故詩有六義焉：……二曰賦，三曰比，四曰興。"按"興"之義最難定。劉勰《文心雕龍·比興》："比顯而興隱。……'興'者、起也。……起情者，依微以擬議，……環譬以託諷。……興之託喻，婉而成章。"是"興"即"比"，均主"擬議"、"譬"、"喻"；"隱"乎"顯"乎，如五十步之於百步，似未堪別出並立，與"賦"、"比"鼎足驂靳也。六義有"興"，而毛、鄭輩指目之"興也"則當別論。劉氏不過依傍毛、鄭，而强生"隱""顯"之別以爲彌縫，蓋毛、鄭所標爲"興"之篇什泰半與所標爲"比"者無以異爾。

【增訂一】《論語·陽貨》："詩可以興，可以觀，可以羣，可以怨"；孔安國《註》："興、引譬連類"，劉寶楠《正義》："賦、比之義，皆包於興，故夫子止言'興'。"夫"賦、比、興"之"興"謂詩之作法也；而"興、觀、羣、怨"之"興"謂詩之功用，即《泰伯》："興於詩，立於禮，成於樂"之"興"。詩具"興"之功用者，其作法不必出於"興"。孔註、劉疏淆二爲一。

胡寅《斐然集》卷一八《致李叔易書》載李仲蒙語："索物以託

情，謂之‘比’；觸物以起情，謂之‘興’；叙物以言情，謂之‘賦’。”頗具勝義。“觸物”似無心湊合，信手拈起，復隨手放下，與後文附麗而不銜接，非同“索物”之着意經營，理路順而詞脈貫。惜着語太簡，兹取他家所説佐申之。項安世《項氏家説》卷四：“作詩者多用舊題而自述己意，如樂府家‘飲馬長城窟’、‘日出東南隅’之類，非真有取於馬與日也，特取其章句音節而爲詩耳。《楊柳枝曲》每句皆足以柳枝，《竹枝詞》每句皆和以竹枝，初不於柳與竹取興也。《王》國風以‘揚之水，不流束薪’賦戍甲之勞；《鄭》國風以‘揚之水，不流束薪’賦兄弟之鮮。作者本用此二句以爲逐章之引，而説詩者乃欲即二句之文，以釋戍役之情，見兄弟之義，不亦陋乎！大抵説詩者皆經生，作詩者乃詞人，彼初未嘗作詩，故多不能得作詩者之意也”。朱熹《詩集傳》註：“比者，以彼物比此物也。……興者，先言他物以引起所詠之詞也”；《朱子語類》卷八〇：“《詩》之‘興’全無巴鼻，後人詩猶有此體。如：‘青青陵上柏，磊磊澗中石；人生天地間，忽如遠行客。’又如：‘高山有涯，林木有枝；憂來無端，人莫之知’；‘青青河畔草，綿綿思遠道’。”與項氏意同，所舉例未當耳，倘曰：“如竇玄妻《怨歌》：‘熒熒白兔，東走西顧。衣不如新，人不如故’；或《焦仲卿妻》：‘孔雀東南飛，五里一徘徊。十三能織素，……’”則較切矣。

【增訂四】《太平御覽》卷八〇〇引《古艷歌》：“孔雀東飛，苦寒無衣，爲君作妻”，較《焦仲卿妻》起句更爲突出孑立。余嘉錫《論學雜著》六五九頁：“桓帝初童謡：‘城上烏，尾畢逋。公爲吏，子爲徒’云云，‘城上’二語，乃詩中之比興，以引起下文，猶‘孔雀東南飛’云云也”；當祇曰“乃詩中之興"，着"比"字似贅。

徐渭《青藤書屋文集》卷十七《奉師季先生書》："《詩》之'興'體，起句絕無意味，自古樂府亦已然。樂府蓋取民俗之謠，正與古國風一類。今之南北東西雖殊方，而婦女、兒童、耕夫、舟子、塞曲、征吟、市歌、巷引，若所謂《竹枝詞》，無不皆然。此真天機自動，觸物發聲，以啓其下段欲寫之情，默會亦自有妙處，決不可以意義説者。"皆深有得於歌詩之理，或可以闡"觸物起情"爲"興"之旨歟。

【增訂一】閻若璩《潛邱劄記》卷二駁朱彝尊《與顧寧人書》解《采苓》之穿鑿，因謂首章以"采苓采苓"起，下章以"采苦采苦"起，乃"韻換而無意義，但取音相諧"。亦如徐渭之言"起句絕無意味"也。

曹植《名都篇》："名都多妖女，京洛出少年。寶劍直千金，……"下文皆言"少年"之豪俠，不復以隻字及"妖女"；甄后《塘上行》："蒲生我池中，其葉何離離！傍能行仁義，……"下文皆言遭讒被棄，與蒲葦了無瓜葛。又如漢《鐃歌》："上邪！我欲與君相知、長命無絕衰。……"；"上邪"二字殊難索解，舊釋謂"上"、天也，乃指天爲誓，似不知而强爲之詞。脱"上邪"即同"天乎！"，則按語氣當曰："天乎！胡我與君不得相知、長命無絕衰！"或曰："天乎！鑒臨吾二人欲相知、長命無絕衰！"，方詞順言宜。故竊疑"上邪"亦類《鐃歌》另一首之"妃呼豨"，有聲無義，特發端之起興也。兒歌市唱，觸耳多然。《明詩綜》卷一〇〇載兒謠："貍貍斑斑，跳過南山"云云，即其一例，余童時鄉居尚熟聆之。聞寓樓庭院中六七歲小兒聚戲歌云："一二一，一二一，香蕉蘋果大鴨梨，我吃蘋果你吃梨"；又歌云："汽車汽車我不怕，電話打到姥姥家。姥姥没有牙，請她啃水疙瘩！哈哈！哈哈！"；偶覷西報載紐約民衆示威大呼云："一二三四，戰争停止！五六七八，政府倒塌！"（One two three four，/We don't want the war！/ Five six seven eight，/We don't want the state!)[1]。"汽車，電話"以及"一二一"若"一二三四"等，作用無異"妖女"、"池蒲"、"上邪"，功同跳板，殆六義之"興"矣。《三百篇》中如"匏有苦葉"、"交交黄鳥止於棘"之類，託"興"發唱者，厥數不繁。毛、鄭詮爲"興"者，凡百十有六篇，實多"賦"與"比"；且命之曰"興"，而説之爲"比"，如開卷之《關雎》是。説《詩》者昧於"興"旨，故每如項安世所譏"即文見義"，不啻王安石《字説》之將"形聲"、"假借"等字作"會意"字解。即若前舉兒歌，苟列《三百篇》中，經生且謂：蓋有香蕉一枚、蘋果二枚、梨一枚也；"不怕"者，不辭辛苦之意，蓋本欲乘車至外婆家，然有電話可通，則省一番跋涉也。艱鑽牛角尖乎？抑蟻穿九曲珠耶？毛先舒《詩辨坻》卷一曰："詩有賦、比、興三義，然初無定例。如《關雎》，毛《傳》、朱《傳》俱以爲'興'。然取其'摯而有别'，即可爲'比'；取'因所見感而作'，即可爲'賦'。必持一義，深乖通識。"即隱攻毛、鄭輩言"興"之不足據耳。

---

① Cf. W. H. Auden:"One，two，three，four/The last war was a bosses' war/Five，six，seven，eight/Rise and make a Workers' State"(G. Grigson，ed.，*The Concise Encyclopedia of Modern World Literature*，1963，p. 42).

六　關雎（五）

　　"窈窕淑女，君子好逑"；《傳》："窈窕、幽閒也；淑、善"；《正義》："'淑女'已爲善稱，則'窈窕'宜爲居處；揚雄云'善心爲窈，善容爲窕'者，非也"。按《方言》作："美心……美狀……"。"淑"固爲善稱，然心善未必狀美，揚雄之説兼外表内心而言，未可厚非，亦不必牽扯"居處"也。《序》云："是以《關雎》樂得淑女以配君子，憂在進賢，不淫其色，哀窈窕，思賢才。""哀"即愛，高誘註《吕氏春秋・報更》篇之"哀士"及《淮南子・説林訓》之"哀其所生"，皆曰："'哀'，愛也"；《漢書・鮑宣傳》上書諫寵幸董賢曰："誠欲哀賢，宜爲謝過天地"，訓"愛"更明。鄭箋謂"哀"當作"衷"，中心思念之意，義與"愛"通。

　　【增訂四】《老子》六九章："故抗兵相加，哀者勝矣"；王弼註："哀者必相惜。"即"哀窈窕"之"哀"。參觀六七章："夫慈以戰則勝"；王註："相憫而不避於難。"先秦古籍之"哀"，義每如後來釋書之"悲"；"哀勝"、"慈勝"同條共貫，亦猶"慈悲"連舉矣。

"哀窈窕"句緊承"不淫其色"句，"思賢才"句遥承"憂在進賢"句，此古人修詞一法。如《卷阿》："鳳凰鳴兮，于彼高岡；梧桐生兮，于彼朝陽；萋萋萋萋，雝雝喈喈"，以"萋萋"句近接梧桐而以"離離"句遠應鳳凰。《史記‧老子、韓非列傳》："鳥吾知其能飛，魚吾知其能游，獸吾知其能走；走者可以爲罔，游者可以爲綸，飛者可以爲矰"；謝靈運《登池上樓》："潛虬媚幽姿，飛鴻響遠音；薄霄愧雲浮，棲川慚淵沉"；杜甫《大曆三年春白白帝城放船出瞿塘峽》："神女峰娟妙，昭君宅有無；曲留明怨惜，夢盡失歡娛"；亦皆先呼後應，有起必承，而應承之次序與起呼之次序適反。其例不勝舉，別見《全上古文》卷論樂毅《獻書報燕王》。古希臘談藝謂之"丫叉句法"（Chiasmus）①，《關雎‧序》中四語亦屬此類。"窈窕"、"賢才"、容德並茂，毛、鄭遺置"色"字，蓋未究屬詞離句之法耳。《陳風‧東門之池》："彼美淑姬"，正"窈窕淑女"之謂；《漢書‧王莽傳》上公卿大夫奏言："公女漸漬德化，有窈窕之容"，邯鄲淳《孝女曹娥碑》："窈窕淑女，巧笑倩兮"又"蓓艷窈窕"，陸機《日出東南隅》："窈窕多儀容"，謝靈運《會吟行》："肆呈窈窕容"，皆指姿容，足相發明。以"窈窕"與"淑"連舉，即宋玉《神女賦》所謂"既姽嫿於幽静兮"，或杜甫《麗人行》所謂"態濃意遠淑且真"也。施山《薑露盦雜記》卷六稱"窈窕淑女"句爲"善於形容。蓋'窈窕'慮其佻也，而以'淑'字鎮之；'淑'字慮其腐也，而以'窈窕'揚之"。頗能説詩解頤。

　　"求之不得，寤寐思服，悠哉悠哉，輾轉反側"。《傳》、《箋》以"服"與"悠"皆釋爲"思"，不勝堆牀駢拇矣！"悠"作長、遠解，亦無不可。何夜之長？其人則遠！正復順理成章。《太平樂府》卷一喬夢符《蟾宮曲‧寄遠》："飯不沾匙，睡如翻餅"，下句足以箋"輾轉反側"也。

---

　　①　H. Lausberg, *Handbuch der literarischen Rhetorik*，I. 361（"Ueberkreuzstel-lung"）.

七　卷　耳

　　《小序》謂"后妃"以"臣下""勤勞","朝夕思念",而作此詩,毛、鄭恪遵無違。其說迂闊可哂,"求賢"而幾於不避嫌!朱熹辨之曰:"其言親暱,非所宜施",是也;顧以爲太姒懷文王之詩,亦未渙然釋而怡然順矣。首章"采采卷耳"云云,爲婦人口吻,談者無異詞。第二、三、四章"陟彼崔嵬"云云,皆謂仍出彼婦之口,設想己夫行役之狀,則惑滋甚。夫"嗟我懷人",而稱所懷之人爲"我"——"我馬虺隤、玄黃","我姑酌彼金罍、兕觥","我僕痡矣"——葛藤莫辨,扞格難通。且有謂婦設想己亦乘馬携僕、陟岡飲酒者,祇未逕謂渠變形或改扮爲男子耳!胡承珙《毛詩後箋》卷一斡旋曰:"凡詩中'我'字,有其人自'我'者,有代人言'我'者,一篇之中,不妨並見。"然何以斷知首章之"我"出婦自道而二、三、四章之"我"爲婦代夫言哉?實則涵泳本文,意義豁然,正無須平地軒瀾、直幹添枝。作詩之人不必即詩中所詠之人,婦與夫皆詩中人,詩人代言其情事,故各曰"我"。首章託爲思婦之詞,"嗟我"之"我",思婦自稱也;"置彼周行"或如《大東》以"周行"爲道路,則謂長在道塗,有同棄置,或如毛《傳》解爲置之官位,則謂離家室而登仕塗,略類陸機《代顧彦先婦答》："游宦久不歸，山川修且闊"，江淹《別賦》："君結綬兮千里，惜瑶草之徒芳。"二、三、四章託爲勞人之詞，"我馬"、"我僕"、"我酌"之"我"，勞人自稱也；"維以不永懷、永傷"，謂以酒自遺離憂。思婦一章而勞人三章者，重言以明征夫況瘁，非女手拮据可比，夫爲一篇之主而婦爲賓也。男女兩人處兩地而情事一時，批尾家謂之"雙管齊下"，章回小説謂之"話分兩頭"，《紅樓夢》第五四回王鳳姐仿"説書"所謂："一張口難説兩家話，'花開兩朵，各表一枝'"。如王維《隴頭吟》："長安少年游俠客，夜上戍樓看太白。隴頭明月迥臨關，隴上行人夜吹笛。關西老將不勝愁，駐馬聽之雙淚流；身經大小百餘戰，麾下偏裨萬户侯。蘇武身爲典屬國，節旄落盡海西頭。"少年樓上看星，與老將馬背聽笛，人異地而事同時，相形以成對照，皆在涼輝普照之下，猶"月子彎彎照九州，幾家歡樂幾家愁"；老將爲主，故語焉詳，少年爲賓，故言之略。鮑照《東門吟》："居人掩閨臥，行客夜中飯"；白居易《中秋月》："誰人隴外久征戍？何處庭前新別離？失寵故姬歸院夜，没蕃老將上樓時"；劉駕《賈客詞》："賈客燈下起，猶言發已遲。高山有疾路，暗行終不疑。寇盗伏其路，猛獸來相追。金玉四散去，空囊委路歧。揚州有大宅，白骨無地歸。少婦當此日，對鏡弄花枝"；陳陶《隴西行》："可憐無定河邊骨，猶是春閨夢裏人"；高九萬《清明對酒》："日暮狐狸眠冢上，夜歸兒女笑燈前"（《中興群公吟稿》戊集卷四）；金人瑞《塞北今朝》："塞北今朝下教場，孤兒百萬出長楊。三通金鼓摇城脚，一色鐵衣沉日光。壯士并心同日死，名王捲席一時藏。江南士女却無賴，正對落花春畫長"（劉獻廷選《沉吟樓詩選》）；均此手眼，劉駕《詞》且直似元曲《磦砂擔》縮本。西方當世有所謂"嗒嗒派"

(Dada)者，創"同時情事詩"體(Simultaneist poems)，余嘗見一人(R. Hülsenbeck)所作，咏某甲方讀書時，某處火車正過鐵橋，某屠肆之豬正鳴噑(Während Herr Schulze liest，fährt der Balkenzug über die Brücke bei Nisch，ein Schwein jammert im Keller des Schlächters Nuttke)。又有詩人論事物同時(les choses simultanées)，謂此國之都方雨零，彼國之邊正雪舞，此洲初旭乍曈，彼洲驕陽可灼(Il pleut à Londres，il neige sur la Poméranie，pendant que le Paraguay n'est que roses，pendant que Melbourne grille)，四海異其節候而共此時刻①。均不過斯法之充盡而加厲耳。小説中尤爲常例，如《女仙外史》第二一回："建文登舟潛去，唐賽兒興師南下，而燕王登基，乃是同一日之事，作者一枝筆並寫不得三處"；《紅樓夢》第九八回："却説寶玉成家的那一日，黛玉白日已經昏暈過去，當時黛玉氣絶，正是寶玉娶寶釵的這個時辰"；《堂‧吉訶德》第二編第五章敍夫婦絮語，第六章起曰："從者夫妻説長道短，此際主翁家人亦正伺間進言"云云(En tanto que Sancho Panza y su mujer Teresa Cascajo pasaron la impertinente referida plática，no estaban ociosas la sobrina y ama de don Quijote)②；《名利場》中寫滑鐵盧大戰，結語最膾炙人口："夜色四罩，城中之妻方祈天保夫無恙，戰場上之夫仆卧，一彈穿心，死矣"(Darkness came down on the field and the city；and Amelia was praying for George，who was lying on

---

① P. Claudel，*Art poétique*，ii "Du Temps"，*Oeuvre Poétique*，"Bib. de la Pléiade"，139.
② *Don Quijote*，II. vi，"Clásicos Castellanos"，V，111.

his face, dead, with a bullet through his heart）①。要莫古於吾三百篇《卷耳》者。男、女均出以第一人稱"我"，如見肺肝而聆欬唾。顏延年《秋胡詩》第三章"嗟余怨行役"，乃秋胡口吻，而第四章"歲暮臨空房"，又作秋胡妻口吻，足相參比。"彼"字彷彿指示"高岡"、"金罍"等之宛然赫然在眼前手邊，正如他篇之"相彼鳥矣"，"相彼泉水"，"相彼投兔"；略去"相"（Lo and behold!）字，而指物以示之狀（a gesture to direct the eye）已具"彼"（deictic）字之中。林光朝《艾軒集》卷六《與宋提舉去華》說《詩》"彼黍離離，彼稷之苗"，謂"彼"字如言"某在斯！某在斯！"亦猶是也。《淮南子・說林訓》："行者思於道，而居者夢於牀，慈母吟於燕，適子懷於荆"，高誘註："精相往來也"；蓋言遠隔而能感通（telepathy，ESP），雖荆燕兩地，仍沆瀣一氣，非《卷耳》謀篇之旨。任昉《出郡傳舍哭范僕射》："寧知安歌日，非君撤瑟晨！"李白《春思》："當君懷歸日，是妾斷腸時"，又《擣衣篇》："君邊雲擁青絲騎，妾處苔生紅粉樓"；白居易《九年十一月二十一日感事而作》："當君白首同歸日，是我青山獨往時"；王建《行見月》："家人見月望我歸，正是道上思家時"；此類乃從"妾"、"我"一邊，擬想"君"、"家人"彼方，又非兩頭分話、雙管齊下也。參觀下論《陟岵》。

【增訂三】《水滸》第四九回於"兩打祝家莊"時，插入解珍、解寶遭毛太公誣陷事："看官牢記，這段話頭原來和宋公明初打祝家莊時一同事發，却難這邊說一句，那邊說一回，因此權記下"云云。亦章回小說中"一張口難說兩家話"之古例。蓋

---

① Thackeray, *Vanity Fair*, ch.32, ed.G.and K.Tillotson, 315.

事物四方八面，而語文之運用祇能作單線式（language is used
linearly），如絃之續而繩之繼。十八世紀瑞士寫景詩人兼生理
學者撰《本國博物志》云："天然品物之互相繫聯，有若組結
爲網，而不似貫串成鏈。人一一敍述之，次序銜接，則祇如鏈
焉。蓋並時而數物同陳，端非筆舌所能辦耳"（Natura in re-
ticulum sua genera connexit, non catenam; homines non
possunt nisi catenam sequi, cum non plura simul[possint]
sermone exponere—Albrechtvon Haller, *Historia stirpium
indigenarum Helvetiae inchoata*, quoted in R. Arnheim, *Vis-
ual Thinking*, 234; cf.246-7）。雖爲物類而發，亦可通諸人
事。"花開兩朵，各表一枝"（《説岳全傳》第一五回"表"字
作"在"），"説時遲，那時快"，不外此意。福樓拜自詡《包法
利夫人》第二卷第八章曲傳農業賽會中同時獸聲人語，雜而不
亂（Cf. J. Frank; "Spatial Form in Modern Literature", in
R. W. Stallman, ed., *Critiques and Essays in Criticism
1920-1948*,322）。後世小説作者青出於藍。或謂歷來敍事章
句，整齊平直，如火車軌道（a formal railway line of sen-
tence），失真違實，當如石子投水（throwing a pebble into a
pond），飛濺盤渦，則幾是矣（Virginia Woolf, *Letters*, ed.
N. Nicolson and J. Trautman, 1976, III,135-6）。或謂人事
絕不類小説中所敍之雁行魚貫，先後不紊（die einfache
Reihenfolge, der Faden der Erzählung），實乃交集紛來，故必
以敍述之單線鋪引爲萬緒綜織之平面（sich in einer unendlich
verwobenen Fläche ausbreitet），一變前人筆法（Robert Musil,
Der Mann ohne Eigenschaften, Kap. 122, Berlin: Verlag

Volk und *Welt*，1975，I，830-1）。要之，欲以網代鏈，如雙管齊下，五官並用，窮語言文字之能事，爲語言文字之所不能爲（to try the possibility of the impossible）而已。亞理士多德《詩學》稱史詩取境較悲劇爲廣，同時發生之情節不能入劇演出，而詩中可以敍述出之（owing to the narrative form，many events simultaneously transacted can be presented—*Poetics*，XXIV，S. H. Butcher，*Aristotle's Theory of Poetry and Fine Art*，91-3）。然無以解於以鏈代網、變並駕齊驅爲銜尾接踵也。荷馬史詩上篇每寫同時情事，而一若敍述有先後亦即發生分先後者（aus dem Nacheinandererzählen auch noch ein Nacheinander-geschehen wird—T. Zielinski：“Die Behandlung gleichzeitiger Ereignisse im antiken Epos”，quoted in E. Lämmert，*Bauformen des Erzählens*，6. Aufl.，1975，85），則《詩學》所未及矣。

【增訂四】吳爾夫夫人初尚自苦其敍事多“糾結”（knotting it and twisting it），不能“既直且柔，如掛於兩樹間之晒衣繩然”（as straight and flexible as the line you stretch between pear trees，with your linen on drying. —Virginia Woolf，*Letters*，ed. N. Nicolson and J. Trautman，Vol. I，1975，p. 300），後遂脫粘解縛矣。

八 桃 夭

"桃之夭夭，灼灼其華"；《傳》："夭夭、其少壯也；灼灼、華之盛也。"按《隰有萇楚》："夭之沃沃"；《傳》："夭、少也。"《説文》："媄：巧也，一曰女子笑貌；《詩》曰：'桃之媄媄'"；王闓運《湘綺樓日記》同治八年九月二十八日："《説文》'媄'字引《詩》'桃之夭夭'，以證'媄'爲女笑之貌，明'芺'即'笑'字。隸書'竹'、'艸'互用，今遂不知'笑'即'芺'字，而妄附'笑'於'竹'部"。蓋"夭夭"乃比喻之詞，亦形容花之嬌好，非指桃樹之"少壯"。

【增訂三】謝惠連《秋胡行》："紅桃含夭，綠柳舒荑"，"夭"一作"妖"，即"媄"之訛。"夭"而曰"含"，正如費昶《芳樹》之"花開似含笑"耳。

【增訂四】劉孝威《奉和逐涼詩》"月纖張敞畫，荷妖韓壽香"，"妖"亦"媄"之訛，即"夭"也。

李商隱《即目》："夭桃唯是笑，舞蝶不空飛"，"夭"即是"笑"，正如"舞"即是"飛"；又《嘲桃》："無賴夭桃面，平明露井東，春風爲開了，却擬笑春風"；具得聖解。清儒好誇"以經解經"，實無妨以詩解《詩》耳。既曰花"夭夭"如笑，復曰花"灼灼"欲燃，切理契心，不可點煩。觀物之時，瞥眼乍見，得其大體之風致，所謂"感覺情調"或"第三種性質"（mood of perception，tertiary qualities）；注目熟視，遂得其細節之實象，如形模色澤，所謂"第一、二種性質"（primary and secondary qualities）[1]。見面即覺人之美醜或傲巽，端詳乃辨識其官體容狀；登堂即覺家之雅俗或侈儉，審諦乃察別其器物陳設。"夭夭"總言一樹桃花之風調，"灼灼"專詠枝上繁花之光色；猶夫《小雅·節南山》："節彼南山，維石巖巖"，先道全山氣象之尊嚴，然後及乎山石之犖确。修詞由總而分，有合於觀物由渾而畫矣。第二章、三章自"其華"進而詠"其葉"、"其實"，則預祝其綠陰成而子滿枝也。隋唐而還，"花笑"久成詞頭，如蕭大圜《竹花賦》："花繞樹而競笑，鳥徧野而俱鳴"；駱賓王《蕩子從軍賦》："花有情而獨笑，鳥無事而恒啼"；李白《古風》："桃花開東園，含笑誇白日"。而李商隱尤反復於此，如《判春》："一桃復一李，井上占年芳，笑處如臨鏡，窺時不隱牆"；《早起》："鶯花啼又笑，畢竟是誰春"；《李花》："自明無月夜，強笑欲風天"；《槿花》："殷鮮一相雜，啼笑兩難分。"數見不鮮，桃花源再過，便成聚落。小有思致如豆盧岑《尋人不遇》："隔門借問人誰在，一樹桃花笑不應"，正復罕覯。《史通·雜說》上云："《左傳》稱仲尼曰：'鮑莊子智不如葵，葵猶能衛其足。'尋葵之向日傾心，本不衛足；由人覩其形似，強爲立名。亦猶今俗文士謂鳥鳴爲'啼'、花發爲'笑'，花之與鳥，豈有啼笑之情哉？"劉氏未悟"俗文"濫觴於《三百

---

[1] Cf. K. Koffka:"Problems in the Psychology of Art"，*Art: A Bryn Mawr Symposium*，1940，pp. 211 ff.；R. Arnheim:"Art and Visual Perception"，M. Rader，ed.，*A Modern Book of Esthetics*，3rd ed.，260 ff..

篇》，非“今”斯“今”。唐太宗《月晦》云：“笑樹花分色，啼
枝鳥合聲”，又《詠桃》云：“向日分千笑，迎風共一香”；劉遽
斥“今俗文士”，無乃如汲黯之戇乎！徐鉉校《説文》，增“笑”
字於《竹》部，采李陽冰説爲解：“竹得風，其體夭屈，如人之
笑。”宋人詩文，遂以“夭”爲笑貌，顧僅限於竹，不及他植。
如蘇軾《笑笑先生讚》：“竹亦得風，夭然而笑”（參觀樓鑰《攻
媿集》卷七八《跋文與可竹》、朱翌《猗覺寮雜記》卷上）；曾幾
《茶山集》卷四《種竹》：“風來當一笑，雪壓要相扶”；洪芻《老
圃集》卷上《寄題貫時軒》：“君看竹得風，夭然向人笑”，又卷
下《局中即事用壁間韻》之一：“數竿風篠夭然笑”，刻本“夭
然”皆作“天然”，誤也。庾信《小園賦》：“花無長樂之心”，亦
隱花笑，如陸機《文賦》所謂“涉樂必笑”；其《爲梁上黃侯世
子與婦書》：“欄外將花，居然俱笑”，則如劉晝《劉子·言苑》
第五四：“春葩含露似笑”，明言花之笑矣。安迪生(Joseph Addi-
son)嘗言，各國語文中有二喻不約而同：以火燃喻愛情，以笑
(the metaphor of laughing)喻花發(in flower，in blossom)，未見
其三①。

---

① *The Spectator*，No.249，“Everyman's”，III 300.

九 茉 莒

《序》:"和平則婦人樂有子矣";《正義》:"若天下亂離,兵役不息,則我躬不閱,於此之時,豈思子也!"按楊泉《物理論》(孫星衍《平津館叢書》輯本):"秦始皇起驪山之冢,使蒙恬築長城,死者相屬;民歌曰:'生男慎勿舉,生女哺用餔'";杜甫《兵車行》:"須知生男惡,反是生女好",皆即詩序之旨。雨果作詩歎人世戰伐不休,母氏將自弔其能生育(La mère pleurera d'avoir été féconde),又謂法國之爲母者胥怨拿破侖爲掠取己子以去之人(l'homme qui leur prenait leurs fils)[1];近世一女詩人作《德國婦女哀歌》,至曰:"生今之世,不産子者最有福!"(Selig,die heute keinen Sohn gebären!)[2];此意實蘊於古羅馬詩人霍拉士所謂"人母憎惡之戰争"(bellaque matribus detestaba)[3]。可以參釋"亂離兵役","不樂有子"矣。

【增訂四】《宋書·周朗傳》上書曰:"自華夷争殺,戎夏競

---

[1] Hugo, *La Fin de Satan*, I. ii, *Oeuv. poét. comp.*, Valiquette, 943; *Littérature et Philosophie mêlées*, Albin Michel, 85.

[2] Erika Mitterer: "Klage der deutschen Frauen", W. Rose, ed., *A Book of Modern German Lyric Verse*, 246-8.

[3] Horace, *Carm.*, I. i. 24-5.

威，……重以急政嚴刑，天災歲疫，……鰥居有不願娶，生子每不願舉。……是殺人之日有數途，生人之歲無一理。"即《詩·序》及《正義》之意。當代法國文學家喬奧諾（Jean Giono）撰《致農民書、論貧窮與和平》（*Lettre aux paysans sur la pauvreté et la paix*，1938），亦勸農家婦當防阻戰爭，毋生子。

一〇 汝 墳

　　"未見君子，惄如調饑"；《傳》："'調'、朝也。"《箋》："如朝饑之思食。"按以飲食喻男女，以甘喻匹，猶巴爾札克謂愛情與饑餓類似（L'amour physique est un besoin semblable à la faim）也[1]。《楚辭·天問》言禹通於塗山女云："閔妃匹合，厥身是繼，胡維嗜不同味，而快朝飽?"以"快朝飽"喻"匹合"，正如以"朝饑"喻"未見"之"惄"。曹植《洛神賦》："華容婀娜，令我忘餐"；沈約《六憶詩》："憶來時，……相看常不足，相見乃忘饑"；馬令《南唐書·女憲傳》載李後主作《昭惠周后誄》："實曰能容，壯心是醉；信美堪餐，朝饑是慰"；小説中常云："秀色可餐"，"恨不能一口水吞了他"，均此意也。西方詩文中亦爲常言[2]；費爾巴哈始稍加以理，危坐莊論"愛情乃心與口之啖噬"（Der Liebe ist kein grobes, fleischliches, sondern her-

---

　　[1]　Balzac, *Physiologie du Mariage*, Méditation IV, *Oeuv. comp.*, Conard, XXXII, 49.

　　[2]　E. g. Aristophanes, *The Frogs*, 59 ff., "Loeb", II, 303; Shakespeare, *Twelfth Night*, II. iv. 100 ff.; Fielding, *Tom Jones*, Bk. VI, ch. 1 and Bk. IX, ch. 5, "Everyman's", I, 196-7 and II, 2; D. H. Lawrence, *Letters*, ed. A. Huxley, 58-9.

zliches und mündliches Essen)①，欲探析義蘊，而實未能遠逾詞
人之舞文弄筆耳②。

---

① 　Feuerbach:"Das Geheimnis des Opfers"，*Sämtl. Werk.*，hrsg. W. Bolin
und F.Jodl，X，60.

② 　Cf. Novalis，*Fragmente*，§ 999，hrsg. E. Kamnitzer，348："Umarmen ist
Geniessen，Fressen"；Kleist，*Penthesilea*，24 Auftritt，*Sämtl. Werk.*，A. Weichert，
II，159:"So war es ein Versehen. Küsse, Bisse, /Das reimt sich, und wer recht von
Herzen liebt, /Kann schon das eine für das andre greifen".

一一　行　露

　　"誰謂雀無角？何以穿我屋！誰謂鼠無牙？何以穿我墉！"按雀本無角，鼠實有牙，岨峿不安，相耦不倫。於是明清以來，或求之於詁訓，或驗之於禽獸，曲爲之解，以圓其説。如姚旅《露書》卷一："'角'應音'禄'，雀喙也。若音'覺'，則雀實無角而鼠有牙。或曰：'鼠有齒無牙。'曰：非也！'象以齒焚'，'牙'不稱'齒'乎？'門牙'，齒也；'齒'不稱'牙'乎？"王夫之《詩經稗疏》亦謂"角"爲"咮"之假借字。由此之説，則雀實有"角"，亦如鼠有牙矣。毛奇齡《續詩傳》謂"角"乃鳥喁之鋭出者，雀有喁而不鋭出。陳奐《詩毛氏傳疏》謂《説文》："牙，壯齒也"，段註："齒之大者"，鼠齒不大。由此之説，鼠實無"牙"，亦如雀無角也。

　　【增訂三】劉延世《孫公談圃》卷中記王安石因《詩》句，遂
　　　　持"鼠實無牙"之説，有人至"捕一鼠"與之質焉。

觀《太玄經·昆》之次二："三禽一角同尾"，又《窮》之次六："山無角，水無鱗"，《解》："角、禽也，鱗、魚也"；"角"又泛指鳥喙，無鋭與不鋭之分。竊以爲科以修詞律例，箋詩當取後説。蓋明知事之不然，而反詞質詰，以證其然，此正詩人妙用。

誇飾以不可能爲能，譬喻以不同類爲類，理無二致。"誰謂雀無角?""誰謂鼠無牙?"正如《谷風》之"誰謂荼苦?"《河廣》之"誰謂河廣?"孟郊《送別崔純亮》之"誰謂天地寬?"使雀喙本銳，鼠齒誠壯，荼實薺甘，河可葦渡，高天大地真跼蹐偪仄，則問既無謂，答亦多事，充乎其量，祇是闢謠、解惑，無關比興。詩之情味每與敷藻立喻之合乎事理成反比例。譬如漢《鐃歌·上邪》："山無陵，江水爲竭，冬雷震震夏雨雪，天地合，乃敢與君絕!"試逐件責之於實。"山無陵"乎? 曰：陽九百六，爲谷爲陵，雖罕見而非不可能之事。然則彼此恩情尚不保無了絕之期也。"江水竭"乎? 曰：滄海桑田，蓬萊清淺，事誠少有，非不可能。然則彼此恩情尚不保無了絕之期也。"冬雷夏雪"乎? 曰：時令失正，天運之常，史官《五行志》所爲載筆，政無須齊女之叫、竇娥之冤。然則彼此恩情更難保無了絕之期矣。"天地合"乎? 曰：脫有斯劫，則宇宙壞毀，生人道絕，是則彼此恩情與天同長而地同久，綿綿真無盡期，以斯喻情，情可知已。鼠牙雀角，何妨作龜毛兔角觀乎? 羅隱四言《蟋蟀詩》以"鼠豈無牙"與"垣亦有耳"作對仗，虛擬之詞，銖銖悉稱，蓋得正解。《大般涅槃經·獅子吼菩薩品》第一一之六舉"葵藿隨陽而轉"、"芭蕉樹因雷增長"、"磁石吸鐵"爲"異法性"之例；《五燈會元》卷一六天衣義懷章次載公案云："芭蕉聞雷開，還有耳麼? 葵色隨日轉，還有眼麼?"亦"誰謂雀無角?""誰謂鼠無牙?"之類。禪人之機鋒猶詞客之狡獪也。別見《楚辭》卷論《九歌》。

【增訂四】《全唐文》卷二六二李邕《秦望山法華寺碑》："芭蕉過雷，倏焉滋茂；葵藿隨日，至矣勤誠"；亦用《大般涅槃經》語，而不如禪家公案之具機鋒也。

一二 摽 有 梅

　　首章結云："求我庶士，迨其吉兮"，尚是從容相待之詞。次章結云："求我庶士，迨其今兮"，則敦促其言下承當，故《傳》云："今，急辭也。"末章結云："求我庶士，迨其謂之"，《傳》云："不待備禮"，乃迫不乃緩，支詞盡芟，真情畢露矣。此重章之循序漸進（progressive iteration）[1]者，《桃夭》由"華"而"葉"而"實"，亦然。《草蟲》首章："亦既見止，亦既覯止，我心則降"；次章："亦既見止，亦既覯止，我心則説"；末章："亦既見止，亦既覯止，我心則夷"，語雖異而情相類，此重章之易詞申意（varied iteration）者。"重章"之名本《卷耳》次章《正義》。先秦説理散文中好重章疊節，或易詞申意，或循序漸進者，《墨子》是也。

---

　　[1]　F. B. Gummere，*The Beginnings of Poetry*，194.

一三　野有死麕

“無使尨也吠”；《箋》：“貞女思仲春以禮與男會”。《傳》：“非禮相陵則狗吠。”按幽期密約，丁寧毋使人驚覺，致犬啀喍也。王涯《宮詞》：“白雪猧兒拂地行，慣眠紅毯不曾驚，深宮更有何人到，只曉金階吠晚螢”；高啓《宮女圖》：“小犬隔花空吠影，夜深宮禁有誰來?”可與“無使尨也吠”句相發明。李商隱《戲贈任秀才》詩中“卧錦裀”之“烏龍”，裴鉶《傳奇》中崑崙奴磨勒撾殺之“曹州孟海”猛犬，皆此“尨”之支與流裔也。《初學記》卷二九載賈岱宗《大狗賦》：“晝則無窺窬之客，夜則無奸淫之賓”；而十七世紀法國詩人作犬冢銘，稱其盜來則吠，故主人愛之，外遇來則不作聲，故主婦愛之(Aboyant les larrons sans cesse，/Muet à l'amant favori;/J'ai été également chéri/De mon maître et ma maîtresse)，祖構重疊①。蓋兒女私情中，亦以“尨也”參與之矣。

① Katharine C. Balderstone, ed., *Thraliana*, 2nd ed., I, 10.

一四　柏　舟

　　"我心匪鑒，不可以茹。……我心匪石，不可轉也；我心匪席，不可卷也"；《傳》："鑒所以察形也，'茹'、度也"；《箋》："鑒之察形，但知方圓白黑，不能度其真偽，我心非如是鑒"；《正義》："我心則可以度知内之善惡，非徒如鑒然。"按註疏皆苦糾繞《詩》以"我心"三句並列同旨；信如毛、鄭、孔所釋，則石可轉而我心不可轉，席可卷而我心不可卷，鑒不可度而我心可度，"不可以茹"承"鑒"而"不可以轉、卷"則承"我心"，律以修詞，岨峿不安矣。陳奐《詩毛氏傳疏》亦知鄭箋不愜，遂申毛傳曰："人不能測度於我，人無能明其志"，一若鑒遂能探懷自示於人者，亦與鄭如魯衛之政爾。王先謙《詩三家義集疏》據韓詩義"'茹'、容也"，乃引《大雅》"柔則茹之"，《釋文》引《廣雅》："'茹'、食也"，謂影在鑒中，若食之入口，無不容者。此說妙有會心。《方言》亦云："茹、食也"，"茹"即《大雅·烝民》"柔亦不茹，剛亦不吐"或《禮運》"飲其血，茹其毛"之"茹"；與"吐"對文，則納也，與"飲"對文，則食也。毛傳所謂"度"，倘不作"余忖度之"解，而如《管子·七法》之"施也、度也、恕也，謂之心術"，作度量寬弘解，則與韓詩所謂

"容"之義契合，即今語之"大度包容"也。唐姚崇《執鏡誡》云："執鏡者取其明也。夫内涵虚心，外分朗鑒。……《詩》曰：'我心匪鑒，不可以茹'，亦其理焉"（《全唐文》卷二〇六）；似亦以"茹"爲虚而能受之意，亦即"容"義。釋典鏡喻有兩柄，已詳《易》卷。我國古籍鏡喻亦有兩邊。一者洞察：物無遁形，善辨美惡，如《淮南子·原道訓》："夫鏡水之與形接也，不設智故，而方圓曲直勿能逃也"，又《説林訓》："若以鏡視形，曲得其情。"二者涵容：物來斯受，不擇美惡；如《柏舟》此句。前者重其明，後者重其虚，各執一邊。《莊子·應帝王》所謂："至人之用心若鏡，不將不迎，應而不藏"（《文子·精誠》："是故聖人若鏡，不將不迎，應而不藏"）；古希臘詩人賦鏡所謂"中無所有而亦中無不有"（nothing inside and everything inside）[1]；皆云鏡之虚則受而受仍虚也。《世説·言語》袁羊曰："何嘗見明鏡疲於屢照，清流憚於惠風"；不將迎，不藏有，故不"疲"矣。

【增訂三】《管子·宙合》："毒而無怒，怨而無言，欲而無謀，大揆度儀"，"儀"如《法禁》所謂"君壹置其儀"之"儀"；"度儀"與"大揆"對舉並稱，"度"亦即訓寬大。愛默生論人心觀物"有若鏡然，照映百態萬象而不疲不敝"（like that of a looking-glass, which is never tired or worn by any multitude of objects which it reflects—*Emerson*: *A Modern Anthology*, ed. K. Kazin and D. Aaron, 239）。袁羊所謂"何嘗見明鏡疲於屢照"也。

---

① *The Greek Anthology*, Bk. XIV, 108; "Loeb", V, 81.

一五　燕　燕

　　"瞻望勿及，佇立以泣"。按宋許顗《彥周詩話》論此二句云："真可以泣鬼神矣！張子野長短句云：'眼力不如人，遠上溪橋去'；東坡與子由詩云：'登高回首坡壠隔，惟見烏帽出復沒'；皆遠紹其意。"張先《虞美人》："一帆秋色共雲遙；眼力不知人遠，上江橋。"許氏誤憶，然"如"字含蓄自然。實勝"知"字，幾似人病增妍、珠愁轉瑩。陳師道《送蘇公知杭州》之"風帆目力短"，即"眼力不如人遠"也。去帆愈邁，望眼已窮，於是上橋眺之，因登高則視可遠——此張詞之意。曰"不知"，則質言上橋之無濟於事，徒多此舉；曰"不如"，則上橋尚存萬一之可冀，稍延片刻之相親。前者局外或事後之斷言也，是"徒上江橋耳"；後者即興當場之懸詞也，乃"且上江橋歟！"辛棄疾《鷓鴣天》："情知已被山遮斷，頻倚闌干不自由"；則明知不見而尚欲遙望，非張氏所謂"不知也"。唐邵謁《望行人》："登樓恐不高，及高君已遠"；則雖登高而眺遠不及，庶幾如張氏所謂"不知"矣。張氏《南鄉子》："春水一篙殘照闊，遙遙，有個多情立畫橋"；《一叢花令》："嘶騎漸遙，征塵不斷，何處認郎踪"；蓋再三摹寫此境，要以許氏所標舉者語最高簡。梁朱超道《別席中兵》："扁舟已入浪，孤帆漸逼天，停車對空渚，長望轉依然"；

唐王維《齊州送祖三》："解纜君已遙，望君猶佇立"，又《觀別者》："車徒望不見，時見起行塵"；宋王操《送人南歸》："去帆看已遠，臨水立多時"（《皇朝文鑑》卷二二、《全唐詩》誤作無名氏斷句）；梅堯臣《依韻和子聰見寄》："獨登孤岸立，不見遠帆收，及送故人盡，亦嗟歸迹留"（《宛陵集》卷六）；王安石《相送行》："但聞馬嘶覺已遠，欲望應須上前坂；秋風忽起吹沙塵，雙目空回不見人"；以至明何景明《河水曲》："君隨河水去，我獨立江干"（《何大復先生集》卷六）；亦皆"遠紹"《燕燕》者，梅、王詩曰"登"、曰"上"，與張詞、蘇詩謀篇尤類。顧"不見"也，"唯見"也，"隨去"也，説破着迹。宋左緯《送許白丞至白沙，爲舟人所誤，詩以寄之》："水邊人獨自，沙上月黃昏"（輯本《委羽居士集》詩題無末四字，據《永樂大典》卷一四三八〇《寄》字所引補），庶幾後來居上。莎士比亞劇中女角惜夫遠行云："極目送之，注視不忍釋，雖眼中筋絡迸裂無所惜；行人漸遠浸小，纖若針矣，微若蟣蟣矣，消失於空濛矣，已矣！回眸而啜其泣矣！"（I would have broke mine eyestrings，crack'd them but／To look upon him，till the diminution／Of space had pointed him sharp as my needle；／Nay，followed him till he had melted from／The smallness of gnat to air，and then／Have turn'd my eyes and wept）[1]。即"眼力不如人遠"之旨。

【增訂四】雨果小説寫舟子（Gilliat）困守石上，潮升淹體，首尚露水面，注視其小舟隨波漂逝："舟不可辨識，祇覩煙霧混茫中一黑點。少焉，輪郭不具，色亦淡褪。隨乃愈縮而小，繼則忽散而消。舟没地平綫下，此時人亦滅頂。漫漫海上，空無

① Cymbeline，I. iii. 17-21. Cf. Hardy："On the Departed Platform".

一物矣"（Le *Cashmere*，devenu imperceptible，était main-
tenant une tache mêlée à la brume. ... Peu à peu，cette
tache，qui n'était plus une forme，pâlit. Puis elle se dissipa.
A l'instant où le navire s'effaça à l'horizon，la tête disparut
sous l'eau. Il n'yeut plus rien que la mer. — *Les Travailleurs
de la mer*，III. v）。機杼大似莎翁此節，而寫所觀兼及能觀，
以"兩者茫茫皆不見"了局，擬議而變化者歟。

西洋詩人之筆透紙背與吾國詩人之含毫渺然，異曲而同工焉。至若
行者回顧不見送者之境，則謝靈運《登臨海嶠初發疆中》："顧望脰
未悁，汀曲舟已隱；隱汀絕望舟，鶩棹逐驚流"；謝惠連《西陵遇
風》："迴塘隱艫栧，遠望絕形音"；與《燕燕》等所寫境，正如葉當
花對也。

　　《彥周詩話》此節，陳舜百《讀〈風〉臆補》全襲之。前引《項
氏家說》譏說《詩》者多非"詞人"，《朱子語類》卷八〇亦曰："讀
《詩》且只做今人做底詩看。"明萬時華《〈詩經〉偶箋·序》曰："今
之君子知《詩》之爲經，而不知《詩》之爲詩，一蔽也。"賀貽孫
《〈詩〉觸》、戴忠甫《讀〈風〉臆評》及陳氏之書，均本此旨。諸家
雖囿於學識，利鈍雜陳，而足破迂儒解經窠臼。阮葵生《茶餘客話》
卷十一："余謂《三百篇》不必作經讀，只以讀古詩、樂府之法讀
之，真足陶冶性靈，益人風趣不少。"蓋不知此正宋、明以來舊主
張也。

一六　擊　鼓

　　"死生契闊，與子成說，執子之手，與子偕老"；《傳》："契闊，勤苦也"；《箋》："從軍之士，與其伍約：'死也、生也，相與處勤苦之中，我與子成說愛之恩'．志在相存救也；'偕老'者，庶幾俱免於難"；《正義》：王肅云："言國人室家之志，欲相與從；'生死契闊'，勤苦而不相離，相與成男女之數，相扶持偕老。"按《箋》甚迂謬，王說是也，而於"契闊"解亦未確。蓋征人別室婦之詞，恐戰死而不能歸，故次章曰："不我以歸，憂心有忡。""死生"此章溯成婚之時，同室同穴，盟言在耳。然而生離死別，道遠年深，行者不保歸其家，居者未必安於室，盟誓旦旦，或且如鏤空畫水。故末章曰："于嗟闊兮，不我活兮！于嗟洵兮，不我信兮！"。《豳風‧東山》末章及《易‧漸》可相發明，《水滸》第八回林冲刺配滄州，臨行云："生死存亡未保，娘子在家，小人心去不穩"，情境畧近。黃生《義府》卷上："'契'、合也，'闊'、離也，與'死生'對言。'偕老'即偕死，此初時之'成說'；今日從軍，有'闊'而已，'契'無日也，有'死'而已，'生'無日也。'洵'、信也，'信'、申也；前日之言果信，而偕老之願則不得申也。今人通以'契闊'爲隔遠之意，皆承《詩》註之誤。"張文虎《舒藝室隨筆》卷三："王肅說

《邶風·擊鼓》之三章，以爲從軍者與其室家訣別之詞；杜詩《新婚別》深得此意”。黄釋“契闊”甚允；張以杜詩連類，殊具妙悟；王肅之説與黄生之詁，相得益彰。蘇武《古詩》第三首：“結髮爲夫妻，恩愛兩不疑。……行役在戰場，相見未有期。……生當復來歸，死當長相思”；李商隱《行次西郊作》：“少壯盡點行，疲老守空村，生分作死誓，揮淚連秋雲”；均《擊鼓》之“死生契闊”也。

　　“契闊”承“誤”，歧中有歧，聊爲分疏，以補黄説。《宋書·劉穆之傳》高祖表：“臣契闊屯泰，旋觀始終”，又《梁書·侯景傳》齊文襄書：“先王與司徒契闊夷險，……義貫終始”；此合乎黄所謂正解，蓋“契”與“闊”如“屯”與“泰”、“夷”與“險”、“始”與“終”，分而不并，謂不論兩人所遭之爲禍爲福，相處之爲聚爲散，而交誼有始有終也。《全北齊文》卷四魏收《爲侯景叛移梁朝文》：“外曰臣主，内深骨肉，安危契闊，約以死生”；“安”、“契”、“生”與“危”、“闊”、“死”各相當對，無一閒置偏枯，尤爲黄説佳例。《晉書·齊王冏傳》孫惠諫曰：“從戎於許，契闊戰陣，無功可紀”，《宋書·文九王傳》太宗殺休仁詔：“難否之日，每同契闊”，《梁書·沈約傳》與徐勉書曰：“吾弱年孤苦，……契闊屯遭，困於朝夕”，《魏書·獻文六王傳》下高祖曰：“吾與汝等早罹艱苦，中逢契闊，每謂情義，隨事而疏”，又《自序》載魏收父子建遺敕曰：“吾生年契闊，前後三娶”，《南史·恩倖傳》綦毋珍之上牒自論：“内外紛擾，珍之手抱至尊，口行處分，忠誠契闊，人誰不知?”，《全唐文》卷三九七王燾《外臺秘要方序》：“自南徂北，既僻且陋，染瘴嬰痢，十有六七，死生契闊，不可問天”；《舊唐書·中宗紀》：“史臣曰：‘……遷於房陵，崎嶇瘴癘之鄉，契闊幽囚之地’”；此黄所謂誤解，蓋或言“隔遠”，或言“勤苦”，要皆以二字并而不分。既并而不分，復漸偏主"隔遠"而恝置"勤苦";如高適《哭單父梁九少府》:"契闊多別離",即《魏書》高祖語意,以"闊"吞併"契"也。以"契"吞併"闊"者,亦復有之;如繁欽《定情詩》:"何以致契闊?繞腕雙跳脫",合之上下文以臂環"致拳拳"、指環"致殷勤"、耳珠"致區區"、香囊"致和合"、佩玉"結恩情",則"契闊"乃親密、投分之意,與"隨事而疏"適反。魏、晉、南北朝,兩意並用;作闊隔意用者,沿襲至今,作契暱意用者,唐後漸稀。《三國志‧魏書‧公孫淵傳》裴註引《魏略》載淵表言遣宿舒、孫綜見孫權事:"權待舒、綜,契闊委曲,君臣上下,畢歡竭情";《晉書‧后妃傳》上左貴嬪《楊皇后誄》:"惟帝與后,契闊在昔,比翼白屋,雙飛紫閣";《全晉文》卷一○三陸雲《弔陳永長書》四:"與永曜相得,便結願好,契闊分愛,恩同至親","分愛"即《書》五之"情分異他";《全梁文》卷二八沈約《與約法師悼周捨書》:"法師與周,情期契闊,非止恒交";《全唐文》卷二五七蘇頲《章懷太子良娣張氏神道碑》:"良娣坐華茵,驅香轂,雖委迤失於偕老,而契闊存乎與成";皆從"契"而不從"闊"。通"契"於"闊"或通"闊"於"契",同牀而浸假同夢,均修詞中相吸引、相影響(attraction or influence through proximity)之例爾。曹操《短歌行》:"契闊談讌,心念舊恩",杜甫《奉贈王中允維》:"中允聲名久,如今契闊深",並作親近解。

【增訂四】宋丘淵之《贈記室羊徽其屬疾在外詩》第二章:"婉晚閑暑,契闊二方。連鑣朔野,齊棹江湘。冬均其溫,夏共其涼。豈伊多露,情深踐霜。"乍觀第二句,"契闊"似謂兩地暌隔;然合觀下文,則"二方"即"朔野"與"江湘",胥能"連鑣"、"齊棹"、"均溫"、"共涼","契闊"乃謂同事共役,親密無間，從"契"而不從"闊"之意尤明。《全宋文》卷二〇宗炳《畫山水序》："余眷戀廬衡，契闊荆巫……身所盤桓，目所綢繆"；"契闊"正與"眷戀"、"盤桓"、"綢繆"等詞義同條共貫。《梁書·蕭琛傳》："高祖在西邸，早與琛狎。……琛亦奉陳昔恩，……上答曰：'雖云早契闊，乃自非同志'"；"早契闊"即"早與狎"。《全唐文》卷一八五王勃《彭州九隴縣龍懷寺碑》："下走……薄游茲邑，喜見高人。……從容宴語，契闊胸懷"；尤如杜詩言"如今契闊深"矣。

盧諶《答魏子悌》："恩由契闊生，義隨周旋接"，亦然，句法駢枝，正類劉琨《重贈盧諶》："宣尼悲獲麟，西狩涕孔丘"；沈佺期《送喬隨州侃》："情爲契闊生，心爲別離死"，上下句意相反，而造句同盧，"契闊"解亦同盧。李善註《選》，仇兆鰲註《杜》都引毛、鄭"勤苦"之解，失之遠矣。胡承珙《毛詩後箋》卷三力申毛《傳》，舉漢、唐作勤苦解諸例；復以《韓詩》訓"契闊"爲"約束也"，遂謂即"絜括"，舉後漢、六朝諸例，解爲"不相離棄，其義亦通"。惜未聞其鄉先輩黃生之説，僅見可具兩解，不能提挈綱領；至謂"唐人始有以'契闊'爲闊別之意"，舉杜句"如今契闊深"爲例，則考核欠周，文理亦疏。"深"字自單承"契"字，"闊"字閒置度外，"深"可與"闊"彼此並列，不得互相形容；"契深"即"投契甚深"、"深相契合"，"疏闊甚深"或"情深頗闊"則不詞矣。胡氏知"絜、束也"，"括、絜也"，故二文均爲"約結"之義；而不知苟盡其道，《大雅·縣》："爰契我龜"，毛《傳》："契、開也"，故"契闊"二文正亦可均爲"闊別"、分離之義耳。

一七 谷 風

《序》："刺夫婦失道也。"按此《邶風》也，《小雅·谷風》之《序》曰："刺朋友道絕"。二詩詞意相肖，何須強分朋友與夫婦乎？"行道遲遲，中心有違；不遠伊邇，薄送我畿"；《箋》："無恩之甚！行於道路之人，至於將別，尚舒行，其心徘徊。"按未必貼切《詩》意，而自饒情致。黃庭堅《豫章先生文集》卷二六《跋胡少汲與劉邦直詩》引胡此篇："夢魂南北昧平生，邂逅相逢意已傾。……同是行人更分首，不堪風樹作離聲"，極稱"同是"一語爲"佳句"；楊萬里《誠齋集》卷四《分宜逆旅逢同郡客子》："在家兒女亦心輕，行路逢人總弟兄；未問後來相憶否，其如臨別不勝情。"二詩均可申鄭《箋》。潘德輿《養一齋詩話》卷五："或曰：'唐宋真有分乎？'曰：'否'。胡少汲'同是行人'云云，此即唐人語矣。胡猶宋之不甚著名者也"；蓋亦甚賞胡語。鄭《箋》已道此情，而筆舌朴僿，遂不醒目也。

"宴爾新婚，如兄如弟"；《正義》："愛汝之新婚，恩如兄弟。"按科以後世常情，夫婦親於兄弟，言夫婦相暱而喻之兄弟，似欲密而反疏矣。《小雅·黃鳥·正義》："《周官·大司徒》十有二教，其三曰：'聯兄弟'，《註》云：'聯猶合也，兄弟謂昏姻嫁娶'，是謂夫婦

為'兄弟'也";《禮記・曾子問》:"女之父母死,……壻使人弔,如
壻之父母死,則女之家亦使人弔",《註》:"必使人弔者,未成兄弟",
《正義》:"以夫婦有兄弟之義"。蓋初民重"血族"(kin)之遺意也。
就血胤論之,兄弟、天倫也,夫婦則人倫耳;是以友于骨肉之親
當過於刑于室家之好。新婚而"如兄如弟",是結髮而如連枝,
人合而如天親也。觀《小雅・常棣》,"兄弟"之先於"妻子",
較然可識。常得志《兄弟論》云:"若以骨肉遠而爲疏,則手足
無心腹之用;判合近而爲重,則衣衾爲血屬之親"(《文苑英華》
卷七四八;嚴可均收入《全隋文》卷二七,《隋書・文學傳》有
得志,并及此論,《全唐文》誤收入卷九五三),正謂兄弟當親於
妻室。"判"即"半","判合"謂合兩半而成整體,段玉裁《經
韻樓集》卷二《夫妻牉合也》一文說此甚明。"手足"、"衣衾"
之喻,即《續〈西廂〉昇仙記》第四齣法聰所云:"豈不聞'夫
妻如衣服'?";《三國演義》一五回劉備所云:"兄弟如手足,妻
子如衣服;衣服破,尚可縫,手足斷,安可續?"(參觀《三國
志・吳書・諸葛瑾傳》裴註:"且備、羽相與,有若四體,股肱
橫虧,憤痛已深")。

【增訂三】《三國演義》語最傳誦。如清長白浩歌子《螢窗異
　　草》初編卷二《馮壎》黃椿斥壎"因昆弟而棄夫婦之倫",壎
　　辯曰:"兄弟、手足也,妻子、衣服也;寧爲手足去衣服?"椿
　　笑曰:"因手足之故,而裸以爲飾,即聖人亦無取焉。"希臘古
　　史載大流士王(Darius)欲孥戮大臣,株連其妻黨。罪人婦號泣
　　以求,王許赦一人,惟婦所請。婦乞恕其兄或弟,王大怪之。
　　婦曰:"倘上天命妾再適人,是妾喪夫而有夫,喪子可有子也。
　　然妾之父母早亡,不復能有兄若弟矣!"王憐而宥其弟及一子

（Herodotus，III，119，"Loeb"，I，147）。是兄弟如手足而夫兒如衣服也。

元曲鄭廷玉《楚昭公》第三折船小浪大，"須遣不着親者下水"，昭公以弟爲親而妻爲疏，昭公夫人亦曰："兄弟同胞共乳，一體而分，妾身乃是別姓不親，理當下水"。《神奴兒》第一折李德仁曰："在那裏別尋一個同胞兄弟，媳婦兒是牆上泥皮"（石君寶《秋胡戲妻》第二折："常言道：'媳婦是壁上泥皮'"）。皆其旨也。敦煌變文《孔子項託相問書》小兒答夫婦、父母孰親之問曰："人之有母，如樹有根，人之有婦，如車有輪，車破更造，必得其新"；雖相較者爲父母而非兄弟，然車輪之喻，正與衣服、泥皮同科。莎士比亞劇中一人聞妻死耗，旁人慰之曰："故衣敝矣（old robes are worn out），世多裁縫（the tailors of the earth），可製新好者"；又一劇中夫過聽讒言，遣人殺妻，妻歎曰："我乃故衣（a garment out of fashion），宜遭扯裂（ripped）"[1]；亦謂妻如衣服耳。約翰•唐（John Donne）説教云："妻不過夫之輔佐而已，人無重其拄杖如其脛股者（She is but *Adjutorium*，but a Help：and nobody values his staffe，as he does legges）"[2]；亦謂妻非手足耳。

---

[1]　*Antony and Cleopatra*，I.ii.169 ff.；*Cymbeline*，III.iv.53 ff..

[2]　Donne，*Sermons*，ed. G. R. Potter and Evelyn M. Simpson，II，345.

一八　旄　丘

　　"叔兮伯兮，褎如充耳"；《箋》："人之耳聾，恒多笑而已。"按註與本文羌無係屬，却曲體人情。蓋聾者欲自掩重聽，輒頷首呀口，以示入耳心通。今諺則不言聾子，而言"瞎子趁淘笑"，如趙南星《清都散客笑贊》記瞽者與衆共坐，衆有見而笑，瞽者亦笑。衆問："何所見而笑?"瞽答："你們所笑，定然不差。"陳啓源《毛詩稽古編》斥此《箋》爲"康成之妄説"，正如其斥《終風》"願言則嚏"鄭《箋》（"俗人嚏，云：'人道我'"）爲"穿鑿之見"。就解《詩》而論，固屬妄鑿，然觀物態、考風俗者有所取材焉。

一九　泉　水

　　"思須與漕，我心悠悠，駕言出遊，以寫我憂。"按"駕"爲"或命巾車"之意。《衛風·竹竿》："淇水滺滺，檜楫松舟，駕言出遊，以寫我憂"；則"駕"爲"或棹孤舟"也。操舟曰"駕"，蘇軾《前赤壁賦》："駕一葉之扁舟"，即此"駕"；御車亦曰"駕"，蘇軾《日日出東門》："步尋東城遊，……駕言寫我憂"，乃此"駕"，故爲章惇所糾，而以"尻輪神馬"自解也（《東坡題跋》卷三）。

二〇　北　風

　　“莫赤匪狐，莫黑匪烏”；《傳》：“狐赤烏黑，莫能別也”；
《正義》：“狐色皆赤，烏色皆黑，喻衛之君臣皆惡也。”按今諺所
謂“天下烏鴉一般黑”。

二一　静　女

　　"自牧歸荑，洵美且異；匪女之爲美，美人之貽"；《傳》：
"非爲其徒説美色而已，美其人能遺我法則"；《正義》："言不美
此女，乃美此人之遺於我者。"按謬甚。詩明言物以人重，註疏
却解爲物重於人，茅草重於姝女，可謂顛倒好惡者。"女"即
"汝"字，猶《檜風·隰有萇楚》："樂子之無知"，或《藝文類
聚》卷四三引甯戚《扣牛角歌》："黃犢上坂且休息，吾將捨汝相
齊國"，或《漢書·賈誼傳·服賦》："問于子服：'余去何之？'"
（師古註："加其美稱也"，《文選·鵩鳥賦》作"請問于鵩兮"）
呼荑、呼犢曰"汝"，呼楚、呼鵩曰"子"，皆後世説杜詩如孫奕
《履齋示兒編》卷一〇論"濁醪誰造汝"等句所謂"少陵爾汝羣
物"是也（參觀施鴻保《讀杜詩説》卷八論《廢畦》："天風吹汝
寒"）。卉木無知，禽犢有知而非類，却胞與而爾汝之，若可酬
答，此詩人之至情洋溢，推己及他。我而多情，則視物可以如人
（I-thou），體貼心印，我而薄情，則視人亦祇如物(I-it)，侵耗使
役而已[1]。《魏風·碩鼠》："三歲貫女"，"逝將去女"；《書·湯

---

[1]　Martin Buber, *Between Man and Man*, tr. R. G. Smith, 3; *I and Thou*, 4.

誓》：“時日曷喪，予及女皆亡”，此之稱 “汝”，皆爲怨詞。蓋爾
汝羣物，非僅出於愛暱，亦或出於憎恨。要之吾衷情沛然流出，
於物沉浸沐浴之，彷彿變化其氣質，而使爲我等匹，愛則吾友
也，憎則吾仇爾，於我有冤親之別，而與我非族類之殊，若可曉
以語言而動以情感焉。梁玉繩《瞥記》卷二考 “爾汝” 爲賤簡之
稱，亦爲忘形親密之稱。呼人既然，呼物亦猶是也。

【增訂四】美國文學家梭洛（H. D. Thoreau）嘗云：“人言及其
至愛深知之物，輒用人稱代名詞，一若語法所謂 ‘中性’ 非爲
彼設者”（The one who loves and understands a thing best
will incline to the personal pronouns in speaking of it. To
him there is no *neuter* gender. ——W. H. Auden and L. Kro-
nenberger，ed.，*The Faber Book of Aphorisms*，1978，
p.359）。亦 “爾汝羣物” 之旨也。

二二 桑 中

《桑中·序》："刺奔也。"按吕祖謙《家塾讀詩記》引"朱氏"以爲詩乃淫者自作,《朱文公集》卷七〇《讀吕氏〈詩記〉》仍持"自狀其醜"之説。後世文士如惲敬《大雲山房文初稿》卷二《桑中説》,經生如胡承珙《毛詩後箋》卷四,力持異議。然於《左傳》成公二年申叔跪之父巫臣所謂"桑中之喜,竊妻以逃"云云,既無詞以解,遂彌縫謂詩"言情"而非"記欲",或斤斤辯非淫者自作,而如《序》所謂諷刺淫者之作。皆以爲踰禮敗俗,方且諱匿隱秘,"雖至不肖者,亦未必肯直告人以其人其地也"。夫自作與否,誠不可知,而亦不必辯。設身處地,借口代言,詩歌常例。貌若現身説法(Ichlyrik),實是化身賓白(Rollenlyrik)①,篇中之"我",非必詩人自道。假曰不然,則《鴟鴞》出於口吐人言之妖鳥,而《卷耳》作於女變男形之人瘋也。詩中如《玉臺新詠》卷三陸雲《爲顧彦先贈婦》四首,一、三代夫贈,二、四代婦答;劉禹錫悼武元衡,而詩題爲《代靖安佳人怨》),并有《引》言"代作"之故。詞中更成慣技,毛先舒

---

①   W. Kayser,*Das sprachliche Kunstwerk*,4. Aufl.,191.

《詩辨坻》卷四論詞曰："男子多作閨人語；孫夫人婦人耳，《燭影搖紅》詞乃更作男相思語，亦一創也"；俞正燮《癸巳存稿》卷一二論唐昭宗《菩薩蠻》結句當作"迎奴歸故宮"，乃託"宮人思歸之詞"，如李後主詞之"奴爲出來難"，均"代人稱'奴'"，猶《詩》云："既見君子，我心則降"，乃"代還士之妻稱'我'"。

【增訂四】毛先舒謂"男子"詞"多作閨人語"，劉熙載《昨非集·詞》有《虞美人》二首，皆力非倚聲家結習者。第一首云："自後填詞'填'字可休提！"已屬言之匪艱，行之維艱。第二首云："好詞好在鬚眉氣，怕殺香奩體。便能綺怨似閨人，可奈先拚骯髒自家身！"則"鬚眉氣"與頭巾氣絪緼莫辨矣！

人讀長短句時，了然於撲朔迷離之辨，而讀《三百篇》時，渾忘有揣度擬代之法（Prosopopeia），朱熹《語類》卷八〇解道："讀《詩》且只將做今人做底詩看"，而於《桑中》堅執爲"淫者自狀其醜"，何哉？豈所謂"上陣厮殺，忘了槍法"乎！《桑中》未必淫者自作，然其語氣則明爲淫者自述。桑中、上宮，幽會之所也；孟姜、孟弋、孟庸，幽期之人也；"期"、"要"、"送"，幽歡之顛末也。直記其事，不著議論意見，視爲外遇之簿録也可，視爲醜行之招供又無不可。西洋文學中善誘婦女(l'homme à femmes)之典型名蕩荒(Don Juan)①，歷計所狎，造册立表②；詩文寫漁色之徒，

---

① G. -G. de Bévotte，*La Légende de Don Juan*，2e éd.，I，3.

② Mozart，*Don Giovanni*，I. ii，Leporello："questo non picciol libro è tutto pieno dei nomi di sue belle；...un catalogo egli è"；iii，Don Giovanni："Ah, la mia lista doman mattina d'una decina devi aumentar"，Dover Publications，100，124. Cf. Mérimée，*Les Âmes du Purgatoire*(une liste à deux colonnes)，*Romans et Nouvelles*，"Bibl. de la Pléiade"，421.

亦每言其記總賬①。

【增訂三】 張君觀教曰："憶唐長安無賴子好雕青，至以所狎婦
女姓名、里貫涅之身上，亦如唐荒之'造册立表'。徵吾國故
事，似不應漏此。"是也。按其事見於《清異録》卷三《肢體》：
"自唐末，無賴男子以劄刺相高，……至有以平生所歷郡縣、
飲酒、蒲博之事，所交婦人姓名、年齒、行第、坊巷、形貌之
詳，一一標表者。時人號爲'針史'。"

《桑中》之"我"不啻此類角色之草創，而其詩殆如名册之縮本，惡
之貫而未盈者歟。古樂府《三婦艷》乃謂三婦共事一夫，《桑中》則
言一男有三外遇，於同地幽會。王嘉《拾遺記》卷一載皇娥與白帝
之子游乎窮桑，"俗謂游樂之處爲桑中也，《詩》中《衛風》云云，
蓋類此也"，杜撰出典。"桑中"俗語流傳，衆皆知非美詞。司馬相
如《美人賦》："暮宿上宫，有女獨處；皓體呈露，時來親臣"；沈約
《懺悔文》："淇水上宫，誠無云幾，分桃斷袖，亦足稱多"；則"上
宫"亦已成淫肆之代稱矣。

---

① E.g. Burton, *Anatomy of Melancholy*, Pt III, Sect. ii, Mem. 2, Subs, 1
(Anacreon), "Everyman's", III, 60; Fletcher, *The Wild-Goose Chase*, II. i (the
debt-book of mistresses), *Select Plays of Beaumont and Fletcher*, "Everyman's", 333;
La Fontaine: "Joconde"(le livre blanc), *Contes et Nouvelles*, Garnier, 12; Restif de la
Bretonne, *Monsieur Nicolas*(les fiches de l'Amour, le Calendrier), éd. abrégée par J.
Grand-Carteret, I, p. xvi, p. 4 note.

二三　淇　奥

《淇奥·序》："美武公之德也"；《正義》："武公殺兄篡國，得爲美者，美其逆取順守；齊桓、晉文皆以篡弒而立，終建大功，亦其類也"。按姚範《援鶉堂筆記》卷六引《正義》此節而斥之曰："説經者當如是乎!"；方東樹按語："此唐儒傅會，迴避太宗、建成、元吉事耳。"讀書甚得間。《左傳》昭公六年鄭人鑄刑書，《正義》娓娓百許言，論"古今之政"，"不可一日而無律"，非復經説，已成史論，亦必有爲而發。

"瞻彼淇奥，緑竹猗猗"；《傳》："緑，王芻也；竹，萹竹也。"按左思《三都賦·序》斥揚、馬、班、張作賦，"考之果木，則生非其壤，……虛而無徵"，而曰："見'緑竹猗猗'，則知衛地淇澳之産"，是或不免盡信書歟?《水經注》卷九《淇水》："《詩》云：'瞻彼淇澳，菉竹猗猗。'漢武帝塞決河，斬淇園之竹木以爲楗；寇恂爲河内，伐竹淇川，治矢百餘萬，以輸軍資。今通望淇川，並無此物，唯王芻編草，不異毛興。"後來如宋犖《筠廊偶筆》、陳錫璐《黄嬭餘話》卷三、程晉芳《勉行堂詩集》卷二三《過淇川》第一首等皆道淇奥無竹，而均不知酈道元已早言此。然則高適《自淇涉黄河途中作》之四："南登滑臺上，卻望河淇間，竹樹夾流水，孤村對遠

-153-

山”，殆以古障眼，想當然耳，亦如韓愈《此日足可惜》之“甲午憩時門，臨泉窺鬭龍”矣（《左傳》昭公十九年記“龍鬭於時門之外洧淵”）。唐李匡乂《資暇録》卷上謂《詩》之“猗猗”非指“筍竹”，因譏詞章家用事“大誤”；宋程大昌《演繁露》卷一記館職試題賦竹，試人用“淇竹”，主者以其違註疏黜之。吳曾《能改齋漫録》卷三未見《水經注》所記，乃引《史記》以駁《緗素雜記》而申王安石《詩傳》“虛而節，直而和”之解。清之經生恐世人疑《詩》語失實，博徵《爾雅》、《說文》、《本草圖經》之屬，分“緑”與“竹”爲二草或二菜名，非形容虛心直節之此君。特不知於《竹竿》之“籊籊竹竿，以釣於淇”，又將何說？然用心良苦，用力甚劬，過而存之斯可也。《鄭風‧溱洧》：“維士與女，伊其相謔，贈之以芍藥”；而白居易《經溱洧》云：“落日駐行騎，沈吟懷古情。鄭風變已盡，溱洧至今清；不見士與女，亦無芍藥名。”與淇奥之竹，無獨有偶。竊謂詩文風景物色，有得之當時目驗者，有出於一時興到者。出於興到，固屬凭空嚮壁，未宜緣木求魚；得之目驗，或因世變事遷，亦不可守株待兔。林希逸《竹溪鬳齋十一稿》續集卷七《秋日鳳凰臺即事》有小序論李白登此臺詩句“三山半落青天外，二水中分白鷺洲”云：“余思翰林題詩時，臺必不爾。白鷺洲問之故老，指點固無定所；而三山則於此臺望已不見，乃遠落於前江之尾。若當時果爾，則詩辭不應如此模寫也。謾刊正之，以俟好古者。”郎瑛《七修類稿》卷三：“孟子曰：‘牛山之木嘗美矣’，歐陽子曰：‘環滁皆山也’。余親至二地，牛山乃一崗石小山，全無土木，恐當時亦難以養木；滁州四望無際，祇西有瑯玡。不知孟子、歐陽何以云然？”；何紹基《東洲草堂詩鈔》卷十八《王少鶴、白蘭巖招集慈仁寺拜歐陽文忠公生日》第六首：“野鳥黐雲共往還，《醉翁》一操落人間。如何陵谷多遷變，今日環滁竟少山!"。潘問奇《拜鵑堂詩集》卷二《空舲峽》：
"夜靜猿聲聽不見，古人文字恐荒唐。"丁國鈞《荷香館瑣言》卷上：
"王禹偁《竹樓記》言黃岡多竹，東坡黃州詩亦有'好竹連山覺筍
香'句。光緒乙未，予隨學使者襄校蒞黃，徧遊山水，未見一竹。
楊惺吾丈鄰蘇園中以巨竹編籬，丈言黃地大小竹皆無，須渡江至武
昌縣乃購得。泥古不可以例今。"連類舉例，聊以寬廣治詞章者之心
胸。密爾敦詩中詠羣鬼爛漫臥，喻如瓦朗勃羅薩(Vallombrosa)沼
面秋葉(autumnal leaves)委積①，累代傳誦。而近世親遊其地者
以爲密爾敦必出耳食，否則植樹大變(the character of the woods
has entirely changed)，因彌望皆經霜不凋之松，無它木也②。足
與淇奧之竹、溱洧之芍藥，鼎足而三。《史通·暗惑》駁郭伋竹
馬事曰："夫以晉陽無竹，古今共知，……羣戲而乘，如何克
辦?"淇奧之竹，若是班乎？讀詩者若緣此而有殺風景之恨，則
卿輩意亦復易敗耳。

【增訂三】蘇軾摹寫赤壁景色，後人繼作，所見異詞。《後赤壁
賦》有曰："江流有聲，斷岸千尺，……履巉巖，……攀栖鶻
之危巢"；《東坡志林》卷九亦曰："黃州守居之數百步爲赤
壁，……斷崖壁立，江水深碧，二鶻巢其上。"韓駒與軾年輩
相接，《陵陽先生詩》卷三《登赤壁磯》已云："豈有危巢與栖
鶻，亦無陳迹但飛鷗。"晚明袁中道《珂雪齋近集》卷一《東
遊日記》："讀子瞻賦，覺此地深林邃石，幽蒨不可測度。韓子
蒼、陸放翁去公未遠，至此已云是一茅阜，了無可觀，'危巢

① *Paradise Lost*，I，301-3.
② Richard Aldington, *Life for Life's Sake*，326-7.

栖鵑',皆爲夢語。故知一經文人舌筆,嫫母化爲夷施,老秃
鶴皆作繡鴛鴦矣!"清初陸次雲《北墅緒言》卷下《下赤壁
賦》:"清淺蓬萊,漲爲平陸。馮夷徙而深居,潛蛟遷而遠伏。
求所謂'縱一葦、凌萬頃'之奇觀,杳不可以再復。昔讀兩
賦,宛轉流連;兹尋其跡,渺若雲烟。欲聽簫聲,無復聞其怨
慕;欲觀鶴影,何從仰其蹁躚!坡仙於此,嘗致慨乎孟德,後
坡仙而至者,復致慨乎坡仙!"發揮更暢。邵長蘅《青門簏稿》
卷九《遊黃州赤壁記》則頗兼袁、陸二氏之意:余曩時讀子瞻
賦所云……,意必幽邃峭深,迥然耳目之表。今身歷之,皆不
逮所聞。豈又文人之言少實而多虛,雖子瞻不免耶?抑陵谷變
遷,而江山不可復識耶?"李兆洛《養一齋文集》卷九《遊浮
山記》亦述同遊者怪劉大櫆記此山之過"襃",因疑"古今之
文舉不足信"。詩文描繪物色人事,歷歷如覩者,未必鑿鑿有
據,苟欲按圖索驥,便同刻舟求劍矣(Cf. D. Lodge,*The
Modes of Modern Writing*,9 ff.,22 ff.,33 f.,"realism in
the qualitative sense")。蓋作者欲使人讀而以爲鑿鑿有據,故
心匠手追,寫得歷歷如覩,然寫來歷歷如覩,即非鑿鑿有據,
逼真而亦失真。爲者敗之,成者反焉,固不僅文事爲然也。
"一經文人舌筆,嫫母化爲夷施",又可合之紀昀《閱微草堂筆
記》卷九記《西樓記》中穆素徽,因言:"然則傳奇中所謂
'佳人',半出虛說"(參觀《隨園詩話》卷一六記王子堅言穆
素徽)。故丁紹儀《聽秋聲館詞話》卷五記顧翰語,以"美人"
爲"書中三不可信"之一(參觀《老殘遊記》第一三回翠環評
狎客題壁詩)。西方談藝,每道此事。舉十七世紀法國小説詼
諧爲例:"此姝之美不待言。我不爲讀者描摹其纖腰、妙目、

盛鬋等嬌姿，因君輩即真覯伊人，見面有雀斑痘坎，未必能識
爲吾書中人正身。小説所寫主角莫不膚白皙而貌妍秀，皆紙上
之假面耳，揭其本相，則此中大有黑醜男女在"（Plusieurs
héros et héroïnes，qui sont beaux et blancs en papier et sous
le masque de roman，qui sont bien laids et bien basanéz en
chair et en os à découvert—A. Furetière，*Le Roman bour-
geois*，Éditions Porteret，8）。克羅采嗤學士輩讀古人情詩，
於所詠意中人，不啻欲得而爲眼前人，親接芳容（far la
conoscenza personale di Lesbia e di Cinzia，di Beatrice e di
Laura），可謂誤用其心（B. Croce，*La Poesia*，5 ed.，88–9）。
莊論謔語，正爾同歸。

【增訂四】方苞《望溪文集》卷一四《題天姥寺》："余尋醫浙
東，鮑甥孔巡從行。抵嵊縣，登陸，問天姥山。肩輿者曰：
'小丘耳，無可觀者。'⋯⋯至山下，果如所云。⋯⋯鮑甥曰：
'嘻咄哉！李白之詩乃不若輿夫之言之信乎？'余曰：'詩所云
乃夢中所見，非妄也。然即此知觀物之要矣。'"果如袁中道之
説，醒人寫景，每"爲夢語"，則"夢中所見"，更不須如癡人
之考"信"。張汝南《浙遊日記》："咸豐七年七月十八日。杭人
謂是潮生日。⋯⋯此浙江潮之大略也。凰所説'百萬軍聲，隱
隱如雷'者，不聞也；又'如萬疊銀山，忽然傾卸'者，不見
也。證以《七發》中'八月之望'一段，十不得一。即予從前
所作《曲江觀濤歌》，亦未見時所附會。文士筆端，多不足信
如此！"能自言"附會"，可謂不欺之學矣。

"寬兮綽兮，倚重較兮。善戲謔兮，不爲虐兮"；《箋》："君子之
德，有張有弛，故不常矜莊，而時戲謔。"按《豳風·東山》："其新

孔嘉，其舊如之何"；《箋》："又極序其情樂而戲之"，雖誤解詩意，然謂周公"戲"其軍士，則足與"善戲謔"、"不常矜莊"相發明。《禮記·表記》："君子貌足畏也，色足憚也，言足信也"；《玉藻》："君子之容舒遲：足容重，手容恭，目容端，口容止，聲容静，頭容直，氣容肅，立容德，色容莊。"《左傳》襄公三十一年北宫文子論君子云："有威而可畏謂之威，有儀而可象謂之儀。"《論語·學而》記孔子曰："君子不重則不威"，《堯曰》記孔子曰："君子正其衣冠，尊其瞻視，儼然人望而畏之"，《述而》狀孔子之容止，亦曰："子温而厲，威而不猛，恭而安"。然《陽貨》記孔子"莞爾而笑"，於子游有"前言戲之耳"之謔；《憲問》復載人傳公叔文子"不言不笑"，孔子以爲疑；《公冶長》子欲"乘桴"而謂子路"無所取材"，鄭玄註曰："故戲之耳"；《雍也》述孔子謂仲弓曰："犁牛之子騂且角"，脱若《論衡·自紀》篇所言，仲弓爲伯牛之子，則孔子亦雙關名字爲戲，正如《離騷》之"以蘭爲可恃，椒專佞以慢慆"之雙關大夫子蘭、子椒也。釋迦則"恐人言佛不知笑故"而開笑口（安世高譯《佛説處處經》説"笑光出者有五因緣之二"），且口、眼、舉體毛孔皆笑（《大智度論·放光釋論》第一四，參觀《緣起義釋論》第一）；耶穌又悲世憫人，其容常戚戚，終身不開笑口①。方斯二人，孔子"時然後笑"，較得中道。韓愈頗解其旨，《重答張籍書》云："昔者夫子猶有所戲；《詩》不云乎：'善戲謔兮，不爲虐兮'；《記》云：'張而不弛，文武不能也'。惡害於道哉！"即合并《陽貨》及《淇奥》鄭箋語意耳。又按《答張籍第一書》云："吾子又譏

---

① St. Basil, *Ascetic Works*, tr. W. K. L. Clarke, 180, Cf. E. R. Curtius, *Europäische Literatur und lateinisches Mittelalter*, 2, Aufl., 492.

吾與人人爲無實駁雜之説，此吾所以爲戲耳。比之酒色，不有間
乎?"《漢書·嚴、朱、吾丘、主父、徐、嚴、王、賈傳》記武帝
令王褒等爲歌頌，議者以爲"淫靡不急"，帝曰："詞賦賢於倡優
博弈遠矣!"韓愈之解嘲準此。

二四　碩　人

　　"手如柔荑，膚如凝脂，領如蝤蠐，齒如瓠犀，螓首蛾眉。巧笑倩兮，美目盼兮"；《傳》："螓首，顙廣而方。"按《鄘風·君子偕老》："揚且之皙也。……子之清揚，揚且之顏也"；《傳》："揚，眉上廣。……清揚，視清明也；揚且之顏，廣揚而顏角豐滿。"《鄭風·野有蔓草》："清揚婉兮"；《傳》："眉目之間，婉然美也。"《齊風·猗嗟》："抑若揚兮"；《傳》："抑，美色；揚，廣揚。"再三道螓首、揚顏。異域選色，亦尚廣顙，如拉丁詩詠美人三十二相、西班牙舊傳美人三十相、亞剌伯古説美人三十六相，無不及之[1]，拉丁文"supercilia"，尤可爲毛傳"眉上"之直譯。《楚辭·招魂》："蛾眉曼睩，目騰光些。靡顏膩理，遺視綿些。嫮光眇視，目曾波些"，即《詩》之"凝脂"、"蛾眉"、"美目盼"、"清揚"也。《大招》："靨輔奇牙，宜咲嫣只"，即《詩》之"巧笑倩"也。然衛、鄘、齊風中美人如畫像之水墨白描，未渲染丹黃。《鄭風·有女同車》："顏如舜華"，"顏如舜

---

　　① 　*L' Oeuvre du Comte de Mirabeau*，"Les Maîtres de l'Amour"，107（*Sylva Nuptialis*）；Brantôme，*Vies des Dames galantes*，Disc. II，art. 3，"Classiques Gar nier"，162；E. W. Lane，*Arabian Society in the Middle Ages*，216.

英"，着色矣而又不及其他。至《楚辭》始於雪膚玉肌而外，解道桃頰櫻脣，相爲映發，如《招魂》云："美人既醉，朱顏酡些"，《大招》云："朱脣皓齒、嫭以姱只。容則秀雅，稚朱顏只"；宋玉《好色賦》遂云："施粉則太白，施朱則太赤"。色彩烘托，漸益鮮明，非《詩》所及矣。

"大夫夙退，無使君勞"；《箋》："無使君之勞倦，以君夫人新爲配偶。"按杜甫《收京》："萬方頻送喜，無乃聖躬勞"，即此"勞"字。胡培翬、陳奐等皆駁鄭箋，謂"君"即指夫人。實則鄭説亦通，蓋與白居易《長恨歌》："春宵苦短日高起，從此君王不早朝"，李商隱《富平少侯》："當關不報侵晨客，新得佳人字莫愁"，貌異心同。新婚而退朝早，與新婚而視朝晚，如狙公朝暮賦芧，至竟無異也。

二五 氓

　　按此篇層次分明，工於敍事。"子無良媒"而"愆期"，"不見復關"而"泣涕"，皆具無往不復、無垂不縮之致。然文字之妙有波瀾，讀之祇覺是人事之應有曲折；後來如唐人傳奇中元稹《會真記》崔鶯鶯大數張生一節、沈既濟《任氏傳》中任氏長歎息一節，差堪共語。皆異於故作波折(suspense)，濫弄狡獪，徒成"鼓噪"者也（《兒女英雄傳》第六回論敍事不肯"直捷痛快，……這可就是説書的一點兒鼓噪"）。"兄弟不知，咥其笑矣"，亦可與《孔雀東南飛》之"阿母大拊掌，不圖子自歸"比勘。蓋以私許始，以被棄終，初不自重，卒被人輕，旁觀其事，誠足齒冷，與焦仲卿妻之遭逢姑惡、反躬無咎者不同。阿兄愛妹，視母氏憐女，亦復差減。是以彼見而驚，此聞則笑；"不圖"者，意計不及，深惜之也，"不知"者，體會不及，漠置之也。

　　"士之耽兮，猶可説也；女之耽兮，不可説也"；《箋》："説，解也。士有百行，可以功過相除；至於婦人，無外事，維以貞信爲節。"按鄭箋殊可引申。《碩人》："説於農郊"；《箋》："'説'當作'禭'。……更正衣服"，即所謂脱換。《禮記・文王世子》："武王不説冠帶而養"，《釋文》謂"説"亦作"脱"。"解"之與

"脱"，義可相通。辯解開脱（excuse），一意也，孔氏所言僅此。男多藉口，女難飾非，惡名之被，苛恕不齊，參觀《周易》卷論《大過》。寬解擺脱（extricate），又一意也：紐情纏愛，能自拯拔，猶魚鳥之出網羅。夫情之所鍾，古之"士"則登山臨水，恣其汗漫，爭利求名，得以排遣；亂思移愛，事尚匪艱。古之"女"閨房窈窕，不能遊目騁懷，薪米叢脞，未足忘情攝志；心乎愛矣，獨居深念，思蹇産而勿釋，魂屏營若有亡，理絲愈紛，解帶反結，"耽不可説"，殆亦此之謂歟？明人院本《投梭記》第二〇齣："常言道：'男子痴，一時迷；女子痴，没藥醫'"；古羅馬詩人名篇中女語男曰："吾與子兩情之熾相等，然吾爲婦人，則終遜汝丈夫一籌，蓋女柔弱，身心不如男之强有力也"（urimur igne pari, sed sum tibi viribus inpar; / fortius ingenium suspicor esse viris. / ut corpus, teneris ita mens infirma puellis）。[1] ——意謂男子心力不盡耗於用情，尚綽有餘裕，可以傍騖；斯大爾夫人（Madame de Staël）言，愛情於男衹是生涯中一段插話，而於女則是生命之全書（L'amour est l'histoire de la vie des femmes; c'est un épisode dans celle des hommes），拜倫爲詩敷陳之[2]。皆即"士耽"與"女耽"之第二義爾。

① Ovid, *Heroides*, XIX. "Hero Leandro", 5-7, "Loeb", 258.

② Byron, *Don Juan*, I, St. 194, Variorum, Ed. by T. G. Steffan and W. W. Pratt, II, 131 and IV, 45.

二六 河 廣

　　"誰謂河廣？曾不容刀"；《箋》："小船曰刀，作'舠'，亦作
'艚'。"按解爲刀、劍之刀，亦無不可；正如首章"一葦杭之"，
《傳》："杭、渡也"，《箋》："一葦加之，則可以渡之"，亦極言河
狹，一葦堪爲津梁也。漢高祖封功臣誓曰："黄河如帶"，陸機贈顧
貞詩曰："巨海猶縈帶"，隋文帝稱長江曰"衣帶水"，事無二致。
"跂予望之"謂望而可見，正言近耳。《衛風·河廣》言河之不廣，
《周南·漢廣》言漢之廣而"不可泳思"。雖曰河、漢廣狹之異乎，
無乃示願欲强弱之殊耶？蓋人有心則事無難，情思深切則視河水
清淺；跂以望宋，覺洋洋者若不能容刀、可以葦杭。此如《鄭
風·褰裳》中"子惠思我"，則溱、洧可"褰裳"而"涉"，西洋詩
中情人赴幽期，則海峽可泳而度，不惜躍入（leap'd lively in）層波
怒浪①。《唐棣》之詩曰："豈不爾思？室是遠而"；《論語·子罕》
記孔子論之曰："未之思也！夫何遠之有？"亦如唐太宗《聖教序》
所謂"誠重勞輕，求深願達"而已。苟有人焉，據詩語以考訂方
輿，丈量幅面，益畢漢廣於河之證，則痴人耳，不可向之説夢者

---

① Marlowe，*Hero & Leander*，II Sestiad，154.

也。不可與説夢者，亦不足與言詩，惜乎不能勸其毋讀詩也。唐
詩中示豪而撒漫揮金則曰"斗酒十千"，示貧而悉索傾囊則曰"斗
酒三百"，説者聚辯（參觀王觀國《學林》卷八、王楙《野客叢書》
卷二、趙與時《賓退録》卷三、俞德鄰《佩韋齋輯聞》卷一、史
繩祖《學齋佔嗶》卷二、周嬰《卮林》卷三、王夫之《船山遺書》
卷六三《夕堂永日緒論》内編），一若從而能考價之漲落、酒之美
惡，特尚未推究酒家胡之上下其手或於沽者之有所厚薄耳！吟風
弄月之語，盡供捕風撈月之用。楊慎以還，學者習聞數有虚、實
之辨（楊有仁編《太史升菴全集》卷四三論《公羊傳》記葵邱之
會），而未觸類圓覽。夫此特修詞之一端爾；述事抒情，是處皆有
"實可稽"與"虚不可執"者，豈止數乎？汪中論數①，兼及詞之
"曲"與"形容"（《述學》内篇一《釋三九》中），章學誠踵而通古
今語、雅俗語之郵（《文史通義》外篇一《〈述學〉駁文》），已窺端
倪。後來劉師培（《左盦集》卷八《古籍多虚數説》）則囿於量沙擢
髮、海滴山斤，知博徵之多多益善，而不解傍通之頭頭是道，識
力下汪、章數等矣。竊謂始發厥旨，當推孟子。《萬章》説《詩》
曰："不以文害辭，不以辭害志。……如以辭而已矣，《雲漢》之詩
曰：'周餘黎民，靡有孑遺'；信斯言也，是周無遺民也！"；《盡心》

---

① 　維果亦謂希臘古文中"三"每非實數，而爲"甚極"之意（significato fortis-
simo col "tres" appunto）（*Scienza nuova*，§491，*op. cit.*,597）。按如古羅馬史詩中
義人多幸，曰"三福四福"（O terque quaterque beati）（*Aeneid*,I.94）；又舊俗以死
人爲忌，送葬弔喪者歸必洗濯袚除，有曰："以净水三滌伙伴"（Idem ter socios pu-
ra circumtulit unda）（*ib.*，VI,229），古註家（Servius）説曰："'三'謂三次或更多
次。"古羅馬諷刺詩中淫人名"三陽"（Triphallo）（Juvenal，VI,026），法國諷刺劇
中愚夫名"三昧"（Trissotin）（Molière, *Les Femmes savantes*），近世西語不乏其例
（"thrice welcome"，"un triple sot"），皆《釋三九》之鄰壁餘明也。

論《書》曰："盡信《書》則不如無《書》，吾於《武成》，取二三
策而已矣。仁人無敵於天下，以至仁伐不仁，而何其血之流杵也?"
《論衡》之《語增》、《藝增》、《儒增》，《史通》之《暗惑》等，毛
舉櫛比，衍孟之緒言，而未申孟之蘊理。《文心雕龍‧夸飾》云：
"文辭所被，夸飾恒存。……辭雖已甚，其義無害也"，亦不道何以
故。皆於孟子"志"、"辭"之義，概乎未究。蓋文詞有虛而非僞、
誠而不實者。語之虛實與語之誠僞，相連而不相等，一而二焉。
是以文而無害，夸或非誣。《禮記‧表記》："子曰：'情欲信，詞欲
巧'"；亦見"巧"不妨"信"。誠僞係乎旨，微夫言者之心意，孟
子所謂"志"也；虛實係乎指，驗夫所言之事物，墨《經》所謂
"合"也。所指失真，故不"信"；其旨非欺，故無"害"。言者初
無誣罔之"志"，而造作不可"信"之"辭"；吾聞而"盡信"焉，
入言者於誣罔之罪，抑吾聞而有疑焉、斤斤辯焉，責言者蓄誣罔
之心，皆"以辭害志"也。高文何綺，好句如珠，現夢裏之悲歡，
幻空中之樓閣，鏡內映花，燈邊生影，言之虛者也，非言之僞者
也，叩之物而不實者也，非本之心之不誠者也①。《紅樓夢》第一
回大書特書曰"假語村言"，豈可同之於"誆語村言"哉?《史記‧
商君列傳》商君答趙良曰："語有之矣：貌言，華也；至言，實
也"；設以"貌言"、"華言"代"虛言"、"假言"，或稍減誤會。以
華語爲實語而"盡信"之，即以辭害意，或出於不學，而多出於
不思。《顏氏家訓‧勉學》記《三輔決録》載殷柱題詞用成語，有
人誤以爲真有一張姓京兆，又《漢書‧王莽傳‧贊》用成語，有
人誤以爲莽面色紫而發聲如蛙。《資治通鑑‧唐紀》六三會昌三年

① Cf. Rousseau, *Les Rêveries du Promeneur solitaire*，IV，*Les Confessions et les Rêveries*，"Bibliothèque de la Pléiade"，684-5("fiction" vs "mensonge")。

正月"烏介可汗走保黑車子族"句下，《考異》駁《舊唐書》誤以李德裕《紀聖功碑》中用西漢故典爲唐代實事；《後周紀》一廣順元年四月"鄭珙卒於契丹"句下，《考異》駁《九國志》誤以王保衡《晉陽聞見録》中用三國故典爲五代實事。皆泥華詞爲質言，視運典爲紀事，認虛成實，蓋不學之失也。若夫辨河漢廣狹，考李杜酒價，諸如此類，無關腹笥，以不可執爲可稽，又不思之過焉。潘岳《閑居賦》自誇園中果樹云："張公大谷之梨，梁侯烏椑之柿，周文弱枝之棗，房陵朱仲之李，靡不畢殖"；《紅樓夢》第五回寫秦氏房中陳設，有武則天曾照之寶鏡、安禄山嘗擲之木瓜、經西施浣之紗衾、被紅娘抱之鴛枕等等。倘據此以爲作者乃言古植至晉而移、古物入清猶用，歎有神助，或斥其鬼話，則猶"丞相非在夢中，君自在夢中"耳。《關尹子·八籌》："知物之僞者，不必去物；譬如見土牛木馬，雖情存牛馬之名，而心忘牛馬之实。"可以觸類而長，通之於言之"僞"者。亞理士多德首言詩文語句非同邏輯命題（proposition），無所謂真僞（neither has truth nor falsity）[1]；錫德尼（Philip Sidney）謂詩人不確語，故亦不誑語（he nothing affirms, and therefore never lieth）[2]；勃魯諾（Bruno）謂讀詩宜別"權語"（detto per metafora）與"實語"（detto per vero）[3]；維果亦謂"詩歌之真"（il vero poetico）非即"事物之實"（il vero fisico）[4]；今人又定名爲"羌無實指之假充陳述"（non-

[1]　*Organon*："On Interpretation", iv, "Loeb", I, 121.

[2]　*Apology of Poetry*, in *English Critical Essays*：16 th , 17 th & 18 th Centuries, "The World's Classics", 33.

[3]　*La Cena de le Ceneri* , , Dialogo iv., *op. cit*., 255-6.

[4]　*La Scienza Nuova* , § 205, *op. cit*.,452.

referential pseudo-statement）①。

【增訂四】 當世波蘭文論宗匠謂文學作品中無 "真實斷語"，祇有 "貌似斷語"（keine echten Urteile，sondern nur Quasi-Urteile. —Roman Ingarden："Konkretisation und Rekonstruktion"，in R. Warning，ed.，*Rezeptionsästhetik*，1979，pp.42-3）。一美國學人亦言文學作品中皆 "貌似語言動作"（quasi-speechacts—Richard Ohmann："Speech Acts and the Definition of Literature"，quoted in M. L. Pratt，*Towards a Speech Act Theory of Literature*，1977，pp.89-90）。即原引所謂 "不確語"、"權語"、"假充陳述" 也。

孟子含而未申之意，遂爾昭然。顧盡信書，固不如無書，而盡不信書，則又如無書，各墮一邊；不盡信書，斯爲中道爾。

① C. K. Ogden & I. A. Richards，*The Meaning of Meaning*，4th ed.，149 ff.。

二七 伯 兮

"自伯之東，首如飛蓬，豈無膏沐，誰適爲容?"按猶徐幹《室思》:"自君之出矣，明鏡暗不治"，或杜甫《新婚別》:"羅襦不復施，對君洗紅妝。"

"願言思伯，甘心首疾。"按王國維論柳永《鳳棲梧》:"衣帶漸寬終不悔，爲伊消得人憔悴"，以爲即《伯兮》此章之遺意（《静菴文集》續編《古雅之在美學上之地位》），是也。西詩名句所謂:"爲情甘憔悴，爲情甘苦辛"（J'aime，et je veux pâlir; j'aime et je veux souffrir)[1]。朱敦儒《鵲橋仙》:"愛他風雪忍他寒"，風物流連正猶風懷牽纏矣。《孟子·梁惠王》:"舉疾首蹙頞"，趙歧註:"疾首、頭痛也，蹙頞、愁貌";可與此詩之"首疾"相參。今俗語有曰"傷腦筋"，西語復稱事之縈心攖慮者曰"頭痛"或"當頭棒"（headache，Kopfschmerzen，casse-tête)，均此意。文廷式《純常子枝語》卷一一:"腦與心二説宜互相備，《説文》'思'字從'囟'從'心'，是其義"，又卷三三:"《黄庭經》:'腦神覺元字道都'，此言腦爲知覺之元也"（參觀周星詒《窳櫎

---

[1] Musset:"La Nuit d'Août", *Poésies nouvelles*, Flammarion, 93.

日記鈔》卷下、譚嗣同《南學會講義》第八次）。竊謂詩言相
"思"以至"首疾"，則亦已體驗"心之官"係於頭腦。詩人感覺
雖及而學士知慮未至，故文詞早道"首"，而義理祇言心。俞正
燮《癸巳類稿》卷一四《書〈人身圖説〉後》謂西洋人身構造與
中國人異，其臟腑經絡不全，"知覺以腦不以心"；既未近察諸
身，而亦不如文氏之善讀書矣。

二八　木　瓜

　　"投我以木瓜，報之以瓊琚；匪報也，永以爲好也！"；《傳》：
"瓊、玉之美者，琚、佩玉名"。按《大雅·抑》："投我以桃，報
之以李"，報與施相等也。此則施薄而報厚；王觀國《學林》卷
一説"木瓜"云："乃以木爲瓜、爲桃、爲李，俗謂之'假果'
者，亦猶畫餅土飯。……投我之物雖薄，而我報之實厚。"作詩
者申言非報先施，乃締永好，殆自解贈與答之不相稱歟？頗足以
徵人情世故。羣學家考論初民禮俗，謂贈者必望受者答酬，與物
乃所以取物，尚往來而較錙銖，且小往而責大來，號曰投貽(le
don)，實交易貿遷之一道(une forme de l'échange)，事同貨殖，
即以美洲土著語名之(Potlatch)①。余戲本唐諺（《述書賦》、《書
斷》引語："買褚得薛，不落節"，敦煌《李陵變文》："其時匈奴
落節、輸漢便宜"），雙關音義，譯此名爲"不得落節"。後進文
勝之世，饋遺常責報償，且每望其溢量逾值，送禮大可生利。不
特人事交際爲然，祭賽鬼神，心同此理；《史記·滑稽列傳》淳

---

　　①　Marcel Mauss, *Sociologie et Anthropologie*，143 ff. Cf.. Shakespeare,
Timon of Athens，I.i.287-290："No gift to him/But breeds the giver a return, ex-
ceeding/All use of quittance."

于髡笑禳田者僅操豚蹄盂酒曰："所持者狹，而所欲者奢"，是其例也。張爾歧《蒿菴文集》卷三《濟陽釋迦院重修記》譏"與佛法爲市"之"功德"云："希冀念熾，懸意遥祈，當其舍時，純作取想，如持物予人，左予而右索，予一而索十"；雖僅嗤市道之"功德"（fides mercenaria），而不啻并狀"不得落節"。以《木瓜》之篇，合《史記·貨殖列傳》載白圭語："以取予"，於古來所謂"交際"、"人事"，思過半矣。

二九　君子于役

　　"雞棲于塒，日之夕矣，羊牛下來；君子于役，如之何勿思？雞棲于桀，羊牛下括；君子于役，苟無飢渴。"按《日知録》卷三論此詩，謂古之"君子以嚮晦入宴息"，日夕是"當歸之時"，是以"無卜夜之賓，有宵行之禁"，及夫德衰邪作，長夜之飲，昏夜之乞，"晦明節亂矣"。意有所諷，借題發策，不自恤其言之腐闊也。君子于役，初非一端。擊鼓南行，零雨西悲；六轡馳驅，四牡騑嘽；王事靡盬，僕夫況瘁。勞人草草，行道遲遲，豈皆能如澤耕畟耜之朝出暮返乎？而未始不畫動夜息也。顧氏欲饑鐘鳴漏盡而不知止之人，遂將此詩專説成日暮不歸，置遠役未歸於度外。"苟無飢渴"，即《采薇》之"行道遲遲，載飢載渴"，正不必爲盼待君子"自公退食"也。《齊風·載驅》曰："魯道有蕩，齊子發夕"，固刺"宵行"；而《小雅·頍弁》曰："樂酒今夕，君子維宴"，《湛露》曰："厭厭夜飲，不醉無歸"，又美"卜夕"。顧氏之言，誠爲迂拘；諒其憂時憤世之志，毋以詞害可矣。

　　許瑶光《雪門詩鈔》卷一《再讀〈詩經〉四十二首》第十四首云："雞栖于桀下牛羊，飢渴縈懷對夕陽。已啓唐人閨怨句，最難消遣是昏黄。"大是解人。白居易《閨婦》云："斜凭繡牀愁不動，紅綃帶緩綠鬟低。遼陽春盡無消息，夜合花開日又西”；此胡應麟推爲“中唐後第一篇”者（《少室山房類稿》卷一○五《題白樂天集》），亦即言日夕足添閨思。司馬相如《長門賦》：“日黃昏而望絕兮，悵獨託於空堂”；呂溫《藥師如來繡像讚》：“觸慮成端，沿情多緒。黃昏望絕，見偶語而生疑；清旭意新，聞疾行而誤喜”（《全唐文》卷六二九）；又可釋日暮增愁之故。丁尼生（Tennyson）詩寫懊儂懷想歡子，不舍晝夜，而最憎薄暮日落之際（but most she loathed the hour / When the thick-moted sunbeam lay / Athwart the chambers, and the day / Was sloping toward his western bower）①。詩人體會，同心一理。潘岳《寡婦賦》：“時曖曖而向昏兮，日杳杳而西匿。雀羣飛而赴楹兮，雞登棲而斂翼。歸空館而自憐兮，撫衾裯以歎息。”蓋死別生離，傷逝懷遠，皆於昏黃時分，觸緒紛來，所謂“最難消遣”。韓偓《夕陽》：“花前灑淚臨寒食，醉裏回頭問夕陽；不管相思人老盡，朝朝容易下西牆！”；趙德麟《清平樂》：“斷送一生憔悴，只消幾個黃昏！”取景造境，亦《君子于役》之遺意。孟浩然《秋登蘭山寄張五》云：“愁因薄暮起”，皇甫冉《歸渡洛水》云：“暝色起春愁”，有以也夫！正不必如王安石之改皇甫冉詩“起”字爲“赴”（見《苕溪漁隱叢話》前集卷三六又後集卷九引《鍾山語錄》），更不須如王士禎《論詩絕句》之附和也。

【增訂一】李白《菩薩蠻》：“暝色入高樓，有人樓上愁”；柳永《鳳凰閣》：“這滋味、黃昏又惡”；晏幾道《兩同心》：“惡滋味、最是黃昏。”此類詞句皆言“暝色起愁”耳。

---

① *Mariana*，st 7.

三〇　采　葛

　　"一日不見，如三月兮"；《傳》："一日不見於君，憂懼於讒矣"。按《鄭風·子衿》："一日不見，如三月兮"；《箋》："獨學無友，故思之甚。"二解不同，各有所當。《全三國文》卷八魏文帝《典論》記劉表父子事，曰："故曰：'容刀生於身疏，積愛生於近習'，豈謂是耶?"；《晉書·閻纘傳》皇太孫立，上疏曰："故曰：'一朝不朝，其間容刀'"；《北齊書·崔季舒傳》陽休之勸崔從文宣行，曰："一日不朝，其間容刀"；黃庭堅《豫章集》卷一四《東坡真贊》曰："一日不朝，其間容戈。"均《采葛》毛傳之旨。王安石《臨川集》卷一五《李舜舉賜詔書藥物謝表》所謂："況遠跡久孤之地，實邇言易間之時"，最能曲傳情事。苟離君側，讒間即入，理固然矣。顧不離君側，人自難於進讒間己，而己則易於進讒間人，即成佞倖；《韓非子·八姦》之二曰"在傍"，僅次於"同牀"耳。故古來權臣得君者，鐘鳴漏盡，馬竭器盈，而戀位不去，亦以深慮去位而身與君疏，身疏而容刀、戈也。李德裕道此隱衷，最為切至。《李衛公外集》卷二《退身論》："其難於退者，以余忖度，頗得古人微旨。天下善人少，惡人多，一旦去權，禍機不測。操政柄以禦怨誹者，如荷戟以當狡獸，閉關以待暴客；若捨戟開關，則寇難立至。遲遲不去者，以延一日之命，庶免終身之禍，亦猶奔馬者不可以委轡，乘流者不可以去楫。是以懼禍而不斷，未必皆耽祿而患失矣。何以知之？余之前在鼎司，謝病辭免，尋即遠就澤國，自謂在外而安。豈知天高不聞，身遠受害！近者自三公鎮於舊楚，懇辭將相，歸守邱園，而行險之人乘隙構患，竟以失巨浪而懸肆、去灌木而攖羅。余豈不知身退罹殃，蓋恥同種、斯之不去也。則知勇退者豈容易哉！而陸士衡稱‘不知去勢以求安，辭寵以要福’，斯言過矣！”“種、斯”謂文種、李斯。《漢書·王、貢、兩龔、鮑傳·贊》以“朝廷之士入而不出”爲一“短”，亦大似陸機“言過”，書生知其一不知其二也。《朱子語類》卷一三一：“秦檜初罷相，出在某處，與客握手夜語庭中，客偶說及富公事。秦忽掉手入內，客莫知其故，久之方出，再三謝客，云：‘荷見教！’客亦莫知所謂，扣問，乃答云：‘處相位元來是不當起去’”；“富直柔握手之語，……往往只是說富公後來去朝廷使河北、被人讒問等事，秦老聞之，忽入去久之不出。富怪之，後出云：‘元來做宰相是不可去’”。李光地《榕村語錄續編》卷一三記徐乾學“落職尚不肯去，……固請陛辭，刺刺不休。上已他顧，東海近視，不見也，嘵嘵然曰：‘臣一去必爲小人所害。……但要皇上分得君子小人，臣便可保無事’。上曰：‘如何分？’曰：‘但是說臣好的，便是君子；說臣不好的，便是小人’”。李、秦、徐三人薰蕕有別，而操心慮患，無乎不同，正毛《傳》所謂“不見”則“憂虞於讒”，亦即西諺所謂：“身不在此，人必求疵”（Les absents ont tou-jours tort）。毛《傳》非即合乎詩旨，似將情侶之思慕曲解爲朝士之疑懼，而於世道人事，犁然有當，亦如筆誤因以成蠅、墨汙亦堪作犉也。

三一　叔　于　田

　　"巷無居人；豈無居人？不如叔也，洵美且仁。"按《韓非子·有度》："故臣曰：'亡國之廷，無人焉'；'廷無人'者，非朝廷之衰也"，又《三守》："國無臣者，豈郎中虛而朝臣少哉？"；《論衡·藝增》："《易》曰：'豐其屋，蔀其家，窺其戶，闃其無人也'；非其無人也，無賢人也"；韓愈《送溫處士赴河陽軍序》："伯樂一過冀北之野而馬羣遂空，非無馬也，無良馬也。"捉置一處，以質世之好言"韓文無字無來歷"者。

　　【增訂三】《左傳》襄公一五年："師慧過宋朝，將私焉。其相曰：朝也！'慧曰：'無人焉。'相曰：'朝也，何故無人？'慧曰：'必無人焉。若猶有人，豈其以千乘之相易淫樂之矇？必無人焉故也。'"即韓非所謂"亡國之廷無人"，而以便溺為譎諫也。

三二　女曰雞鳴

　　"女曰雞鳴，士曰昧旦；子興視夜，明星有爛"；《箋》："言不留色也。"按箋語甚簡古，然似非《詩》意。"子興視夜"二句皆士答女之言；女謂雞已叫旦，士謂尚未曙，命女觀明星在天便知。女催起而士尚戀枕衾，與《齊風・雞鳴》情景略似。六朝樂府《烏夜啼》："可憐烏臼鳥，強言知天曙，無故三更啼，歡子冒暗去"；《讀曲歌》："打殺長鳴雞，彈去烏臼鳥，願得連暝不復曙，一年都一曉"；徐陵《烏棲曲》之二："繡帳羅幃隱燈燭，一夜千年猶不足，惟憎無賴汝南雞，天河未落猶争啼"；李廓《雞鳴曲》："長恨雞鳴別時苦，不遣雞棲近窗户"；温庭筠《贈知音》："翠羽花冠碧樹雞，未明先向短牆啼，窗間謝女青蛾斂，門外蕭郎白馬嘶"；《游仙窟》："誰知可憎病鵲，夜半驚人，薄媚狂雞，三更唱曉"；《開元天寶遺事》劉國容《與郭昭述書》："歡寢方濃，恨雞聲之斷愛，恩憐未洽，歎馬足以無情"；《雲溪友議》卷中載崔涯《雜嘲》："寒雞鼓翼紗窗外，已覺恩情逐曉風"；以至馮猶龍輯《山歌》卷二《五更頭》又《黃山謎・掛枝兒・雞》、黃遵憲《人境廬詩草》卷一《山歌》之四，莫非《三百篇》中此二詩之遺意。蓋男女歡會，亦無端牽率雞犬也，參觀論《野有死麕》。古希臘情詩每怨公雞報曉(the early-rising cock)，斥為

"妬禽"（the most jealous of fowls）①；中世紀盛行《黎明怨別》（alba）詩②，堪相連類。

【增訂三】中世紀"黎明怨別詩"每以報更夫（watchman）或望風之友人（a friend of the lovers who has been standing guard）代報曉雞，使情侶自酣睡中驚起（A. Preminger，ed.，*Encyclopedia of Poetry and Poetics*，8）。《水滸傳》第四五回裴闍黎宿潘巧雲家，"只怕五更睡着了，不知省覺"，因賂頭陀胡道人，命其"把木魚大敲報曉，高聲念佛"，俾"和尚和婦人夢中驚覺"，迎兒"開後門放他去了"。頭陀正取"烏臼鳥"、"碧樹雞"而代之，事物（character）異而作用（function）同（Cf. V. Propp，*Morphology of the Folktale*，tr. L. Scott，2nd ed.，21）。《東京夢華錄》卷三、《夢粱錄》卷一三皆記兩宋京師風俗，每夜四、五更，行者、頭陀打鐵板木魚，沿街循門報曉。故《水滸》此節因俗制宜，就實構虛。倘在今世，則枕邊一鬧鐘便取胡道人而代之。然既省却胡道人，即可省却迎兒"得小意兒"、安排香桌、開後門等事，亦必無石秀聞木魚聲、張望門縫及"只因胡道者，害了海闍黎"等事。私情察破，須出他途；角色情境，變而離宗，另起爐竈而別有天地矣。

【增訂四】原引《夢華》、《夢粱》兩錄所記打鐵板報曉之俗，陸游詩中屢言之。《劍南詩稿》卷二〇《夜坐忽聞村路鐵牌》第二首："秋氣凄涼霧雨昏，書生老病臥孤村。五更不用元戎報，

---

① Antipater of Thessalonica，*Greek Anthology*，V. 3，"Loeb"，I，129.
② A. Preminger，ed.，*Encyclopedia of Poetry and Poetics*，8，841-2.

片鐵錚錚自過門”；卷二三《不寐》：“熠熠螢穿幔，錚錚鐵過門”；卷三三《冬夜不寐》：“錚錚聞叩鐵，喔喔數鳴雞。”詩皆作於乞祠退居山陰時，是此俗不限於京師也。中世紀德國大詩人有一篇頗諧妙，謂私情幽媾（heimliche Liebe），每苦守夜人（Wächter）報曉催起，若夫與結褵嬌妻（ein offen süsses Eheweib）共枕，則悠然高臥待日上耳（Er kann den Tag abwarten. —Wolfram von Eschenbach，in Max Wehrli，*Deutsche Lyrik des Mittelalters*，6th ed. revised，1984，pp.198-9）。溫庭筠《更漏子》所云：“驚塞雁，起城烏，畫屏金鷓鴣”，殆彷彿此槪矣。

“琴瑟在御，莫不靜好。”按張爾歧《蒿菴閒話》卷一曰：“此詩人凝想點綴之詞，若作女子口中語，似覺少味，蓋詩人一面敘述，一面點綴，大類後世絃索曲子。《三百篇》中述語敘景，錯雜成文，如此類者甚多，《溱洧》、齊《雞鳴》皆是也。‘溱與洧’亦旁人述所聞所見，演而成章。説者泥《傳》‘淫奔者自敘’之詞，不知‘女曰’、‘士曰’等字如何安頓?”明通之言，特標出之；參觀前論《桑中》又《楚辭·九歌·東皇太一》。

三三　有女同車

　　"顔如舜華"、"顔如舜英";《傳》:"舜、木槿也"。按謝肇淛《五雜組》卷一〇:"木槿……朝開暮落，婦人容色之易衰若此；詩之寄興，微而婉矣!"空外聽音，較之取草木狀、羣芳譜考論者，似更解人頤也。惲敬《大雲山房文稿》二集卷一《釋舜》謂此篇之"舜"非《月令》之"蕣";"舜"之華"紅而暈"，"蕣"則"近剪黑，遠剪微有光耀，以擬女之顔，比物豈若是歟?"同卷《〈東門之枌〉說》又謂"視爾如荍"，毛云"荍"即芘芣，蓋"指慚色"，非"指女色"，因"芘芣紫赤色，顔色之美而喻以芘芣，左矣!"真固哉高叟之説詩也。信如所説，荍"指慚色"，則沈約《麗人賦》所稱"含羞隱媚"，其色殆"紫赤"肖生豬肝歟?《史記·趙世家》武靈王夢見處女歌曰:"美人熒熒兮，顔若苕之榮"，《集解》:"其華紫"。蓋紫爲間色，其近紅者，法語之"pourpre"，《論語·陽貨》所謂"奪朱"，以擬女顔，未爲"左"科，古羅馬艶詩摹寫紅暈，亦曰"紫羞"（purpureus pudor）[1]，可相發明；其近黑者，英語之"purple"，即惲氏所疑也。蕣縱非舜，亦無大害。《左傳》昭公二十八年不

---

　　①　Ovid，*Amores*，I.iii.14，"Loeb"，326.

言仍氏之"玄妻"乎?"嚚己"、"媚豬"之流,見諸張萱《疑耀》
卷三、俞樾《茶香室續鈔》卷五;陶穀《清異録》卷三《獸》門
記烏貓號"崑崙姐己",實即"嚚己"之確解;黑不妨美①。惲
氏囿於"紅顏"等套語,不免少見多怪。顧斤斤辯此,猶是舍本
逐末。夫詩文刻劃風貌,假喻設譬,約略彷彿,無大剌謬即中。
侔色揣稱,初非毫髮無差,亦不容錙銖必較。使坐實當真,則銖
銖而稱,至石必忒,寸寸而度,至丈必爽矣。"杏臉桃頰"、"玉
肌雪膚",語之爛熟者也,惲氏或惡其濫而未必以爲"左"也。
脫若參禪之"死在句下",而想象女之臉頰真爲桃杏,女之肌膚
實等玉雪,則彼姝者子使非怪物即患惡疾耳。引彼喻此,杏歟桃
歟,而依然不失爲人之臉頰,玉乎雪乎,而依然不失爲人之肌
膚;合而仍離,同而存異,不能取彼代此、納此入彼。作者乃極
言其人之美麗可愛,非謂一覩其面而緱山之桃、蓬萊之杏、藍田
之玉、梁園之雪宛然紛然都呈眼底也。舜、莢之擬,政爾同科。
皆當領會其"情感價值"(Gefühlswert),勿宜執著其"觀感價
值"(Anschauungswert)②。

【增訂三】"雪膚"、"玉貌"亦成章回小説中窠臼。《金瓶梅》
能稍破匡格。如屢言王六兒"面皮紫膛色"、"大紫膛色黑"
(第三三、六一回),却未嘗摒爲陋惡,殆"舜英"、"苕榮"之
遺意歟?"紫膛"常作"紫棠",褚人穫《堅瓠首集》卷四引
《黄鶯兒》詠"色黑而媚",即曰"紫棠容"。《夷堅志補》卷二

① Cf. Tasso,*Gerusalemme Liberata*,XII. 21:"la regia moglie,/che bruna è sì
ma il bruno il bel non toglie",*Poesie*,Riccardo Ricciardi,298.

② K. O. Erdmann,*Die Bedeutung des Wortes*,3. Aufl.,196,216-7.

四《龍陽王丞》有"顏色紫堂"語，"堂"字未他見，或訛刻也。《舊約全書·沙羅門情歌》已有女"黑而美"之誇（"Song of Songs"，1:5:"I am black，but comely"；cf. M. Praz，*The Romantic Agony*，44），文藝復興時情詩，每讚"黑美人"（Dark Lady），堪與"黠己"、"玄妻"連類。吾國詩詞皆重"白人"（參觀 1176-1177 頁），《疑雨集》卷一《寒詞》第一首："從來國色玉光寒，晝視常疑月下看"，《陶菴夢憶》卷四："所謂'一白能遮百醜'者"，足以概之。

繪畫雕塑不能按照詩文比喻依樣葫蘆，即緣此理。若直據"蠐首蛾眉"、"芙蓉如面柳如眉"等寫象範形，則頭面之上蟲豸蠢動，草木紛披，不復成人矣。古希臘大詩人索福克利斯(Sophocles)早言"黃金髮"（gold-haired）、"玫瑰指尖"（rosy-fingered）乃詩中濫熟詞藻，苟坐實以作畫像，其狀貌便使人憎畏①。近人論文，亦謂學僮課作，捃撦陳言，搖筆即云："空色如鉛，暑氣沉重"（l'aria è plumbea e l'afa pesante），倘畫家據以作圖，寫天空成鉛色大塊，下垂壓人，觀者必斥為風漢之顛筆（pazzia）②。余所見前人著作中，伯克剖析此意，切理饜心，無以加之矣③。

"彼美孟姜，洵美且都"；《傳》："都，閑也。"按陳奐《詩毛氏傳疏》謂"閑"即"嫻"，美也，引《楚語》"富都那豎"、《上林賦》"妖冶閑都"等為例，似尚未盡。程大昌《演繁露》

----

① *The Deipnosophists*，Bk. XIII.，604，"Loeb"，VI，205-7.

② L. Russo，*La Critica letteraria contemporanea*，3a ed.，II，153-4（F. Flora）.

③ Burke，*Inquiry into the Sublime and Beautiful*，Pt. V，sect. v，ed.，J. T. Boulton，170-1. Cf. G. F. Stout，*Analytic Psychology*，I，79ff..

續集卷四："古無村名，今之村，即古之鄙野也；凡地在國中邑中則名之爲'都'，都、美也。"楊慎《太史升菴全集》卷四二、七八本此意說《詩》曰："山姬野婦，美而不都"，又據《左傳》"都鄙有章"等語申之曰："閑雅之態生，今諺云'京樣'，即古之所謂'都'。……村陋之狀出，今諺云'野樣'，即古之所謂'鄙'"；趙翼《陔餘叢考》卷二二亦曰："都美本於國邑，鄙朴本於郊野。"竊有取焉。人之分"都"、"鄙"，亦即城鄉、貴賤之判，馬融《長笛賦》："尊卑都鄙"句可參，實勢利之一端。《敦煌掇瑣》二四《雲謠集·内家嬌》第二首："及時衣着，梳頭京樣"；劉禹錫《歷陽書事七十韻》："容華本南國，妝束學西京"；趙德麟《侯鯖録》卷四記與蘇軾歷舉"他處殆難得彷彿"、"天下所不及"諸事物，"京師婦人梳妝"居其一；陸游《五月十一日夜且半夢從大駕親征》："涼州女兒滿高樓，梳頭已學京都樣"；皆"都"之謂歟。

三四　狡　童

　　《狡童·序》："刺忽也，不能與賢人圖事，權臣擅命也。"按《傳》、《箋》皆無異詞，朱熹《集傳》則謂是"淫女見絕"之作。竊以朱説尊本文而不外騖，謹嚴似勝漢人舊解。王懋竑《白田草堂存稿》卷二四《偶閲義山〈無題〉詩、因書其後》第二首云："何事連篇刺'狡童'，鄭君箋不異毛公。忽將舊譜翻新曲，疏義遙知脈絡同"；自註："《無題》詩、鄭衛之遺音，註家以爲寓意君臣，此飾説耳。與'狡童'刺忽，指意雖殊，脈絡則一也。"蓋謂李商隱《無題》乃《狡童》之遺，不可附會爲"寓意君臣"，即本朱説，特婉隱其詞，未敢顯斥毛、鄭之非耳。朱鑑《〈詩傳〉遺説》卷一載朱熹論陳傅良"解《詩》凡説男女事皆是説君臣"，謂"未可如此一律"；蓋明通之論也。

　　尤侗《艮齋雜説》卷一、毛奇齡《西河詩話》卷四均載高攀龍講學東林，有問《木瓜》詩並無"男、女"字，何以知爲淫奔；來風季曰："即有'男、女'字，亦何必爲淫奔?"因舉張衡《四愁詩》有"美人贈我金錯刀"語，"張衡淫奔耶?"又舉箕子《麥秀歌》亦曰："彼狡童兮，不與我好兮!"指紂而言，紂"君也，君淫奔耶?"攀龍歎服。尤、毛亦津津傳述，以爲超凡之卓見，而不省

其爲出位之卮言也。夫"言外之意"（extralocution），説詩之常，
然有含蓄與寄託之辨。詩中言之而未盡，欲吐復吞，有待引申，
俾能圓足，所謂"含不盡之意，見於言外"，此一事也。詩中所
未嘗言，別取事物，湊泊以合，所謂"言在於此，意在於彼"，
又一事也。前者順詩利導，亦即蘊於言中，後者輔詩齊行，必須
求之文外。含蓄比於形之與神，寄託則類形之與影。歐陽修《文
忠集》卷一二八《詩話》説言外含意，舉"雞聲茅店月，人跡板
橋霜"及"怪禽啼曠野，落日恐行人"兩聯，曰："則道路辛苦、
羈愁旅思，豈不見於言外乎？"兹以《狡童》例而申之。首章云：
"彼狡童兮，不與我言兮！維子之故，使我不能餐兮！"，而次章
承之云："彼狡童兮，不與我食兮！維子之故，使我不能息兮！"
是"不與言"非道途相遇，掉頭不顧，乃共食之時，不僦不睬；
又進而并不與共食，於是"我"餐不甘味而至於寢不安席。且不
責"彼"之移愛，而咎"子"之奪愛，匪特自傷裂紈，益復妬及
織素。若夫始不與語，繼不與食，則衾餘枕剩、冰牀雪被之況，
雖言詮未涉，亦如匣劍帷燈。蓋男女乖離，初非一律，所謂"見
多情易厭，見少情易變"（張雲璈《簡松草堂集》卷六《相見詞》
之三），亦所謂情愛之斷終，有傷食而死於過飽者，又有乏食而
死於過饑者（Glückliche Liebe stirbt an Uebersätigung，
unglückliche an Hunger）①。

【增訂四】曹鄴《棄婦》："見多自成醜，不待顏色衰"，即張雲
璈所謂"見多情易厭"；鄴《登岳陽樓有懷寄座主相公》："常

_____

① 　Ilonka Schmidt Mackey，*Lou Salomé*，181（Aphorismes inédits）；cf. "Out
of sight is out of mind" vs "Familiarity breeds contempt."

聞詩人語，西子不宜老”，則言色衰愛弛。愛升歡墜（《後漢書·皇妃傳》上），趙盛班衰（劉孝綽《遥見鄰舟主人投一物，衆姬爭之，有客請余詠之》），察其所由，曹氏四語可以囊括矣。

闊別而淡忘，跡疏而心隨疏，如《擊鼓》之“吁嗟洵兮，不我信兮！”是也。習處而生嫌，跡密轉使心疏，常近則漸欲遠，故同牢而有異志，如此詩是。其意初未明言，而寓於字裏行間，即“含蓄”也。“寄託”也者，“狡童”指鄭昭公，“子”指祭仲擅政；賢人被擠，不官無禄，故曰“我不能餐息”。則讀者雖具離婁察毫之明，能爲倉公洞垣之視，爬梳字隙，抉剔句縫，亦斷不可得此意，而有待於經師指授，傳疑傳信者也。詩必取足於己，空諸依傍而詞意相宜，庶幾斐然成章；苟參之作者自陳，考之他人載筆，尚確有本事而寓微旨，則匹似名錦添花，寶器盛食，彌增佳致而滋美味。蕪詞庸響，語意不貫，而藉口寄託遥深、關係重大，名之詩史，尊以詩教，毋乃類國家不克自立而依借外力以存濟者乎？盡舍詩中所言而别求詩外之物，不屑眉睫之間而上窮碧落、下及黄泉，以冀弋獲，此可以考史，可以説教，然而非談藝之當務也。其在考史、説教，則如由指而見月也，方且笑談藝之拘執本文，如指測以爲盡海也，而不自知類西諺嘲犬之逐影而亡骨也。《文選》録《四愁詩》有序，乃後人依託，斷然可識，若依序解詩，反添室礙，似欲水之澄而捧土投之。故倘序果出張衡之手，亦人類作詩本賦男女，而懲於“無邪”之戒，遂撰序飾言“君臣”，以文過亂真，賣馬脯而懸牛骨矣。後世誨淫小説，自序豈不十九以勸誡爲藉口乎？

【增訂四】當世美國史家亦謂歷來穢書作者每飾説誨淫爲勸善；其描摹媟褻，窮形極態，託言出於救世砭俗之苦心，欲使讀之

者足戒(their [the pornographers'] pious alibi that the offen-
ding work was a covert moral tract excoriating the very vices it
was compelled to explore so graphically.—Peter Gay, *Educa-
tion of the Senses*, 1984, p.363)。

"我"不必作者自道,已詳前論《桑中》。抑尚有進者。從來氏之説,
是詩中之言不足據憑也;故詩言男女者,即非言男女矣。然則詩之
不言男女者,亦即非不言男女,無妨求之詩外,解爲"淫奔"而迂
晦其詞矣。得乎? 欲申漢紬宋,嚴禮教之防,闢"淫詩"之説,避
塹而墮阱,來、高、尤、毛輩有焉。

《狡童》、《褰裳》、《丰》、《東門之墠》等詩,頗可合觀。《東門之
墠》云:"豈不爾思? 子不我即";《褰裳》云:"子不我思,豈無他
人?";《王風·大車》云:"豈不爾思? 畏子不奔"。三者相映成趣。
《褰裳》之什,男有投桃之行,女無投梭之拒,好而不終,強顏自解
也。《丰》云:"悔予不送兮","悔予不將兮",自怨自尤也。《子衿》
云:"縱我不往,子寧不嗣音?","子寧不來?",薄責己而厚望於人
也。已開後世小説言情之心理描繪矣。《丰》:"衣錦褧衣,裳錦褧
裳","駕予與行","駕予與歸",即《氓》之"以爾車來,以我賄
遷";蓋雖非静女,亦非奔女。"衣錦"、"裳錦",乃《漢書·外戚傳》
上:"顯因爲成君衣補",顏註:"謂縫作嫁時衣被也"。《焦仲卿妻》
亦云:"阿母謂阿女:'適得府君書,明日來迎汝;何不作衣裳,莫
令事不舉'。……左手執刀尺,右手執綾羅;朝成繡裌裙,晚成單
羅衫。"

三五 雞 鳴

"會且歸矣，無庶予子憎"；《傳》："卿大夫朝會於君，……夕歸治其家事，……無見惡於夫人。"陳奐謂"子"乃"于"之訛，夫人蓋言："毋使卿大夫憎我"也。其說足從，但士與女"夙夜警戒"亦可，不必定屬君與妃。以"朝既盈"、"朝既昌"促起，正李商隱《爲有》所云："無端嫁得金龜婿，辜負香衾事早朝。"《箋》、《正義》皆以"雞既鳴矣"二句、"東方明矣"二句爲夫人警君之詞，而以"匪雞則鳴"二句、"匪東方則明"二句爲詩人申說之詞；謂"賢妃貞女，心常驚懼，恒恐傷晚"，故"謬聽"蠅聲，"謬見"月光。竊意作男女對答之詞，更饒情致。女促男起，男則淹戀；女曰雞鳴，男闢之曰蠅聲，女曰東方明，男闢之曰月光。亦如《女曰雞鳴》之士女對答耳；何必橫梗第三人，作仲裁而報實況乎？莎士比亞劇中寫情人歡會，女曰："天尚未明(It is not yet near day)；此夜鶯啼，非雲雀鳴也。"男曰："雲雀報曙，東方雲開透日矣"(the seve-ring clouds in yonder East)。女曰："此非晨光，乃流星耳"(It is some meteor)[1]。可以比勘。毛傳曰："蒼蠅之聲，有似遠雞

---

①   *Romeo and Juliet*，III. v. 1-16.

之鳴。"豈今蠅異於古蠅？抑古耳不同今耳？此等處加註，直是無聊多事。雞、蠅皆非罕見之異物，使二物鳴聲相肖，則夫人而知之，詩語本自了然，不勞註者證明；二物聲苟不類，詩語亦比於風鶴皆兵之旨，初無大礙，註者挺身矢口而助實焉，適成强詞圓謊之僻見證爾。陸佃《埤雅》卷一〇："青蠅善亂色，蒼蠅善亂聲"，亦即本《詩》附會，非真博物之學。黄生《義府》卷上采焦竑説，謂"蠅"乃"鼆"之訛；然吠蛤亦安能亂啼雞哉！況閣閣之聲徹宵連曉，絕非如喔喔之報旦，彼士若女且已耳熟（background noise）而不至"謬聽"矣。《莊子·逍遥遊》郭象註曰："鵬鯤之實，吾所未詳也。……達觀之士宜要其會歸，而遺其所寄，不足事事曲與生説"。大極鯤鵬，小至蠅蚋，胥不足"曲與生説"。言《詩》者每師《爾雅》註蟲魚之郭璞，實亦不妨稍學鵬鯤未詳之郭象也。

三六　敝　笱

　　"齊子歸止，其從如雲。……其從如雨。……其從如水"；
《傳》："雲言盛也，……雨言多也，……水喻衆也"；《箋》："其從
者之心意，如雲然，雲之行，順風耳。……如雨言無常。……水
之性可停可行。"按鄭《箋》穿穴密微，似反不如毛《傳》之允愜。
張衡《西京賦》："實繁有徒，其從如雲"，以"如雲"喻"繁"，即
毛《傳》之言"盛"也。《鄭風·出其東門》："有女如雲"，《傳》：
"衆多也"，《箋》："'有女'謂諸見棄者也；'如雲'者，如其從風，
東西南北，心無有定"；與《敝笱》之《傳》、《箋》相同。然鄭義
以之解《詩》，雖不免貽譏深文，而作體會物色語觀，則頗饒韻味。
其言雲如心無定準、意無固必，正陶潛《歸去來辭》名句所謂：
"雲無心以出岫"，可補《文選》李善註；《陳書·江總傳》載《修
心賦》云："鳥稍狎而知來，雲無情而自合"，杜甫《西閣》云：
"孤雲無自心。"鄭謂雲"心無定"，乃刺蕩婦，陶謂雲"無心"，則
贊高士，此又一喻之同邊而異柄者。《華嚴經·世主妙嚴品》第一：
"有諸菩薩，其衆如雲"；清涼澄觀《疏鈔》卷一："無心成行，故
如雲出。……陶隱君云：'雲無心而出岫，鳥倦飛而知還'；舉凡雲
義，雖有多種，多明無心。"夫《經》文曰"衆如雲"，毛《傳》之
意也，而《疏》曰"雲無心"，又鄭《箋》之意矣。

三七　陟　岵

　　"陟彼岵兮，瞻望父兮。父曰：'嗟予子行役，夙夜無已！上慎旃哉，猶來無止'"；《箋》："孝子行役，思其父之戒"；《正義》："我本欲行之時，父教我曰"云云。按註疏於二章"陟屺"之"母曰：'嗟予季'"、三章"陟岡"之"兄曰：'嗟予弟'"，亦作此解會，謂是征人望鄉而追憶臨別時親戚之丁寧。說自可通。然竊意面語當曰："嗟女行役"；今乃曰："嗟予子（季、弟）行役"，詞氣不類臨歧分手之囑，而似遠役者思親，因想親亦方思己之口吻爾。徐幹《室思》："想君時見思"；高適《除夕》："故鄉今夜思千里，霜鬢明朝又一年"；韓愈《與孟東野書》："以吾心之思足下，知足下懸懸於吾也"；劉得仁《月夜寄同志》："支頤不語相思坐，料得君心似我心"；王建《行見月》："家人見月望我歸，正是道上思家時"；白居易《初與元九別、後忽夢見之、及寤而書適至》："以我今朝意，想君此夜心"，又《江樓月》："誰料江邊懷我夜，正當池畔思君時"，又《望驛臺》："兩處春光同日盡，居人思客客思家"，又《至夜思親》："想得家中夜深坐，還應說着遠遊人"，又《客上守歲在柳家莊》："故園今夜裏，應念未歸人"；孫光憲《生查子》："想到玉人情，也合思量我"；韋莊《浣溪紗》："夜夜相思更漏殘，傷心明月憑闌干，想君思我錦衾寒"；歐陽修《春日西湖寄謝法曹歌》："遥知湖上一樽酒，能憶天涯萬里人"；張炎《水龍吟·寄袁竹初》："待相逢説與相思，想亦在相思裏"；龔自珍《己亥雜詩》："一燈古店齋心坐，不是雲屏夢裏人"；機杼相同，波瀾莫二。古樂府《西洲曲》寫男"下西洲"，擬想女在"江北"之念己望己："單衫杏子黄"、"垂手明如玉"者，男心目中女之容飾，"君愁我亦愁"、"吹夢到西洲"者，男意計中女之情思。據實構虛，以想象與懷憶融會而造詩境，無異乎《陟岵》焉。分身以自省，推己以忖他；寫心行則我思人乃想人必思我，如《陟岵》是，寫景狀則我視人乃見人適視我①，例亦不乏。《西廂記》第二本《楔子》惠明唱語，金聖歎竄易二三字，作："你與我助威神，擂三通鼓，仗佛力，呐一聲喊，繡旛開，遥見英雄俺！"；評曰："嶯山云：'美人於鏡中照影，雖云看自，實是看他。細思千載以來，只有離魂倩女一人，曾看自也。他日讀杜子美詩，有句云：遥憐小兒女，未解憶長安；却將自己腸肚，置兒女分中，此真是自憶自。又他日讀王摩詰詩，有句云：遥知遠林際，不見此簷端；亦是將自己眼光，移置遠林分中，此真是自望自。蓋二先生皆用倩女離魂法作詩也。'聖歎今日讀《西廂》，不覺失笑；'倩女離魂法'原來只得一'遥'字也！"小知間間，頗可節取。王維《山中寄諸弟》、《九月九日憶山東兄弟》均有類似之句，亦用"遥"字；然"不見此簷端"乃自望而不自見，若包融《送國子張主簿》："遥見舟中人，時時一回顧"，則自望而并能自見矣。且"遥"字有無，勿須拘泥，金氏蓋未省"倩女離魂法"之早著於《三百篇》及六朝樂府也。他如杜

---

① Cf. J. -P. Sartre, *L'Être et le Néant*, 315 ff. (le regard regardant et le regard regardé).

牧《南陵道中》："正是客心孤迥處，誰家紅袖凭江樓"；楊萬里《誠齋集》卷九《登多稼亭》之二："偶見行人回首却，亦看老子立亭間"；范成大《望海亭》："想見蓬萊西望眼，也應知我立長風"；辛棄疾《瑞鶴仙・南澗雙溪樓》："片帆何太急，望一點須臾，去天咫尺；舟人好看客。……看漁樵指點危樓，却羨舞筵歌席"；翁孟寅《摸魚兒》："沙津少駐，舉目送飛鴻，幅巾老子，樓上正凝佇"。

【增訂四】聖歎引王摩詰句，出《登裴迪秀才小臺作》，"端"字作"間"。羅鄴《江帆》："何處青樓方凭檻，半江斜日認歸人"，猶杜牧詩之言"誰家紅袖凭江樓"。《列朝詩集》甲一六王履《朝元洞》："雙松陰底故臨邊，要見東維萬里天。山下有人停步武，望中疑我是神仙"；亦即所謂"倩女離魂法"矣。

【增訂三】姜夔《白石道人詩集》卷下《過德清》之二："溪上佳人看客舟，舟中行客思悠悠。煙波漸遠橋東去，猶見闌干一點愁。"亦猶杜、楊、辛、翁等詩詞之意。

方回《桐江續集》卷八《立夏明日行園無客》之四："古廟炷香知某客，半山搖扇望吾家"；鍾惺《隱秀軒集》黃集卷一《五月七日吳伯霖要集秦淮水榭》："今茲坐綺閣，開閣舟遲疾，從舟視閣中，延望當如昔"；厲鶚《樊榭山房續集》卷四《歸舟江行望燕子磯》："俯江亭上何人坐，看我扁舟望翠微"；《閱微草堂筆記》卷二四卓奇圖絕句："酒樓人倚孤樽坐，看我騎驢過板橋"；羅聘《香葉草堂詩存・三詔洞前取徑往雲然菴》："何人背倚蓬窗立，看我扶筇上翠微"；張問陶《船山詩草》卷一四《夢中》："已近樓前還負手，看君看我看君來"；錢衍石《閩游集》卷一《望金山》："絕頂料應陶謝手，凭闌笑我未携筇"；江湜《伏敔堂詩錄》卷三《歸里數月後作閩游》之一〇："山上萬鬛松，綠映一溪水。……上有榕樹林，拏根如曲几。一翁坐且凭，昂首忽延企；遠見兩童歸，担影夕陽裏；何來箬篷船，向晚泊於是。若畫野趣圖，船頭著江子”；王國維《苕華詞・浣溪紗》：“試上高峯窺皓月，偶開天眼覷紅塵，可憐身是眼中人”，詞意奇逸，以少許勝阮元《揅經室四集》卷一一《望遠鏡中看月歌》、陳澧《東塾先生遺詩・擬月中人望地球歌》、邱逢甲《嶺雲海日樓詩鈔》卷七《七洲洋看月放歌》之多許，黃公度《人境廬詩草》卷四《海行雜感》第七首亦遜其警拔。釋典中言道場中陳設，有“八圓鏡各安其方”，“又取八鏡，覆懸虛空，與壇場所安之鏡，方面相對，使其形影，重重相涉”（《楞嚴經》卷七）；唐之釋子借此布置，以爲方便，喻示法界事理相融，懸二乃至十鏡，交光互影，彼此攝入（《華嚴經疏鈔懸解》卷二七、《宗鏡録》卷九又卷一三、《高僧傳三集》卷五《法藏傳》）。己思人思己，己見人見己，亦猶甲鏡攝乙鏡，而乙鏡復攝甲鏡之攝乙鏡，交互以爲層累也。唐末王周《西塞山》第二首：“匹婦頑然莫問因，匹夫何去望千春；翻思岵屺傳《詩》什，舉世曾無化石人！”謂《陟岵》此篇，雖千古傳誦，而徵之實事，子之愛親遠不如婦之愛夫。殊洞微得間。《隋書・經籍志》引鄭玄《六藝論》言孔子“作《孝經》以總會《六經》”；歷代誦說《孝經》，詔號“孝治”。然而約定有之，俗成則未，教誡（ethic）而已，非即風會（ethos），正如表章詔令之不足以考信民瘼世習耳。又按詞章中寫心行之往而返、遠而復者，或在此地想異地之思此地，若《陟岵》諸篇；或在今日想他日之憶今日，如温庭筠《題懷貞池舊遊》：“誰能不逐當年樂，還恐添爲異日愁”，朱服《漁家傲》：“拚一醉，而今樂事他年淚”，吕本中《減字木蘭花》：“來歲花前，又是今年憶昔年”（詳見《玉谿生詩註》卷論《夜雨寄北》）。一施於空間，一施於時間，機杼不二也。

三八　伐　檀

　　"坎坎伐檀兮。……河水清且漣猗。……河水清且淪猗";
《傳》:"'坎坎'伐檀聲。……風行水成文曰'漣'。……小風,
水成文,轉如輪也"。按《文心雕龍·物色》舉例如"'灼灼'狀
桃花之鮮,'依依'盡楊柳之貌,'杲杲'爲日出之容,'瀌瀌'
擬雨雪之狀,'喈喈'逐黃鳥之聲,'喓喓'學草蟲之韻",胥出
於《詩》。他若《盧令》之"盧令令",《大車》之"大車檻檻",
《伐木》之"伐木丁丁",《鹿鳴》之"呦呦鹿鳴",《車攻》之
"蕭蕭馬鳴",以及此篇之"坎坎",亦劉氏所謂"屬采附聲"者。
雖然,象物之聲(echoism),厥事殊易。稚嬰學語,呼狗"汪
汪",呼鷄"喔喔",呼蛙"閣閣",呼汽車"都都",莫非"逐
聲"、"學韻",無異乎《詩》之"鳥鳴嚶嚶"、"有車鄰鄰",而與
"依依"、"灼灼"之"巧言切狀"者,不可同年而語。劉氏混同
而言,思之未慎爾。象物之聲,而即若傳物之意,達意正亦擬
聲,聲意相宣(the sound as echo to the sense),斯始難能見巧。
《高僧傳》卷九佛圖澄言相輪鈴語:"替戾岡、僕禿當",在"羯
語"可因聲達意,而在漢語則有聲無意,聆音而難察理,故澄譯
告大衆。敦煌卷子劉丘子寫《啓顔録·嘲誚》門記一僧欲弟子温

酒，懸鈴作“號語”云：“蕩蕩朗朗鐺鐺”，申之曰：“依鈴語蕩
朗鐺子，温酒待我”；蘇軾《大風留金山兩日》：“塔上一鈴獨自
語，明日顛風當斷渡”，馮應榴《合註》卷一八引查慎行曰：“下
句即鈴音也。”此二者聲意參印，鈴不僅作響，抑且能“語”：既
異於有聲無意，如“盧令令”；亦別於中國人祇知其出聲，外國
人方辨其示意，如“替戾岡”；又非祇言意而不傳聲，如“遥聽
風鈴語，興亡話六朝”（唐彦謙《過三山寺》）。唐玄宗入蜀，雨
中聞鈴，問黃旛綽：“鈴語云何?”，黃答：“似謂：‘三郎郎當’”；
竇鞏《憶妓東東》：“惟有側輪車上鐸，耳邊長似叫‘東東’”；
皆擬聲達意之“號語”也[1]。項鴻祚《憶雲詞》丙稿《壺中天·
元夜宿富莊驛》：“鈴語‘東東’催客”，則祇是象聲用典，恝置
竇鞏原句之聲中兼意矣。嘔噱之資，如阮大鋮《春燈謎》第一五
折：“這鼓兒時常笑我，他道是：‘不通！不通！又不通！’”；
《聊齋志異》卷七《仙人島》芳雲評文曰：“羯鼓當是四撾”，綠
雲釋義曰：“鼓四撾，其聲云：‘不通！又不通！’也”；復即鼓之
“號語”耳。古詩中“禽言”專用此法；仿禽之聲以命禽之名，
而自具意理[2]，非若“喈喈”、“嚶嚶”之有音無義。顧窠臼已
成，印板文字尠能舊曲翻新。《新安文獻志》甲集卷五八選録江
天多《三禽言》差爲一篇跳出；如第三首《布穀》云：“布布穀，
哺哺雛。雨，苦！苦！去去乎? 吾苦！苦！吾苦！苦！吾顧吾

---

[1]　Cf. M. Rat, *Dictionnaire des Locutions françaises*, 103：“On fait dire aux cloches tout ce qu'on veut (*dando，dando，dando*)”；Basile, *Il Pentamerone*, IV.7, tr. B. Croce, 406：“la campane di Manfredonia dice *dammi e dòtti*”.

[2]　參觀《宋詩選註》周紫芝《禽言》註。

姑"。通首依聲寓意。韋莊《鷓鴣》:"'懊惱澤家'知有恨,年年
長憶鳳城歸",自註:"'懊惱澤家',鷓鴣之音也";張維屏《藝
談錄》載許桂林《聽燕語》云:"世上友朋誰似此?'最相知'亦
'最相思',自註:'燕語如云'"。亦聲意相宣之例。王安石《見
鸚鵡戲作》:"直須強作人間語,舉世無人解鳥言";禽言詩者,
非"鳥言"也,"強作人間語"耳。

毛傳釋"漣"爲"風行水成文"、"淪"爲"小風,水成文"。
劉禹錫《楚望賦》寫秋水云: "蘋末風起,有文無聲",即此
"文"字。《文心雕龍·情采》篇云:"夫水性虛而淪漪結,木體
實而花萼振,文附質也"(參觀《定勢》篇:"激水不漪,槁木無
陰");又以風水成"文"喻文章之"文"。《易》渙卦"象曰:風
行水上渙";《論語·泰伯》:"煥乎其有文章"。《後漢書·延篤
傳》載篤與李文德書自言誦書詠詩云:"洋洋乎其盈耳也,渙爛
兮其溢目也";章懷註:"渙爛,文章貌也。"蓋合"渙"與"煥",
取水之淪漪及火之燦灼以喻文章。《困學紀聞》卷二〇嘗謂蘇洵
《仲兄字文甫説》乃衍毛傳"風行水成文"之語,亦殊得間,而
不知延、劉輩早以風來水面爲詞章之擬象矣。

【增訂四】袁宏道《瓶花齋集》卷五《文漪堂記》:"夫天下之
物,莫文於水。⋯⋯天下之水,無非文者。⋯⋯取遷、固、
甫、白、愈、修、洵、軾諸公之編而讀之,而水之變怪無不畢
陳於前者。⋯⋯故文心與水機一種而異形者也。"通篇實即鋪
陳"洵"之《字文甫説》耳。

三九　蟋　蟀

　　"今我不樂，日月其除。……日月其邁。……日月其慆"；《序》：
"刺晉僖公"。按雖每章皆申"好樂無荒"之戒，而宗旨歸於及時行
樂。《秦風·車鄰》亦云："今者不樂，逝者其耋。"常情共感，沿習
成體，正如西洋古希臘、羅馬以降，詩中有"且樂今日"（carpe
diem）一門也①。陸機《短歌行》："來日苦短，去日苦長。今我
不樂，蟋蟀在房。……短歌有詠，長夜無荒。"《讀書雜志》餘編
下謂機詩之"荒"，"虛也"，言不虛度此長夜，與"好樂無荒"
之"荒"異義。竊謂言各有當。"好樂無荒"之"荒"猶"色
荒"、"禽荒"，謂惑溺也；《莊子·繕性》論"樂全"云："今寄
去則不樂，由是觀之，雖樂未嘗不荒也；故曰喪己於物，失性於
俗"，與"全"相對，則"荒"謂"喪"、"失"，即亡耗也；《楚
辭·招魂》："娛酒不廢，沉日夜些"，"廢"者止也，謂酣飲不
輟，夜以繼日，"荒"亦"廢"也，則機句作通宵無罷歇解亦得，
不須添"度"字以足成"虛"字之意。機詩之旨爲行樂毋失時，
"荒"解爲虛抑爲止，皆無妨耳。《國語·晉語》四重耳適齊，

---

　　①　A. Preminger，*op. cit.*，103-4．

"齊侯妻之,甚善焉,有馬二十乘,將死於齊而已矣。曰:'民生安樂,誰知其他!'"晉文公之於僖公殆可謂祖孫異趣者歟!楊惲《報孫會宗書》自記作詩曰:"人生行樂耳,須富貴何時!"古樂府《西門行》:"今日不作樂,當待何時?夫爲樂,爲樂當及時;晝短苦夜長,何不秉燭游?"(參觀《隋書·五行志》上周宣帝與宮人夜中連臂蹋跺而歌:"自知身命促,把燭夜行游";又同卷和士開語齊武成帝、韓長鸞語陳後主)。《古詩十九首》:"人生忽如寄,壽無金石固;不如飲美酒,被服紈與素。"潘岳《笙賦》:"歌曰:棗下纂纂,朱實離離;宛其落矣,化爲枯枝。人生不能行樂,死何以虛謚爲?"《游仙窟》中贈十娘詩:"生前有日但爲樂,死後無春更著人。祇有倡佯一生意,何須負持百年身?"或爲昏君恣欲,或爲屠夫晏安,或爲蕩子相誘,或爲逐臣自壯,或則中愉而洵能作樂,或則懷戚而聊以解憂,心雖異而貌則同爲《車鄰》、《蟋蟀》之遺。朱希真《西江月》:"不須計較與安排,領取而今現在",可以概之。

四〇 山 有 樞

"子有車馬，弗馳弗驅；宛其死矣，他人是愉。……子有鐘鼓，弗鼓弗考；宛其死矣，他人是保"；《序》："刺晉昭公也。……有財不能用"。按此詩亦教人及時行樂，而以身後事危言恫之，視《蟋蟀》更進一解。張衡《西京賦》："取樂今日，遑恤我後！既定且寧，焉知傾陁？逞志究欲，窮身極娛；鑒戒《唐詩》：'他人是愉'"；即敷陳詩旨。《敦煌掇瑣》第三〇、三一種《五言白話詩》反復丁寧："有錢但喫着，□實莫留櫃；一日厥摩師，他用不由你"；"妻嫁後人婦，子變他人兒，奴婢換曹主，馬即別人騎"；"妻嫁親後夫，子心隨母意；我物我不用，我自無意智"；"無情任改嫁，資産聽將陪，吾在惜不用，死後他人財"。杜甫《草堂》云："鬼妾與鬼馬，色悲充爾娛"；白居易《有感》之三："莫養瘦馬駒，莫教小妓女。後事在目前，不信君看取。馬肥快行走，妓長能歌舞。三年五歲間，已聞換一主"，皆此意。然盛衰轉燭，亦有不必待身"後事"者。韓滉（一作司空曙）《病中遣妓》："黃金用盡教歌舞，留與他人樂少年"；王銍《默記》卷中引《江南野史》載李後主降宋，小周后隨命婦入宮朝見，輒數日方出；

莎士比亞史劇寫英王失位幽縶，聞愛馬爲新王所乘，太息彌襟①；又主未爲鬼而妾、馬已充他娛也。

---

① *Richard II*，V.v.84 ff..

四一　綢　繆

　　"見此良人。……見此粲者"；《傳》："良人、美室
也。……三女爲粲"；《正義》："《小戎》云：'厭厭良人'，妻
謂夫爲'良人'；此言'美室'，以下云：'見此粲者'，'粲'
是三女，故知'良人'爲美室。"按《孟子·離婁》章"其良
人出"，趙註："良人、夫也"，焦循《正義》并引《士昏禮》
爲佐證。竊謂此詩首章託爲女之詞，稱男"良人"；次章託爲
男女和聲合賦之詞，故曰"邂逅"，義兼彼此；末章託爲男之
詞，稱女"粲者"。單而雙，雙復單，樂府古題之"兩頭纖
纖"，可借以品目。譬之歌曲之"三章法"（ternary thematic
scheme）：女先獨唱，繼以男女合唱，終以男獨唱，似不必認定
全詩出一人之口而斡旋"良人"之稱也。《漢書·外戚傳》上記
上官安"醉則裸行内，與後母及父諸良人侍御皆亂"，顏師古註：
"良人謂妾也"；葉廷琯《吹網録》卷三載咸豐初出土王琄《唐故
穎川陳夫人墓銘》有云："所痛者，以余天年未盡，不得與良人
偕死。……於戲良人，道光母儀"，王乃陳之夫。則皆毛傳"美
室"之謂。六朝樂府《讀曲歌》："白帽郎，是儂良，不知烏帽郎
是誰"；"良"即"良人"，所歡亦得稱此，不必限於結褵之夫

妻也。

【增訂三】于濆《古別離》之二："郎本東家兒，妾本西家女。……豈知中道間，遣作空閨主。自是愛封侯，非關備胡虜。知子去從軍，何處無良人。"亦唐詩中以"良人"爲"美室"之例。

四二　駟　鐵

　　"公之媚子，從公于狩"；《傳》："能以道媚於上下者"；《正義》引《卷阿》："媚于天子"、"媚于庶人"以釋"上下"。按陳奐《詩毛氏傳疏》雖謂《正義》"失《傳》恉"，所據亦即《卷阿》，并引《思齊》傳："媚，愛也"及《左傳》昭公七年"不媚不信"而已。《大雅·假樂》亦云："百辟卿士，媚于天子"；《箋》："媚，愛也。"錢大昕《潛研堂答問》卷三："'公之媚子'，朱氏《傳》以爲所親愛之人，嚴華谷直以便嬖當之。田獵講武，以便嬖扈從，詩人美君，殆不如是。'媚子'之義，當從毛、鄭。《詩》三百篇言'媚于天子'，'媚于庶人'，'媚茲一人'，'思媚周姜'，'思媚其婦'，皆是美詞。《論語》'媚奥'、'媚竈'，亦敬神之詞，非有諂瀆之意。唯僞古文《尚書》有'便僻側媚'字，而《傳》訓爲諂諛之人"。錢氏意在尊經衛道，助漢儒張目，而拘攣於單文互訓，未爲得也；嚴氏《詩緝》之說，頗有見於前代之敝政邪風，亦未爲失也。"媚"是"美詞"；然孟子斥鄉原曰："閹然媚於世也者"，豈非惡詞乎？焦循《正義》即引《思齊》之什"思媚周姜"句毛傳釋之。"愛"非惡詞；然孟子曰："愛而不敬，獸畜之也"，又曰："君子之於物也，愛之而弗仁"，夫"不敬"、"弗仁"之"愛"，豈佳詞乎？此皆不過就《盡心》一章舉例耳。

《國策·楚策》一記楚王射兕雲夢，安陵君纏泣數行而進曰："臣入則侍席，出則陪乘"；是田獵而以便嬖扈從，時習之常，詩人亦據實賦詠而已。《左傳》襄公二十一年云："叔虎美而有勇力，欒懷子嬖之"；《史記·佞幸列傳》稱韓嫣"善騎射"；則便嬖之徒又未必不孔武有力。王符《潛夫論·忠貴》："息夫、董賢，主以爲忠，天以爲盜。……是故媚子以賊其軀者，非一門也；驕臣用滅其家者，非一世也"；正以董賢爲"媚子"也。《書·伊訓》所謂"遠耆德，比頑童"，即《汲冢周書·武稱解》之"美男破老"，《國策·秦策》一記荀息嘗援引以説晉獻公者。亂於其政，相率成風，經、史、諸子，丁寧儆戒，必非無故。《禮記·緇衣》："毋以嬖御人疾莊后，毋以嬖御士疾莊士、大夫、卿士"（《逸周書·祭公》篇語略同）；鄭玄註："嬖御人，愛妾也；嬖御士，愛臣也。"《左傳》閔公二年狐突曰："内寵並后，外寵二政"；昭公三年"燕簡公多嬖寵，欲去諸大夫而立其寵人。"《國語·晉語》一狐突曰："國君好艾，大夫殆。"《國策·趙策》四客見趙王曰："所謂柔癰者，便辟左右之近者，及夫人優愛孺子也。"《墨子·尚賢》中、下兩篇反復論"王公大人"於"面目佼好則使之"，"愛其色而使之"。《韓非子·八姦》篇曰："一曰在同牀：貴夫人、愛孺子；便僻好色，此人主之所惑也。"蓋古之女寵多僅於帷中屏後，發蹤指示，而男寵均得出入内外，深闈廣廷，無適不可，是以宮鄰金虎，爲患更甚。《史記》創《佞幸列傳》之例，開宗明義曰："非獨女以色媚，而士宦亦有之"，亦徵心所謂危，故大書特書焉。李賀作《秦宮詩》，自序謂詠"梁冀之嬖奴"，又有《榮華樂》，則詠梁冀。求之《後漢書》本傳，冀"鳶肩豺目"，風儀不美，絕非冠鷄鵔鸃、傅脂粉之輩，其得君攬政，初不由於"色媚"。而賀詩乃曰："臺下戲學邯鄲倡，口吟舌話稱女郎，錦袪繡面漢帝傍"，一若冀之於順帝即如秦宫之於冀者。倘亦深有感於嬖倖之竊權最易、擅權最專，故不惜憑空杜撰，以寓論世之識乎？阮籍《詠懷》賦"雙飛比翼"，"永世不忘"，乃引安陵、龍陽之要君爲例，沈約註謂"託二子以見其意"；合之《晉書·五行志》："自咸寧、太康之後，男寵大興，甚於女色"云云，則阮詩亦不失爲見霜而知冰者歟。苟徵西故，亦足相發。英國一名劇即據英王以男寵失位喪身事譜爲院本，至謂國君莫不有嬖倖(The mightiest kings have had their minions)①；法國一詩人彈射朝政，亦謂若欲進身，莫忘諂事君之嬖倖(souvienne-toy/De t'accoster tousjours des mignons de ton maistre)②。諷《馴鐵》之詩，可相説以解矣。

---

① Marlowe，*Edward II*，I. iv. 390.
② Du Bellay，*Les Regrets*，cxxxix.

四三 蒹 葭

"所謂伊人，在水一方；遡洄從之，道阻且長；遡游從之，宛在水中央"；《傳》："'一方'、難至矣"。按《漢廣》："漢有游女，不可求思。漢之廣矣，不可泳思。江之永矣，不可方思"；陳啓源《毛詩稽古編·附録》論之曰："夫説之必求之，然惟可見而不可求，則慕説益至"。二詩所賦，皆西洋浪漫主義所謂企慕(Sehnsucht)之情境也。

【增訂一】海涅賦小詩，諷論浪漫主義之企羡(Sehnsüchtelei)，即取象於隔深淵(ein Abgrund tief und schaurig)而覷奇卉、聞遠香，愛不能即，願有人爲之津梁(Kannst du mir die Brücke zimmern?)(*Zur Ollea*, vii, *Werke und Briefe*, Aufbau, I, 316)。正如"可見而不可求"、"隔河無船"。參觀《全上古三代文》卷論宋玉《招魂》。

古羅馬詩人桓吉爾名句云："望對岸而伸手嚮往"(Tendebantque manus ripae ulterioris amore)[1]，後世會心者以爲善道可望難即、欲求不遂之致。德國古民歌詠好事多板障，每託興於深水中阻

---

①   *Aeneid*, VI, 313-4, "Loeb", I, 320.

（so sind zwei tiefe Wasser/Wohl zwischen dir und mir；Sie
konnten zusammen nicht kommen，/Das Wasser war zu tief）①。
但丁《神曲》亦寓微旨於美人隔河而笑（Ella ridea dall'altra riva
dritta），相去三步（Tre passi ci facea il flume lontani），如阻滄
海②。近代詩家至云：“歡樂長在河之彼岸”（La gioia è sempre
all'altra riva）③。以水漲道斷之象示歡會中梗，并見之小説④。
《易林·屯》之《小畜》：“夾河爲婚，期至無船，搖心失望，不
見所歡”（《兑》之《屯》同，《臨》之《小過》作“水長無船”、
“遥心”、“歡君”），又《屯》之《蹇》：“爲季求婦，家在東海，
水長無船，不見所歡”（《涣》之《履》同），又《觀》之《明
夷》：“家在海隅，橈短流深，企立望宋，無木以趨”；《古詩十九
首》：“迢迢牽牛星，皎皎河漢女。……河漢清且淺，相去復幾
許，盈盈一水間，脈脈不得語”；《華山畿》：“隔津歎，牽牛語織
女，離淚溢河漢”；孟郊《古別離》：“河邊織女星，河畔牽牛郎，
未得渡清淺，相對遥相望”；《搜神記》卷一一：“宋康王舍人韓
憑娶妻何氏美，康王奪之。憑怨，王囚之，論爲城旦。妻密遺憑
書，謬其詞曰：‘其雨淫淫，河大水深，日出當心。’既王得其
書，以示左右，左右莫解其意；臣蘇賀對曰：‘其雨淫淫，言愁
且思也；河大水深，不得往來也；日出當心，心有死志也。’”取

---

① “Tiefe Wasser”，“Es Waren Zwei Königskinder”，*The Oxford Book of German Verse* 10 and 44.

② *Purgatorio*，XXVIII. 70 ff.，*La Divina Commedia*，Riccardo Ricciardi，714.

③ D'Annunzio：“Bocca di Serchio”（*Alcione*），E. de Michelis，*Tutto D'Annunzio*，338.

④ N. Frye，*Anatomy of Criticism*，200.

象寄意，僉同《漢廣》、《蒹葭》。

【增訂四】羅燁《醉翁談録》己集卷一《梁意娘與李生詩曲引》李生卜之於日者，得兆曰："隔江望寶，遥遥阻隔；雖欲從之，水深莫測。"取象亦同。

抑世出世間法，莫不可以"在水一方"寓慕悦之情，示嚮往之境。《史記·封禪書》記方士言三神山云："未至，望之如雲；及到，三神山反居水下，臨之，風輒引去。……未能至，望見之焉"；庾信《哀江南賦》歎："況復舟楫路窮，星漢非乘槎可上；風飈道阻，蓬萊無可到之期！"蓋匪徒兒女之私也。釋氏言正覺，常喻之於"彼岸"，如《雜阿含經》卷二八之七七一："邪見者非彼岸，正見者是彼岸"，又卷四三之一一七二："彼岸者，譬無餘涅槃；河者，譬三愛；筏者，譬八正道"（參觀卷三七之一〇五一、卷四三之一一七四，又《增壹阿含經》卷三八之三），亦猶古希臘神秘家言以"此處"與"彼處"喻形與神、凡與聖（la vie d'ici et la vie de là-bas）①，比物此志爾。

---

① Plotin，*Énnéades*，IV.8.3，tr. É. Brehier，IV，221；cf，IV.7.13："Tout ce qui est simple intelligence，...qui reste éternellement là-bas"（IV，209）；V.8.4："Là-bas，la vie est facile"（V，139）.

四四　衡　門

　　"衡門之下，可以棲遲；泌之洋洋，可以樂飢"；《箋》："飢者見之，可飲以療飢"；《正義》："飲水可以療渴耳；飢久則爲渴，得水則亦小療。"按此解頗類《宋書·江湛傳》："家甚貧約。……牛餓，馭人求草，湛良久曰：'可與飲！'"或解爲觀水可以忘飢，似過於逸情雅致，乃不食人間烟火者語，不如《正義》之平實近人也。詩意正類《戰國策·齊策》："晚食以當肉，安步以當車"；陶潛《和劉柴桑》："谷風轉凄薄，春醪解飢劬；弱女雖非男，慰情良勝無"；蘇軾《薄薄酒》："薄薄酒，勝茶湯；粗粗布，勝無裳；醜妻惡妾勝空房"；劉過《贈術士》："退一步行安樂法，與三個好喜歡緣。"《詩》下文言"食魚"不必"河魴"、"河鯉"，"取妻"不必"齊姜"、"宋子"，亦皆降格求次（pis-aller），稱心易足也。白居易屢道此意，如《首夏》："食飽慚伯夷，酒足愧淵明，壽倍顔氏子，富百黔婁生"；《六年立春日人日作》："年方吉鄭猶爲少，家比劉韓未是貧"；《吟四雖》："年雖老猶少於韋長史，命雖薄猶勝於鄭長水，眼雖病猶明於徐郎中，家雖貧猶富於郭庶子"（參觀王禹偁《小畜集》卷三《除夜》、查慎行《敬業堂續集》卷四《廣四雖吟》）。陳洪綬《寶綸堂集》卷二《太子灣識》："吾生雖乏聰明，亦少遲鈍；五車不足，百字［卷?］有餘；書即不工，頗成描畫；畫即不精，頗遠工匠；文即不奇，頗亦［非?］蹈襲；詩即不妙，頗無艾氣；履非正路，人倫不虧；遇非功勳，醉鄉老死。"機杼都同。黄之雋《唐堂集》卷一六《顏閶説》發揮此意尤雋永。

四五　澤　陂

　　"有蒲與茼"；《箋》："'茼'當作'蓮'，芙蕖實也，以喻女之言信"；《正義》："蓮是荷實，故喻女言信實"。按苟如鄭、孔之解，則六朝《子夜歌》之"蓮子何能實"、《楊叛兒》之"眠臥抱蓮子"等，肇端於是矣。古樂府中"黃蘗"、"石闕"、"牛跡"之類，以至《游仙窟》中五嫂、十娘"向菓子上作機警"、《雲溪友議》卷下《溫、裴黜》中歌曲，莫非蓮"實"示信"實"之類，音義雙關也。馮猶龍所輯《山歌》中，觸處皆此例。洪邁《容齋三筆》卷一六考論樂府詩"引喻"，趙翼《陔餘叢考》卷二四考論"雙關兩意詩"，翟灝《通俗編》卷三八考論"風人體"借喻，均未溯《三百篇》。《論語·八佾》宰我答哀公問社曰："夏后氏以松，殷人以柏，周人以栗，曰使民戰栗"，孔安國註斥其"妄爲之說"；劉寶楠《正義》："何休《公羊註》又云：'松猶容也，想見其容貌而事之；……柏猶迫也，親而不遠；……栗猶戰栗，謹敬貌。……'皆本此文而附會之。"《禮記·昏義》：婦見舅姑，"執笄棗、栗、腵脩"，鄭玄註引何休曰："婦執腵脩者，取其斷斷自脩飾也"；《白虎通·瑞贄》說"棗、栗"曰："又取其早起戰栗自正也"；與說社同一機杼，正亦"雙關"之"風人

"體"也。《三國志·蜀書·姜維傳》裴註引孫盛《雜記》："得母書，令求當歸，維曰：'……但有遠志，不在當歸也'"，又《吳書·太史慈傳》："曹公聞其名，遺慈書，以篋封之，發省無所道，而但貯當歸"；《世説·儉嗇》衛展在洦陽，有知舊投之，"都不料理，惟餉王不留行一本，此人得餉便命駕"；《魏書·奚康生傳》世宗賜棗、奈、果，面勅曰："果者，果如朕心；棗者，早遂朕意"；《隋書·楊素傳》周武帝賜竹策，曰："朕方欲大相驅策，故用此物賜卿"，又《李渾傳》奉熨斗於隋文帝曰："願執威柄以熨安天下也"；《南部新書》丁高駢致周寶書："伏承走馬，已及奔牛，今附薑一瓶、葛粉十斤，以充道路所要"，謂其將成薑粉。蓋以物名"作機警"，屢著於經、史。後世戲曲小説中尤多，如《百花亭》第三折王焕唱："這棗子要你早聚會，這梨條休着俺拋離，這柿餅要你事事都完備，這嘉慶〔子〕這場嘉樂喜，荔枝離也全在你，圓眼圓也全在你"；《兒女英雄傳》三四回："親友來送場，又送來狀元糕、太史餅、棗兒、桂圓等物，無非預取高中占元之兆"，棗諧早，桂圓諧貴元。觀宰我釋栗、詩人賦苕、《昏義》婦執，其所從來遠在《子夜》、《讀曲》之前矣。

【增訂一】高文秀《襄陽會》第一折劉琮設宴延劉備，伏刀斧手，劉琦舉席上果子作機警，示意於備曰："叔父，你看這桌上好棗、好桃、好梨也！"雙關"早逃離"。與王焕之以棗爲"早聚會"、梨爲"休拋離"，寓旨適反。亦如象徵之順解逆解、譬喻之同邊異柄，可供比勘也。

【增訂三】《周禮·秋官司寇》："朝士掌建邦外朝之法，……面三槐"；鄭註："槐之言懷也，懷來人於此，欲與之謀"；孫詒讓

《周禮正義》卷六八："'槐'、'懷'聲類相近。⋯⋯《初學記・政理》部引《元命包》云：'槐之言歸也，情見歸實。'"亦古經籍中"風人體"雙關之例。自《禮記》以還，"棗"、"早"雙關之例最多。周密《癸辛雜識》記南宋太學除夕，各齋祀神，"用棗子、荔枝、蓼花三果，蓋取'早離了'之讖。"劉宗周《劉子全書・文編》卷五《光祿寺少卿周寧宇先生行狀》："有巡方使者，駐元氏候代。日久，先生以邑小，供應不堪，一日，饋進四果，曰：棗、棃、圓、柿。巡方得之，悟曰：'豈欲我早離元氏耶？'"施閏章《愚山詩集》卷二《棗棗曲》自序，謂海陽有"香棗"，蓋取二棗刌剝疊成，中屑茴香，以蜜漬之，詢其始，則商人婦所爲寄其夫者，"義取'早早回鄉'云"。汪穰卿《莊諧選録》卷八記丁晏在淮安，聞太平軍入揚州，欲以"棗子、栗糕、燈籠、雞子"犒師，諧"早立登基"。均"風人體"也。海陽婦以棗與茴香諧音，望夫"早回"。《全唐詩》載張揆妻侯氏《繡龜形詩》："繡作龜形獻天子，願教征客早還鄉"，則以"龜"諧音，望夫之"歸"，亦唐人不諱龜之證；後世以此"機警"施諸夫婦，便成暴謔矣。又按《堅瓠二集》卷一記無錫舊俗，"凡大試，親友則贈筆及定勝糕、米粽各一盒，祝曰：'筆定糕粽！'"；諧"必定高中"也。可與《兒女英雄傳》所記"送場"物參觀。

【增訂四】馬瑞辰《毛詩傳箋通釋》説《秦風・黄鳥》云："詩刺三良從死，而以'止棘'、'止桑'、'止楚'爲喻者，'棘'之言'急'也，'桑'之言'喪'也，'楚'之言'痛楚'也。古人用物，多取名於音近，如'松'之言'容'，'柏'之言'迫'，'栗'之言'戰栗'，'桐'之言'痛'，'竹'之言'蹙'，

'著'之言'者',皆此類也。"吴騫《拜經樓詩話》卷四:"《左傳》:'女贄不過榛、栗、棗、脩';《正義》曰:'先儒以爲栗取其戰栗,棗取其早起,脩取其自脩也';《疏》釋云:'惟榛無說。蓋以榛聲近虔,取其虔於事也。'按司馬相如《弔二世賦》:'汩减紲以永遊兮,注平皋之廣衍。觀衆樹之蓊薆兮,覽竹林之榛榛';'衍'、平聲,'榛'、渠年切,與疏意合。"陸游《老學菴筆記》卷四:"紹聖中,蔡京館遼使李儼……頗久。一日,儼方飲,忽持盤中杏曰:'來未花開,如今多幸。'蔡舉梨謂之曰:'去雖葉落,未可輕離。'"岳珂《桯史》卷二:"太學列齋區榜,至除夕,必相率祭之,……祝詞惟祈速化而已。……爵中有數鴨脚,每獻則以酒沃之,謂之'僥倖';蓋"鴨脚"即銀杏,諧音"澆杏"也。尚有不向果實、而向鱗介上"作機警"者,如朱弁《曲洧舊聞》:"劉逵……奉使三韓,道過餘杭。時蔣穎叔爲太守,……取金色鰍一條與龜獻於逵,以致'今秋歸'之意。"此亦如唐張揆妻願"征客早還"而"繡龜形獻天子"矣。

"有美一人,碩大且卷。……碩大且儼";《傳》:"'卷'、好貌;'儼'、矜莊貌"。按《太平御覽》卷三六八引《韓詩》作"碩大且嬌",薛君曰:"'嬌'、重頤也"。"碩大"得"重頤"而更親切着實。《大招》之狀美人曰:"豐肉微骨,調以娛只";再曰:"豐肉微骨,體便娟只";復曰:"曾頰倚耳",王逸註:"曾,重也"。《詩》之言"嬌",正如《楚辭》之言"曾頰"。

【增訂三】《全漢文》卷二二司馬相如《美人賦》亦云"弱骨豐肌",即《楚辭》之"豐肉微骨"。

唐宋畫仕女及唐墓中女俑皆曾頰重頤,豐碩如《詩》、《騷》所云。

劉過《浣溪紗》云：“骨細肌豐周昉畫，肉多韻勝子瞻書，琵琶弦索
尚能無？”徐渭《青藤書屋文集》卷十三《眼兒媚》云：“粉肥雪重，
燕趙秦娥。”古人審美嗜尚，此數語可以包舉。叔本華所謂首貴肉豐
肌滿(eine gewisse Fülle des Fleisches)也[1]；當世德國大家小説中
尚持此論(die Weibliche Plastik ist Fett.)[2]。參觀董逌《廣川畫
跋》卷六《書伯時藏周昉畫》、楊慎《太史升菴全集》卷六六論
周昉畫、王世懋《王奉常集》文部卷五《李郡畫六十美人跋》、
胡應麟《少室山房類稿》卷一〇九《跋仇英漢宮春曉卷》。

---

[1]　*Die Welt als Wille und Vorstellung*，Ergänzung，Kap. 44，*op. cit.*，II，
639．

[2]　Thomas Mann，*Der Zauberberg*，Kap. 5，“Humaniora”，*Gesammelte
Werke*，Aufbau II，369，372（Hofrat Behrens）．

四六　隰有萇楚

　　"夭之沃沃，樂子之無知。……樂子之無家，樂子之無室"；
《箋》："知、匹也，於人年少沃沃之時，樂其無匹配之意。'無
家'謂無夫婦室家之道"；《正義》："謂十五六時也"。按《序》：
"思無情欲者"，註疏膠泥此語，解"知"爲知人事、通人道，如
《孟子·萬章》"知好色則慕少艾"之"知"，甚矣其墟拘墨守也！
《荀子·王制》篇："水火有氣而無生，草木有生而無知，禽獸有
知而無義"，即此處"無知"之意。"知"，知慮也，而亦兼情欲
言之，如《樂記》："知誘於外"，鄭玄註："知猶欲也"。"情"，
情欲也，而亦兼知慮言之，如《易·乾》："各正性命"，孔穎達
疏："天本無情，何情之有？而物之性命，各有情也；所秉生者
謂之性，隨時念慮謂之情。"故稱木石可曰"無知之物"，又可曰
"無情之物"，皆并包不識不知、何思何慮、無情無欲而云然。此
詩意謂：萇楚無心之物，遂能夭沃茂盛，而人則有身爲患，有待
爲煩，形役神勞，唯憂用老，不能長保朱顔青鬢，故覯草木而生
羨也。室家之累，於身最切，舉示以概憂生之嗟耳，豈可以"無
知"局于俗語所謂"情竇未開"哉？竊謂元結《系樂府·壽翁
興》："借問多壽翁，何方自修育？唯云'順所然，忘情學草

木'"，即《詩》意；而姜夔《長亭怨》："樹若有情時，不會得青青如許"，尤爲的詁。"青青如許"即"夭之沃沃"，"若有情"即"無知"。姜氏若曰：樹無知無情，故猗猗菁菁，不似人之思慮縈結，哀樂侵尋，積衰成敝，婆娑意盡也。杜甫《哀江頭》："人生有情淚沾臆，江水江花豈終極"；鮑溶《秋思》之三："我憂長於生，安得及草木"；韋莊《臺城》："無情最是臺城柳，依舊煙籠十里堤"；戴敦元《餞春》："春與鶯花都作達，人如木石定長生"（《戴簡恪公遺集》卷四；譚獻《復堂日記》卷八言以《送春詩》課士得賀汝玠一卷云："我與鶯花同作達，人如木石可長生"，蓋譚爲此生所欺，不識其窺盜陳編也），均可參印。李賀《金銅仙人辭漢歌》："天若有情天亦老"，亦歸一揆，不詹詹於木石，而炎炎大言耳。宋人因襲不厭，如陳著《漁家傲》詞："天爲無情方不老"，則名學之"命題換質"（obversion）也。鮑照《傷逝賦》："惟桃李之零落，生有促而非夭；觀龜鶴之千祀，年能富而情少"，又謂無情之物，早死不足悲、不死不足羨耳。

桓譚《新論·辨惑》："劉子駿信方士虛言，謂神仙可學。嘗問言：'人誠能抑嗜欲，閉耳目，可不衰竭乎？'余見其庭下有大榆樹，久老剝折，指謂曰：'彼樹無情欲可忍，無耳目可閉，然猶枯槁朽蠹，人雖欲愛養，何能使不衰?'"與《隰有萇楚》之什指趣適反，顧謂樹"無情欲"、"無耳目"，則足申"無知"。元結又有《七不如》一文："常自愧不如孩孺，不如宵寐，又不如病，又不如醉。有思慮不如靜而閒，有喜愛不如忘。及其甚也，不如草木"（《全唐文》卷三八三）。此非羨草木長壽，乃自愧"不如"草木無知，則釋老絕思慮、塞聰明之遺意。與《萇楚》復貌同心異，而略近西洋所謂原始主義(Primitivism)①。浪漫詩人初嚮往兒童，繼企羨動物，終尊仰植物②，爲道日損，每況愈下。席勒詩言："草木爲汝師"(Die Pflanze kann es dich lehren)③；列奧巴迪文言，不願爲人，而寧爲生機情緒較減削(fornito di minore vitalità e sentimento)之物，爲禽獸不如爲草木④。元氏之作，於千載以前，萬里而外，已示其幾矣。近世意大利有學人而工詩者，作詠《碧空》之篇，略謂彼蒼者天，昨日如斯，今日如斯，明日仍如斯(tal ier,tal oggi, tal sarai domani)，無感情，無知覺(e tu，privo d'amor，privo di senso)，不病不衰，不死不滅，不朽不腐，冷如冰，覆如坟，無邊無際，壓蓋下界(Tu sol，tu solo incolume，immortale，/incorroto，glacial come un coverchio/smisurato d'avel pesi sul mondo)⑤；持較李賀 "天若有情天亦老" 之句，似縮之寸幅者伸爲萬里圖、行看子也。

---

① Cf. Pascal，*Pensées*，VI. 397："Un arbre ne se connaît pas misérable"；Coleridge:"The Picture，or the Lover's Resolution":"And of this busy human heart aweary，/Worships the spirit of unconscious life/In tree or wildflower"；Keats："In a Drear-nighted December"："Too happy happy tree，/Thy branches ne'er remember/Their green felicity"；Friedrich Schmack:"Busch":"Du warst mit dir allein/Und littest nicht an Blut und Leidenschaft;/.../Im Brand der Zeiten lebten wir，/Du aber weisst nicht，wie die Herzen bitter sind."

② Cf. I. Babbitt，*On Being Creative*，51 (E. Legouis on Wordsworth)；F. Florio，*Orfeismo della Parola*，75-6(Pascoli)．

③ Schiller:"Das Höchste"，*op. cit.*，I，145，Cf. Fr. Strich，*Deutsche Romantik*，89 (Fr. Schlelgel："das höchste vollendeste Leben nichts als ein reines Vegetieren")．

④ Leopardi:"Dialogo della Natura e di un'Anima,"*op. cit.*，I，496. Cf. Taine，*La Fontaine et ses Fables*，174:"... la plante est affranchie de la pensée... l'animal est affranchi de la raison. A mesure que l'on déscend d'un degré，l'être devient plus libre"．

⑤ A. Graf:"Azzurro"，L. Baldocci，*Poeti minori dell' Ottocento*，I，1150.

四七　七　月

　　"春日遲遲，采蘩祁祁，女心傷悲，殆及公子同歸"；《傳》：
"春，女悲，秋，士悲；感其物化也"；《箋》："春，女感陽氣而
思男；秋，士感陰氣而思女。是其物化，所以悲也。悲則始有與
公子同歸之志，欲嫁焉"；《正義》："遲遲者，日長而暄之意。春
秋漏刻，多少正等，而秋言'淒淒'，春言'遲遲'者，……人
遇春暄，則四體舒泰，覺晝景之稍長，謂日行遲緩；……及遇秋
景，四體褊躁，不見日行急促，唯覺寒氣襲人。……'淒淒'是
涼，'遲遲'非暄，二者觀文似同，本意實異也。"按孔疏殊熨貼
心理，裨益詞學。張衡《西京賦》："夫人在陽時則舒，在陰時則
慘"，薛綜註："陽謂春夏，陰謂秋冬"，夫"舒"緩即"遲遲"，
"慘"烈即"淒淒"，"舒"非"暄"而"慘"是"涼"；潘岳《閑
居賦》："凜秋暑退，熙春寒往"，李善註："凜、寒也；熙熙、淫
情欲也"，夫"凜"即"涼"義而"熙"非即"暄"義；今語常
曰："冷淒淒，暖洋洋"，"淒淒"之意，"冷"中已蘊，而"洋
洋"之意，"暖"外另增。皆一言觸物而得之感覺，物之體也，
一言由覺而申之情緒，物之用也；孔疏所謂"觀文似同，本意實
異"者。苟從毛、鄭之解，則吾國詠"傷春"之詞章者，莫古於

斯。唐張仲素《春閨思》："裊裊城邊柳，青青陌上桑，提籠忘採葉，昨夜夢漁陽"；《詩》言因採葉而"傷春"，張言因傷春而忘採葉，亦善下轉語矣。《召南·野有死麕》雖曰"有女懷春"，而有情無景，不似此章之有暄日、柔桑、倉庚鳴等作襯綴，亦猶王昌齡《閨怨》之有陌頭楊柳，《春怨》之有黃鳥啼及草萋萋等物色。曹植《美女篇》："美女妖且閑，采桑歧路間"，中間極寫其容飾之盛，傾倒行路，而曲終奏雅曰："盛年處房室，中夜起長歎"，是亦懷春而"女心傷悲"也；然此女腕約金環，頭戴金釵，琅玕在腰，珠玉飾體，被服紈素，以此採桑，得無如佩玉瓊琚之不利步趨乎！歐陽詹《汝川行》："汝墳春女蠶忙月，朝起採桑日西没；輕綃裙露紅羅襪，半蹋金梯倚枝歌"云云，亦太渲染、多爲作。均遜《七月》之簡浄也。《牡丹亭》中腐儒陳最良授杜麗娘《詩經》，推爲"最葩"，歷舉《燕燕》、《漢廣》諸篇，"敷演大意"（第七齣），而又自矜"六十來歲，從不曉得傷個春"（第九齣），殆讀《三百篇》而偏遺此章歟？抑讀此章而謹遵毛公、鄭君之《傳》、《箋》，以爲傷春乃女子事，而身爲男子，祇該悲秋歟？毛、鄭於《詩》之言懷春、傷春者，依文作解，質直無隱。宋儒張皇其詞，疾厲其色，目爲"淫詩"，雖令人笑來；然固"曉得傷個春"而知"人欲"之"險"者，故傷嚴過正。清儒申漢絀宋，力駁"淫詩"之説，或謂並非傷春，或謂即是傷春而大異於六朝、唐人《春閨》、《春怨》之傷春；則實亦深惡"傷春"之非美名，乃曲説遁詞，遂若不曉得傷春爲底情事者，更令人笑來矣。陸機《演連珠》："幽居之女，非無懷春之情，是以名勝欲，故偶影之操矜"；是囿於名教，得完操守，顧未嘗不情動欲起。丁紹儀《聽秋聲館詞話》卷一一："俗諺：'管得住身，管不住心'，周濟《虞美人》衍之曰：'留住花枝，留不住花魂'"。竊謂可作"名勝欲"之的解，"管得住身"亦即"止乎禮義"，"管不住心"又正"發乎情"。胡承珙《毛詩後箋》卷四説《蝃蝀》曰："《序》云：'止奔也'，……朱《傳》以爲'刺淫奔'之詩。……夫曰'刺奔'，則時有淫奔者而刺之也；曰'止奔'，則時未有奔者而止之也，所謂'禮止於未然者'爾。"苟非已有奔之事而又常有奔之情與勢，安用"止"乎？"止"者，鑑已然而防未然，據成事以禁將事。"禮禁於將然，法禁於已然"，語本賈誼《論治安疏》、《史記·自序》、《大戴禮·禮察篇》；然《禮記·坊記》反復曰："禮以坊德，刑以坊淫，……夫禮坊民所淫，……以此坊民，……猶淫佚而亂於族。"胡氏不願《三百篇》中多及淫奔，遂强詞害理耳。故戟手怒目，動輒指曰"淫詩"，宋儒也；搖手閉目，不敢言有"淫詩"，清儒爲漢學者也；同歸於腐而已。女子求桑采蘩，而感春傷懷，頗徵上古質厚之風。後來如梁元帝《春日》："春心日日異，春情處處多，處處春芳動，日日春禽變"；李商隱《無題》："春心莫共花争發"；以至《牡丹亭》第一〇齣："原來姹紫嫣紅開遍"。胥以花柳代桑麻，以游眺代操作，多閒生思，無事添愁，有若孟郊《長安早春》所歎："探春不爲桑，探春不爲麥，日日出西園，衹望花柳色。"華而不實，樸散醇漓，與《七月》異撰。李覯《盱江全集》卷三六《戲題〈玉臺集〉》："江右君臣筆力雄，一言宮體便移風；始知姬旦無才思，衹把《豳詩》詠女工！"，亦有見於斯矣。《小雅·出車》亦云："春日遲遲，卉木萋萋，倉庚喈喈，采蘩祁祁。"毛傳"春女、秋士"云云，亦見《淮南子·繆稱訓》。孔疏隱指《小雅·四月》："秋日淒淒，百卉具腓。"

四八　鴟　鴞

　　"予手拮据，……予口卒瘏，……予羽譙譙，予尾翛翛"；
《傳》："手病、口病，故能免乎大鳥之難。"按《釋文》引《韓
詩》："口、足爲事曰'拮据'"；似覺"鳥羽"、"鳥口"、"鳥尾"
皆可言，而"鳥手"不可言，故易"手"爲"足"也。此類修詞
小疵，後世作者亦未能免。左思《白髮賦》："白髮臨拔，瞋目號
呼"；孟郊《濟源寒食》："蜜蜂爲主各磨牙，咬盡村中萬木花"；
歐陽修《柳》："殘黃淺約眉雙斂，欲舞先誇手小垂"（參觀《苕
溪漁隱叢話》前集卷二五、《履齋示兒編》卷一〇）；釋惠洪《石
門文字禪》卷九《送僧還長沙》："去袂不容挽，子規真滑唇"；
蕭立之《蕭冰崖詩集拾遺》卷中《燈蛾》："只道近前貪炙熱，不
知流禍及然臍"，又同卷《題危定之〈芳洲吟卷〉》有序引危詠燈
蛾："汝自然臍何所恨"；倪元璐《倪文正公遺稿》卷一《舟次吳
江》："小帆如蝶翅，暗浦乞螢尻"；王曇《煙霞萬古樓詩選》卷
一《落花詩》："寒鴉齒冷秋煙笑，死若能香那得知！"髮有目，
蜂有牙，柳有手，子規有唇，燈蛾有臍，流螢有尻，寒鴉有齒，
皆鳥而有手之類。聊拈數事，可互相解嘲焉。

　　【增訂三】《全晉文》卷二七王獻之《進書訣表》當是偽託，有

曰："臣年二十四，隱林下，有飛鳥，左手持紙，右手持筆，惠臣五百七十五字。"亦如鷗鶊之有"手"矣！夫《詩》之鷗鶊口吐人言，自稱其爪曰"手"，猶可説也；託名獻之者何必設身處地，假鳥以"手"，豈其爲禽中之麻姑歟？

【增訂四】《説苑·復恩》載介之推從者書門之詞曰："龍饑無食，一蛇割股。龍反其淵，安其壤土。……一蛇無穴，號於中野"；龍之有"淵"，蛇之歸"穴"，皆愜當無間，然而具"股"能"號"，則不切蛇矣。李白《天馬歌》："嚴霜五月彫桂枝，伏櫪銜冤摧兩眉"；趁韻遂使馬有"眉"。孫枝蔚《溉堂前集》卷七《偶行市上，遂步至北門，徧觀諸家園林》："枝頭繡羽並肩立，水面金鱗唼尾行"；禽鳥而有"肩"，恐尚不足語於《西廂記》第一折所謂"軃着香肩"或《紅樓夢》第三回所謂"削肩"也！

四九　四　牡

"豈不懷歸，王事靡盬，我心傷悲。……不遑將父。……不遑將母"；《傳》："思歸者，私恩也；靡盬者，公義也；傷悲者，情思也"；《箋》："無私恩，非孝子也；無公義，非忠臣也。"按《采薇》之"王事靡盬"，僅感"靡室靡家"，此詩"懷歸"乃爲養親，故有"孝子"之説。王符《潛夫論·愛日》篇説此詩亦云："在古閒暇而得行孝，今迫促不得養也。"後世小説、院本所寫"忠孝不能兩全"，意發於此。《毛詩》中衹一見，《韓詩》則屢見，且加厲而爲悲劇性之進退維谷(tragic dilemma)，生死以之。黑格爾謂"倫理本質"(die sittliche Substanz)彼此鑿枘(Kollision)，構成悲劇，亦舉家恩(die Familienliebe)與國事(das Staatsleben)不容兼顧爲例①。《韓詩外傳》卷一有楚白公之難，有仕之善者，辭其母將死君一節；卷二記楚昭王使石奢爲理，道有殺人者，追之則父也。奢曰："不私其父非孝也，不行君法，非忠也"，刎頸而死；卷六記田常弑簡公，"石他曰：……'舍君以全親，非忠也，舍親以死君之事，非孝也。……嗚呼！生亂世不得正行，劫乎暴人，不得全

---

① *Aesthetik*，Aufbau Verlag，1270-1.

義，悲夫！'乃進盟以免父母，退伏劍以死其君"；卷八："可於
君不可於父，孝子勿爲也，可於父不可於君，君子亦勿爲也；故
君不可奪，親亦不可奪也。"

【增訂三】《説苑·立節》記白公之難，申鳴曰："食君之食，
避君之難，非忠臣也；定君之國，殺臣之父，非孝子也。名不
可兩立，行不可兩全也。"後世"忠孝不能兩全"之語昉此。
《全後漢文》卷三〇袁紹《上書自訴》亦曰："誠以忠孝之節，
道不兩立。"

皆言公義私恩，兩端難執，顧此失彼，定奪取舍(choice)，性命節
操繫焉；懷歸將父，方此又緩急不可同年而語矣。《外傳》卷六
論石他之死曰："《詩》：'人亦有言，進退維谷'，石先生之謂
也！"（參觀《吕氏春秋·高義》、《史記·循吏傳》、《新序·節
士》）；即引《大雅·桑柔》之什，以示羝羊觸藩之困，《毛傳》、
《鄭箋》均訓"谷"爲"窮"，正悲劇中負嵎背水之絕地窮境
(limitsituation)也。阮元《揅經室一集》卷四《進退維谷解》深
非《傳》、《箋》，以爲："'谷'乃'穀'之假借字，……'穀'，
善也。……謂兩難善全之事而處之皆善也，歎其善，非嗟其窮
也"；因謂"漢人訓《詩》，究不如周人訓《詩》之有據"，舉
《晏子春秋》叔向語及《韓詩外傳》石他節爲證。《晏子》吾不
知，若《韓詩》此節，則韓嬰亦"漢人訓《詩》"，似與毛、鄭無
異。石他固可謂不"舍君"而又"全親"矣；然仍一死自了，則
"全親"而終"舍親"也，進盟而後伏劍，則雖死而不得爲"死
君之事"，不免於"舍君"也。蓋折衷斟酌，兩不能完，左右爲
難，此所以悲進退皆窮。他之言曰："嗚呼！"，曰："悲夫！"，
曰："不得正行！不得全義！"，非"嗟其窮"而何？彼自痛"不

得全義”，途窮而就死路，傍人引詩歎之，阮氏遽謂意乃美其
“善全兩難”。有是哉！經生之不曉事、不近情而幾如不通文理
也！《漢書·趙、尹、韓、張、兩王傳》：“王陽爲益州刺史，行
部至邛郲九折阪，歎曰：‘奉先人遺體，奈何數乘此險！’後以病
去。及尊爲刺史，至其阪，問吏曰：‘此非王陽所畏道邪？’吏對
曰：‘是！’尊叱其馭曰：‘驅之！王陽爲孝子，王尊爲忠臣！’”

【增訂一】《後漢書·邳彤傳》王郎捕彤父弟及妻子，以書招
降，“彤涕泣報曰：‘事君者不得顧家。親屬所以至今得安於信
都者，劉公之恩；公方爭國事，彤不得復念私也。’”

《後漢書·馮衍傳》田邑曰：“間者老母諸弟見執於軍。……誠使故
朝尚在，忠義可立，雖老親受戮，妻兒橫分，邑之願也”；又《獨行
傳》，趙苞母及妻子爲鮮卑刼質，苞率兵“與賊對陣，苞悲號謂母
曰：‘……昔爲母子，今爲王臣，義不得顧私恩，毁忠節。……’母
遙謂曰：‘何得相顧，以虧忠義！’”；《晉書·周處傳》西征，孫秀謂
曰：“卿有老母，可以辭此也”，處曰：“忠孝之道，安得兩全！既辭
親事君，父母復安得而子乎？”；又《良吏傳》潘京答州刺史曰：“今
爲忠臣，不得復爲孝子”；《世説·言語》：“桓公入峽，絶壁天懸，騰
波迅急，歎云：‘既爲忠臣，不得爲孝子，如何！’”；《周書·泉企傳》
高敖曹執企而東，企臨發密戒子曰：“忠孝之道，不能兩全，宜各自
爲計，勿相隨寇手”；《隋書·高熲傳》受命監兵，遣人辭母云：“忠
孝不可兩兼”；封演《封氏聞見記》卷四《定謚》詳記顏真卿、程皓
因韋涉謚“忠孝”之爭。聊舉數事，以申《毛詩》、《韓詩》之蘊。
歐陽修《五代史·唐明宗家人傳》：“而世之言曰：‘爲忠孝者不兩
全’，夫豈然哉？”；一若能解連環，而實罔措，觀《唐臣傳》第一四
論烏震可知也。《三國志·魏書·邴原傳》裴松之註引《別傳》云：

"太子建議曰：'君父各有篤疾，有藥一丸，可救一人，當救君邪？父邪？'衆人紛紜，或父或君；時原在座，不與此論。太子諮之於原，原悖然對曰：'父也!'"亦謂忠孝不能兩全。其舉例大似高德溫（William Godwin）著作（*Political Justice*）中設想："吾母抑吾妻，或乃愚媼，或則蕩婦（a fool or a prostitute），受備於一世文章宗主（Fenelon），其家忽遭焚如，吾奮入火宅，孑然隻身，祇辦救一人出，將負載吾母或妻乎？抑拯救此文雄歟?"自答云："明達之士（a reasonable man）必以斯文爲重，寧捨置妻、母。"讀者大譁，渠因追易妻、母爲父或兄，易愚媼、蕩婦爲鈍漢或浪子（a fool or a profligate）①。蓋謂若同臨焦頭爛額之危者，一女而一男，則孰棄孰取，尚有猶豫之地；脫二人均爲丈夫身，則棄取立決，可拋父或兄無顧爾。

【增訂一】意大利古有"乘舟問答之戲"（le jeu du navire），既類高德溫之設想，復同 144 頁論《谷風》所引《楚昭公》之情景。二男同悅一女，女均羈縻勿絕，無所厚薄；旁人因問女曰："設想汝三人共駕扁舟出游，中流風浪大作，舟不勝載，必拋一人入水，二人庶得全生；孰棄孰留，唯汝所命。敢問：汝於兩男子中將以誰投付洪流乎?"（E. Rodocanachi，*La Femme italienne*，189）

---

①　A. E. Rodway, ed., *Godwin and the Age of Transition*, 36; cf. Lamb to Thomas Manning:"Lawsuits, where I was counsel for Archbishop Fenelon versus my own mother, in the famous fire cause". (*Works*, ed. E. V. Lucas, VI, 207)

五〇　采　薇

"昔我往矣，楊柳依依"。按李嘉祐《自蘇臺至望亭驛、悵然有作》："遠樹依依如送客"，於此二語如齊一變至於魯，尚著迹留痕也。李商隱《贈柳》："隄遠意相隨"，《隨園詩話》卷一歎爲"真寫柳之魂魄"者，於此二語遺貌存神，庶幾魯一變至於道矣。"相隨"即"依依如送"耳。擬議變化，可與皎然《詩式》卷一"偷語"、"偷意"、"偷勢"之說相參。

五一 杕 杜

　　"卉木萋止，女心悲止，征夫歸止"；《傳》："室家踰時則思。"
按《東山》："鸛鳴于垤，婦歎于室，洒掃穹窒，我征聿至"，同此機
杼。王昌齡《閨怨》："忽見陌頭楊柳色，悔教夫婿覓封侯"；李端
《閨情》："被衣更向門前望，不忿朝來喜鵲聲"；柳色、鵲聲亦即"卉
萋"、"鸛鳴"之踵事增華也。

五二 車 攻

"蕭蕭馬鳴，悠悠旆旌"；《傳》："言不諠譁也。"按顏之推《顏氏家訓·文章》篇甚稱毛公此《傳》："吾每歎此解有情致，籍詩生於此意耳"；蓋謂王籍《入若耶溪》詩："蟬噪林逾靜，鳥鳴山更幽。"實則毛傳逕取後章"之子于征，有聞無聲"，以申前章之意，挹彼注茲耳。《全唐文》卷七〇九李德裕《文章論》引其從兄翰喻文章高境曰："千軍萬馬，風恬雨霽，寂無人聲"，可以移箋毛傳。《陸象山全集》卷三四《語錄》："'蕭蕭馬鳴'，靜中有動；'悠悠旆旌'，動中有靜"，亦能窺二語烘襯之妙（參觀沈括《夢溪筆談》卷一四評王安石集句成一聯："風定花猶落，鳥鳴山更幽"，曰："上句乃靜中有動，下句動中有靜"）。蘇軾作詩頻彷此構。《五丈原懷諸葛公》："吏士寂如水，蕭蕭聞馬撾"，捫搎太過，殊苦粘皮帶骨；《宿海會寺》："紞如五鼓天未明，木魚呼粥亮且清，不聞人聲聞履聲"，亦"有聞"而"無聲"之旨，語遂超妙；持較歐陽修《秋聲賦》："如赴敵之兵，銜枚疾走，不聞號令，但聞人馬之行聲"，前賢不覺畏後生矣。陸游《劍南詩稿》卷七《題醉中所作草書卷後》："何時夜出五原塞，不聞人語聞鞭聲"，又師蘇詩。

【增訂四】《劍南詩稿》尚有卷一四《乍晴泛舟至扶桑埭》："數

家茅屋門晝掩，不聞人聲聞碓聲”；卷四二《上元雨》：“家家移
牀避屋漏，不聞人聲聞屐聲”；卷六三《客中作》：“茅檐獨坐待
僮僕，不聞人聲聞碓聲”。蓋於東坡句如填匡格者一再而至三
四，亦幾乎自相蹈襲矣。

趙翼《甌北詩話》卷五不知《宿海會寺》三句之佳，而謂《五丈原》
二句“形容軍容整肅，而魄力遠遜杜甫《出塞》之‘落日照大旗，
馬鳴風蕭蕭’”；其言雖是，未爲真切。杜乃演申《詩》語，蘇則依
仿《詩》語，且以“寂”與“聞”對照，隱括“有聞無聲”也。謝
貞《春日閒居》亦云：“風定花猶落，鳥鳴山更幽”；杜甫《題張氏
幽居》則云：“伐木丁丁山更幽”；雪萊詩又謂啄木鳥聲不能破松林
之寂，轉使幽静更甚（That even the busy woodpecker/Made stil-
ler with her sound/ the inviolable quietness）[1]；

【增訂三】蘇軾《觀棋》亦云：“誰歟棋者，户外屨二；不聞人
聲，時聞落子”（《蘇詩合註》卷四一）。偶閱美國文家霍桑
《日記》，見其即景會心，每道聲音烘染寂静，與“鳥鳴山更
幽”相發明。如云：“孤舟中一人蕩槳而過，擊汰作微響，愈
添畢静”（the light lonely touch of his paddle in the water,
making the silence appear deeper）；又云：“羣鴉飛噪高空中，
不破寂而反增寂”（their loud clamor added to the quiet of
the scene, instead of disturbing it—N. Hawthorne, *The
American Notebooks*, ed. Randall Stewart，1932，pp.13，
159–60）。

---

[1]　Shelley：“The Recollection”；cf. Coleridge：“The Aeolian Harp”：“The
stilly murmur of the distant sea/Tells us of silence.”

皆所謂"生於此意",即心理學中"同時反襯現象"(the phenome-
non of simultaneous contrast)①。眼耳諸識,莫不有是;詩人體
物,早具會心。寂静之幽深者,每以得聲音襯託而愈覺其深;虚
空之遼廣者,每以有事物點綴而愈見其廣。《車攻》及王、杜篇
什是言前者。後者如鮑照《蕪城賦》之"直視千里外,唯見起黃
埃"(參觀照《還都道中作》:"絶目盡平原,時見遠烟浮"),或
王維《使至塞上》之"大漠孤烟直";景色有埃飛烟起而愈形曠
蕩荒凉,正如馬鳴蟬噪之有聞無聲,謂之有見無物也可。雪萊詩
言沙漠浩闊無垠,不覩一物,僅餘埃及古王雕像殘石(Nothing
beside remains. Round the decay/Of that colossal wreck,bound-
less and bare,/ The lone and level sands stretch far away)②;利奥
巴迪詩亦言放眼天末,浩乎無際(immensità),愛彼小阜疏籬,
充其所量,爲窮眺寥廓微作遮攔(Sempre caro mi fu quest'ermo
colle,/e questa siepe,che da tanta parte /dell'ultimo orizonte il
guardo esclude)③。皆其理焉。近人論詩家手法,謂不外乎位置
小事物於最大空間與寂寞之中(porre un determinato oggetto nel
massimo di spazio e di solitudine possibile)④,雖致遠恐泥,未足
囊括詩道之廣大精微,然於幽山鳴鳥、大漠上烟之作,則不中不
遠也。

---

①   W.James,*Principles of Psychology*,II,14.
②   "Ozymandias of Egypt".
③   "L'Infinito",*op.cit*.,58.
④   V.Cardarelli,quoted in *Momenti e Problemi di Storia dell' Estetica*,Marzo-
rati,IV,1664.

五三　正　月

　　"瞻烏爰止，于誰之屋?"；《傳》："富人之屋，烏所集也。"
按張穆《月齋文集》卷一《〈正月〉瞻烏義》略云："二語深切著
明，烏者，周家受命之祥；《春秋繁露·同類相動》篇引《尚書
傳》言：'周將興之時，有大赤烏衙穀之種而集王屋之上者，武
王喜，諸大夫皆喜。'凡此皆古文《泰誓》之言，周之臣民，相
傳以熟，幽王時天變疊見，訛言朋興，詩人憂大命將隳，故爲是
語。"其説頗新。觀下章曰："召彼故老，訊之占夢；具曰予聖，
誰知烏之雌雄?"足見烏所以示吉凶兆象，非徒然也。《史記·周
本紀》、《太平御覽》卷九二〇等引《書緯·中候》、《瑞應圖》皆
記赤烏止武王屋上事。《後漢書·郭太傳》："太傅陳蕃、大將軍
竇武爲閹人所害，林宗哭之於野，慟。既而歎曰：……'瞻烏爰
止，不知于誰之屋'耳!"；章懷註："言不知王業當何所歸"。得
張氏之解，烏即周室王業之徵，其意益明切矣。

　　"謂天蓋高，不敢不局；謂地蓋厚，不敢不蹐"。按《節南山》
亦云："我瞻四方，蹙蹙靡所騁。"《大雅·既醉》："其類維何，室
家之壺"，《傳》："'壺'、廣也"；《國語·周語》下叔向引《詩》語
而説之曰："'壺'也者，廣裕民人之謂也。"錢大昕《十駕齋養新

錄》卷一申言曰：“夫古人先齊家而後治國；父子之恩薄，兄弟之
志乖，夫婦之道苦，雖有廣厦，常覺其隘矣。”入情切理之論也。
王符《潛夫論·愛日》：“治國之日舒以長，……亂國之日促以短”；
讀《既醉》、《節南山》、《正月》諸什，亦可曰：國治家齊之境地寬
以廣，國亂家鬩之境地仄以逼。此非幅員、漏刻之能殊，乃心情
際遇之有異耳。《説苑·敬慎》又《孔子家語·好生》記孔子説
“謂天蓋高”四語云：“此言上下畏罪，無所自容也”；桓寬《鹽鐵
論·周秦》言秦世峻文峭法，“百姓側目重足，不寒而慄”，即引
《正月》此數語；荀悦《漢紀》卷二五論王商亦引此數語而敷陳曰：
“以天之高，而不敢舉首，以地之厚，而不敢投足，……以六合之
大、匹夫之微，而一身無所容焉”；《後漢書·李固傳》亭長歎曰：
“非命之世，天高不敢不局，地厚不敢不蹐。”同聲共慨，不一而
足，如袁宏《三國名臣序讚》：“萬物波蕩，孰任其累？六合徒廣，
容身靡寄”；左思《詠史》末首：“落落窮巷士，抱影守空廬，出門
無通路，枳棘塞中途”；岑參《西蜀旅舍春歎》：“四海猶未安，一
身無所適，自從兵戈動，遂覺天地窄”；李白《行路難》：“大道如
青天，我獨不得出”；杜甫《贈蘇四徯》：“乾坤雖寬大，所適裝囊
空，……況乃主客間，古來偪側同”，又《逃難》：“乾坤萬里内，
莫見容身畔”；柳宗元《乞巧文》：“乾坤之量，包容海岳，臣身甚
微，無所投足”；孟郊《送別崔純亮》：“出門即有礙，誰謂天地
寬”；張爲《主客圖》摘鮑溶句：“萬里歧路多，一身天地窄”；利
登《骰稿·走佛巖道中》：“沸鼎無活鱗，四顧誰善地；不辰自至
斯，乾坤古無際”；以至《水滸》中如第一一回林冲、第一六回楊
志等皆歎：“閃得俺有家難奔，有國難投”，哀情苦語，莫非局蹐靡
騁之遺意也。

【增訂三】李賀《酒罷張大徹索贈詩》："隴西長吉摧頹客，酒
闌感覺中區窄"；梅堯臣《宛陵先生集》卷三六《行路難》：
"途路無不通，行貧足如縛。輕裘誰家子，百金負六博；蜀道
不爲難，太行不爲惡。平地乏一錢，寸步淪溝壑。"又唐宋名
家詠歎"四方靡騁"之兩例。

無門可出，出矣而無處可去，猶不出爾，元好問《論詩絕句》所謂
"高天厚地一詩囚"。劉辰翁題《文姬歸漢圖》七古結句："天南地北
有歸路，四海九州無故人"；正言"無歸路"也，却曰"有歸路"，
而以"無"緩急相料理之"故人"反襯明意，語更婉摯。歌德名篇
寫女角囚繫，所歡仗魔鬼法力，使囹圄洞啓，趣其走，女謝曰："吾
何出爲？此生無所望已！"(Ich darf nicht fort；für mich ist nichts zu
hoffen)①；王爾德名劇中或勸女角出亡異國，曰："世界偌大"
(The world is very wide and very big)，女答："大非爲我也；在
我則世界縮如手掌小爾，且隨步生荆棘"(No，not for me. For
me the world is shrivelled to a palm's breadth，and where I walk，
there are thorns)②。蓋斯世已非其世，羣倫將復誰倫，高天厚
地，於彼無與，有礙靡騁，出獄猶如在獄，逃亡亦等拘囚。白居
易《小宅》："寬窄在心中"；聶夷中《行路難》："出處全在人，
路亦無通塞"；宋奚㳝《聲聲慢》："算江湖，隨人寬窄"；三語足
概此況。一人之身，寬窄正復不常。即以孟郊爲例，《長安旅情》
又曰："我馬亦四蹄，出門似無地"，而《登科後》曰："春風得
意馬蹄疾，一日看盡長安花"；豈非長安隨人事爲"寬窄"耶？

---

① *Faust*，I，4544.
② *A Woman of No Importance*，IV.

若曹植《仙人篇》："四海一何局？九州安所如！"，則貌同心異；下文云："萬里不足步，輕舉凌太虛"，亦如其《五游》之"九州不足步，願得凌雲翔"，或《七啓》之"志飄飄焉，嶢嶢焉，似若狹六合而隘九州"，即司馬相如《大人賦》所謂："宅彌萬里兮，曾不足以少留；悲世俗之迫隘兮，朅輕舉而遠游"。《詩》、李、杜等言天地大而不能容己，馬、曹言天地小而不足容己；途窮路絶與越世出塵，情事區以別焉。

"魚在于沼，亦匪克樂；潛雖伏矣，亦孔之炤"；《箋》："池，魚之所樂，而非能樂，潛伏於淵，又不足以逃，甚昭昭易見。"按《禮記·中庸》言"君子内省不疚"，即引"潛雖伏矣"二句，鄭玄註："言聖人雖隱遯，其德亦甚明矣"，與《箋》説異。蓋《中庸》斷章取義，鄭因而遷就，此《箋》則發明本意也；參觀《左傳》卷論襄公二十八年。詩極言居亂世之出處兩難，雖隱遯而未必倖免。"潛伏"而仍"孔昭"，謂天地間無所逃，巖谷中不能匿，非稱其闇然日章。

【增訂四】黄庭堅《宿舊彭澤懷陶令》詩："潛魚願深眇，淵明無由逃"，即本鄭《箋》義。

視《四月》之"匪鶉匪鳶，翰飛戾天，匪鱣匪鮪，潛逃于淵"，語逾危苦。《易·中孚》："豚魚吉"；王弼註："魚者，蟲之隱者也。"在沼逃淵，即魚之所以爲"隱蟲"耳。《大雅·旱麓》："鳶飛戾天，魚躍于淵"，與《四月》語亦一喻二柄之例；彼言得意遂生，此言遠害逃生，又貌同心異者。

"民今之無禄，天夭是椓；哿矣富人，哀此惸獨！"《傳》："哿，可也"；《箋》："富人已可，惸獨將困"；《正義》："可矣富人，猶有財貨以供之，哀哉此單獨之民，窮而無告"。按王引之《經義述聞·毛詩》中記其父謂毛傳之“可”，是“快意愜心之稱”；“哿”與“哀”
爲“對文”，“哀者憂悲，哿者歡樂”；“哿”與“嘉”俱“以‘加’爲
聲，而其義相近”，因舉《禮運》“嘉”訓“樂”，《左傳》“哿”訓
“嘉”，而斥《正義》“失《傳》、《箋》之意”；又謂《雨無正》之“哀
哉不能言”對“哿矣能言”，亦資佐證。晉魯褒《錢神論》：“錢多者
處前，錢少者處後，處前者爲君長，處後者爲臣僕，君長者豐衍而
有餘，臣僕者窮竭而不足；《詩》云：‘哿矣富人，哀哉煢獨！’豈是
之謂乎！”（《全晉文》卷一一三）；似於“哿”字已同王解。然竊謂訓
“哿”爲“可”，雖非的詁，亦自與“哀”對文；此種句法語式無間
古今雅俗，毛、鄭、孔意中必皆有之。故毛、鄭祇解“哿”爲“可”
而孔承焉，轉輾引申爲“樂”者，王氏之創獲，未保爲《傳》、《箋》
之本旨也。《穀梁傳》文公九年：“毛伯來求金。求車猶可，求金甚
也”；《漢書·王莽傳》下：“東方爲之語曰：‘寧逢赤眉，不逢太師，
太師猶可，更始殺我’”；《後漢書·南蠻傳》：“益州諺曰：‘虜來尚
可，尹來殺我’”；《晉書·羅尚傳》：“蜀人言曰：‘蜀賊尚可，羅尚殺
我’”，又《李特載記》載語同，易“羅尚”爲“李特”；《宋書·王玄
謨傳》：“軍士爲之語曰：‘寧作五年徒，不逢王玄謨，玄謨猶自可，
宗越更殺我’”；古樂府《獨漉篇》：“獨漉獨漉，水深泥濁，泥濁尚
可，水深殺我”；唐章懷太子《黃臺瓜辭》：“三摘猶自可，摘絕抱蔓
歸”；李白《獨漉篇》：“獨漉水中泥，水濁不見月，不見月尚可，水
深行人没”；儲光羲《野田黃雀行》：“窮老一頹舍，棗多桑樹稀，無
棗猶可食，無桑何以衣”；鮑溶《章華宮行》：“豈無一人似神女，忍
使黛蛾常不伸；黛蛾不伸猶自可，春朝諸處門常鎖”；杜荀鶴《旅泊
遇郡中叛亂》：“郡侯逐出渾閑事，正是鑾輿幸蜀年”；韓駒《陵陽先
生詩》卷二《題蕃騎圖》：“迴鞭慎莫向南馳，漢家將軍方打圍；奪

弓射汝猶可脱，奪汝善馬何由歸"；張嵲《防江》第二首："虜猶涉吾地，飲馬長淮流，飲馬尚猶可，莫使學操舟"（《後村大全集》卷一七六引，四庫館輯本《紫微集》卷二改"虜猶"爲"不虞"）；陸游《劍南詩稿》卷六二《夏秋之交，小舟早夜往來湖中，戲成絶句》之八："荷花折盡渾閑事，老却蓴絲最惱人"；元好問《遺山詩集》卷一《宿菊潭》："軍租星火急，期會切莫違，期會不可違，鞭扑傷心肌，傷肌尚云可，夭閼使人悲"；以至《西廂記》第二本第三折鶯鶯唱："而今煩惱猶閑可，久後思量怎奈何"，或《水滸》第六回邱小乙唱："你在東時我在西，你無男子我無妻，我無妻時猶閑可，你無夫時好孤悽"，或《二郎神鎖齊天大聖》第一折乾天大仙白："這仙酒猶閑可，這九轉金丹，非遇至人，不可食之。"莫不承轉控送，即"哿矣富人，哀哉煢獨"之句型。楊萬里《誠齋集》卷七《秋雨歎》之八："枯荷倒盡饒渠着，滴損蘭花太薄情"，不用"猶可"、"尚可"，而句法無異，亦如用"渾閑事"。脱毛《傳》之"可"必訓"樂"方得"與'哀'對文"，則與"好孤悽"對之"猶閑可"，當訓爲"真快活"耶？"可"與"甚"、"殺我"、"抱蔓歸"、"行人没"、"怎奈何"，無一不成對文，亦正如其與"哀"爲對文。王氏之"對文"，則姜夔《白石道人詩説》所謂："'花'必用'柳'對，是兒曹語"耳。毛、鄭以來，説詩者於"哿"之訓"可"，相安無事，亦徵句法既有定型，遂於字義不求甚解。此亦言文詞者所不可不知也。

"民今方殆，視天夢夢"；《傳》："王者爲亂夢夢然。"按説詩者以《節南山》之"天方薦瘥"、"昊天不惠"、《小旻》之"昊天疾威"等句概謂爲指君王，如《雲漢》之"王曰於乎，……天降喪亂，……昊天上帝"等句，方説爲蒼天，大可不必。先民深信董仲舒所謂"天人相與"；天作之君，由怨君而遂怨天，理所當然。人窮

則呼天，呼天而不應，則怨天詛天，或如《小弁》之問天："何辜于
天？我罪伊何？"《晉書·天文志》下康帝建元二年歲星犯天關，安
西將軍庾翼與兄冰書曰："此復是天公憒憒，無皁白之徵也"；"憒憒"
即"夢夢"矣。然怨天、詛天、問天者，尚信有天；苟不信有天，
則并不怨詛詰問。庾信《思舊銘》不云乎："所謂天乎，乃曰蒼蒼之
氣；所謂地乎，其實摶摶之土。怨之徒也，何能感乎？"——"徒"，
徒然也。《荀子·天論》篇又柳宗元《斷刑論》下、《時令論》下、
《天説》、《禘説》之類剖析事理，不大聲以色，庶幾真不信有天；若
《史記·伯夷列傳》慨歎"儻所謂天道，是耶非耶？"鬱怒孤憤，是
尚未能忘情。柳宗元《唐故尚書户部郎中魏府君墓誌》、《亡友故秘
書省校書郎獨孤君墓碣》、《亡姑渭南縣尉陳君夫人權厝誌》、《亡姊崔
氏夫人墓誌蓋石文》、《亡妻弘農楊氏誌》、《祭呂衡州溫文》皆痛言無
"天道"、天無"知"、"不可恃"、"不可問"、"蒼蒼無信、漠漠無神"，
而怨毒之意，洋溢詞外；《先太夫人河東縣太君歸祔誌》、《亡姊前京
兆府參軍裴君夫人墓誌》骨肉悲深，至責天之"忍"，其《天説》所
譏爲"大謬"者，竟躬自蹈之。蓋事理雖達，而情氣難平，《祭呂衡
州溫文》所謂："怨逾深而毒逾甚，故復呼天以云云"。夫矢口出怨
望怒罵之語者，私衷每存格天、回天之念，如馬丁·路德所謂："吾
人當時時以此等咒詛喚醒上帝"（We must now and then wake up
our Lord God with such words）[1]，其事無用，而其心則愈可哀
已。《豆棚閒話》卷一一載《邊調曲兒》："老天爺，你年紀大，
耳又聾來眼又花。你看不見人，聽不見話。殺人放火的享着榮
華，吃素看經的活餓殺。你不會做天，你塌了罷！你不會做天，

---

① Martin Luther，*Table Talk*，tr. W. Hazlitt，"Bohn's Library"，153（Jeremiah cursing the day of his birth）.

管 錐 編

你塌了罷!";潘問奇《拜鵑堂詩集》卷二《屈原墓》之三:"顏
淵盜蹠殊修短,此日青天定有心,楚國王孫曾一問,奈他聾啞到
如今!"黃楷輯黃周星《黃九烟先生別集》有《臬嘯序》、《詰天
公文》等皆謂"此公""年齒長矣,聰明衰矣",又"沉醉"、"假
寐"。怨天之有知而仍等無知,較僅怨天之無知,已進一解。陳
子龍《陳忠裕全集》卷二八《天説》:"我悲夫天有其權而不能用
也!我悲夫天有其盛心而輒失也!柳宗元以爲天無所用心,太
過";則謂天有知而無能,有心而無力,行與願乖,故不怨之恨
之,而悲之憫之,更下一轉,益淒摯矣。有哲學家謂人之天良
(das Gewissen)不能左右人之志事,乃"無能爲力之無上權力"
(eine ohnmächtige Uebermacht)①;其語可借以形容陳氏之
"天"。譏"老天爺"耳聵目眊,又似當世西人所謂"聾子上帝"
(un dieu sourd):"失聰失明,不死永生"(une sorte d'immorta-
lité sourde et aveugle)②。

【增訂三】法國有一古劇,搬演"聾子上帝",斯萊爾夫人《雜
記》撮述其情景。上帝作老叟狀,酣卧雲上(an old man lying
fast asleep with clouds under him),一天使搖撼之,疾呼曰:
"上皇之愛子［耶穌］命在須臾,乃尚如醉漢熟睡耶!"上帝喃喃
囈語曰:"魔鬼捉將我去!所言何事,我一字未聞也"(Diable
m'emporte si j'en ai ouï dire la moindre chose——*Thraliana*,
ed. Katharine C. Balderston, 2nd ed., II, 699)。亦滑稽善
諷者矣。蓋言其伺隙匿踪,則上帝如偷兒鼠子,言其

---

① M. Heidegger, *Sein und Zeit*, I. Hälfte, 3. Aufl., 385.
② A. Camus, *L' Homme révolté*, 47-8. Cf. Leopardi: "Il Risorgimento": "so
che natura è sorda, /che miserar non sa", *op. cit.*, I, 90.

-242-

放心廢務，則上帝如聾子醉人；兩者並行，初不相倍，猶
人既察察爲明，每亦昏昏如夢。所謂善言天者必取譬於
人也。

古羅馬大詩人嘗詠諸天高夐清静，無慮無爲，超然物外，勿顧
人世間事(Omnis enim per se divom natura necessest/immortal ae-
vo summa cum pace fruatur/semota ab nostris rebus seiunctaque
longe)①；則宋詞中慣語"天不管"(黄庭堅《河傳》、秦觀《河傳》、
朱淑真《謁金門》等)，可斷章隱括。《五燈會元》卷一三華嚴休静
章次："問：'大軍設天王齋求勝，賊軍亦設天王齋求勝，未審天王
赴阿誰願?'師曰：'天垂雨露，不揀榮枯'"；《容齋四筆》卷三：
"兩商人入神廟。其一陸行欲晴，許賽以豬頭；其一水行欲雨，許賽
以羊頭。神顧小鬼言：'晴乾吃豬頭，雨落吃羊頭，有何不可!'"。
堪爲"天不管"之佳例。雖未言天公癡聾而不啻言之，雖未言無天
而不啻言天之有若無矣。參觀《楚辭》卷論《九歌·大司命》。

"父母生我，胡俾我瘉? 不自我先，不自我後。"按《小
弁》："天之生我，我辰安在?"；《桑柔》："我生不辰，逢天僤
怒!"；胥遭逢喪亂而自恨有生不如無生也。皎然《詩式·跌宕
格》及范攄《雲溪友議》卷六皆引王梵志詩："還你天公我，
還我未生時"；《敦煌掇瑣》第三〇、三一種《五言白話詩》屢
有"還我未生時"、"慈母不須生"、"慈母莫生我"之句；乃本
釋氏破生死關之意。王若虚憂患餘生，取而點化，工於唱歎：
"艱危嘗盡鬢成絲，轉覺歡華不可期。幾度哀歌向天問：何如

---

① Lucretius, *De Rerum Natura*, II, 646-8, "Loeb", 130; cf. III. 18-22,
P.170:"apparet divum numen sedesque quietae" etc..

還我未生時?"(《潯南遺老集》卷四五《還家》);方岳《辛丑
生日小盡月》:"今朝廿九,明朝初一,怎欠秋崖個生日?客中
情緒老天知,道這月不消三十!"(《秋崖先生小稿》卷三七《鵲
橋仙》),情悽怨而語則詼婉。古希臘詩人(Theognis)悲憤云:"人
莫如不生(Best were it never to have been born),既生矣,則莫如
速死";齊心同調實繁有徒①。後世如培根詩歎人生仕隱婚鰥,無
非煩惱,故求不生,生則祈死(What then remaines? but that we
still should cry/Not to be borne, or, being borne, to dye)②;密爾
敦詩寫原人怨問上帝云:"吾豈嘗請大造搏土使我成人乎?"(Did
I request thee, Maker, from my clay/To mould me Man?)③;
海涅病中詩云:"眠固大善,死乃愈善,未生尤善之善者"(Gut
ist der Schlaf, der Tod ist besser—freilich/Das beste wäre, nie
geboren sein)④;德國俗謔亦謂人能未生最佳,惜乎有此佳運者,
世上千萬人中無一焉(Niemals geboren zu werden, wäre das beste
für die sterblichen Menschenkinder. Aber unter 100.000 Menschen
passiert dies kaum einem)⑤。均"父母生我,胡俾我瘉",而求

① *Elegy and Iambus*, "Loeb", I, 281. cf. *Hesiod, the Homeric Poems and Homerica*, "Loeb", p. 573; Plutarch, *Moralia*, "A Letter to Apollonius", §27, "Loeb", II, 177-9; E. Rohde, *Psyche*, tr. W. B. Hillis, "International Library of Philosophy, Psychology and Scientific Method", 412 (Silenos to King Midas).
② Bacon:"The World's a Bubble", J. Aubrey, *Brief Lives*, "Ann Arbor Paperbacks", 11. Cf. P. Collenuccio:"Canzone alla Morte", *The Oxford Book of Italian Verse*, 183.
③ *Paradise Lost*, X.743-4.
④ Heine:"Morphine", *The Penguin Book of German Verse*, 332.
⑤ Freud, *Der Witz und sein Beziehung zum Unbewussten*, 3.Aufl., 44-5.

"還我未生"也。

【增訂四】索福克勒斯悲劇亦云："最佳莫如不生"（Not to be born is best. —*Oedipus Coloneus*，1275）。近世愛爾蘭詩人葉芝嘗賦小詩敷陳其意，而申言早死爲次佳事（"Never to have lived is best, ancient writers say；/ Never to have drawn the breath of life, never to have looked into the eye of the day；/ The second best's a gay goodnight and quickly turn away."—W. B. Yeats："A Man Young and Old"）。海涅復有一詩云："死固大佳，而母氏不生吾儕則尤佳"（Der Tod ist gut, doch besser wär's,/ Die Mutter hätt uns nie geboren. —"Ruhelechzend", Heine, *Werke und Briefe*, Aufbau, 1961, Bd II, S. 195）。

【增訂五】索福克勒斯語爲希臘作者常言，例如 Homer（*Hesiod, the Homeric Poems and Homeriod*, Loeb, p. 573）；Plutarch（*Moralia*, "A Letter of Condolence to Apollonius, § 27, Loeb, II, pp. 177-9）；Dio Chrysostom（*Discourses*, XIII, 2-3, Loeb, II, pp. 303-5）。王梵志詩有云："寄語冥路道，還我未生時"；王若虛《還家》第五首云："幾度哀歌向天道，何如還我未生時"（《全金詩》卷一九）。如出一口，戚戚有同心矣。

《四月》云："先祖匪人，胡寧忍予?"；《箋》："我先祖匪人乎? 人則當知患難，何爲曾使我當此亂世乎?"；《正義》："人困則反本，窮則告親，故言'我先祖匪人'，出悖慢之言，明怨恨之甚。"則由怨言進而爲怒罵，詛及己之祖宗，恨毒更過於《正月》、《小弁》，大類《舊約全書》中先知咒罵己之誕生、母之孕育等①。儒生尊《經》而懦，掩耳不敢聞斯悖逆之言，或解爲：
"先祖不以我爲人乎?" 或解爲："先祖乎? 我獨非人乎?" 或解
"匪人" 爲 "彼人"、爲 "非他人"、爲 "不以人意相慰恤"，苦心
曲説，以維持 "《詩》教" 之 "温柔敦厚"。如王夫之《〈詩經〉
稗疏》即詞斥鄭、孔以 "市井無賴" 口吻説此二句。夫《三百
篇》中有直斥，有醜詆，詞氣非盡温良委婉，如黄徹《碧溪詩
話》卷一〇謂《詩》"怨鄰駡坐"，王世貞《弇州四部稿》卷一四
七謂《詩》"不盡含蓄"，曾異撰《紡授堂集》卷一《徐叔亨山居
次韻詩序》謂《詩》"駡人"、"駡夫" "駡父"、"駡國"、"駡皇
后"、"駡天"、"朋友相駡"、"兄弟九族相駡"，賀貽孫《詩筏》
謂《詩》"刺人不諱"，魏祥《魏伯子文集》卷一《跋出郭九行》
謂《詩》"直斥者不一而足"，顧炎武《日知録》卷一九謂《詩》
"亦有直斥不諱"，張謙宜《絸齋詩談》卷一謂《詩》 "駡人極
狠"。《四月》之自斥乃祖爲 "匪人"，其憂生憤世而尤不能忍俊
者爾。《潯南遺老集》卷三評宋儒解《論語》之失有三，一曰
"求之過厚"，凡遇 "忿疾譏斥"，必 "周遮護諱而爲之説"，以歸
於 "春風和氣"；解《詩》者其 "失" 惟均，且亦不僅宋儒爲
然也。

---

① Jeremiah, 22.14; Job, 3.3. Cf. Scott: "He [Swift] early adopted the custom of observing his birthday as a term not of joy but of sorrow, and of reading... the striking passage of Scripture in which Job laments" etc. (J. G. Lockhart, *The Life of Sir Walter Scott*, ch.7, "Everyman's", 250).

五四　雨　無　正

　　《雨無正》通首不道雨，與題羌無係屬。《關雎》篇《正義》謂："名篇之例，義無定準。……或都遺見文，假外理以定稱"，亦似不足以概此篇。《困學紀聞》卷三謂《韓詩》此篇首尚有兩句："雨無其極，傷我稼穡"，則函蓋相稱矣。

　　"三事大夫，莫肯夙夜；邦君諸侯，莫肯朝夕。"按明葉秉敬《書肆説鈴》卷上："此歇後語也。若論文字之本，則當云：'夙夜在公'、'朝夕從事'矣。元人《清江引》曲云：'五株門前柳，屈指重陽又'，歇後語也；《詩》云：'天命不又'，'室人入又'，'矧敢多又'，已先之矣。"葉氏究心小學，著書滿家，此則亦頗窺古今修詞同條共貫之理；其言"文字之本"，即通常語法或散文之句法耳。蓋韻文之製，局囿於字數，拘牽於聲律，盧延讓《苦吟》所謂："不同文、賦易，爲著'者'、'之'、'乎'。"散文則無此等禁限，"散"即如陸龜蒙《江湖散人歌》或《丁香》絕句中"散誕"之"散"，猶西方古稱文爲"解放語"（oratio soluta），以別於詩之爲"束縛語"（oratio ligata, vincta, astricata）。嘗有嘲法國作者謹守韻律云："詩如必被桎梏而飛行，文却如大自在而步行"（Besonders die Franzosen fliegen nur gefesselt,

gehen aber ungebunden zu Fuss）①；詩家亦慣以足加鐐、手戴銬
而翩翩佳步、僛僛善舞，自喻慘淡經營（'Tis much like dancing
on ropes with fettered legs; He that Writes in Rhimes, dances in
Fetters; Un poète est un homme qu'on oblige de marcher avec
grâce les fers aux pieds; Seine mit Fesseln beladenen Hände und
Füsse bewegt er zum leichten anmutigen Tanze）②。

【增訂三】尼采論古希臘文藝，以繫鏈舞蹈喻舉重若輕、因難
見巧（"In Ketten tanzen",es sich schwer machen und dann die
Täuschung der Leichtigkeit darüberbreiten—*Menschliches,
Allzumenschliches*. II. ii. § 140, *Werke*, hrsg. K. Schlechta, I,
932），亦取韻律示例。談者每稱引之，而尟知其本諸舊喻也。
十九世紀一英國詩人（Samuel Rogers）不作"十四行"體，語
人曰："繫鏈而舞，非吾所能"（I never could dance in fet-
ters—*Alfred Tennyson : A Memoir*, by His Son, I, 268）。《詩
話總龜》前集卷一一引《王直方詩話》稱張耒讚石延年大字
云："井水駭龍吟，蟻封觀驥騄"，揣擬藝事於束縛局趣之中，
有回旋肆放之觀，用意正同鐐銬之足資舞容矣。參觀1882-
1883頁，又《宋詩選註·蘇軾》註三、《楊萬里》註二五。
韻語既困羈絆而難縱放，苦繩檢而乏迴旋，命筆時每恨意溢於句，

---

① Jean Paul, *Kleine Nachschule zur ästhetischen Vorschule*, § 21, *Werke*,
Carl Hanser, V, 486.

② Dryden, *Ovid's Epistles*, Preface, *Poems*, ed. J. Kinsley, I, 183; Prior,
Solomon on the Vanity of the World, Preface, *Literary Works*, ed. H. B. Wright and
M. K. Spears, 309; D'Alembert, quoted in J. Brody, *Boileau and Longinus*, 64; A.
W. Schlegel, *Briefe über Poesie, Silbenmass und Sprache*, I, *Kritische Schriften und
Briefe*, W. Kohlhammer, I, 142.

字出乎韻，即非同獄囚之鋃鐺，亦類旅人收拾行縢，物多篋小，安納孔艱。無已，"上字而抑下，中詞而出外"（《文心雕龍·定勢》），譬諸置履加冠，削足適屨。曲尚容襯字，李元玉《人天樂》冠以《製曲枝語》，謂"曲有三易"，以"可用襯字、襯語"爲"第一易"；·詩、詞無此方便，必於窘迫中矯揉料理。故歇後、倒裝，科以"文字之本"，不通欠順，而在詩詞中熟見習聞，安焉若素。此無他，筆、舌、韻、散之"語法程度"（degrees of grammaticalness）①，各自不同，韻文視散文得以寬限減等爾。後世詩詞險仄尖新之句，《三百篇》每爲之先。如李頎《送魏萬之京》："朝聞游子唱驪歌，昨夜微霜初渡河"（"昨夜微霜，［今］朝聞游子唱驪歌初渡河"），白居易《長安閒居》："無人不怪長安住，何獨朝朝暮暮閒"（"無人不怪何［以我］住長安［而］獨［能］朝朝暮暮閒"），黃庭堅《竹下把酒》："不知臨水語，能得幾回來"（"臨水語：'不知能得幾回來'"）；皆不止本句倒裝，而竟跨句倒裝。《詩》《七月》已導夫先路："七月在野，八月在宇，九月在戶，十月蟋蟀，入我牀下"（"蟋蟀七月在野，八月在宇，九月在戶，十月入我牀下"）。造車合轍，事勢必然，初非刻意師仿。說《詩》經生，於詞章之學，太半生疎，墨守"文字之本"，覿《詩》之鑄語乖剌者，輒依託訓詁，納入常規；經疾史恙，墨灸筆鍼，如琢方竹以爲圓杖，蓋未達語法因文體而有等衰也。葉氏舉例有《小雅·賓之初筵》："三爵不識，矧敢多又"，"室人入又"，毛、鄭皆釋"又"爲"復"，則歇後兼倒裝，正勿須謂"又"通"侑"，俾二句得合乎"文字之本"耳。"屈指重陽又"，

---

① 　T. A. Sebeok, ed., *Style in Language*, 84.

歇後省"到"字；顧其歇後，實由倒裝，"屈指又重陽"固五言詩常格，渾不覺省字之迹。詞之視詩，語法程度更降，聲律愈嚴，則文律不得不愈寬，此又屈伸倚伏之理。如劉過《沁園春》："擁七州都督，雖然陶侃，機明神鑑，未必能詩"；劉仙倫《賀新郎·贈建康鄭玉脱籍》："不念瑣窗並繡户，妾從前，命薄甘荆布"（不念從前瑣窗並繡户，妾命薄，甘荆布）；楊无咎《玉抱肚》："把洋瀾在，都捲盡與，殺不得這心頭火"；元好問《鷓鴣天》："新生黄雀君休笑，佔了春光却被他"；劉光祖《鵲橋仙》："如何不寄一行書，有萬緒千端別後"；屬詞造句，一破"文字之本"（Verbal contortion and dislocation），倘是散文，必遭勒帛。詩中句如貫休《題一上人經閣》："師心多似我，所以訪師重"（"重"、平聲，"重〔來〕訪師"）；王安石《衆人》："衆人紛紛何足競，是非吾喜非吾病"（"非非吾病"）；蘇軾《試院煎茶》："分無玉椀捧蛾眉"（"蛾眉捧玉椀"、"玉椀蛾眉捧"）；陳與義《次韻周尹潛感懷》："胡兒又看繞淮春，歎息猶爲國有人"（"猶爲國有人乎？"）；郭麐《靈芬館詩》初集卷一《新葺所居三楹》："成看三逕將，醉許一斗亦"；鄭珍《巢經巢詩集》卷五《得子佩訊寄答》："如何即來爾，爲吐所悵每"；可嗤點爲纖詭或割裂，皆傷雅正，而斯類於詞中，則如河東之白豕焉。

【增訂四】《晉書·夏侯湛傳》載湛《抵疑》："吾子所以褒飾之太矣！"以"太"字作句尾，後世文中所罕，而詩詞中頻見，晉樂府《上聲歌》之八："春月晼何太，生裙迮羅襪"（《樂府詩集》卷四五），其古例也。杜甫《從事行》："烏帽拂塵青驄粟，紫衣將炙緋衣走"，《入奏行》："與奴白飯馬青芻"，《狂歌行》："身上須繒腹中實"；苟爲散文，"粟"字前之"飼"字、

"馬"字前之"與"字、"實"字前之"須"字，均不可約省。《詩》語每約省太甚，須似曲之襯字，始能達意。如《小宛》："壹醉日富"，《箋》："飲酒一醉，自謂日益富"；《何人斯》："其心孔艱"，《箋》："其持心甚難知"；《十月之交》："艷妻煽方處"，《疏》："於艷妻有寵方熾盛之時，並處於位"；《谷風》："無草不死，無木不萎"，《正義》："無能使草不有死者，無能使木不有萎者"；《大東》："小東大東"，《箋》："小亦於東，大亦於東"。鄭、孔此等註疏豈非衹襯字耶？又豈不酷類李開先《詞謔》所嘲"襯字太多，如吃蒙汗藥，頭重脚輕"耶？唐權龍襃之"簷前飛七百，雪白後園強"，宋宗室子之"日暖看三織，風高鬪兩厢"，字約而詞不申，苦海中物，歷代貽笑。其急如束濕，蜷類曲跼，《三百篇》中，不乏倫比，大可引以解嘲。韓愈《薦士》謂"周詩三百篇，雅麗理訓誥，曾經聖人手，議論安敢到！"王世貞《弇州四部稿》卷一四四則謂《詩》"旨別淺深，詞有至未"，因一一摘其疵累，雖未盡允，而固非矮人觀場者。《三百篇》清詞麗句，無愧風雅之宗，而其蕪詞累句，又不啻惡詩之祖矣。

【增訂一】《朱子語類》卷一二二論呂祖謙説《詩》云："人言何休爲'公羊忠臣'，某嘗戲伯恭爲'毛、鄭佞臣'。"其語殊雋。韓愈口角大似《三百篇》之"佞臣"，而王世貞則不失爲《三百篇》之諍臣。《詩經》以下，凡文章巨子如李、杜、韓、柳、蘇、陸、湯顯祖、曹雪芹等，各有大小"佞臣"百十輩，吹噓上天，絶倒於地，尊珷如璧，見腫謂肥。不獨談藝爲爾，論學亦有之。

五五 小 弁

　　"伐木掎矣，析薪扡矣"；《傳》："掎其顛，隨其理。"按焦循《雕菰集》卷一〇《詩説》："余有老柘二株，召善攻木者修剔之，乃登柘，以繩先縛其枝，而後斧之。《小弁》之詩曰：'伐木'云云，即伐木之情狀，而鍊一'掎'字以寫之。余屋後土垣圮於雨，召佃客築之。垣成，以繩纏柳鞭之，使堅。《緜》之詩曰：'削屢馮馮'，'屢'者斂也，斂之使堅；'削'用鏟，'屢'用鞭，二字尤鍊甚。説詩者以姚合、賈島病在刻意雕琢，偶舉此二條以訊之。"王鐸《擬山園初集》有黃道周序（《黃忠端公全集》未收）云："或又謂《三百》無意爲詩也。今請觀'陰靷'、'鋈續'、'觼軜'、'緄縢'、'儦儦'、'薨薨'、'洸洸'、'叟叟'，及夫'鞸琫'、'穧庤'、'鈎膺'、'鏤錫'、'鞙軓'、'淺幭'、'莽蜂'、'大糦'，寧非古人攻琢而出者？"二説相類，皆知《詩》之爲詩，而仍尊《詩》之爲經，故過情溢美耳。姚、賈纖碎有之，了不堅澀。焦氏所舉，祇是古今語異，未徵洗伐之功；例如"屢"即"斂"，得謂"斂"字"鍊甚"乎？黃氏所稱，舍"薨薨"形容衆多，尚可節取，"叟叟"象聲，已見前論"坎坎"，其餘都如《論衡·自紀》篇所言："後人不曉，世相離遠，此名曰語異，不名曰才鴻"。以此求文，則將被《文心雕龍·練字》篇所嘲："豈直才懸，抑亦字隱。……一字詭異，則羣句震驚，三人弗識，將成字妖"。《三百篇》非無攻琢、雕鍊之詞，即以《小弁》論，"我心憂傷，惄焉如擣"，可稱驚心動魄，一字千金，乃竟交臂失之。《詩》自有連城之璧，而黃、焦徒識斌玟爾。

五六　大　東

　　"跂彼織女，終日七襄；雖則七襄，不成報章。睆彼牽牛，不以服箱。……維南有箕，不可以簸揚。維北有斗，不可以挹酒漿"；《箋》："織女有織名爾"；《正義》："是皆有名無實"。按科以思辯之學，即引喻取分而不可充類至全（pars pro toto）也①，參觀《周易》卷論《歸妹》。此意祖構頻仍，幾成葫蘆依樣。《易林・小過》之《比》又《大畜》之《益》皆以"天女推狀，不成文章；南箕無舌，飯多沙糠"爲"虛象盜名"；《豫》之《觀》又云："膠車木馬，不利遠駕。"《古詩十九首》："南箕北有斗，牽牛不負軛；良無磐石固，虛名復何益！"。王符《潛夫論・思賢》："金馬不可以追速，土舟不可以涉水也。"任昉《述異記》卷上："魏武帝陵下銅駝、石犬各一，古詩云：'石犬不可吠，銅駝徒爾爲！'"。《抱朴子》外篇《博喻》："鋸齒不能咀嚼，箕舌不能辨味，壺耳不能理音，扈鼻不能識氣，釜目不能攄望舒之景，狀足不能有尋常之迹。"《金樓子・終制》篇："金蠶無吐絲之實，瓦雞乏司晨之用"，《立言》篇上："夫陶犬無守夜之

---

　　①　E. Cassirer, *Philosophie der symbolischen Formen*，II，66，83，87（ein Grundprinzip der "primitiven Logik"）.

警，瓦雞無司晨之益，塗車不能代勞，木馬不能驅逐”，《立言》篇下復以此數喻合之《抱朴子》諸喻而鋪張之。《魏書·李崇傳》請修學校表：“今國子雖有學官之名，無教授之實，何異兔絲、燕麥、南箕、北斗哉！”；《北齊書·文宣紀》詔：“譬諸木犬，猶彼泥龍，循名督實，事歸烏有”。《古樂府》：“道旁兔絲，何嘗可絡？田中燕麥，何嘗可穫？”；李白《擬古》之六：“北斗不酌酒，南箕空簸揚”；韋應物《擬古》之七：“酒星非所酌，月桂不爲食，虛薄空有名，爲君長歎息”；白居易《寓意》之三：“促織不成章，提壺但聞聲，嗟彼蟲與鳥，無實有虛名”，又《放言》之一：“草螢有耀終非火，荷露雖團豈是珠？不取燔柴兼照乘，可憐光彩亦何殊！”；韓愈《三星行》：“我生之辰，月宿南斗，牛奮其角，箕張其口。牛不見服箱，斗不挹酒漿，箕獨具神靈，無時停簸揚”，則不祇引申而能翻騰；黃庭堅《演雅》：“絡緯何曾省機織？布穀未應勤種播”；楊萬里《誠齋集》卷三六《初夏即事》：“提壺醒眼看人醉，布穀催農不自耕”；黃公度《莆陽知稼翁集》卷五《偶成》：“野鳥春布穀，階蟲秋絡絲；呶呶空過耳，終不救寒饑”；劉克莊《後村大全集》卷一〇一《題汪薦文卷》摘其《演雅》中句云：“布穀不稼不穡，巧婦無褐無衣，提壺不可把酒，絡緯匪來貿絲”；郭文《滇南竹枝詞》：“金馬何曾半步行，碧雞那解五更鳴；儂家夫婿久離別，恰似兩山空得名！”（《明詩紀事》乙籤卷一三）；熊稔寰《南北徽池雅調》卷一《劈破玉·虛名》：“蜂針兒尖尖的做不得繡，螢火兒亮亮的點不得油，蛛絲兒密密的上不得篦，白頭翁舉不得鄉約長，紡織娘叫不得女工頭。有什麼絲線兒相牽，也把虛名掛在傍人口！”。清初韓程愈《白松樓集略》卷五《槐國詩》三十首，尤爲洋洋大觀：《槐國》、《蜂衙》、《蛙鼓》、《蝶板》、《鶯梭》、《雁字》、《麥浪》、《松濤》、《荷珠》、《竹粉》、《燈花》、《燭淚》、《花祸》、《柳絮》、《蒲劍》、《秧針》、《荄簪》、《荇帶》、《蘆筆》、《蕉緘》、《紙鳶》、《繭虎》、《游絲》、《苔錢》、《茄牛》、《蟬猴》、《橘燈》、《蛋鶴》、《核舟》、《蓮蓬人》，皆七言絶句，小序云："柳子厚《永州鐵爐步志》亟譏世之無其實而冒其名者，偶雨中無事，思萬物之不得實而冒其名，以欺鄉里小兒者多矣！戲爲小詩，以識感慨。"韓氏好吟而不工詩，詞旨鈍拙，音律未嫻，此三十絶，依然吳蒙（如《蘆筆》云："江淹何勞夢裏求"，以江文通之名讀爲"淹没"之"淹"，誤平爲仄，失拈眙譏），較之同時吳偉業《梅村詩集》卷一三《繭虎》、《茄牛》、《鰲鶴》、《蟬猴》、《蘆筆》、《橘燈》、《桃核船》、《蓮蓬船》七律八首，不中作僕。然吳詩騖使事屬對之能，韓詩寄控名責實之戒，宗旨不侔。柳宗元文云："嘗有鍛鐵者居，其人去而爐毀者不知年矣，獨有其號冒而存。余曰：'嘻！世固有事去名存而冒焉若是耶！'"雖亦斥冒名，其事却似王安石詠《謝安墩》詩所謂："不應墩姓尚隨公！"韓氏命題取材，乃言有名無實，非指實往名留，與柳文初不相類，蓋遥承《詩·大東》之遺意而不自知耳！清季屠濬源《聯珠百詠》增廣《松釵》、《榆錢》、《蘆筆》之類爲百題，題各七律一首，偶有工者。韓、吳等詩皆詠"繭虎"，今語有"紙老虎"，亦已見明季載籍。如《水滸》第二五回潘金蓮激西門慶曰："急上場便没些用，見個紙虎也嚇一交"，潘問奇《拜鵑堂詩集》卷一《五人墓》："豎刁任挾冰山勢，緹騎俄成紙虎威"；清人沿用，如沈起鳳《伏虎韜》第四折鬥白："閑人閃開！紙糊老虎來了！"亦指"有名無實"，猶德俚語所謂"橡膠獅子"（Gummilöwe）[1]，正瓦雞、木馬、南箕、北斗之連類矣。

---

[1]　H. Küpper，*Wörterbuch der deutschen Umgangssprache*，II，126.

【增訂一】蔣士銓《忠雅堂詩集》卷二〇《秋聲館》之七："一切有形如是，雪獅、紙虎、泥牛。"

西方兒歌舉"分喻"之例，有曰："針有頭而無髮"（A pin has a head，but no hair），"山有足而無股"（A hill has no leg，but has a foot），"錶有手而無指"（A watch has hands，but no thumb or finger），"鋸有齒不能噬"（A saw has teeth，but it does not eat）等等，皆"虛名"也①。鋸例尤與《抱朴子》、《金樓子》不謀而合。十六、十七世紀詩文中嘲諷虛冒名義，則每以情詩中詞藻爲口實。窮士無一錢看囊，而作詩贈女郎，輒奉其髮爲"金"、眉爲"銀"、睛爲"綠寶石"、唇爲"紅玉"或"珊瑚"、齒爲"象牙"、涕淚爲"珍珠"，遣詞豪奢，而不辦以此等財寶自救飢寒②；十九世紀小說尚有此類濫藻③，人至詬謂詩文中描摹女色大類珠寶鋪之陳列窗，衹未及便溺亦爲黃金耳（Les descriptions de femmes ressemblent à des vitrines de bijoutier.On y voit des cheveux d'or，des yeux émeraudes，des dents perles，des lèvres de corail. Qu' est-ce, si l'on va plus loin dans l'intime! En amour，on pisse de l'or）④。或則侈陳情燄熾燃，五內若有洪爐，身却瑟縮風雪中，號寒欲僵⑤。《左傳》哀公二十五年所嘲"食言多矣，能無肥乎？"，賈島《客喜》所歎"鬢邊雖有絲，不堪織寒衣"，彷彿斯意也。

---

① Christina Rossetti："Sing-song"，*Poetical Works*，ed. W. M. Rossetti，432-3.

② Marino："Ninfa avara"，*Marino e i Marinisti*，Riccardo Ricciardi，543-4；Cervantes："Man of Glass"，*Three Exemplary Novels*，tr. S. Putnam，101.

③ Peacock，*Melincourt*，ch. 12，*The Novels of T. L. Peacock*，Simpkin，Marshall，Hamilton，Kent & Co.，552.

④ J. Renard，quoted in L. Guichard，*L'Œuvre et l'Âme de Jules Renard*，50.

⑤ Boccaccio，*Il Decamerone*，VIII，7，Ulrico Hoepli，502-3；H. Weber，*La Création poétique au 16ᵉ Siècle en France*，I，175-6.

五七　楚　茨

　　"先祖是皇，神保是饗"；《傳》："保、安也"；《箋》："鬼神
又安而享其祭祀。"按毛、鄭皆誤；"神保"者，降神之巫也。
《楚辭·九歌·東君》："思靈保兮賢姱"，洪興祖註："説者曰：
'靈保、神巫也'"；俞玉《書齋夜話》卷一申其説曰："今之巫
者，言神附其體，蓋猶古之'尸'；故南方俚俗稱巫爲'太保'，
又呼爲'師人'，'師'字亦即是'尸'字"。"神保"正是"靈
保"。本篇下文又曰："神保是格，報以介福"，"神嗜飲食，卜爾
百福"；"神具醉止，皇尸載起，鼓鐘送尸，神保聿歸"，"神嗜飲
食，使君壽考"。"神保"、"神"、"尸"一指而三名，一身而二
任。"神保是格"，"鼓鐘送歸"，可參稽《尚書·舜典》："夔典
樂，神人以和，祖考來格。"樂與舞相連，讀《文選》傅毅《舞
賦》便知，不須遠徵。《説文》："巫：祝也。女能事無形，以舞
降神者也"，而《墨子·非樂》上論"爲樂非也"，乃引："湯之
《官刑》有曰：'其恒舞於宫，是謂巫風。'"蓋樂必有舞爲之容，
舞必有樂爲之節，二事相輔，所以降神。《詩》中"神"與"神
保"是一是二，猶《九歌》中"靈"與"靈保"亦彼亦此。後世
有"跳神"之稱，西方民俗學著述均言各地巫祝皆以舞蹈致神之

格思①，其作法時，儼然是神，且舞且成神(der Tänzer ist der Gott, *wird* zum Gott)②。聊舉正史、俗諺、稗説各一則，爲之佐證。《漢書·武五子傳》廣陵王胥"迎女巫李女須，使下神祝詛。女須泣曰：'孝武帝下我'。左右皆伏。言：'吾必令胥爲天子'!"；前"我"、巫也，後"吾"、武帝也，而同爲女須一人之身。元曲《對玉梳》第一齣："俺娘自做師婆自跳神"，明高拱《病榻遺言》記張居正陰傾害而陽保全，"俗言：'又做師婆又做鬼'"；師婆、鬼神，"自做"、"又做"，一身二任。《聊齋志異》卷六《跳神》乃蒲松齡心摹手追《帝京景物略》筆致之篇，寫閨中神卜，始曰："婦刺刺瑣絮，似歌又似祝"，繼曰："神已知，便指某：'姍笑我，大不敬!'"；夫所謂"神"，即"婦"也，而"婦"、正所謂"神"也，"我"者、元稹《華之巫》詩所謂："神不自言寄余口"。反而求之《楚茨》、《九歌》，於"神"，"靈"與"神"、"神保"二——二之故，不中不遠矣。

---

① 　E. Rohde, *op. cit.*, 261—3 (Ekstasis, enthousiasmos and the dance).

② 　E. Cassirer, *op. cit.*, II, 53.

五八　大　明

　　"維師尚父,時維鷹揚";《傳》:"師、大師也,尚父、可尚可父";《正義》:"劉向《別録》云'師之,尚之,父之,故曰師尚父,父亦男子之美號。'"按《北齊書·徐之才傳》:"鄭道之常戲之才爲'師公',之才曰:'既爲汝師,又爲汝公,在三之義,頓居其兩';即仿劉向之解。後來以"尚父"連稱,如《三國志·魏書·董、二袁、劉傳》裴註引《獻帝紀》:"卓既爲太師,復欲稱'尚父',以問蔡邕。"劉向陳義,世降浸晦;詞章家嗜奇避熟,取資對仗,偶一用之。如蘇頌《蘇魏公集》卷一一《三月二日奉詔赴西園曲宴席賦呈致政開府太師》第二首:"位冠三公師尚父,躬全五福壽康甯",自註劉向云云(此詩凡四首,亦見張嵲《紫微集》卷七,乃四庫館臣沿襲《永樂大典》卷九一七《師》字誤編)。白珽《湛淵静語》卷一:"有士人投啟於真西山,以'爵齒德'對'師尚父',館客哂之。西山曰:'謂可師、可尚、可父'"。樊增祥《樊山集》卷一九《上翁尚書》第六首:"名德已高師尚父,閒情猶寄畫書詩",自註或投真西山啟云云,蓋數典忘祖,不記有漢唐註疏矣。

五九　桑　柔

　　"誰能執熱，逝不以濯"；《傳》："濯所以救熱也"；《箋》："當如手持熱物之用濯。"按黃生《義府》卷上駁鄭箋及《孟子·離婁》章趙註之誤，謂"執"如"執友"之"執"，言"固持"，乃"熱不可解"之意，並引《千字文》、杜甫詩爲例。王鳴盛《蛾術編》卷八二與之不謀而合，舍《千字文》外，舉《墨子》、韓愈文、陸龜蒙詩，而引杜詩尤詳。胡承珙《毛詩後箋》卷二五似未覯黃、王二氏書，僅據楊慎所引杜詩、韓文、段玉裁所引杜詩等，而補以《墨子》及杜詩一例。《唐詩歸》卷一九杜甫《課伐木》："爾曹輕執熱"，鍾惺評云："考亭解《詩》'誰能執熱，逝不以濯'，'執'字作'執持'之'執'。今人以水濯手，豈便能執持熱物乎？蓋熱曰'執熱'，猶云'熱不可解'，此古文用字奧處。'濯'即洗濯之'濯'，浴可解熱也。杜詩屢用'執熱'字，皆作實用，是一證據，附記於此焉。"鍾、譚荒陋，數百年間嗤笑之者，齒欲冷而面幾如靴皮，宜學人於其書，未嘗過而問也。

六〇　常　武

　　"王旅嘽嘽，如飛如翰，如江如漢，如山之苞，如川之流。綿綿翼翼，不測不克，濯征徐國"；《傳》："嘽嘽然、盛也；疾如飛；摯如翰；苞、本也；綿綿、靚也；翼翼、敬也"；《箋》："嘽嘽、閒暇有餘力之貌；其行疾自發舉，如鳥之飛也，翰，其中豪俊也；江漢以喻盛大也，山本以喻不可驚動也；川流以喻不可禦也；王兵安靚且皆敬"；《正義》："兵法有動有靜：靜則不可驚動，故以山喻；動則不可禦止，故以川喻。兵法應敵出奇，故美其不可測度。"按《箋》勝《傳》，《正義》又勝《箋》，以兵法釋之，尤爲具眼。《江漢》雖云："江漢浮浮，武夫滔滔"，"江漢湯湯，武夫洸洸"，不若此詩於"如江如漢"之後，進而言其靜如山、動如川也。姜南《學圃餘力》解此章略云："如飛，疾也；如江，衆也；如山，不可動也；如川，不可禦也；綿綿，不可絕也；翼翼，不可亂也；不測，不可知也；不克，不可勝也。《孫子》曰：'其疾如風，其徐如林，侵略如火，不動如山，難知如陰陽，動如雷霆'。《尉繚子》曰：'重者如山如林，輕者如炮如燔。'二子言兵勢，皆不外乎《詩》之意。"實即申《正義》之意，庶幾無賸義。姜氏僅引《孫子·軍爭》篇；《虛實》篇尚有

"夫兵形象水"一語，可以釋"如江如漢"、"如川"，枚乘《七發》正以"波涌濤起"比之"軍行"及"勇壯之卒"，"遇者死，當者壞"。《荀子·議兵》篇："圜居而方止，則若盤石然"，《韓詩外傳》卷三演之曰："圜居則若丘山之不可移也，方居則若盤石之不可拔也"；僅言其静，未及其動。《淮南子·兵略訓》則曰："擊之若雷，薄之若風，炎之若火，凌之若波"，又曰："止如邱山，發如風雨"，則與《孫子》相似。"如飛"而能"翼翼"，又塔索(Tasso)寫十字軍行軍名句所謂"速而有律"（rapido sì，ma rapido con legge）①耳。

---

① *Gerusalemme Liberata*，III.2，*Poesie*，Riccardo Ricciardi，59.

左傳正義

六七則

一　杜　預　序

　　"爲例之情有五。一曰微而顯，文見於此，而起義在彼；……二曰志而晦，約言示製，推以知例；……三曰婉而成章，曲從義訓，以示大順；……四曰盡而不汙，直書其事，具文見意；……五曰懲惡而勸善，求名而亡，欲蓋而章。……言《公羊》者亦云：……危行言孫，以辟當時之害，故微其文，隱其義。……製作之文，所以章往考來，情見乎辭；言高則旨遠，辭約則義微，此理之常，非隱之也。聖人包周身之防；既作之後，方復隱諱以辟患，非所聞也！"按五例逐取之成公十四年九月《傳》："君子曰：'《春秋》之稱，微而顯，志而晦，婉而成章，盡而不汙，懲惡而勸善。非聖人孰能脩之！'"昭公三十一年冬《傳》："《春秋》之稱，微而顯，婉而辯"；《春秋繁露·竹林》篇："《春秋》記天下之得失而見所以然之故，甚幽而明，無傳而著"；皆可印證。竊謂五者乃古人作史時心嚮神往之楷模，殫精竭力，以求或合者也，雖以之品目《春秋》，而《春秋》實不足語於此。使《春秋》果堪當之，則"無傳而著"，三《傳》可不必作；既作矣，亦真如韓愈《寄盧仝》詩所謂"束高閣"，俾其若存若亡可也。較之左氏之記載，《春秋》洵爲"斷爛朝報"（孫

覺《春秋經解》周麟之跋引王安石語，陸佃《陶山集》卷一二
《答崔子方秀才書》記安石語較詳）；徵之公、穀之闡解，《春秋》
復似迂曲譎讕。烏覩所謂"顯"、"志"、"辯"、"成章"、"盡"、
"情見乎辭"哉？揚言能覿之於《經》者，實皆陰求之於《傳》，
猶私窺器下物而射覆也。

【增訂四】《荀子·勸學篇》："春秋約而不速"；楊倞註："文義
隱約，褒貶難明，不能使人速曉其意也。"即杜預《序》所謂
"志而晦"也。原引周麟之語見《海陵集》卷二二《跋先君講
春秋序後》。

汪士鐸《悔翁乙丙日記》卷三論《春秋》曰："其書亡矣。今所
傳者，《通鑑》之大目錄也，其義具於其書，不可得見矣。"《經》
之與《傳》，尤類今世報紙新聞標題之與報道。苟不見報道，則
祇覩標題造語之繁簡、選字之難易，充量更可覘詞氣之爲"懲"
爲"勸"，如是而已；至記事之"盡"與"晦"、"微"與"婉"，
豈能得之於文外乎？苟曰能之，亦姑妄言之而妄聽之耳。《全後
漢文》卷一四桓譚《新論·正經》："左氏《傳》於《經》，猶衣
之表裏，相待而成。《經》而無《傳》，使聖人閉門思之，十年不
能知也"；劉知幾《史通》外篇《申左》引譚語而申説之，以明
"《左傳》不作，則當代行事安得而詳？……設使世人習《春秋》
而惟取兩《傳》也，則……二百四十年行事，茫然闕如"；邵博
《聞見後録》卷二一載富弼與歐陽修書："豈當學聖人作《春秋》？
隱奧微婉，使後人傳之、註之，尚未能通；疏之又疏之，尚未能
盡；以至爲説、爲解、爲訓釋、爲論議，經千餘年而學者至今終
不能貫澈曉了"。蓋"五例"者，實史家之懸鵠，非《春秋》所
樹範。唐宋人陸淳、孫復之流舍《傳》求《經》，豈非過信董仲

舒"無傳而著"一語歟？掩目捕雀，塞耳盜鐘，是亦誤用其苦心矣。《漢書·藝文志》："《春秋》所貶損大人當世君臣，有威權勢力，其事實皆形於《傳》，是以隱其書而不宣，所以免時難也"；即杜預《序》所駁公羊家説耳。

就史書之撰作而言，"五例"之一、二、三、四示載筆之體，而其五示載筆之用。就史學之演進而言，"五例"可徵史家不徒紀事傳人（erzählende oder referierende），又復垂戒致用（le-hrhafte oder pragmatische），尚未能通觀古今因革沿變之理，道一以貫（entwickelnde oder genetische），三階已陟其二矣①。"微"、"晦"、"不汙"，意義鄰近，猶"顯"、"志"、"成章"、"盡"也。"微"之與"顯"，"志"之與"晦"，"婉"之與"成章"，均相反以相成，不同而能和。"汙"、杜註："曲也，謂直言其事，盡其事實，而不汙曲"；杜序又解爲"直書其事"。則齊此語於"盡而直"，頗嫌一意重申，駢枝疊架，與前三語不倫。且也，"直"不必"盡"（the truth but not the whole truth），未有"盡"而不"直"者也。《孟子·公孫丑》章："汙不至阿其所好"，焦循《正義》："'汙'本作'洿'，蓋用爲'夸'字之假借，夸者大也"；《荀子·大畧》篇稱《小雅》"不以於汙上"，亦即此"汙"字。言而求"盡"，每有過甚之弊，《莊子·人間世》所謂"溢言"。不隱不諱而如實得當，周詳而無加飾，斯所謂"盡而不汙"（the whole truth, and nothing but the truth）耳。古人論《春秋》者，多美其辭約義隱，通識如劉知幾，亦不免隨聲附和。

---

① Cf. E. Bernheim, *Lehrbuch der historischen Methode und der Geschichtsphilosophie*, 6. Aufl., 17.

《史通·敍事》篇云:"《春秋》變體,其言貴於省文。"省文之
貴,用心是否欲寡辭遠禍,"辟當時之害",成章是否能"損之又
損而玄之又玄",姑不具論。然有薄物細故,爲高睨大談者所勿
屑着眼掛吻,可得而言也。春秋著作,其事煩劇,下較漢晉,殆
力倍而功半焉。文不得不省,辭不得不約,勢使然爾。孫鑛《月
峯先生全集》卷九《與李于田論文書》:"精腴簡奧,乃文之上
品。古人無紙,汗青刻簡,爲力不易,非千錘百鍊,度必不朽,
豈輕以災竹木?"章學誠《乙卯劄記》曰:"古人作書,漆文竹
簡,或著縑帛,或以刀削,繁重不勝。是以文詞簡嚴,取足達意
而止,非第不屑爲冗長,且亦無暇爲冗長也。後世紙筆作書,其
便易十倍於竹帛刀漆,而文之繁冗蕪蔓,又遂隨其人之所欲爲。
作書繁衍,未必盡由紙筆之易,而紙筆之故,居其强半。"阮元
《揅經室三集》卷三《文言説》亦曰:"古人無筆硯紙墨之
便,……非如今人下筆千言,言事甚易也。"雖皆不爲《春秋》
而發,而《春秋》固不能外此。然則五例所讚"微"、"晦",韓
愈《進學解》所稱"謹嚴",無乃因傴以爲恭,遂亦因難以見巧
耶?古人不得不然,後人不識其所以然,乃視爲當然,又從而爲
之詞。於是《春秋》書法遂成史家模楷,而言史筆幾與言詩筆莫
辨。楊萬里《誠齋集》卷一一四《詩話》嘗引"微而顯"四語與
《史記》稱《國風》二語而申之曰:"此《詩》與《春秋》紀事之
妙也!"因舉唐宋人詩詞爲例(參觀卷八三《頤菴詩稿序》),是
其驗矣。《史通·敍事》一篇實即五例中"微"、"晦"二例之發
揮。有曰:"敍事之工者,以簡要爲主,簡之時義大矣哉!……晦
也者,省字約文,事溢於句外。然則晦之與顯,優劣不同,較可
知矣。……一言而鉅細咸該,片語而洪纖靡漏,此皆用晦之道

也。……夫《經》以數字包義，而《傳》以一句成言，雖繁約有
殊，而隱晦無異。……雖發語已殫，而含意未盡，使夫讀者望表
而知裏，捫毛而辨骨，覷一事於句中，反三隅於字外，晦之時義
大矣哉！”《史通》所謂“晦”，正《文心雕龍·隱秀》篇所謂
“隱”，“餘味曲包”，“情在詞外”；施用不同，波瀾莫二。劉氏復
終之曰：“夫讀古史者，明其章句，皆可詠歌”；則是史是詩，迷
離難別。老生常談曰“六經皆史”，曰“詩史”，蓋以詩當史，安
知劉氏直視史如詩，求詩於史乎？惜其跬步即止，未能致遠入
深。劉氏舉《左傳》宋萬裏犀革、楚軍如挾纊二則，爲敍事用晦
之例。顧此僅字句含蓄之工，左氏於文學中策勳樹績，尚有大於
是者，尤足爲史有詩心、文心之證。則其記言是矣。

　　吾國史籍工於記言者，莫先乎《左傳》，公言私語，蓋無不
有。雖云左史記言，右史記事，大事書策，小事書簡，亦祗謂君
廷公府爾。初未聞私家置左右史，燕居退食，有珥筆者鬼瞰狐聽
於傍也。上古既無録音之具，又乏速記之方，駟不及舌，而何其
口角親切，如聆謦欬歟？或爲密勿之談，或乃心口相語，屬垣燭
隱，何所據依？如僖公二十四年介之推與母偕逃前之問答，宣公
二年鉏麑自殺前之慨歎，皆生無傍證、死無對證者。註家雖曲意
彌縫，而讀者終不饜心息喙。紀昀《閱微草堂筆記》卷一一曰：
“鉏麑槐下之詞，渾良夫夢中之譟，誰聞之歟？”；李元度《天岳
山房文鈔》卷一《鉏麑論》曰：“又誰聞而誰述之耶？”李伯元
《文明小史》第二五回王濟川亦以此問塾師，且曰：“把他寫上，
這分明是個漏洞！”蓋非記言也，乃代言也，如後世小說、劇本
中之對話獨白也。左氏設身處地，依傍性格身分，假之喉舌，想
當然耳。《文心雕龍·史傳》篇僅知“追述遠代”而欲“偉其

事"、"詳其跡"之"譌"，不知言語之無徵難稽，更逾於事跡也。
《史通·言語》篇僅知"今語依仿舊詞"之失實，不知舊詞之或亦
出於虛託也。《孔叢子·答問》篇記陳涉讀《國語》驪姬夜泣事，
顧博士曰："人之夫婦，夜處幽室之中，莫能知其私焉，雖黔首猶
然，況國君乎？余以是知其不信，乃好事者爲之詞!"博士對曰：
"人君外朝則有國史，内朝則有女史，……故凡若晉侯驪姬牀第之
私、房中之事，不可掩焉。"學究曲儒以此塞夥涉之問耳，不謂劉
知幾陰拾唾餘，《史通·史官建置》篇言古置内朝女史，"故晉獻
惑亂，驪姬夜泣，牀第之私，不得掩焉"（浦起龍《通釋》未
註）。有是哉？盡信書之迂也!《左傳》成公二年晉使鞏朔獻捷於
周，私賄而請曰："非禮也，勿籍!"，"籍"、史官載筆也。則左、
右史可以徇私曲筆（參觀《困學紀聞》卷一《中説·問易》條翁
元圻註），而"内史"彤管乃保其"不掩"無諱耶？驪姬泣訴，
即俗語"枕邊告狀"，正《國語》作者擬想得之，陳涉所謂"好
事者爲之詞"耳。方中通《陪集》卷二《博論》下："《左》、《國》
所載，文過其實者强半。即如蘇、張之游説，范、蔡之共談，何
當時一出諸口，即成文章？而又誰爲記憶其字句，若此其纖悉不
遺也?"解事不減陳涉。明、清評點章回小説者，動以盲左、腐
遷筆法相許，學士哂之。哂之誠是也，因其欲增稗史聲價而攀援
正史也。然其頗悟正史稗史之意匠經營，同貫共規，泯町畦而通
騎驛，則亦何可厚非哉。史家追敍真人實事，每須遙體人情，懸
想事勢，設身局中，潛心腔内，忖之度之，以揣以摩①，庶幾入

———

① Cf. W. Dilthey, *Entwürfe zur Kritik der historischen Vernunft*, I.i.1, *Gesam-melte Werke*, hrsg. G. Misch *et al*, VII, 191 (das Verstehen als ein Wiederfinden des Ich im Du)；M. Scheler, *Wesen und Formen der Sympathie*, 3. Aufl., 4 (die Gabe des Nach-erlebens)；R.G. Collingwood, *The Idea of History*, 40 (imaginative construction).

情合理。蓋與小説、院本之臆造人物、虚構境地，不盡同而可相
通；記言特其一端。《韓非子·解老》曰："人希見生象也，而得死
象之骨，案其圖以想其生也；故諸人之所以意想者，皆謂之象也。"
斯言雖未盡想象之靈奇醋放，然以喻作史者據往跡、按陳編而補
闕申隱，如肉死象之白骨，俾首尾完足，則至當不可易矣。《左傳》
記言而實乃擬言、代言，謂是後世小説、院本中對話、賓白之椎
輪草創，未遽過也。古羅馬修詞學大師昆體靈(Quintilian)稱李威
(Livy)史紀中記言之妙，無不適如其人、適合其事(ita quae di-
cuntur omnia cum rebus tum personis accomodata sunt)；黑格爾
稱蘇錫狄德士史紀中記言即出作者增飾，亦復切當言者爲人
(Wären nun solche Reden，wie z. B. die des Perikles... auch von
Thukydides ausgearbeitet，so sind sie dem Perikles doch nicht
fremd)①。鄰壁之光，堪借照焉。

【增訂四】黑格爾稱修昔底德語即本諸修昔底德自道(Thu-
cydides，I. xxii. 13，Loeb，Vol. I，p. 39)，詳見《談藝録》
(補訂本)第五則 "此節當時有爲而發" 條補訂。十六世紀錫
德尼《原詩》早言：史家載筆，每假詩人伎倆爲之；希羅多
德及其祖構者叙述戰鬪，亦效詩人描摹情思之法，委曲詳盡，
實則無可考信，所記大君名將輩丁寧諭衆之言，亦臆造而不
啻若自其口出爾(Even historiographers... have been glad to
borrow both fashion and perchance weight of Poets. ...
Herodotus... and all the rest that followed him either

---

①　*Institutio oratoria*，X. i. 101. "Loeb"，IV，58；*Philosophie der Geschichte*，
Reclam，35.

stole or usurped of poetry their passionate describing of passions the many particularities of battles, which no man could affirm, or... long orations put in the mouths of great kings and captains, which it is certain they never pronounced.——Philip Sidney, *An Apology for Poetry*, in E. D. Jones, ed. , *English Critical Essays*, "World's Classics", pp. 3－4)。十九世紀古里埃論普羅塔克所撰名人傳記云："渠儂祇求文字之工，於信實初不措意。爲琢句圓整，或且不惜顛倒戰事之勝負"（il ［Plutarque］ se moque des faits. ... n'ayant souci que de paraître habile écrivain. Il ferait gagner à Pompée la bataille de Pharsale, si cela pouvait arrondir tant soit peu sa phrase. ——P. -L. Courier, in Sainte-Beuve, *Causeries du lundi*, Vol. VI, p. 333)。又大類章學誠《古文十弊》所譏 "事欲如其文" 而非 "文欲如其事" 矣。

二　隱　公

　　"仲子生而有文在其手，曰：'爲魯夫人'"；《註》："以手理自然成字，有若天命"；《正義》："成季、唐叔亦有文在手，曰'友'，曰'虞'，曰'下'。……隸書起於秦末，手文必非隸書；石經古文'虞'作'夶'，'魯'作'𡥗'，手文容或似之。其'友'及'夫人'，固當有似之者也。"按《論衡》之《自然》、《紀妖》兩篇皆合舉仲子、季友、叔虞三事爲"自然"、"氣象"之例。孔疏此解，又勝王氏一籌；王氏尚謂爲"書"，孔氏直斷言"手文"似書字爾。孔氏於《左傳》所記神異，頗不信許，每釋以常理，欲使誕而不經者，或爲事之可有。如文公元年，楚王緄，謚之曰"靈"，不瞑，曰"成"，乃瞑；《正義》："桓譚以爲自緄而死，其目未合，屍冷乃瞑，非由謚之善惡也。"襄公十九年，荀偃卒而視；《正義》引桓譚語略同。宣公三年，燕姞夢天；《正義》："夢言天者，皆非天也。……明皆恍惚之言，或別有邪神，夢者不識，而妄稱天耳"，且條舉《左傳》所載夢天之事而駁之。哀公十四年，獲麟；《正義》："魯史所以書'獲麟'，由仲尼辨之故也。服虔云：'明麟爲仲尼至也'；然則防風之骨、蕭慎之矢、季氏之墳羊、楚王之萍實，皆問仲尼而後知，豈爲仲尼至也?"此類視《論衡》之《異虛》、《指瑞》及《風俗通》之《正失》、《怪神》等篇，未爲遠遜也。

三　隱公元年

　　"莊公寤生，驚姜氏"；《註》："寐寤而莊公已生"。按黄生《義府》卷上駁杜註云："寤而已生，此正產之極易，何必反驚而惡之？'寤'當與'牾'通；逆生，則產必難。《風俗通》云：'兒生而能開目視者，曰：寤生'；此亦一說。《南燕錄》：慕容皝夫人晝寢生德，皝曰：'此兒易生，似鄭莊公。'焦氏《筆乘》載吳元滿解，與余同，但以'寤'爲'遌'則非；'遌'乃迎逆，非反逆也。"姚範《援鶉堂筆記》卷一〇、桂馥《札樸》卷二均引《南燕錄》晉咸康二年慕容德事及《前秦錄》蒲洪母因寢產洪以申杜註。黄解是也；慕容皝之言，尚沿杜註之誤耳。《困學紀聞》卷六引《風俗通》解"寤生"，全祖望註："寤生，牾生也"；與黄暗合。莎士比亞歷史劇中寫一王子弒篡得登寶位，自言生時兩足先出母體（For I have often heard my mother say，/ I came into the world with my legs forward）[1]，即"牾生"也；今英語謂之"breech presentation"。

　　"公曰：'多行不義，必自斃，子姑待之。'"按閔公元年，

---

　　①　*III Henry VI*：V. vi. 70-1.

仲孫湫論慶父曰："難不已，將自斃，君其待之"；定公六年，公
叔文子諫衛侯曰："天將多陽虎之罪以斃之，君姑待之，若何？"；
《韓非子・説林》下有與悍者鄰，欲賣宅避之，人曰："是其貫將
滿矣，子姑待之。""待"之時義大矣哉。"待"者，待惡貫之滿
盈、時機之成熟也，故本節下文云："公聞其期，曰'可矣！'"
《漢書・五行志》上董仲舒對策曰："魯定公、哀公時，季氏之惡
已熟"，即《韓非子》所謂"貫滿"；《孟子・告子》以麰麥喻人
性曰："至於日至之時，皆熟矣"，即鄭莊公之"聞期曰'可'"。
《禮記・内則》："諫若不入，……説則復諫，……寧孰諫"，《正
義》："純孰殷勤而諫，若物之成孰然"；《史記・韓信、盧綰傳》：
"太史公曰：'於戲悲夫！夫計之生熟成敗，於人也深矣！'"；《北
齊書・陸法和傳》法和曰："凡人取果，宜待熟時，不撩自落，
檀越但待侯景熟。"文藝復興時意大利政論家亦標"待熟"（as-
pettare la sua maturità，la sua stagione）之説①；培根論待時，謂
機緣有生熟（the Ripeness or Unripenesse of the Occasion）②；孟
德斯鳩論修改法律，謂籌備之功須數百載，待諸事成熟（les
événements mûrissent），則變革於一旦③；李伐洛謂人事亦有時季
（les opérations des hommes ont leur saison），若物候然④。

　　"公曰：'不義不暱，厚將崩'"；《註》："不義於君，不親於

　　① 　F. Guicciardini，*Ricordi*，§78，*Opere*，Riccardo Ricciardi，114.

　　② 　Bacon："Of Delayes"，*Essays*，"The World's Classics"，90.

　　③ 　Montesquieu，*De l'Esprit des Lois*，Liv. XXVIII，ch. 39，*Oeuvres
complètes*，"Bibliothèque de la Pléiade"，II，855.

　　④ 　Rivarol，quoted in Sainte-Beuve，*Les Grands Écrivains Français*，ed. Mau-
rice Allem，X，262.

兄，非衆所附，雖厚必崩。”按解“不暱”爲太叔“不親”莊公，非也。“不暱”謂衆不親附叔段，非謂叔段不親於兄。其語緊承“厚將得衆”而駁之，遙應“多行不義”而申之，言不義則不得衆也。此類句法雖格有定式，而意難一準。或爲因果句，如《論語·述而》之“不憤不啟，不悱不發”，《墨子·尚賢》上之“不義不富，不義不貴”；後半句之事乃由前半句之事而生，猶云“不憤則不啟”、“不義則不貴”耳。或爲兩端句，如《禮記·禮器》之“不豐不殺”，《莊子·應帝王》之“不將不迎”；釋典中尤成濫調套語，如《圓覺經》之“不即不離”，《心經》之“不生不滅，不垢不淨，不增不減”；雙提兩事而並闢之，猶云“不豐亦不殺”、“非即非離”耳。杜註蓋誤以因果句爲兩端句矣。倘見“豐”與“殺”、“將”與“迎”等之意皆相反，遂類推謂納二字訓反者於此匡格中，斯成兩端句，則又非也。韓愈《原道》曰：“不塞不流，不止不行”；“塞”爲“流”反，“止”與“行”倍，猶“生”之與“滅”也，而其爲因果句自若。故祇據句型，末由辨察；所賴以區斷者，上下文以至全篇、全書之指歸也。

【增訂三】《道德指歸論》卷一《得一篇》：“不浮不沉，不行不止。……不曲不直，不先不後。”此處“不行不止”爲兩端句，而韓愈之“不止不行”爲因果句，正據上下文乃至全篇而區以別之。

【增訂四】《後漢書·文苑傳》上傅毅《迪志詩》：“匪勤匪昭，匪壹匪測”；章懷註：“若不勤勵，則不能昭明其道，不專一，則不能深測。”是亦因果句。

脫於釋典之思路文風，茫乎不曉，僅覘片言隻語，何嘗不可以因果釋之？視“不生不滅”爲此不起則彼不伏，視“不增不減”爲未注兹由於未挹彼，視"不垢不淨"爲取象於沐浴之水垢則身方淨，未嘗不可也！王安石《臨川集》卷七二《答韓求仁書》："孔子曰：'管仲如其仁'，仁也；楊子謂'屈原如其智'，不智也。猶之《詩》以'不明'爲明，又以'不明'爲昏；考其辭之終始，其文雖同，不害其意異也。"明通之論，足闡《孟子·萬章》所謂："不以文害詞，不以詞害志"，亦即《莊子·天道》所謂："語之所貴者，意也，意有所隨。"

【增訂四】孟子所謂"以意逆志"，莊子所謂"意有所隨"，釋典言之更明。劉宋譯《楞伽經·一切佛語心品》第三："觀義與語，亦復如是。若語異義者，則不因語辨義，而以語入義，如燈照色"；《一切佛語心品》第四："依於義，不依文字。……如爲愚夫以指指月，愚夫觀指，不得實義。"

晁説之《嵩山集》卷一三《儒言》無一則不隱斥安石，而《旨》、《同異》兩則與安石此論如造車合轍。蘇軾《東坡集》卷二三《書〈篆髓〉後》謂"言各有當"，"字同義異"，學者不可以"一字一之"，舉《易》、《論語》中例；薛蕙《薛考功集》卷一○《與崔子鍾書》謂"不以一物專一字"，亦"不以一説蔽一字"，舉"理"字爲例。《日知錄》卷二七考《國語》言"高高下下"者二，各自爲解；亦足等類。聊增一例。《孟子·梁惠王》："老吾老，幼吾幼"，"老老、幼幼"者，尊之愛之也；《列女傳·齊管妾婧》："毋老老，毋少少"，"老老、少少"者，輕之賤之也。亦"文同不害意異"，不可以"一字一之"，而觀"辭"（text）必究其"終始"（context）耳。論姑卑之，識其小者。兩文儷屬，即每不可以單文子立之義釋之。尋常筆舌所道，字義同而不害詞意異，字義異而復不害詞意同，比比都是，皆不容"以一説蔽一字"。

【增訂三】《二程遺書》卷一八《伊川語》："凡觀書，不可以相類充其義。不爾，則字字相梗。當觀其文勢上下之意，如'充實之謂美'與《詩》之'美'不同。"程頤、王安石、蘇軾三人意見水火，而論闡解古義，則又水乳。談者有見其畸，忽視其齊也。"不可以相類充其義"亦即"不容以一説蔽一字"，兹增一例。"妻"乃"婦"也，而同著一"寡"字，每不可"以一説蔽"、"以相類充"焉。《詩·大雅·思齊》："刑於寡妻"，"寡"、特獨無倫也，"正室"別於"側室"，"嫡婦"別於"庶婦"，尊尚之稱也（參觀胡承珙《毛詩後箋》卷二三）。潘岳有《寡婦賦》，"寡"、"煢獨靡依"、"塊獨"無偶也，謂不得同室偕老之未亡人，則"窮民無告"之稱耳。《荀子·君子》："天子無妻，告人無匹也"，楊倞註："妻者、齊也。天子尊無與二，故無匹也。""天子無妻"豈得與"窮民"之"老而無妻"蔽以一説哉！

匹似"屈"即"曲"也，而"委屈"與"委曲"邈若河漢。"詞"即"言"也，而"微詞"與"微言"判同燕越。"軍"即"兵"也，而"兵法"與"軍法"大相逕庭。"年"即"歲"也，而"棄十五年之妻"與"棄十五歲之妻"老少懸殊。"歸"與"回"一揆，而言春之去來，"春歸"與"春回"反。"上"與"下"相待，而言物之墮落，"地上"與"地下"同。"心"、"性"無殊也，故重言曰："明心見性"；然"喪失人心"謂不得其在於人者也，而"喪失人性"則謂全亡其在於己者矣。"何如"、"如何"無殊也，故"不去如何"猶"不去何如"，均商詢去抑不去耳；然"何如不去"則不當去而勸止莫去也，"如何不去"則當去而責怪未去矣。苟蓄憤而訴"滿腹委曲"，學道而稱"探索微詞"，

處刑而判"兵法從事"，讀"棄十五年之妻"而以爲婚未成年之
婦，詠"春歸何處"而以爲春來卻尚無春色，見"落在地下"而
以爲當是瀉地即入之水銀，解"獨夫喪失人心"爲"喪心病狂"、
"失心瘋"，視"不去如何"、"如何不去"渾無分別；夫夫也不謂
之辨文識字不可，而通文理、曉詞令猶未許在。乾嘉"樸學"教
人，必知字之詁，而後識句之意，識句之意，而後通全篇之義，
進而窺全書之指。雖然，是特一邊耳，亦衹初桄耳。復須解全篇
之義乃至全書之指（"志"），庶得以定某句之意（"詞"），解全句
之意，庶得以定某字之詁（"文"）；或並須曉會作者立言之宗尚、
當時流行之文風、以及修詞異宜之著述體裁，方概知全篇或全書
之指歸。積小以明大，而又舉大以貫小；推末以至本，而又探本
以窮末；交互往復，庶幾乎義解圓足而免於偏枯，所謂"闡釋之
循環"（der hermeneutische Zirkel）者是矣①。

　　【增訂四】"闡釋之循環"由阿士德首申此義，見所撰《語法
　　學、闡釋學、訂勘學本綱》第七五節，其書於一八○八年問世
　　（Das Grundgesetz alles Verstehens und Erkennens ist，aus
　　dem Einzelnen den Geist des Ganzen zu finden，und durch
　　das Ganz das Einzelnen zu begreifen. ——Friedrich Ast，

---

　　① 　W. Dilthey："Die Entstehung der Hermeneutik"．："Auss den einzelnen
Worten und deren Verbindungen soll das Ganze eines Werkes verstanden werden，und
doch setzt das volle Verständnis des einzelnen schon das des Ganzen voraus"，*op.
cit.*，V，330；cf. "Ideen über eine beschreibende und zergliedernde Psychologie"，
Kap.4，*ib.*，172. Cf. L. Pareyson，*Estetica：Teoria della Formatività*，2ª ed.，86：
"La parte è contenuta dal tutto solo in quanto a sua volta lo contiene，e il tutto è for-
mato dalle parti solo in quanto le ha esso stesso reclamate e ordinate".

Grundlinien der Grammatik，Hermeneutik und Kritik，§ 75，in U. Nasser，ed.，*Klassiker der Hermeneutik*，1982，p. 95. Cf. K. Mueller-Vollmer，ed.，*The Hermeneutics Reader*，1986，p. 16，Humboldt；p. 19，Droysen；pp. 84－5，Schleiermacher；p. 144，Boeckh；pp. 225－6，Heidegger）。此蓋修辭學相傳舊教，闡釋學者承而移用焉（Sie stammt aus der antiken Rhetorik und ist durch die neuzeitliche Hermeneutik von der Redekunst auf die Kunst des Verstehens übertragen worden. —H.-G. Gadamer，*Wahrheit und Methode*，2nd ed.，1965，p. 297）。

《鬼谷子·反應》篇不云乎："以反求覆？"正如自省可以忖人，而觀人亦資自知；鑑古足佐明今，而察今亦裨識古；鳥之兩翼、剪之雙刃，缺一孤行，未見其可。戴震《東原集》卷九《與是仲明論學書》："經之至者，道也；所以明道者，其詞也；所以成詞者，字也。由字以通其詞，由詞以通其道，必有漸"，又卷一〇《〈古經解鉤沉〉序》："經之至者，道也。所以明道者，其詞也。所以成詞者，未有能外小學文字者也。由文字以通乎語言，由語言以通乎古聖賢之心志，譬之適堂壇之必循其階而不躐等"（參觀卷三《〈爾雅箋註補〉序》、卷一一《沈學子文集序》、《題惠定宇先生〈授經圖〉》、《鄭學齋記》）。錢大昕、凌廷堪、阮元輩誦說之（《潛研堂文集》卷二四《臧玉林〈經義雜說〉序》、卷三九《戴先生震傳》，《校禮堂文集》卷三五《戴東原先生事略狀》，《揅經室一集》卷二《擬國史儒林傳序》）。然《東原集》卷一〇《〈毛詩補傳〉序》："余私謂《詩》之詞不可知矣，得其志則可以通乎其詞。作《詩》者之志愈不可知矣，斷以'思無邪'

之一言，則可以通乎其志。"是《詩》破"古經"之例，不得由
"文字語言"求"通"其"志"，如所謂"循階"以升堂入室；須
別據《論語》一言，以"蔽"全書之"志"，反而求"文字語言"
之可"通"，毋乃類梁上君子之一躍而下乎！一卷之中，前篇謂
解"文"通"志"，後篇謂得"志"通"文"，各墮邊際，方鑿圓
枘。顧戴氏能分見兩邊，特以未通觀一體，遂致自語相違。若師
法戴氏、前邪後許之徒，東面不識西牆，南向未聞北方，猶搥折
臂之新豐翁、偏枯臂之杜陵老，尚不辨左右手矛盾自攻也。《華
嚴經・初發心菩薩功德品》第一七之一曰："一切解即是一解，
一解即是一切解故"①。其語初非爲讀書誦詩而發，然解會賞析
之道所謂"闡釋之循環"者，固亦不能外於是矣。

【增訂三】"一解即一切解、一切解即一解"與"闡解之循環"
均爲意義而發。當世治詩文風格學者，標舉"語言之循環"
（philological circle），實亦一家眷屬（Cf. L. Spitzer："Lin-
guistics and Literary History"，note 6，in D. C. Freeman，
ed.，*Linguistics and Literary Style*，36-8）。法國哲學家謂
理解出於演進而非由累積："其事蓋爲反復形成；後將理
解者即是先已理解者，自種子而萌芽長成耳"（C'est *Ge-
staltung et Rückgestaltung*...*germination* de ce qui *va avoir
été* compris—M. Merleau-Ponty，*Le Visible et l'Invisible*，

---

① Cf. Bruno，*Spaccio de la Bestia Trionfante*，Dial. I："La unità è nel numero
infinito ed il numero infinito nell' unità；l'unità è uno infinito implicito，e l'infinito è
la unità explicita"（*Opere di G. Bruno e di T. Campanella*，Riccardo Ricciardi，517）；
George Herbert："Providence"："Thou art in all things one，in each thing many"
（*Works*，ed. E. F. Hutchinson，118）.

243）。"先已理解者"正"語言之循環"所謂"預覺"、"先見"（anticipation，Vorsicht）也。

別見《全唐文》卷論柳宗元《龍安海禪師碑》。又參觀《老子》卷論第一章。

"稱'鄭伯'，譏失教也；謂之鄭志"；《註》："明鄭伯志在於殺"；《正義》："服虔云：'公本欲養成其惡而加誅，使不得生出，此鄭伯之志意也'。"按莊公七年春，"文姜會齊侯於防，齊志也。"皆指隱衷蓄意而言，一欲殺害，一欲幽會，同爲心事之不可告人者。襄公元年，"爲宋討魚石，故稱宋人，且不登叛人也，謂之宋志"；昭公十六年韓宣子曰："二三子請皆賦，起亦以知鄭志"，《註》："詩言志也。"皆指心事之可公諸衆者。二"志"相反，而其爲"意内"，則初無不同。成公十四年："志而晦"，《註》："'志'、記也"；僖公二十八年及宣公十二年有"軍志曰"，成公十五年有"前志有之"，襄公三十年有"仲虺之志曰"。皆指記載之斑斑可見者，此"志"又爲"言外"。襄公二十五年，仲尼曰："志有之，言以足志"；前"志"爲言之在外者，後"志"爲意之在内者。斯亦一字歧出分訓之例。許書無"志"字，段玉裁《説文解字註》謂與"識"字通，又引惠棟云："今人分志向一字，識記一字、知識一字，古衹有一字一音"；未得爲片言居要也。

四　桓公元年

　　"宋華父督見孔父之妻於路，目逆而送之，曰：'美而艷!'"
按文公十六年，"公子鮑美而艷，襄夫人欲通之，不可。"是古之
男女均得被目爲"美艷"也。《荀子·君道》篇論文王"舉太公
於州人而用之"曰："豈私之也哉？……以爲好麗邪？則夫人行
年七十有二，齫然而齒墮矣!"；《吕氏春秋·達鬱》篇記列精子
高謂其侍者曰："我何若？"侍者曰："公姣且麗。"後世以此類語
題品男子，便有狎賤之意。古樂府《羽林郎》："不意金吾子，娉
婷過我廬"；則馮子都本屬嬖倖。《晉書·石苞傳》時人爲之語
曰："石仲容，姣無雙"；倘以其"偉麗"而"不修小節"、"好色
薄行"耶？《史記·平津侯、主父列傳》（《漢書·公孫弘、卜式、
兒寬傳》同）記元光五年賢良對策，天子擢公孫弘第一，"召入
見，狀貌甚麗，拜爲博士"（《漢書》作"容貌甚麗"）。夫武帝初
即位，弘以賢良徵爲博士，年已六十；元光五年，弘齡當七十。
古稀一叟，即非雞皮鶴髮，"貌之不麗"，正如荀子論太公所謂
"齫然齒墮"者，斷可知也。使出近代手筆，衆必嗤爲語病，播作
笑枋。古希臘詩中，初僅以"美"（kalos）字限於品藻婦女[1]，視
吾國前載中"艷"、"姣"、"麗"等胥可施之丈夫以至於老翁，相形
見隘。蓋字有愈用愈寬者，亦復有愈用愈狹者，不可株守初意也。

---

　　[1]　R. Bayer，*Histoire de l'Esthétique*，18.

五　桓公十五年

　　"雍姬知之，謂其母曰：'父與夫孰親?'其母曰：'人盡夫也，父一而已，胡可比也!'"按參觀《毛詩》卷論《谷風》。古希臘索福克利斯悲劇(*Antigone*)中女角亦曰："失夫可以覓替(A husband lost might be replaced)，喪兒可以再育，吾二親皆亡矣，何從更得兄弟哉!"①

　　①　Sophocles，*Seven Plays*，"The World's Classics"，28.

六　莊公六年

　　"請殺楚子，鄧侯弗許。三甥曰：'亡鄧國者，必此人也，若不早圖，後君噬臍'"；《註》："若嚙腹臍，喻不可及。"按宣公十五年，晉侯欲救宋，伯宗曰："不可！古人有言曰：'雖鞭之長，不及馬腹'"；以物之長短喻力之大小，明白可曉。"噬臍"之譬拈出"早"與"晚"，以距離之不可至擬時機之不能追，比遠近於遲速，又足以徵心行與語言之相得共濟焉。時間體驗，難落言詮，故著語每假空間以示之（Quand nous évoquons le temps, c'est l'espace qui répond à l'appel），強將無廣袤者説成有幅度（une traduction illégitime de l'inétendu en étendu）①，若"往日"、"來年"、"前朝"、"後夕"、"遠世"、"近代"之類，莫非以空間概念用於時間關係（der Gebrauch der Raumbegriffe für Zeitverhältnisse），各國語文皆然②。"噬臍"即本此理。《易·坤》："行地無疆"，《正義》："'無疆'有二義，一是廣博，二是

---

　　①　Bergson, *Essai sur les Données immédiates de la Conscience*, p. vii; *La Pensée et le Mouvant*, 11.

　　②　Fr. Mauthner, *Kritik der Sprache*, 3. Aufl., III, 119-126.

長久"；"疆"謂疆界，空間也，承"地"來，而《臨》："君子以教思無窮，容保民無疆"，則以空之"廣博"示時之"長久"。後世沿用，反忘"無疆"二字本義之爲空間矣。《楚辭·九章·悲回風》："歲曶曶其若頹兮"，又《九辯》："春秋逴逴而日高兮"；以物體之下崩或高積示歲時之晼晚。《漢書·荊、燕、吳傳》吳王遺諸侯書："寡人金錢在天下者往往而有"，師古註："言處處郡國皆有之"，又《揚雄傳·甘泉賦》："往往離宮般以相燭兮"，師古註："往往，言所往之處則有之"；"往往"本指空間中之"在在"，今則幾全用以示時間上之"常常"。鮑照《舞鶴賦》："歲崢嶸而愁暮"，《文選》李善註："歲之將盡，猶物至高處"；與《楚辭》印可。"分陰"、"寸陰"等常談，并資隅反。《敦煌掇瑣》之三《燕子賦》："去死不過半寸，但辦脊梁祇承"，非謂距喪生之地，而謂離絕命之時，亦以丈量言景光耳。黃庭堅《山谷外集》卷一四《過家》："繫船三百里，去夢無一寸"，則貌同心異，謂去家雖遠而夢歸若舉足便至，"一寸"與"三百里"均空間，彼此相較；詩意正類鮑照《夢歸鄉》："夢中長路近，覺後大江違"；賈島《征婦怨》："漁陽千里道，近如中門限，中門踰有時，漁陽長在眼。生在絲蘿下，不識漁陽道，良人自戍來，夜夜夢中到"；或辛棄疾《鷓鴣天·送元濟之歸豫章》："畫圖恰似歸家夢，千里河山寸許長"。史容註未發明也。

【增訂三】《樂記》："廣則容奸，狹則思欲"，鄭玄註："'廣'謂聲緩，'狹'謂聲急。"正以空間之大小示時間之徐疾。古詩詞寫情思悠久，每以道里遙遠相較量，亦言時間而出於空間也，如吳融《戲作》："情長抵導江。"張仲素《燕子樓詩》第一首："相思一夜情多少，地角天涯未是長"，尤成倚聲中窠

曰。如晏幾道《碧牡丹》："静憶天涯，路比此情猶短"，又
《清商怨》："要問相思，天涯猶自短"，或張琦《立山詞・鳳凰
臺上憶吹簫》："想天涯雖遠，怎敵情長！"王實甫《西廂記》
第二本第一折《混江龍》："繫春心，情短柳絲長"，以"心情"
與"柳絲"比絜短長。明人院本《喜逢春》第三〇折載俗諺：
"真是胖子過夏，插翅也飛不過去"；呂留良《東莊詩集・倀倀
集・寄晦木次旦中韻》之四："安得牀頭生兩翅，消磨今夜不
能眠"，正點化俗諺，不眠則長夜漫漫，願得羽翼飛度。以光
陰之難過，擬於關山之難越，均斯旨也。又《程氏文集》卷一
二程頤《家世舊事》："叔祖寺丞年四十，謂家人曰：'吾明年
死矣！'居數月，又指堂前屋曰：'吾去死如隔此屋矣！'又數
月，指室中窗曰：'吾之死止如隔此紙爾！'未幾而卒。"《燕子
賦》之"去死不過半寸"，得此而義蘊昭晰。古希臘一哲人
（Anacharsis）嘗乘海舶，詢知船板厚四指（four fingers'
breadth in thickness），因言"舟中人去死亦纔四指耳"（the
passengers were just so far from death — Diogenes Laertius，
Lives of Eminent Philosophers，I.103，"Loeb"，I，109）。蓋
謂空間之厚薄也，而"去死半寸"、"死止隔紙"則謂時間之舒
促也；心異貌同，互映相發。吾國古代計晷之器尚不便捷，醫
經中輒假行路以示歷時，如唐王燾《外臺秘要方》卷一《升麻
湯方》："分三服，如人行五里久，再服"，又《甘草湯方》："再
服，如人行五里頃，復服"；卷三《梔子湯》："三服，如人行
八九里，再服"，《知母湯》："三服，如人行八里，一服"，又
《天行病方》之六："三服，每服如人行十里久"，又《天行嘔
逆方》之一："三服，服如人行六七里，進一服"，又《天行嘔

婉方》之七：“分三服，服相去如人行十里久”；卷六《嘔逆不下食方》之三：“三服，服別相去如人行六里，進一服”；甚且并“如”、“行”字亦省去，卷二〇《水氣方》之二：“分四服，相去二十里頓。”多不勝舉，足爲時間托空間以落言詮之佳例。黃庭堅詩中屢用《世説·捷悟》記曹操與楊脩解“黃絹幼婦”事（劉敬叔《異苑》卷一〇記此事爲曹操詢於禰衡得解）。操始曰：“卿未可言，待我思之”；行三十里，方得其解，乃歎曰：“我才不及卿，乃覺三十里！”庭堅《送張材翁》：“短長不登四萬日，愚智相去三十里”，又《寄懷公壽》：“愚智相懸三十里，榮枯同有百餘年。”猶曰“相去如行三十里久（頃）”；詞章著語，不異醫方。且也，即乍視若偏其反而，以時光修短示路途遠近，如李德裕名篇《登崖州城作》：“獨上高樓望帝京，鳥飛猶是半年程”，而揭表見裏，仍不出於度量道里。“鳥飛”須“半年”，馬行自必不止半年，人徒步且不知幾許年纔至。蓋經歷時間之多寡由於運行速率之徐疾，而速率正以度越空間之長短爲準。如《後漢書·南蠻西南夷列傳》李固駁曰：“軍行三十里爲程，而去日南九千餘里，三百日乃到。”倘略去“飛”、“行”、“程”之類字樣，祇言“崖州距帝京半（一、若干）年”，則不詞無義矣。今世鐘錶大行，以晷刻示道里，益成習語。如答問距離者，常云：“走十分鐘就到”，“大約五分鐘的路”，“汽車也得半小時”等。夷考其實，亦以鐘錶面上長短針經行之空間爲依據，與古人所謂“駒過隙”、“牆移影”、“逝水流年”，操術初不殊也。

【增訂五】李商隱《無題》之二：“重帷深下莫愁堂，臥後清宵細細長”；“長”可兼用於時間、空間，此處則專指時間；“細細"習用於空間，却移以刻劃時間之遲緩難度。"細細"者，逐秒以待寸陰之移，愈覺長夜之漫漫無盡，猶《莊子‧天下篇》所謂："一尺之捶，日取其半，萬世不竭"也。匠心創運足爲詩歌反常（Le non-usage，la expresión impropia）之佳例矣。參觀《談藝録》（補訂本）第六〇則"後説"條補訂。舊傳《李義山雜纂》中《不可過》事例之一爲"夏月肥漢"，又即原引明人院本所謂"胖子過夏，插翅也飛不過"也。

又按《楞嚴經》出於房融增飾，昔人已言；卷五之"松直棘曲，鵠白烏玄"，卷六之不服靴履裘毳、不飲乳酪醍醐，卷七之"皎若冰霜"等，均不似釋典常道之風習方物。卷六云："因地不真，果招迂曲，求佛菩提，如噬臍人，欲誰成就？"取此設譬，其出華人手筆，皎然若揭；以譯事論，已爲嚴復《天演論》始作俑矣。

七　莊公十年

"其鄉人曰：'肉食者謀之，又何間焉?'"按《説苑·善説》篇記東郭祖朝上書晉獻公問國家之計，獻公使告之曰："肉食者已慮之矣，藿食者尚何與焉?"祖朝曰："食肉者一旦失計於廟堂之上，臣等之藿食者寧得無肝腦塗地於中原之野與?"曹劌謂"肉食者鄙，未能遠謀"，尚含意未申，得祖朝之對庶無賸義。

【增訂三】吳曾《能改齋漫録》卷一四早以東郭祖朝語與曹劌語並舉。

陳子昂《感遇》之二九："肉食謀何失？藜藿緬縱橫！"註者僅引《左傳》釋之，未窺其淵源《説苑》也。

"公曰：'犧牲玉帛，弗敢加也，必以信'"；《註》："祝詞不敢以小爲大，以惡爲美。"按桓公六年，隨侯謂季梁曰："吾牲牷肥腯，粢盛豐備，何則不信?"二"信"字同義。魯、隨二君之意，則如僖公五年，虢公所謂："吾享祀豐潔，神必據我。""加"者，誇誣失實也，爲"信"之反，杜註得其解。襄公十三年，"君子稱其功以加小人，小人伐其技以馮君子"，《註》："'加'、陵也"；則同於昭公元年，祁午謂趙文子曰："猶詐晉而駕焉"，《註》："'駕'、陵也"，而與此"加"異。《管子·五輔》篇："少

不陵長，小不加大”；《論語·公冶長》子貢曰：“我不欲人之加
諸我也”；《尉繚子·戰權》：“求而從之，見而加之，主人不敢當
而陵之”；或《全唐文》卷五二八顧況《信州刺史劉府君集序》：
“行加人，言勝人，……物惡其上，自然不容”；即皆後“加”，
非前“加”也。段玉裁《經韻樓集》卷五《與章子卿論“加”
字》引《史通·採撰》篇、韓愈《諍臣論》及僕固懷恩《陳情
書》，謂唐人用子貢“加諸”語，義訓皆與《說文》合：“加”
者，“誣也，譖也”。此段氏墨守許書之說，不爲篤論。子貢之言
“加”，今語曰“欺壓”；《說文》之訓“加”，今語曰“欺哄”。
《禮記·儒行》：“不臨深而爲高，不加少而爲多”，鄭玄註：“不
以己小勝自矜大也”，孔穎達疏：“不加增少勝，自以爲多”，作
誇誣解；而《孔子家語·儒行解》此二語王肅註：“言不因勢位
自矜莊”，則作陵駕解。鄭同《說文》，王同子貢。唐人用“加
諸”，雖出《論語》，實乖本義，未可引《說文》助之張目。《左
傳》用“加”，兼備兩意之例。此節之“勿敢加也”，則段氏所謂
“誣”、“譖”耳。古人每曰“加誣”，或曰“加增”，皆言虛誇不
信。《公羊傳》莊公元年，“夫人譖公於齊侯”，何休《解詁》：
“如其事曰訴，加誣曰譖”；《戰國策·秦策》一蘇秦說秦惠王曰：
“繁稱文辭，天下不治”，高誘《註》：“去本事末，多攻文辭，以
相加誣”；《三國志·魏書·公孫淵傳》裴松之《註》引《魏略》
載淵表：“緣事加誣，僞生節目”。此“加誣”之例也。《穀梁傳》
昭公二五年，“鸜鵒穴者，而曰巢；或曰：‘增之也’”，范甯註：
“加增言巢爾，其實不巢也”；《漢書·于定國傳》永光元年詔責
曰：“郎有從東方來者，言民父子相棄。丞相、御史、案事之吏
匿不言邪？將從東方來者加增之也？”此“加增”之例也。均合

乎段氏所謂《説文》義訓者。《北齊書・高乾傳》："以匹夫加諸，尚或難免；況人主推惡，復何逃命！欲加之罪，其無辭乎?";《舊唐書・宣宗紀》大中三年九月《制》黜李德裕："誣貞良造朋黨之名，肆讒構生加諸之釁";《全唐文》卷六三四李翱《百官行狀奏》："虛稱道忠信以加之";張鷟《游仙窟》："豈敢在外談説，妄事加諸?";敦煌變文《燕子賦》："所被傷損，亦不加諸，目驗取實。"此又唐著作中用"加"、"加諸"之可助段氏張目者，"加"、"加諸"同義；《北齊書》語意尤明，《游仙窟》、《燕子賦》固段氏所勿得見耳。

【增訂四】《全唐文》卷九五武后《禁僧道毁謗制》："更相謗毁，務在加諸";卷三〇六張楚《與達奚侍御書》："復恐旁人疏間，貝錦成章，……彼欲加諸";皆如段氏所謂與《説文》義訓合者。

"可以一戰，戰則請從。"按曹劌與莊公三問三答。《國語・吳語》越王句踐以伐吳問申包胥，五問五對，又《越語》下句踐以伐吳問范蠡，六問六對；《韓非子・外儲説》右上晉文公以"其足以戰"問狐偃，七問七對；三人始皆曰："未可以戰也"，"未可也"，"不足"。機杼與《左傳》此篇劇類，唯收梢各異。事之相類歟？抑紀事之相仿耶？

"夫戰，勇氣也。一鼓作氣，再而衰，三而竭。彼竭我盈，故克之。"按僖公二十八年，子犯曰："其衆素飽，不可謂老";"飽"即"盈"，"老"即"衰"也。《孫子・軍争》篇："故三軍可奪氣"，曹操、李筌、杜牧等無不引曹劌此數語爲註。《南史》卷二五《張興世傳》記興世拒劉胡來攻曰："賊來尚遠，而氣驟盛矣。夫驟既力盡，盛亦易衰，此曹劌所以破齊也。"

八　莊公十四年

楚子滅息，以息嬀歸，生堵敖及成王，“未言，楚子問之，對曰：‘吾一婦人而事二夫，縱弗能死，其又奚言？’”《註》：“未與王言。”按俞正燮《癸巳存稿》卷一謂息嬀“未言”，乃“守心喪之禮”，如殷高宗之“諒陰，三年不言”。其說甚迂。周壽昌《思益堂日札》卷一謂“未言”乃“未與王言及息爲蔡構害之故也，楚子問之，亦以其不言息事爲問，故息嬀云：‘吾一婦人而事二夫，縱不能死，其又奚言！’謂……又奚必言及往事，……言之無益，不如無言。……僖十三年《傳》：‘齊仲孫湫聘於周，且言王子帶，事畢，不與王言’，註：‘不言王子帶’，正與此同，亦非云‘不與王言’爲不與王言語也。”殊得正解。

九　莊公十九年

　　"鬻拳强諫楚子，楚子弗從，臨之以兵，懼而從之。"按《吕氏春秋·直諫》篇、《説苑·正諫》篇皆記楚文王碁年不朝，葆申曰："王罪當笞"，束荆加王背者再。豈楚風然乎?《公羊傳》莊公二十四年，曹羈三諫不從，《解詁》謂諫有五，最下爲"戇諫"，百里奚、蹇叔之于秦穆公是也。兵諫、笞諫又非"戇諫"之比矣。

一〇　莊公二十八年

"楚師夜遁。鄭人將奔桐丘，諜告曰：'楚幕有烏'，乃止。"
按襄公十八年，"齊師夜遁，師曠告晉侯曰：'鳥烏之聲樂，齊師
其遁。'……叔向告晉侯曰：'城上有烏，齊師其遁。'"《孫子·
行軍篇》："鳥集者，虛也"；杜牧、陳皞、張預等註即引《左傳》
此二事。古羅馬兵法亦謂鳥驚翔而不集者（avium multitudinem
citatore volatu），下有伏也①。

---

① Frontinus，*Strategems*，I. ii. 7，8，"Loeb"，20，22.

一一　閔公元年

　　士蒍曰：“不如逃之，無使罪至，爲吳太伯，不亦可乎？猶有令名，與其及也。”按吞言咽意，苟盡其詞則當增“不如奔也”或“寧奔也”一句。二年，狐突曰：“孝而安民，子其圖之，與其危身以速罪也”；引而不發，與此正同。襄公二十六年，聲子曰：“與其失善，寧其利淫”，則如《書·大禹謨》之“與殺不辜，寧失不經”，或《論語·八佾》之“禮與其奢也，寧儉；喪與其易也，寧戚”，詞意俱盡。《國語·晉語》九，董安于曰：“與余以狂疾賞也，不如亡”；《史記·魯仲連、鄒陽列傳》：“燕將喟然歎：‘與人刃我，寧自刃’，乃自殺”，又“魯連逃隱於海上曰：‘吾與富貴而詘於人，寧貧賤而輕世肆志焉！’”皆稍減蘊藉之致，不如《左傳》記士蒍、狐突語之善於用晦也。

一二　閔公二年

晉侯使太子申生伐東山皋落氏，"狐突歎曰：'……雖欲勉之，狄可盡乎？'……先丹木曰：'是服也，狂夫阻之。曰：盡敵而反，狄可盡乎？雖盡敵，猶有內讒，不如違之'"；《註》："'曰'，公詞"。按觀先丹木之語，則知晉侯必曾面命申生"盡敵而反"，狐突"敵可盡乎？"一語，亦即針對晉侯之命而發。先此獻公面命申生一段情事，不加敘述，而以傍人語中一"曰"字達之，《史通·敘事》篇讚《左傳》："覩一事於句中，反三隅於字外"，此可以當之。《史通》所舉"穿革"、"挾纊"兩句，似皆不足相比，蓋祇形容情狀，而未包蘊事實也。《模擬》篇又稱左氏"文略理昭"，舉例："中軍、下軍爭舟，舟中之指可掬"，說之曰："夫不言'攀舟亂，以刃斷指'，而但曰'舟指可掬'"，較"穿革"、"挾纊"爲切，然言外雖有事而無多。魏禧《日錄》二編《雜說》："《左傳》如'宋公靳之'等句，須解說者，不足爲簡也。如'秦伯猶用孟明'，突然六字起句；……只一'猶'字，讀過便有五種意義：孟明之再敗、孟明之終可用、秦伯之知人、時俗人之驚疑、君子之歎服。不待註釋而後明，乃謂真簡"；讀者明眼，庶幾不負作者苦心。"猶"與"曰"皆句中祇著一字而言外可反三隅矣。

【增訂三】昔人所謂"春秋書法"，正即修詞學之朔（參觀
1533-1535頁），而今之考論者忽焉。此處所舉《左傳》用
"猶""曰"兩例，反三隅於一字，其法於後來小説中往往見
之。《紅樓夢》第四一回言妙玉"仍將前番自己常日吃的綠玉
斗來斟與寶玉"；大某山人評："'仍'字可思，況繼以'前番'
兩字乎!"竊謂下文述妙玉以成窰茶杯爲"劉老老吃了，他嫌
腌臢，不要了"，且曰："幸而那杯子是我没吃過的，若是我吃
過的，我就砸碎了，也不能給她!"則上文"自己常日吃"五
字亦大"可思"。所謂"微而顯、志而晦"（參觀267-271頁），
亦即《荀子·勸學》所謂"春秋約而不速"也。青史傳真，紅
樓説夢，文心固有相印者在。

一三　僖公四年

　　"一薰一蕕，十年尚猶有臭"；《正義》："'猶'則'尚'之義，重言之耳；猶《尚書》云：'不遑暇食'，'遑'則'暇'也。"按孔疏甚當，顧炎武《日知錄》卷二四《重言》、劉師培《左盦集》卷八《古用複詞考》均此疏之踵事增華耳。俞正燮《癸巳類稿》卷七《複語解》力斥孔説，謂古語視若重複，實非累疊，各字別有意義，唯"鄭重"其詞，始用"複語"，如"尚猶有臭"，"尚"、且也，"猶"、如也，非"尚猶"複。言雖辯而解則曲矣。僖公五年，宮之奇曰："親以寵偪，猶尚害之，況國乎？"俞未引以自佐，殆挾恐見破，亦知"猶"爲"如"之解不能施於此歟。"尚猶"複重，正見詞意之"鄭重"，謂薰不敵蕕，十年而遺"臭"仍在，猶元曲《争報恩》第一折所謂"夜盆兒刷殺到頭腦"，或西諺之"魚桶腥不退"（La caque sent toujours le hareng），乃指事物之實况（objective fact）；從俞氏釋爲"且如有臭"，則器已不復"臭"，而人之成見難除，疑似覺幻，則指人心之造境（subjective feeling），全乖上下文之意。《管子·小匡》："其猶尚可以爲國乎？"；《國語·越語》下范蠡曰："猶尚殆"；《韓詩外傳》卷九屠牛吐曰："吾肉不善，雖以他附益，尚猶賈不售”；賈誼《上疏陳政事》云：“曩之爲秦者，今轉而爲漢矣；然其遺風餘俗，猶尚未改”；皆“複語”而“如且”、“且如”之解斷不可通者也。《南史·后妃傳》下《梁元帝徐妃傳》：“暨季江每歎曰：‘柏直狗雖老，猶能獵；蕭溧陽馬雖老，猶駿；徐娘雖老，猶尚多情’”；以“猶尚”與兩“猶”連舉一貫，其意更明，狗、馬陪襯，徐娘爲主；故“鄭重”耳。參觀《史記》卷論《魯仲連列傳》。

【增訂四】《呂氏春秋·察微》：“猶尚有管叔、蔡叔之事”；《知接》：“猶尚可疑耶”凡三疊。木華《海賦》：“猶尚呀呷。”

一四　僖公五年

　　晉侯假道於虞，以伐虢，宮之奇諫。"公曰：'吾享祀豐潔，神必據我。'對曰：'臣聞之，鬼神非人實親，惟德是依。……如是則非德，民不和，神不享矣。神所馮依，將在德矣。若晉取虞，而明德以薦馨香，神其吐之乎?'"按莊公三十二年，神降於莘，内史過曰："國之將興，明神降之，監其德也；將亡，神又降之，觀其惡也。故有得神以興，亦有以亡，……其以物享焉"；虢公享焉，神賜之土田，史嚚曰："虢其亡乎! 吾聞之：國將興，聽於民；將亡，聽於神。神聰明正直而壹者也，依人而行，虢多涼德。"僖公十年，狐突遇太子申生之鬼，"大子使登僕，而告之曰：'夷吾無禮，余得請於帝矣。將以晉畀秦，秦將祀余。'對曰：'臣聞之，神不歆非類，民不祀非族。君祀無乃殄乎!'"僖公三十一年，"衞成公夢康叔曰：'相奪予享。'公命祀相，甯武子不可，曰：'鬼神非其族類，不歆甚祀'"。昭公二十年，齊侯疧，梁邱據與裔款言於公曰："吾事鬼神豐。……今君疾病，……是祝史之罪也"；公告晏子，晏子曰："若有德之君，……動無違事，……是以鬼神用饗。……其適遇淫君，外内頗邪，……則虛以求媚，是以鬼神不饗其國以禍之"。數節當會

合以觀。《論衡·案書篇》：“左氏得實明矣，言多怪，頗與孔子
‘不語怪力’相違反也”；范甯《〈穀梁傳〉集解序》：“左氏艷而
富，其失也巫”，楊士勛註：“謂多敍鬼神之事，預言禍福之期：
申生之託狐突、荀偃死不受含、伯有之屬、彭生之妖是也。”（參
觀《後漢書·郎顗、襄楷傳·論》“然而其蔽好巫”句章懷註）；
柳宗元《非〈國語〉》上《卜》：“左氏惑於巫而尤神怪之”；《歐
陽文忠公年譜》天聖元年應舉隨州，試《左氏失之巫論》，略云：
“石言於晉，神降于莘，內蛇鬭而外蛇傷，新鬼大而故鬼小。”汪
中《述學》內篇一《左氏春秋釋疑》則謂“左氏之言鬼神，未嘗
廢人事”，有資“戒勸”。兩說相羽翼，然於左氏之“怪”、“巫”
而不能自圓，概乎未及。左氏記賢人君子之言鬼神，即所以垂戒
勸。從狐突、甯武子之言，則鬼神不歆非類；而依公孫僑之言，
則鬼神之歆，有德無類。從晏子之言，則君昏政失，其族之鬼神
知而不饗；而依內史過、史嚚之言，則國君多涼德，鬼神且降臨
而親觀，君祭之，鬼神亦饗之，且陽賜土地以陰速其亡。夫必
“降”而“觀其惡”，是不得爲“聰明”也；佯錫福而實促殃，是
不得爲“正直”也；依德而不依人，稱爲“壹”可也，嘲爲二三
其德亦可也。《戰國策·魏策》一知伯索地，魏桓子勿與，任章
曰：“《周書》曰：‘將欲敗之，必姑輔之；將欲取之，必姑與
之。’君不如與之，以驕知伯”；賜虢土田，毋乃類是？鬼神行
徑，譎而不正，如策士之運籌矣！《舊、新約全書》記上帝欲降
罰於人，每以詒言詭術欺誘之，甚且自誇上天下地唯己獨尊，能
爲善亦能作惡[1]。左氏中鬼神之不惜使詐，正其倫類。既微古宗

---

① 　1 Kings 22.22；Ezekiel 14.9；Isaiah 14.5-7；2 Thessalonians 2.11.

教家言之尚稚淺椎魯，而信奉鬼神者衷曲之牴牾矛盾亦無心流露焉。

不歆非類，不祀非族，即《論語‧爲政》："非其鬼而祭之，諂也"，亦即《曲禮》："非其祭而祭之，名曰淫祀，淫祀無福。"狐突曰："神不歆非類"，而甯武子曰："鬼神非其族，不歆其祀"；昭公七年，趙景子問："伯有猶能爲鬼乎？"子産曰："用物精多，則魂魄强，是以有精爽，至於神明。……能爲鬼，不亦宜乎？"定公元年，士伯曰："薛徵於人，宋徵於鬼，宋罪大矣！且已無辭而抑我以神，誣我也。"皆以"鬼"、"神"、"鬼神"渾用而無區別，古例甚夥，如《論語‧先進》："季路問事鬼神，子曰：'未能事人，焉能事鬼？'"《管子‧心術》："故曰思之，思之不得，鬼神教之"，而《吕氏春秋‧博志》："精而熟之，鬼將告之。"《史記‧秦本紀》由余對繆公曰："使鬼爲之，則勞神矣，使人爲之，亦苦民矣"，"鬼"與"神"、"人"與"民"、"勞"與"苦"，均互文等訓。觀《墨子》之書而尤明。如《尚同》中："潔爲酒醴粢盛，以祭祀天鬼；其事鬼神也，酒醴粢盛，不敢不蠲潔"；《天志》上："其事上尊天，中事鬼神，下愛人。……其事上詬天，中詬鬼，下賊人"；《明鬼》下："今執無鬼者曰：'鬼神者固無有'。……故古聖王必以鬼神，……此吾所以知夏書之鬼也。……古今之爲鬼，非他也，有天鬼，亦有山水鬼神者，亦有人死而爲鬼者"。《墨子》此類語多不勝舉，"天""鬼"或分而並列兩類，或合而專指一類，殊耐思量。蓋《周禮‧春官‧大宗伯》："掌建邦之天神、人鬼、地示之禮"，《禮記‧郊特牲》："帝牛必在滌三月，稷牛唯具，所以別事天神與人鬼也"，乃典制之定名。《禮記‧祭義》宰我不解鬼神之名"所謂"，子曰："氣也

者，神之盛也，魄也者，鬼之盛也"，又學術之正名。至尋常筆
舌，漢以前固通而不拘，賅而無辨。天欹、神欹、鬼欹、怪欹，
皆非人非物、亦顯亦幽之異屬（the wholly other），初民視此等爲
同質一體（the daemonic），悚懼戒避之未遑。積時遞變，由渾之
畫，於是漸分位之尊卑焉，判性之善惡焉，神別於鬼，天神別於
地祇，人之鬼別於物之妖，惡鬼邪鬼尤溝而外之於善神正神；人
情之始祇望而惴惴生畏者，繼亦仰而翼翼生敬焉。故曰："魔鬼
出世，實在上帝之先"（At bottom the devil is more ancient than
God）①。後世仰"天"彌高，賤"鬼"貴"神"，初民原齊物等
觀；古籍以"鬼"、"神"、"鬼神"、"天"渾用而無區別，猶遺風
未沫、委蜕尚留者乎？不啻示後人以樸矣。《史記·封禪書》：
"五利常祠其家，欲以下神，神未至而百鬼集矣"，是"神"與
"鬼"異類殊趣也；而同篇記秦祠典："杜主、故周之右將軍，其
在秦中，最小鬼之神者"，則"神"亦即"鬼"，後來奉祠之
"神"先本是"小鬼"也。敦煌變文《唐太宗入冥記》："閻羅王
是鬼團頭"，意尚明而未融；《五燈會元》卷一五智門光祚章次：
"閻羅王是鬼做"，昭晰無疑，乃杜主一節之的解。蓋謂"神"出
身於"鬼"，"鬼"發跡爲"神"；事頗如成則爲"王"者，初原
爲"寇"，理正同魔鬼先進而上帝後起。著語無多，談言微中，
於心源物始，思過半矣。《魏書·李琰傳·自理》嚴辨"天地爲
'神'、'祇'，人死曰'鬼'"，以明"佛本出於人，名之曰'鬼'"；
門户爭論，藉正名以貶佛。黃式三《儆居集·經説》卷四《釋鬼
神》堅執《周禮》、《禮記》之"定名必不可易"，亦暖姝學一先

① R. Otto, *The Idea of the Holy*, tr. J. W. Harvey, 26, 123–6, 136.

生之言。概未足以究天人之故也。

　　申生曰："余得請於帝矣!"成公十年，晉侯夢大厲曰"余得
請於帝矣!"夫"大厲"、後世所謂鬼趣也、魔道也，而申生歆秦
之祀，乃神明也。均"得請於帝"，則鬼與神於天皆可階而升，
《墨子·天志》即以"天"、"上帝"、"帝"通稱也。均"得諸於
帝"，則鬼若神之上，更巍巍乎有一主宰，譬似宋公、魯侯、鄭
伯、滕子、許男等之上，猶有定一尊之周王在。《論語·八佾》：
"王孫賈問曰：'與其媚於奧，寧媚於竈?'子曰：'不然；獲罪於
天，無所禱也'"；董仲舒《春秋繁露·郊祭》篇説之云："'天'
者，百神之大君也。"可與"得請於帝"之"帝"參證。奧、竈
乃"特殊功能範圍之神"（Sondergötter，functional gods）[1]，而
狐突輩所言乃宗族、地域之神（genii loci），要皆屬"百神"一類；
上臨之者，固別有"大君"。《尚書·舜典》："肆類於上帝"，
《傳》："馬云：'上帝'，太一神，在紫微宮，天之最尊者"；《周
禮·春官·大宗伯》、《小宗伯》以"祀上帝"別於"祀五帝"，
鄭玄註牽合讖緯，定爲"六天"，"天皇大帝"居首，即魏至唐所
稱"皇皇上帝"、"昊天上帝"（邵晉涵《南江札記》卷二）。後世
道士，踵事增華，以爲天帝高拱玄都玉京，命諸神羣仙分治天
下；《太平御覽》卷六七四列舉神仙"理所"，星羅棋布，真靈位
業圖而類《太平寰宇記》。張衡《思玄賦》曰："覲天皇於瓊宮"；
《雲笈七籤》卷一〇三王欽若《翊聖保德真君傳》記真君曰："諸
天、萬靈、仙衆、梵佛悉朝上帝於通明殿"；詳略雖殊，其揆一

---

[1]　E. Cassirer, *Philosophie der symbolischen Formen*，II，247；*An Essay on Man*，97.

也。端倪已見於《左傳》，正如地獄閻羅之端倪已見於《楚辭‧招魂》之"幽都"、"鬼伯"（《日知錄》卷三〇《泰山治鬼》引"或曰"；蔣士銓《忠雅堂詩集》卷二〇《題〈法苑珠林〉》之一："《左》、《國》陳妖鬼，《離騷》說地獄"）。申生所"請"之"帝"，即紫微宮、通明殿上帝所昉，而將享秦之祀，即以秦爲其"理所"矣。

人之信事鬼神也，常懷二心（ambivalence）焉。雖極口頌說其"聰明正直"，而未嘗不隱疑其未必然，如常覺其跡近趨炎附勢是也。古羅馬人早謂兩軍相鬥，"上帝祐其強有力者"（Deos fortioribus adesse），"天神喜得勝之人"（Victrix causa deis placuit）①，即謂其不扶弱而反助強。後世遞相祖述，至云："至善之上帝有一惡習：即常在軍隊強大者一邊"（Le bon Dieu a la mauvaise habitude d'être toujours du Côté des gros bataillons）②。讀左氏書，彷彿得之。虢將亡而神降之，揚雄《解嘲》所謂"炎炎者滅，隆隆者絕，高明之家，鬼瞰其室"也。賜將亡之國君以土田，李山甫《自歎拙》所謂"年衰鬼弄人"（《五燈會元》卷一五引而不具主名，《老學菴筆記》卷四引而誤爲杜荀鶴句，《通俗編》卷一九引作"時衰"，亦未究出處），或李復言《續幽怪錄》卷一《辛公平上仙》陰吏所謂"神祇常侮人之衰也"。虞之祀神豐潔，而神不祐，方待晉滅虞而饗晉之祀，非"天神喜得勝者"乎？夫滅虢與虞者，晉獻公也，獻公之凶淫不德而虢公之並無涼

---

① Tacitus, *Histories*, IV.17 (Civilis), "Loeb", II, 32; Lucan, *Civil War*, I, 128, "Loeb", 12.

② Mérimée à A. Panizzi (4 Fév. 1864), quoted in P. Léon, *Mérimée et Son Temps*, 236.

德，汪中已舉爲"可疑"之三；然則虞神之歆晉祀，實唯"軍隊強大者"是"依"而已矣，"唯德"云乎哉！"惡習"難移，"壹"之謂歟。蓋信事鬼神，而又覺鬼神之不可信、不足恃，微悟鬼神之見強則遷、唯力是附，而又不敢不揚言其聰明正直而壹、馮依在德，此敬奉鬼神者衷腸之冰炭也[1]。玩索左氏所記，可心知斯意矣（參觀《太平廣記》卷論卷二九三《蔣子文》）。臣之事君，既曰"天王聖明"，復曰"君難託"，若是班乎。

---

[1]　Cf. V. Pareto, *A Treatise on General Sociology*, tr. A. Bongiorno and A. Livingstone, §§ 1942 ff., Dover Publications, II, 1355 ff. (implicit and explicit contradictions about God the Just); E. R. Curtius, *Europäische Literatur und lateinisches Mittelalter*, 2. Aufl., 180 (die Polarität Varuna-Mitra).

一五　僖公二十二年

　　"宋人既成列，楚人未既濟。司馬曰：'彼衆我寡，及其未既濟也，請擊之。'……既濟而未成列，又以告。"按定公四年，夫概王亦曰："半濟而後可擊也。"《吳子·料敵》篇亦云："敵人遠來，行列未定，可擊；涉水半渡，可擊。"《太平御覽》卷二九一引《衛公兵法》言"敵有十五形可擊"，其十曰"候濟"，註："半渡疾擊。"

　　子魚曰："君未知戰。"按《穀梁傳》記此役，《集解》中范凱譏宋襄公"焉識大通之方、至道之術哉！"，楊士勛疏引《老子》"以正治國，以奇用兵"説之，正子魚之意。《老子》談兵，《文子·道德》申言："以道王者德也，以兵王者亦德也"；然則不獨"形名"爲"原於""道德"矣，亦歇九流者之談助也。《史記·淮陰侯列傳》記陳餘不用李左車計，有云："成安君，儒者也，常稱義兵不用詐謀奇計，廣武君策不用"；餘蓋宋襄之枝胤。《韓非子·難》篇一記舅犯曰："'戰陳之間不厭詐僞。'……不謂詐其民，謂詐其敵也"；《孫子》一書反復丁寧，如《計篇》："兵者、詭道也"，李筌註："兵不厭詐"，又《軍爭篇》："故兵以詐立。"古斯巴達名將聞俗人言用詐非英雄，應之曰："獅鞟不足，狐皮可續"（Where the lion's skin will not reach, it must be patched out with the fox's)①,即勇所勿克者，當佐以譎耳。蘇格拉底弟子撰野史，記皇子問克敵之道，其父教之曰："必多謀善詐，兼黠賊與劇盜之能"(The man must be designing and cunning, wily and deceitful, a thief and a robber, overreaching the enemy at every point)②。西方舊説有"善詐"(dolus bonus)與"惡詐"(dolus malus)之别，用兵詭道與堂堂正正之勇力並行不悖(Dolus an virtus, quis in hostes requiret?)③,乃使詐之善者。故馬基亞偉利曰："一切行爲中，欺詐皆可憎鄙，然作戰而欺詐則不失爲可讚譽之佳事"(Ancora che lo usare la fraude in ogni azione sia detestabile, nondimano nel maneggiar la guerra è cosa laudabile e gloriosa)④。霍柏士至曰："暴力與詐謀乃作戰時之兩大美德"(Force and fraud are in war two cardinal virtues)⑤。非即狐獅相濟、賊盜兼資之遺教耶？

"若愛重傷，則如勿傷；愛其二毛，則如服焉"；《正義》："'如'猶'不如'，古人之語然，猶似'敢'即'不敢'。"按成公二年，"若知不能，則如無出"；昭公二十一年，"君若愛司馬，則如亡"；定公五年，"不能如辭"；《公羊傳》隱公元年，"如弗與而已矣"(《解詁》："'如'即'不如'，齊人語也")。"如"即"不如"，詞似正而意則負。襄公二十四年，子産寓書子西告范宣子曰："毋寧使人謂子實生我"；三十一年，子産答士文伯曰："賓至如歸，

---

① Plutarch, *Lives*, "Lysander", vii, "Loeb", IV, 251.

② Xenophon, *Cyropaedia*, I.vi.27, "Loeb", I, 113-5.

③ *Aeneid*, II, 390, "Loeb", II, 320.

④ *Discorsi sopra la Prima Deca di Tito Livio*, III.40, *Opere*, Riccardo Ricciardi, 409.

⑤ *Leviathan*, pt. I, ch.13, Routledge, 82.

無寧菑患";昭公六年,叔向諫晉侯曰:"毋寧以善人爲則而則人之辟乎?"杜註皆曰:"'毋寧','寧'也"。"無寧"即"寧",詞似負而意實正。《日知録》卷三二《語急》條僅考論前一事。後一事更多,《小爾雅·廣訓》已舉"無念、念也,無寧、寧也,不顯、顯也,不承、承也",他如"不忿"即"忿"(參觀張相《詩詞曲語辭匯釋》卷四),世所熟知。然"不"之此用甚廣,如《二刻拍案驚奇》卷三五:"他心性好不風月,説了兩位姑娘好情,他巴不得在裏頭的";《儒林外史》第四回:"而今弄兩件尸皮子穿起來,聽説做了夫人,好不體面";即言"好風月"、"好體面"也。而元曲《看錢奴》第二折:"俺這窮的好不氣長也!"(第三折:"俺這無錢的好不氣長也!");《二刻拍案驚奇》卷二八:"那朝奉好不精細,私下做事,門也不掩着";則又言"不氣長"、"不精細"矣。孰正孰負,亦若"如"然,不據本句而當據上下文以區斷,王安石所謂"考其辭之終始"也;參觀隱公元年論"不義不暱"。又按無"不"而語負者,未必盡若顧氏所謂"語急";詰問或慨歎亦能省"不"。顧氏所引"非禮也敢"出《儀禮·聘禮》:"對曰:'非禮也。敢!'"卻謝不敢,即鄭玄註所謂"辭";余幼時及見老輩酬對,甲於乙請上坐、讓先行、道欽遲等,乙必曰:"豈敢!豈敢!"或"不敢!不敢!"正此"敢"之意。《葛屨》《大東》皆曰:"糾糾葛屨,可以履霜";註者均言"非可以履霜",似"可"即"不可";然倘作歎問句,則亦無須有"不";"可以履霜?""可以履霜!"猶言"可乎?"、"可哉!"、"豈可?"、"大可!",詞氣更強。王安石《送孫子高》:"客路貧堪病";劉辰翁評:"謂不堪也"(《雁湖註荆公詩》卷二四),實則作"堪乎"、"豈堪"、"何堪"解,愈有神采。古樂府《飲馬長城窟行》:"枯桑知天風,海水知天寒",《文選》五臣李周翰註："'知'，猶言'豈知'也"；陳師道《寄答李方叔》："孰使文章著，能辭轍跡頻"，任淵註："安能免栖栖旅人哉?!"（《後山詩註》卷四）。即不釋爲"不知"、"不能"，而解作歎或問語也。有"不"而語正者亦然，《詩》中習見。如《生民》："上帝不寧，不康禋祀"；《傳》："不寧，寧也；不康，康也。"趙彥衛《雲麓漫鈔》卷一則據鐘鼎文謂《詩》之"不顯文王"，即《書》之"丕顯哉！文王謨"；汪中《舊學蓄疑》亦據漢碑謂《詩》之"不顯奕世"即"丕顯奕世"之省文。《經義述聞》卷三二《語詞誤解以實義》條舉"我生不有命在天"等數十例，謂"不"乃"發聲之詞"，"不有"即"有"。趙、王、汪之説，各有攸當，然於"不"之每即"豈不乎?"或"豈不哉!"皆未之察。毛《傳》、鄭《箋》、孔《正義》則頗留意及之，如《候人》："不濡其翼"，《傳》："可謂不濡其翼乎?"《文王》："有周不顯，帝命不時"，《箋》："周之德不光明乎? 光明矣。天命之不是乎? 又是矣。"《車攻》："徒御不驚"，《正義》："豈不警戒乎? 言以相警戒也。"胡承珙《毛詩後箋》説《文王》、《思齊》皆引《經義述聞》而進一解曰："以'不'爲發聲，是正言其'如此'；即反言之，以爲'豈不如此?'亦未始不可"；陳奐《詩毛氏傳疏·車攻》亦云："正言之，'不'爲語詞；反言之，則下加一'乎'字以足之，其義同也。"顧胥未省無"不"字亦能作詰問解會，如"可以履霜"之可爲"可以履霜乎?"。加"豈"、"乎"爲詰問者，亦容加"哉"爲驚歎，如鄭《箋》之自問自答，即無妨約爲："周之德不光明哉! 天命不是哉!"《漢書·韋賢傳》載《諷諫詩》："所弘非德，所親非俊"，謂非弘德、非親俊也；"致冰非霜，致墜非嫚"，謂致冰者霜、致墜者嫚也，晉灼註"非"作"無不"解，實則"非"即"豈非"耳。

一六　僖公二十四年

　　"富辰諫曰：女德無極，婦怨無終"；《註》："婦女之志，近之則不知止足，遠之則忿怨無已。"按註誤，解上句幾如欲壑難填之意，尤謬。《三國志・魏書・董、二袁、劉傳》裴註引《魏書》："卓所願無極，語賓客曰：'我相貴無上也！'"；蓋魏、晉人常以"無極"作此意用，杜沿習作註，而未察於"德"字不貫。《南史》卷四七《胡諧之傳》使人向范柏年求佳馬，柏年謂使曰："馬非狗子，那可得爲應無極之求？"使歸告曰："柏年云：'胡諧是何傒狗，無厭之求？'"杜亦正以"無極"爲"無厭"也。李威《嶺雲軒瑣記》卷一曰："'無極'者十居一二，'無終'者十居七八；蓋陰性主殺，慘刻少恩。"則又不知杜註之非而助瀾扇餤矣。"女"即"婦"，"極"即"終"。前者觀《經義述聞・易》上論"女子貞不字"可知；後者讀《莊子・在宥》："彼其物無窮，而人皆以爲有終；彼其物無測，而人皆以爲有極"，或曹植《送應氏詩》："天地無終極"，王粲《七哀詩》："羈旅無終極"，即見或互或重，文皆一意。然此處"女"與"婦"、"極"與"終"，涵義皆同中有異，語遂簡妙。"女"指少小，"婦"指老大，此易辨也。《詩・氓》："女也不爽，士貳其行；士也罔極，二三其德"；

"無極"即"罔極"，今語所謂"不到頭"、"不到底"、"沒收梢"。
"無終"則今語所謂"沒盡頭"、"無休止"、"沒完沒了"。富辰若
曰："婦女心性：感恩不到底，雖懷德而不能踰其少日；抱恨無
盡期，苟蓄怨即將宿至老年。"後世爲文，當曰："女德無終，婦
怨無極"，便較了然。蓋恩德易忘，怨毒難消，人情皆然，無問
男女。《大般涅槃經·梵行品》第八之二所謂："譬如畫石，其文
常存，畫水速滅，勢不久住；瞋如畫石，諸善根本如彼畫水"；
西人亦謂，受惠則畫字於波面或塵上以志之，受害則刻金銘石以
志之(Scrivono i beneficii nella polvere e l'ingiurie nel marmo；
L'injure se grave en métal, et le bienfait s'escrit en l'onde)①。正
其旨耳。

---

　　① 　S. Guazzo，*Dialoghi Piacevoli*："Del Principe di Valacchia"；J. Bertaut，
Défense de l'Amour. Cf. A. Arthaber，*Dizionario comparato di Proverbi*，469："Chi
offende scrive in polvere di paglia，/Chi è offeso，nei marmi lo sdegno intaglia" etc..

一七　僖公二十六年

　　展喜曰："寡君聞君親舉玉趾，將辱於敝邑。"按昭公七年蓬啟疆又哀公二十一年閭丘息、《國語·吳語》諸稽郢、《戰國策·趙策》一"謂趙王曰"節等皆有"玉趾"語；《公羊傳》宣公十二年，楚莊王曰："是以使寡人得見君之玉面"；《楚策》二子良曰："王身出玉聲。"似"玉"非徒爲藻飾詞頭，而是當時禮節套語(protocolar language)之施於人君者。然《趙策》三辛垣衍謂魯仲連曰："今吾觀先生之玉貌"，則又非人君所得專也。《藝文類聚》卷七載潘岳《登虎牢山賦》："步玉趾以升降，凌汜水而登虎牢"，竟自尊汗脚爲"玉趾"。後世尺牘用之尤爛熟，《聊齋志異·公孫九娘》："如蒙金諾，還屈玉趾"，即竿牘家濫調也。

一八　僖公二十七年

　　"子文治兵于睽，終朝而畢，不戮一人。子玉復治兵於蔿，終日而畢，鞭七人，貫三人耳。"按下文緊接蔿賈言子玉"剛而無禮"必敗，刑僇立威，當亦"剛"很之徵。然古來兵家言異乎是。太公《六韜·龍韜·將威》："故殺一人而三軍震者，殺之；賞一人而萬人悅者，賞之"；《羣書治要》卷三一引太公《陰謀》："殺一人，千人懼者殺之；殺二人而萬人懼者，殺之；殺三人，三軍振者，殺之。……殺一以懲萬，賞一而勸衆。"《尉繚子·武議》："凡誅者，所以明武也。殺一人而三軍震者，殺之；殺一人而萬人喜者，殺之。"《三國志·吳書·孫破虜傳》記孫堅勸張溫斬董卓曰："古之名將，仗鉞臨衆，未有不斷斬以示威者也。是以穰苴斬莊賈，魏絳戮楊干。"《太平御覽》卷二九六引《衛公兵法》："古之善爲將者，必能十卒而殺其三，次者十殺其一，三者威振於敵國，一者令行於三軍。是知畏我者不畏敵，畏敵者不畏我"；通行本《唐太宗李衛公問對》無此節，而卷中有太宗曰："嚴刑峻法，使人畏我而不畏敵，朕甚惑之"，又衛公曰："臣頃討突厥，總蕃漢之衆，出塞千里，未嘗戮一楊干，斬一莊賈，亦推赤誠，存至公而已矣"，則似對孫堅之言而發，當爲蔿賈所許矣。《尉繚子·兵令》篇下："古之善用兵者，能殺卒之半，其次殺其十三，其下殺其十一；能殺其半者，威加海內，殺十三者，力加諸侯，殺十一者，令行士卒”；《衛公兵法》語蓋本此而申以“畏我者不畏敵”二句耳。“畏我不畏敵”之旨，可參觀《商君書·去强》篇：“怯民使以刑必勇，勇民使以賞必死”（《說民》篇略同）；《尉繚子·攻權》篇：“夫民無兩畏也，畏我侮敵，畏敵侮我”，又《重刑令》篇：“刑重則内畏，内畏則外堅矣”；《吕氏春秋·論威》篇：“其令强者其敵弱，其令信者其敵詘，先勝之於此，則必勝之於彼矣”；《隋書·楊素傳》：“每將臨寇，輒求人過失而斬之。……先令一二百人赴敵，陷陣則已，如不能陷陣而還者，無問多少，悉斬之。……將士股慄，有必死之心”；《全唐文》卷三二一李華《弔古戰場文》：“法重心駭，威尊命賤”；宋祁《筆記》卷下：“父慈於箠，家有敗子；將礪於鈇，士乃忘軀。”歐洲古兵法亦記斯巴達名將謂士卒當畏帥甚於畏敵（Clearchus dux Lacedaemoniorum exercitui dicebat imperatorem potius quam hostem metui debere）①，古羅馬練兵以此爲金科玉律（It was an in flexible maxim of Roman discipline, that a good soldier should dread his officers far more than the enemy）②。意大利詩寫摩爾兵攻城時，冒鋒鏑爭先，然或出於勇而或出於畏（chi per virtù, chi per paura vale）③，正此意，即商君所謂“怯民勇”、“勇民死”也。

---

① Frontinus, *The Stratagems*, IV.i.17, "Loeb", 274; cf.II.viii 14(Philippus), 180.

② Gibbon, *The Decline and Fall of the Roman Empire*, ch.1, "The World's Classics", I, 12; cf.Montaigne, *Essais*, III.xii, "Bibl.de la Pléiade", 1003 ("cet ancien praecepte").

③ Ariosto, *Orlando Furioso*, XIV.16, Ulrico Hoepli, 133; cf.XXIX.9,p.418.

一九　僖公二十八年

　　"軍志曰：'知難而退'"。按宣公十二年，"隨武子曰：'見可而進，知難而退，軍之善政也'"；即《孫子·謀攻》篇所云："少則能逃之，不若則能避之。"

　　"晉師退。吏曰：'以君辟臣，辱也！'"按宣公十二年，伍參言於楚王曰："且君而逃臣，若社稷何！"

　　"子玉使鬭勃請戰，曰：'請與君之士戲，君憑軾而觀之，得臣與寓目焉。'"按《經義述聞·左傳》上引《晉語》少室周與牛談"戲勿勝"，韋昭註："'戲'、角力也"；因謂"戰有勝負，角力亦有勝負"，故子玉"比戰於'戲'"。近是矣而未探本也。《晉語》九"戲勿勝"之"戲"，乃指角力，然未可僉以"戲"爲"角力"。甲之子呼"父"，謂甲也，乙之子亦呼"父"，不謂甲也；哺兒曰"喂"，秣馬亦曰"喂"，豈得據以齊物論於乳與芻哉？角力者，戲之事，非戲之意也①。諸凡競技能、較短長之事，古今多稱曰"戲"，非止角觝；故曰博塞之戲，曰奕戲，曰葉子戲，曰酒令猜拳之戲，曰馬將牌戲，曰賽球之戲。又以其判輸贏，猶戰鬭之分勝

---

　　① 　C. S. Lewis，*Studies in Words*，41，103（the same lexical meaning used to mean different things）.

負也，亦莫不可謂爲 "戰" 或 "鬬"： "棋戰"、"鬬牌"、"拇戰"、"雀戰"、"球戰"、以至 "茗戰"、"文戰"，比比皆是。

【增訂一】《三國志・魏書・方技傳》裴註引《管輅別傳》記諸葛原與輅辯論： "遂開張戰地，示以不固，……鳴鼓角，舉雲梯，……雖白起之坑趙卒，項羽之塞濰水，無以尚之" 云云，毋慮二百言，皆作攻守交綏語，真所謂 "舌戰"、"鬬口" 也。古來寫飛辯騁詞爲戰鬬者，鋪陳終始，以此爲朔矣。

韓愈《送靈師》直曰： "戰詩誰與敵，浩汗横戈鋋"。桓譚《新論・言體》曰： "世有圍棋之戲，或曰是兵法之類也"；班固、馬融、應瑒等摹寫弈勢，僉以軍戎戰陣説之。《隋書・經籍志》三至以 "教戰" 之兵法、戰經與游戲之《棋勢》、《博法》同歸 "兵家" 爲一類，簿錄而有資於義理矣。李清照《打馬賦》亦始曰："實小道之上流，競深閨之雅戲"，而承之曰： "或出入騰驤，猛比昆陽之戰，或從容磬控，正如涿鹿之師。" 蓋戰與戲每爲一事，特所從言之異路爾。危詞聳説，戲亦戰也；輕描淡寫，戰即戲也。當局者 "性命相撲"，戰也；旁觀者 "雲端裏看廝殺"，戲也[1]。晉惠公兒時 "不好弄"，《左傳》僖公九年言其 "能鬬而不過"，而《國語・晉語》則云： "戲不過所復"，可見兒 "戲" 正是兒 "鬬"；成人視爲稚子之相與戲劇，而稚子則方同成人之相與爭鬬也[2]。

---

[1] Cf. *Anatomy of Melancholy*. Part. II，Sect. II，Mem. IV，Bell. II，88-90 (pleasant to behold a battle fought).

[2] Montaigne，*Essais*，I. 23，*op. cit*，123："...comme de vray il faut noter que les jeux des enfants ne sont pas jeux, et les faut juger en eux comme leurs plus sérieuses actions"；M. Scheler，*Wesen und Formen der Sympathie*，24："Was beim Erwachsenen *Einfühlung* ist, ist dort *Einsfühlung*；was eigentlich nur beim Erwachsenen 'Spiel' ist, ist dort 'Ernst'."

《史記·貨殖列傳》："博戲馳逐，鬥雞走狗，作色相矜，必爭勝"，雞"鬥"焉而人以爲"戲"耳。

【增訂三】《今古奇觀》卷二五《徐老僕義憤成家》即云："雲端看廝殺，畢竟孰輸贏"；《兒女英雄傳》第二二回亦云："天下事最妙的是雲端裏看廝殺，你我且置身局外，袖手旁觀。"此語必前已有之。雨果有寫古羅馬鬥獸場一詩，略謂熊與獅鬥，暴君尼禄臨觀，獅語熊曰："奉彼旨意，我與汝并命同盡；彼欲開口笑，吾儕則張口苦相嚙噬耳"（Il est content；et nous，nous mourons par son ordre；/Et c'est à lui de rire et c'est à nous de mordre — Hugo，*L'Année terrible*，"Janvier" ix，"Dans le Cirque"）。"雞'鬥'焉而人以爲'戲'耳"，得兹篇而含意畢申焉。

【增訂四】《何典》第九回："由他羊咬殺虎，虎咬殺羊，我們只在青雲頭裏看相殺。"貫串俗語，豁利可喜。

《魏書·李孝伯傳》張暢曰："待休息士馬，然後共治戰場，剋日交戲"；"戰場""交戲"，順理成章。蓋情事通連，心理轉易，語言遂可即可離，何待比乎？他國文字亦然[1]，拈異域古籍中一例爲證。聖經公會官話譯本《舊約全書》有云："押尼珥對約押説：'讓少年人起來，在我們面前戲耍罷'（Let the young men arise and play before us）。……那日的戰事凶猛，押尼珥和以色列人敗在大衛的僕人面前"[2]。遣詞命意，與《左傳》若合符節。"士戲"者，即"少年人戲耍"，今人謂之"玩兒玩兒"或"白相相"，豈必取角力設譬？《晉書·謝玄傳》使謂符融曰："君遠涉吾境，

---

① J. Huizinga，*Homo Ludens*，tr. F. C. Hull，40 ff.，72.

② II Samuel，II. 14.

而臨水爲陣，是不欲速戰。諸君稍却，令將士得周旋，僕與諸君緩轡而觀之，不亦樂乎?"即仿子玉語，堪爲《左傳》箋釋。禮之應接進退、戰之追逐回合，皆曰"周旋"，猶游藝、角力皆曰"戲"，未可謂謝玄以動武相殘"比"於動容中禮也。徵之俗書，其用字不似雅言之講求來歷者，益足見先後思路之同出、文野語脈之一貫。《蕩寇志》第七八回宋江恫嚇蔡京書曰："慢散兒郎，以與閣下相戲"，正"戲耍"也。《西遊記》第二二回一節道之尤晰："那大聖⋯⋯見八戒與那怪交戰，就恨得咬牙切齒，擦掌磨拳，忍不住要去打他，掣出棒來道：'師父，你坐着，莫怕。等老孫去和他耍耍兒來。'⋯⋯那怪急轉身，慌忙躲過，徑鑽入流沙河裏。氣得八戒亂跳。⋯⋯行者笑道：'⋯⋯這個把月不曾耍棍，我見你和他戰的甜美，我就忍不住脚癢，就跳將來耍耍的。那知那怪不識耍，就走了!'""耍耍兒"乃"戲"之的解，"跳來耍耍"乃參與"甜美之戰"；夫言"耍耍"而事出於棒打，豈得徑訓"耍耍"爲棒打，解"不識耍"爲不知挨打之趣乎? 蓋"耍"、"戲"、"周旋"之與"戰"，亦猶"嗟來食!"之與"請用!"，乃詞氣(tone)之有急有舒、情態(attitude)之或莊或嫚，非直道與曲喻之別也。苟曰比喻，則無寧謂每以交戰比於博塞之戲。如《明史・外國傳》三日本良懷上書： "又聞陛下選股肱之將，起精銳之師，來侵臣境。⋯⋯順之未必其生，逆之未必其死。相逢賀蘭山前，聊以博戲，臣何懼乎?"即韓愈《過鴻溝》詩所謂"真成一擲賭乾坤"，席勒詠戰地所謂廣展場面以供"鐵骰子之瘋狂投擲"(Zum wilden eisernen Würfelspiel/Streckt sich unabsehlich das Gefilde)[1]。抑

---

① Schiller："Die Schlacht"，*op. cit.*，I，38.

戰鬪而不以角力爲比，其理易解也。宋調露子《角力記·述旨》云：“夫角力者，宣勇氣，量巧智也；兵陣之權輿，爭競之萌漸。”蓋諸戲中以角力比武與戰鬪最相近似，且近而至於接，似而幾乎同，故取喻與本事之角度距離（metaphorical angle）逼而欲合、小而若無。《晉書·刑法志》張裴“註律”曰：“戲似鬪”；《禮志》下成帝咸和中“詔内外諸軍‘戲兵’於南郊之場，故其地因名‘鬪場’”（亦見《宋書·禮志》一），“戲兵”正肖今世西語稱戰鬪演習曰“戰爭游戲”（Kriegspiel，wargame）。《水滸》第一三回楊志、索超“各賭平生本事”，戲之屬也，而“軍士們遞相厮覷道：‘……也曾出了幾遭征，何曾見這一對好漢厮殺！’李成、聞達在將臺上不住聲叫道：‘好鬪！’”，二一一二，即離離即。然則以此“比”彼，真如《説苑·善説》篇惠子所譏“以彈諭彈”，固不勞多是一舉矣。挑戰、作戰而言“戲”言“耍”，又微涵視敵易而恃己强之意。子玉請戰而曰“請戲”，雖所以自示從容整暇，而自雄輕敵之情亦復隱約言外。此殆又劉知幾所稱左氏“用晦”，寓驕兵必敗之旨歟？

　　“既敗，王使謂之曰：‘大夫若入，其若申息之老何！’”；《註》：“申息二邑子弟皆從子玉而死，言何以見其父老。”按《史記·項羽本紀》記項王謝烏江亭長曰：“且籍與江東子弟八千人，渡江而西，今無一人還。縱江東父兄憐而王我，我何面目見之！”即此意。

二〇　文公元年（一）

　　公孫敖聞叔服能相人，見其二子，叔服曰："穀也豐下，必有後於魯國。"按趙翼《甌北集》卷七《贈相士彭鐵嘴》云："古人相法相心曲：豺聲忍，烏喙毒，鳶肩躁，牛腹黷。初不專以論禍福，論之實始周叔服。"即指此。古人論相之說，《論衡·骨相篇》、《潛夫論·相列篇》而外，略備於俞正燮《癸巳類稿》卷一三《原相》三篇。吳處厚《青箱雜記》卷四申說《荀子·非相篇》尤詳。然荀子言"形不勝心"乃謂相惡心善，無害爲君子，而相善心惡，無害爲小人；吳氏則謂："諺曰：'有心無相，相逐心生，有相無心，相逐心滅'。此言人以心相爲上也。故心有三十六相"云云，乃世俗"修心補相"之說矣。

二一　文公元年（二）

　　子上論商臣曰："蜂目而豺聲，忍人也。"按《儒林外史》第四回寫嚴貢生"蜜蜂眼"，亦即"蜂目"。蓋謂睛凸如欲出眶者。《太平廣記》卷四七六《石憲》條（引《宣室志》）："夢一僧蜂目被褐"，僧蓋蛙也；蛙稱睅目，是則"蜂目"即宣公二年城者謳曰："睅其目"，杜註："睅、出目也。"黎士宏《仁恕堂筆記》云："記侍教於周元亮先生，偶問曰：'豺聲人皆知之，何云蜂目？'眾以露睛凸出爲對。先生曰：'若是，則蜻蜓、蠅、蚋皆可當之。蓋蜂欲螫人，則左右營營，徘徊閃爍故耳。'遂舉一二蜂目之人，驗之果然。"雖未必得"蜂目"之意，然以供侔色揣稱，固不失爲妙喻也。《史記·秦始皇本紀》："秦王爲人，蜂準長目"，《正義》："高鼻也"；則不解何謂。人鼻聳出，故稱"面之山"（《世說新語·排調》篇）。若禽、蟲之面，舍大象而外，皆以喙爲主(das Hervorragende)，鼻幾附屬於喙[1]；古羅馬博物家至謂唯人有面(facies homini tantum)，亦唯人有鼻高聳(altior homini tantum nasus)[2]。竊疑"蜂準"喻鼻之尖削，如蜂能刺；乃鋭準，非隆準也。

---

[1]　Hegel, *Aesthetik*, *op. cit.*, 671.

[2]　Pliny, *Natural History*, XI. 138，158，"Loeb"，III, 518, 530.

二二 文公七年

　　趙宣子曰："先人有奪人之心，軍之善謀也。"按宣公十二年，孫叔曰："進之！寧我薄人，無人薄我。軍志曰：'先人有奪人之心'，薄之也"；《逸周書·武稱解》："先勝後，疾勝遲"；《吕氏春秋·論威》："凡兵欲急、疾、捷、先"；《史記·項羽本紀》項梁曰："吾聞先即制人，後即爲人所制"（《漢書·陳勝、項籍傳》作"先發制人，後發制於人"）；《三國志·魏書·賈逵傳》記曹休敗績，孫權遣兵斷夾石，魏諸將不知所出，逵曰："今疾進，出其不意，此所謂'先人以奪其心'也"。然《左傳》尚另明一意，即莊公十年記曹劌待齊師三鼓而後發是已。與曹劌印可者，如《管子·樞言》篇："應適〔即'敵'字〕莫如後"；《孫子·軍争》篇："以迂爲直；以患爲利。……後人發，先人至"，又《九地》篇："是故始如處女，敵人開户，後如脱兔，敵不及拒"；《晉書·朱伺傳》伺答楊珉曰："兩敵共對，惟當忍之；彼不能忍，我能忍，是以勝之耳"；蘇洵《嘉祐集》卷二《權書》上《心術》："一忍可以支百勇。"昭公二十一年，廚人濮曰："軍志有之：先人有奪人之心，後人有待其衰"，則兼賅趙宣子與曹劌兩意。《戰國策·齊策》五蘇秦説齊閔王曰："用兵而先天下者憂，後起者藉”，洋洋數十百言，足爲後一意申論；《國語·越語》下范蠡論“善用兵者，後則用陰，先則用陽”一大節，又兼兩意言之。運用之妙，應變異方，存乎其人矣。

二三　文公十年

楚范巫矞似曰："三君皆將强死"；《正義》："'强'、健也，無病而死，謂被殺也。"按昭公七年，子産論伯有爲鬼曰："匹夫匹婦强死"；《註》："强死，不病也。"王逸《九思・憫上》："含憂强老兮愁不樂"；《註》："早老曰强。"蓋强者，壯也；壯健而死，是非命橫死，壯盛而老，是非時先老。"强死"、"强老"，可相發明。

二四　文公十四年

　　"終不曰'公'，曰'夫己氏'"；《註》："猶言某甲。"按洪亮吉《春秋左傳詁》載孔廣森説，謂懿公母乃桓公妾次第六，故以甲乙之數名之；則今語所謂"六姨娘的那個兒子"也。"夫人"訓此人或彼人，亦訓人人或衆人，前載已詳，可得而略，兹言其有時省爲"夫"者。如襄公三十一年，子皮欲使尹何爲邑，曰："使夫往而學焉，夫亦愈知治矣"，《註》："'夫'謂尹何"；《孟子·公孫丑》："夫既或治之，予何言哉?"，趙歧註："夫人既自謂有治行事"，即指王驩；《漢書·賈誼傳》上疏陳政事云："彼且爲我亡，故我得與之俱存；夫將爲我危，故吾得與之俱安"，顏師古註："'夫'，夫人也，亦猶彼人耳。""夫"即彼人、此人也。昭公七年，無宇曰："昔武王數紂之罪，以告諸侯曰：'紂爲天下逋逃主，萃淵藪，故夫致死焉'"，《註》："人欲致死討紂"；則"夫"即人人、衆人，如張衡《東京賦》："執誼顧主，夫懷貞節"，《文選》載薛綜註："'夫'猶人人也。"

二五　宣公二年

　　趙盾舍於翳桑，見靈輒餓，食之。晉侯飲趙盾，伏甲攻之，介倒戈以禦公徒而免之，問："何故?" 對曰："翳桑之餓人也。" 按宣公二年，鄭伐宋，"華元殺羊食士，其御羊斟不與"，及戰，斟御元馳入鄭師，宋人敗績；宣公四年，鄭靈公 "食大夫黿，召子公而勿與"，卒爲子公所弑。蓋既有一飯之恩，亦自有一飯之仇也。《戰國策・中山策》一則兼及恩仇。中山君饗，羊羹不遍司馬子期，子期怒走楚，說楚王伐中山，中山君出亡，有二人者舉戈隨護，問之，則其父餓且死，蒙壺餐之餌者也；中山君歎曰："與不期衆少，其於當厄；怨不期深淺，其於傷心。吾以一杯羊羹亡國，以一壺餐得士二人。"《世說新語・德行》："顧榮在洛陽，嘗應人請，覺行炙人有欲炙之色，因輟己施焉。後遭亂渡江，常有一人左右己，問其所以，乃受炙人也"；《陳書・文學傳》亦記陰鏗天寒宴飲，見行觴者，因回酒炙以授之，衆皆笑，鏗曰："吾儕終日酣飲，而執爵者不知其味，非人情也!"，及侯景之亂，鏗被擒，或救之獲免，乃前所行觴者。哀公十三年申叔儀歌："旨酒一盛兮，余與褐之父睨之"，即所謂 "有欲炙之色" 也。《南史》卷三五《庾悅傳》記劉毅微時向悅乞子鵝殘炙，悅不答，後毅得志，深相挫辱，悅疽發於背而卒，《論》曰："昔華元敗，則以羊羹而取禍，觀夫庾悅，亦鵝炙以速尤。'乾餱以愆'斯相類矣"；謝肇淛《五雜組》卷一一："中山君以一杯羹亡國，以一壺漿得士二人；顧榮以分炙免難；庾悅以慳炙取禍。《詩》云：'民之失德，乾餱以愆'"；梁玉繩《蛻稿》卷四《演連珠》："中山君之亡國，禍起羊羹；庾仲豫之亡身，忿由鵝炙。故怨毒之事，在小不在大；飲食之人，可賤亦可畏。"皆閱歷有得之談，非徒排比故實；"不在大"易一字爲"猶在大"，則語更圓。即禍不至於亡國喪身，而如梅堯臣《宛陵集》卷一一《雜興》歎蘇舜欽事所謂："一客不得食，覆鼎傷衆賓"，或《醒世姻緣》第七七回寫相旺不得食青韭羊肉合子，懷恨而洩狄希陳陰事，亦皆乾餱以愆、一飯之怨也。

二六　宣公十二年（一）

　　嬖人伍參欲戰，令尹孫叔敖勿欲，曰："戰而不捷，參之肉其足食乎！"參曰："不捷，參之肉將在晉軍，可得食乎？"按《國語·晉語》四，重耳醒，以戈逐子犯曰："若無所濟，吾食舅氏之肉，其知饜乎？"舅犯走且對曰："若無所濟，余未知死所，誰能與豺狼争食？若克有成，公子無亦晉之柔嘉是以甘食，偃之肉腥臊，將焉用之？"《意林》卷五引楊泉《物理論》（孫星衍輯入《物理論》、嚴可均《全晉文》卷四九輯入傅玄《傅子》）云："漢末有管秋陽者，與弟及伴一人避亂俱行，天雨雪，糧絶，謂其弟曰：'今不食伴，則三人俱死。'乃與弟共殺之，得糧達舍。……孔文舉曰：'管秋陽愛先人遺體，食伴無嫌也。……此伴非會友也。若管仲啖鮑叔，貢禹食王陽，此則不可。向所殺者，猶鳥獸而能言耳；今有犬嚙一狸，狸嚙一鸚鵡，何足怪也？昔重耳戀齊女而欲食狐偃，叔敖怒楚師而欲食伍參；賢哲之忿，猶欲啖人，而況遭窮者乎？'"《金樓子·立言》篇記孔融語稍異而意無不同："三人同行，兩人聰俊，一人底下；饑年無食，謂宜食底下者，譬猶蒸一猩猩、煮一鸚鵡耳。"亦《後漢書》孔融本傳所謂"跌蕩放言"之一例。并舉猩猩與鸚鵡者，用《禮記·曲禮》："鸚鵡能言，不離飛鳥；猩猩能言，不離禽獸。""底下者"當爲"聰俊者"食，猶《呂氏春秋·長利》篇記戎夷與弟子野宿寒甚，謂弟子曰："子與我衣，我活也，我與子衣，子活也。我國士也，爲天下惜死；子不肖人也，不足愛也"，衣之與食，殊事一致。考論民俗者謂開化社會中人荐饑或暴怒亦每彼此相食(If men are hungry enough，or angry enough，they may return to cannibalism now)①,孔氏言"忿"與"窮"，早隱括之矣。

①　W. G. Sumner，*Folkways*，341. Cf. P. P. Read，*Alive* (1974).

二七 宣公十二年（二）

　　士貞子諫晉侯，引晉文公語曰："得臣猶在，憂未歇也，困獸猶鬥，況國相乎？"按僖公二十二年，臧文仲曰："蜂蠆有毒，而況國乎？"定公四年，夫槩王曰："困獸猶鬥，況人乎？"他如《國語・晉語》九智伯國曰："夫誰不可喜而誰不可懼？蚋蟻蜂蠆皆能害人，況君相乎？"《戰國策・韓策》一韓公仲誠向壽曰："禽困覆車，公破韓，辱公仲"；《文子・下德》篇："獸窮即觸，鳥窮即啄，人窮即詐"，又《荀子・哀公》篇顏淵曰："臣聞之，鳥窮則啄，獸窮則攫，人窮則詐"（"攫"字《韓詩外傳》卷二作"嚙"，《淮南子・齊俗訓》、《新序・雜事》篇作"觸"）；《東觀漢記》卷一六朱勃上書理馬援曰："飛鳥跱衝，馬驚觸虎"；《太平御覽》卷二九一引《衛公兵法》曰："敵固無小，蜂蠆有毒；且鳥窮則啄，獸窮猶觸者，皆自衛其生命而免於禍難也。"《孫子》論此，最爲周匝。《軍爭》篇云："歸師勿遏，圍師必闕，窮寇勿迫"；此柔人者也，防敵之困鬥窮觸也。《九變》篇云："死地則戰"，又云："死地則戰"，"死焉不得"，"投之亡地然後存，陷之死地然後生"；《九地》篇云："帥與之期，若登高而去其梯"，揚雄《太玄經・上》之次八："升於高，危，或斧之梯"，即用其象。此激己者也，使士必困鬭窮觸也。

【增訂三】江紹原先生曰："所引《太玄經》語，句讀當作：
'升於高危，或斧之梯。''危'通'垝'，即《詩·衞風·氓》
所謂'乘彼垝垣'。"是也。《測》固曰："升危斧梯，失士民
也"，亦徵余之粗心破句矣。

白居易《和微之詩二十三首·序》："過蒙見賞，然敵則氣作，急
則計生"，譬擬之詞，意無二致。蓋六通四辟，反致三心兩意，
猶豫計校，餘地足誤當機，《老子》第二二章所謂"少則得，多
則惑"耳。古羅馬兵書且專立章節，論寇窮必再作氣，不如圍開
一面，削其鬭志（De emittendo hoste，ne clausus proelium，ex
desperatione redintegret）[1]；桓吉爾詩亦云："兵敗唯不望倖生，
庶能全生，吾黨寧死戰爾"（Moriamur et in media arma rua-
mus. /Una salus victis nullam sperare salutem）[2]。後世或云：
"勇出於恐"（An eminent poet tells us that all courage is fear）[3]，
或云："增援兵能增希望，然絕望則生決心"（what resolution
from despair），"無希冀則亦無恐怖"（For where no hope is left
is left no fear）[4]。莎士比亞一再言恐極則反無恐（to be frighted
out of fear），馴鴿窮則啄怒鷹（the dove will peck the estridge）[5]，

---

[1]　Frontinus，*op. cit.*，II. vi，pp.164 ff.．

[2]　*Aeneid*，II，353-4.

[3]　Defoe，*Serious Reflections of Robinson Crusoe*，in *Romances and Narra-
tives*，ed. G. Aitkin，III，25. Cf. Cardinal de Retz："Quand la frayeur est venue à un
certain point，elle produit les mêmes effets que la témérité"（quoted in *Letters of Lord
Chesterfield*，ed. B. Dobrée，IV，1642）.

[4]　*Paradise Lost*，I，190-1；*Paradise Regained*，III，206.

[5]　*Antony and Cleopatra*，III. xiii.195-7；*III Henry VI*，I. iv.40-1.

更合"鳥窮則啄"之喻。其理即休謨論情感所謂兩情相反而互轉
(any emotion which attends a passion is converted into it,
though in their natures they are originally different from, and
even contrary to, each other)①;或心理學所謂"疲乏律"(Law
of fatigue)②:情感之持續每即促其消失轉變,故樂極悲來,怒極
悔生。吾國《禮記》中《曲禮》、《檀弓》、《孔子閒居》、《樂記》
諸篇於情感之"盈而反"實早發厥緒,特僅道樂之與哀③,而未
推及七情五欲耳。參觀《全上古三代文》卷論《孫子兵法》、《全
漢文》卷論賈誼《鵩鳥賦》。

---

① Hume, *Treatise of Human Nature*, Bk. II, pt. iii, sect. 4, "Everyman's
Lib.", II, 131.

② C. Spearman, *Psychology down the Ages*, II, 102, 112.

③ Cf. *Antony and Cleopatra*, I. ii. 128-130: "The present pleasure, /By rev-
olution lowering, does become/The opposite of itself"; *Hamlet*, IV. vii. 115-6: "For
goodness, growing to a pleurisy, /Dies in his own too much".

二八　成公二年

"張侯曰：'此車一人殿之可以集事'"；《註》："殿，鎮也。"按此本《詩·采菽》毛傳。《史記》如《淮陰侯列傳》曰："不爲假王以鎮之"，而如《張耳、陳餘列傳》曰："不王無以填之"；《漢書》韓信、耳、餘兩傳皆作"填"，師古均註："填音竹刃反"，蓋即"鎮"也。他如《荆燕吳傳》之"欲王同姓以填天下"，《杜周傳》之"填撫四夷"等，師古註胥同，不具舉。《漢書·張、陳、王、周傳》陳平曰："外填撫四夷"，師古無註；周勃"擊章邯車騎填"，師古註："殿之言填也，謂鎮軍後以扞敵。殿音丁見反。"移此釋《左傳》，庶音義兼備。

"邴夏曰：'射其御者，君子也。'公曰：'謂之君子而射之，非禮也'"；《註》："齊侯不知戎禮"；《正義》："僖二十二年《傳》曰：'雖及胡耇，獲則取之，明恥教戰，求殺敵也'；宣二年《傳》曰：'戎，昭果毅以聽之之謂禮，殺敵爲果，致果爲毅。'是戎事以殺敵爲禮"。按昭公二十一年，"華豹曰：'不狃鄙'，抽矢"；《正義》："此豹亦不達軍之戰禮也。"鄭玄《箴膏肓》論宣公二年狂狡事亦譏其"臨敵拘於小仁，忘在軍之禮"。足見"禮"者非揖讓節文（code of courtesy），乃因事制宜（decorum）之謂；

故射儀則君子必爭，戎禮則君子亦殺。昭公五年，女叔齊對晉侯曰："魯侯焉知禮！是儀也，不可謂禮"；二十五年，趙簡子問揖讓周旋之禮，子大叔對曰："此儀也，非禮也。"合觀愈明。德諺有曰："戰爭之本旨較戰爭之方式爲先"（Kriegsräson geht vor Kriegsmanier）。殺敵者戰之本旨；三舍之退、一麋之獻，以及下車免冑、執榼犒師，皆方式而已，戎儀也，非戎禮也。

二九　成公十年

　　晉景公卒，杜註曰：“巫以明術見殺，小臣以言夢自禍。”按此非闡明經、傳之旨，乃杜氏有感而發，即《莊子》之《人間世》、《山木》兩篇所謂“不材”則得終天年之意。二豎子聞醫緩將至而逃於景公肓之上，膏之下，《隋書·藝術傳》許智藏爲秦王俊治疾，俊夢亡妃崔氏曰：“許智藏將至，爲之奈何？當入靈府中以避之”；許至診脈曰：“疾已入心，不可救也”，即仿此。

　　晉侯“欲食，張，如廁，陷而卒。”按盛如梓《庶齋老學叢談》卷一云：“左氏載息夫人事，爲楚文王生堵敖及成王，猶未言；余謂息媯既爲楚子生二子，衽席之間，已非一夕，安得未言？晉景公病，將食麥，陷而卒；國君病，何必如廁？假令如廁，豈能遽陷而卒？此皆文勝其實，良可發笑！”論息媯事，詞意曉然。論景公事，言外意謂國君內寢必有如《周禮·天官·玉府》所謂“褻器”、《史記·萬石君傳》所謂“廁牏”者，無須出外就野溷耳。

三〇　成公十五年

　　子臧曰："前志有之曰：'聖達節，次守節，下失節'。"按
"達節"即昔語所謂"權"，今語所謂"堅持原則而靈活應用"
也。若不能"達節"，則《易·節》之象不云乎："苦節不可貞，
其道窮也。""權"乃吾國古倫理學中一要義，今世考論者似未拈
出。《論語·子罕》："可與立，未可與權"；皇侃義疏："權者，
反常而合於道者；王弼曰：'權者道之變；變無常體，神而明之，
存乎其人，不可豫設，尤至難者也'。"《莊子·秋水》："北海若
曰：'知道者必達於理，達於理者必明於權，明於權者不以物害
己'。"《文子·道德》："上言者，常用也；下言者，權用也。唯
聖人爲能知權。言而必信，期而必當，天下之高行；直而證父，
信而死女，孰能貴之？故聖人論事之曲直，與之屈伸，無常儀
表。祝則名君，溺則捽父，勢使然也。……夫先迕而後合者之謂
權，先合而後迕者不知權，不知權者，善反醜矣"（參觀《淮南
子·氾論訓》）。《孟子·離婁》："男女授受不親，禮也；嫂溺援
之以手者，權也"，趙歧註："權者，反經而善者也"；《盡心》：
"執中無權，猶執一也；所惡執一者，爲其賊道也，舉一而廢百
也。"《韓詩外傳》卷二記孟子論衛女曰："常謂之經，變謂之權，

懷其常經而挾其變權，乃得爲賢。"《戰國策·趙策》三魏魰謂建
信君曰："人有係蹄者而得虎，虎怒，決蹯而去。虎之情非不愛
其蹯也，然而不以環寸之蹯害七尺之軀者，權也。"《公羊傳》桓
公十一年："何賢乎祭仲？以爲知權也。……權者何？反於經然
後有善者也。權之所設，舍死亡無所設。行權有道，自貶損以行
權，不害人以行權，殺人以自生，亡人以自存，君子不爲也。"
《史記·自序》論君臣"皆以善爲之"，而蒙惡名、陷死罪者，
"守經事而不知其宜，遭變事而不知其權。"《春秋繁露·玉英》：
"夫權雖反經，亦必在可以然之域，故雖死亡，終弗爲也。……
故諸侯在不可以然之域者，謂之大德；大德無踰閑者，謂正經。
諸侯在可以然之域者，謂之小德，小德出入可也。權、譎也，尚
歸之以奉鉅經耳。"《全唐文》卷四〇四馮用之《權論》："夫權
者，適一時之變，非悠久之用。……聖人知道德有不可爲之時，
禮義有不可施之時，刑名有不可威之時，由是濟之以權也。……
設於事先之謂機，應於事變之謂權。機之先設，猶張羅待鳥，來
則獲之；權之應變，猶荷戈禦獸，審其勢也。"《全唐文》卷五八
二柳宗元《斷刑論》下："經非權則泥，權非經則悖；是二者、
強名也。曰'當'，斯盡之矣。'當'也者，大中之道也。"王安
石《臨川集》卷七二《再答龔深父論〈論語〉、〈孟子〉書》："天
下之理固不可以一言盡。君子有時而用禮，故孟子不見諸侯；有
時而用權，故孔子可見南子。"楊時《龜山集》卷一〇《語錄》：
"不知權是不知中。坐於此室，室自有中；移而坐於堂，則向之
所謂中者，今不中矣；合堂室而觀之，又有堂室之中焉。《中庸》
曰：'君子而時中'，蓋所謂權也。"《子華子·執中》篇論"雖過
於中而在中之庭，雖不及於中而在中之堂"；《河南二程遺書》卷

一二《明道語》論“不可捉一個中來爲中”；《朱文公集》卷五八
《答宋深之》論“中之活者”與“中之死者”；王守仁《傳習録》
卷上論“執中無權”；王艮《心齋先生遺集》卷論“子見南子”；
焦循《孟子正義·盡心·楊子取爲我》章疏；皆相參印。

【增訂四】《管子·白心》：“有中有中，孰能得夫中之衷乎？”
尹知章註上句云：“舉事雖得其中而不爲中，乃是有中也”；戴
望校：“據註當作‘不中有中’。”按“不中有中”即雖“不中”
而固“有中”或“有中”矣而仍“不中”，亦即《子華子·執
中》所謂：“過於中而在中之庭，不及於中而在中之堂。”“衷”、
心也，“得中之衷”，猶空襲之投彈中“目標”（target）；“不中
有中”，則猶投彈不中“目標”，而尚未出“目標區域”（target
area）之外，《大學》所謂“雖不中，不遠”（a near-miss）耳。
“權”者，變“經”有善，而非廢“經”不顧，故必有所不爲，而
異乎“俛仰逶迤，以窺看爲精神，以向背爲變通”（李康《運命
論》），如老於世故者之取巧投機、詭合苟全①。朱熹《答宋深之》：
“權者，權衡之‘權’，言其可以稱物之輕重而游移前卻以適於平，
蓋所以節量仁義之輕重而時措之，非如近世所謂將以濟乎仁義之
窮者也。”顧炎武《亭林文集》卷四《與李中孚書》：“時止則止，
時行則行，而不膠於一。孟子曰：‘大人者，言不必信，行不必
果。’於是有受免死之周、食嗟來之謝，而古人不以爲非也。必斤
斤焉避其小嫌，避其小節，他日事變之來，不能盡如吾料，苟執
一不移，則爲荀息之忠、尾生之信。不然，或并至斤斤者而失之，
非所望於通人矣。”朱明其理，顧切於事。《公羊傳》言“死亡無所
設權”，即《孟子·告子》：“所惡有甚於死者，故患有所不辟也。”

① Cf. Shakespeare，*King John*，II.i.573 ff.（commodity）.

是以"達節"而不"失節","行權"而仍"懷經","小德"出入而"大德"
不踰,"君子時中"與"小人無忌憚"迥殊。楊時"移中"之喻,冥契
《莊子·庚桑楚》:"觀室者,周於寢廟,又適其偃焉,爲是舉移是",
郭象註:"當其偃溲,則寢廟之是移於屏廁矣。故是非之移,一彼一
此。"亞理士多德《倫理學》言"中"因人因事而異(not one nor the
same for all),故 "適得其中, 談何容易"(to hit the mean is hard
in the extreme),善處者亦各執"與己相應之中"(the mean rela-
tive to us)而已①。蓋亦知執中須達 "權",不同於執一也。他如
柏拉圖論謊語時或有益(la fausseté utilisable)②;亞理士多德論詭
辯時或宜用③,故其《修詞學》皆示人以花唇簧舌之術(teeming
with ingenious hints on deception)④;基督教長老有專門學問(ca-
suistry),辨究遇事應物, 犯戒而不失爲守戒(rules for the breaking
of rules)⑤;均有當於 "達節"、 "反經"之旨。吾國古人言"中"
"是"兼"移", 言"節"兼"達", 言"出入"兼"不踰閑", 言
"經"兼"權", 兼"時", 言真所謂"出語盡雙, 皆取對法"(《六祖
大師法寶壇經·付囑》品第一〇),圓覽而不偏枯者矣。參觀前論
僖公二十二年、又論定公十四年。

---

① *Nicomachean Ethics*,II. vi and ix,*Basic Works of Aristotle*,Random
House,958-9,963.
② *La République*,II,382,*Oeuvres complètes de Platon*,"Bibliothèque de la
Pléiade",I,933-4;cf. W. B. Stanford,*The Ulysses Theme*,20 (the medicinal lie).
③ W. B. Stanford,*Ambiguity in Greek Literature*,12.
④ Th. Gomperz,*Greek Thinkers*,tr. G. G. Berry,IV,435;cf. Quintillian,*In-
stitutio oratoria*,II,xv. 24 (fallendi artem),xvii,18-21 (dicere falsa pro veris),
"Loeb",I,310,332-4.
⑤ Cf. C. F. D'Arcy,*A Short Study of Ethics*,218.

三一　成公十六年

　　"楚子登巢車以望晉軍，子重使太宰伯州犁侍於王後。王曰：
'騁而左右，何也?'曰：'召軍吏也。''皆聚於中軍矣。'曰：'合
謀也。''張幕矣。'曰：'虔卜於先君也。''徹幕矣。'曰：'將發命
也。''甚囂且塵上矣。'曰：'將塞井夷竈而爲行也。''皆乘矣。左
右執兵而下矣。'曰：'聽誓也。''戰乎?'曰：'未可知也。''乘而
左右皆下矣。'曰：'戰禱也。'"按不直書甲之運爲，而假乙眼中
舌端出之(the indirect presentation)，純乎小説筆法矣①。杜牧
《阿房宫賦》云："明星熒熒，開妝鏡也。绿雲擾擾，梳曉鬟也。渭
流漲膩，棄脂水也。烟斜霧橫，焚椒蘭也。雷霆乍驚，宫車過也。
轆轆遠聽，杳不知其所之也。"與此節句調略同，機杼迥别。杜賦
乃作者幕後之解答，外附者也；左傳則人物局中之對答，内屬者
也；一祇鋪陳場面，一能推進情事。甲之行事，不假乙之目見，
而假乙之耳聞亦可，如迭更司小説中描寫選舉，從歡呼聲之漸高
知事之進展(suddenly the crowd set up a great cheer etc.)②，其理
莫二也。西方典籍寫敵家情狀而手眼與左氏相類者，如荷馬史詩

---

　　①　Cf. Henry James, *The Art of the Novel*, ed., R. B. Blackmur, 46, 298, 306,
327.
　　②　*Pickwick Papers*, ch. 13.

中特洛伊王登城望希臘軍而命海倫指名敵師將領（Priam spake and called Helen to him etc.）①，塔索史詩中回教王登城望十字軍而命愛米妮亞指名敵師將領（Conosce Erminia nel celeste campo/e dice al re ecc.）②，皆膾炙人口之名章佳什。然都無以過於《元秘史》卷七中一節者，足使盲邱明失色而盲荷馬却步也，兹撮録之。"成吉思整治軍馬排陣了，乃蠻軍馬却退至納忽山崖前，緣山立住。彼時札木合亦在乃蠻處。塔陽問：'那趕來的如狼將羣羊直趕至圈内，是甚麽人？'札木合説：'是我帖木真安答用人肉養的四個狗，……如今放了鐵索，垂涎着歡喜來也。……'塔陽説：'似那般呵，離得這下等人遠者。'遂退去跨山立了。又問：'那後來的軍，如吃乳飽的馬駒繞他母喜躍般來的是誰？'札木合説：'他是將有槍刀的男子殺了剥脱衣服的……二種人。'塔陽説：'既如此，可離的這下等人遠者。'又令上山去立了。又問：'隨後如貪食的鷹般當先來的是誰？'札木合道：'是我帖木真安答渾身穿着鐵甲。……你如今試看。'塔陽説：'可懼！'又令上山立了。又問：'隨後多軍馬來的是誰？'札木合説：'是訶額崙母的一個兒子，……吞一個全人呵，不勾點心。……大拽弓射九百步，小拽弓五百步。……'塔陽説：'若那般呵，咱可共占高山上去立了。'又問：'那後來的是有誰？'札木合説：'是訶額崙最少的子……'於是塔陽遂上山頂立了。"有問則對，隨對而退，每退愈高，敍事亦如羊角旋風之轉而益上。言談伴以行動，使敍述之堆垛化爲烟雲，非老於文學者安能辦是？《左傳》等相形遂嫌鋪敍平·板矣。

---

①　*Iliad*，III.161 ff. "Loeb"，I，129-135.
②　*Gerusalemme Liberata*，III.37-40，*op. cit.*，69-70.

三二　襄公四年

　　晉侯欲伐戎狄，"魏絳曰：'……獲戎失華，無乃不可乎？夏訓有之曰：有窮后羿——'公曰：'后羿何如？'對曰：'昔有夏之方衰也，后羿自鉏遷於窮石'。"按二十五年，崔杼"盟國人於大宮，曰：'所不與崔慶者——'晏子仰天歎曰：'嬰所不惟忠於君、利社稷者是與，有如上帝！'乃歃"；《註》："盟書云：'所不與崔慶者，有如上帝！'讀書未終，晏子抄答，易其詞，因自歃。"文心甚細。實則魏絳論和戎一節，正亦絳詞未畢，而晉侯瞿然抄問也。吾國古籍記言，語中斷而脈遥承之例莫早於此。《漢書‧霍光傳》："光與羣臣連名奏王，尚書令讀奏曰：'……與孝昭皇帝宮人蒙等淫亂，詔掖庭令，敢泄言要斬——'太后曰：'止！為人臣子當悖亂如是耶？'王離席伏。尚書令復讀曰"云云；《魏書‧蠕蠕傳》："阿那瓌起而言曰：'臣之先逐草放牧，遂居漠北——'詔曰：'卿言未盡，可具陳之。'阿那瓌又言曰：'臣先祖以來，世居北土'"云云；即其類。貫華堂本《水滸》第五回："那和尚便道：'師兄請坐，聽小僧——'智深睜着眼道：'你説！你説！''——説，在先敝寺'"云云；金聖歎批："'説'字與上'聽小僧'本是接着成句，智深自氣忿忿在一邊夾着'你說、你說'耳。章法奇絕，從古未有！"不知此"章法"開於《左傳》，足徵批尾家雖動言"《水滸》奄有邱明、太史之長"，而於眼前經史未嘗細讀也。《隋書·經籍志》一："孔子曰：'必也正名乎！'——'名'謂書字——'名不正則言不順，言不順則事不成'"；非紀言也，竟亦用此法。若《聊齋志異》卷八《呂無病》："久之久之，方失聲而言曰：'妾歷千辛百苦，與兒逃於楊——'句未終，縱聲大哭，倒地而滅"；《蕩寇志》第一〇〇回："高俅指着林冲罵道：'本帥赦你不死，你倒——'林冲咬牙切齒，大罵：'奸賊休走！'"；則中斷而無後繼，爲此"章法"之變。

【增訂三】語之"未終"，固由於"抄問"者之插口，亦或由於語者之守口。如鄭德輝《倩梅香》第二折樊素轉述裴小蠻語告白敏中云："待和你今宵——"白問："今宵和小姐怎的？"樊唱："一句話到我這舌尖上卻嚥了。"

另一變如《後漢書·袁紹傳》下袁譚墮馬，"顧曰：'咄！兒過我，我能富貴汝。'言未絕口，頭已斷地"；是譚未畢厥詞而已身首異處，范曄足成其語而申明焉，其《列女傳》記陰瑜妻"以粉書扉上曰：'尸還陰'，'陰'字未及成"，亦然。參觀《太平廣記》卷五五《鄭居中》（出《逸史》）："紙上有四字云：'香火願畢'，'畢'字僅不成"，又卷二四二《竇少卿》（出《王氏見聞》）："其從者尋卒於店中；此人臨卒，店主問曰：'何姓名？'此僕只言得'竇少卿——'三字，便奄然無語。"

三三　襄公九年

　　"公子騑進曰：'天禍鄭國，使介居二大國之間'。"按《漢書·西域傳》上樓蘭王對簿曰："小國在大國間，不兩屬無以自安。"

三四　襄公十四年

　　師曠曰：“天生民而立之君，使司牧之，弗使失性。……豈其使一人肆於民上，以從其淫，而棄天地之性。”按兩“性”字《註》、《正義》皆未釋。昭公八年，“莫保其性”，《註》：“性，生也”；十九年，“民樂其性而無寇讎”，《正義》：“性，生也。”皆本《白虎通·性情篇》：“性者，生也。”此處兩“性”字亦作“生”解；“天地之性”即《易·繫辭》所謂“天地之大德曰生”。

三五　襄公二十一年（一）

　　"於是魯多盜，季孫謂臧武仲曰：'子盍詰盜？'……武仲曰：'子召外盜而大禮焉，何以止吾盜！'"按昭公七年，無宇曰："若以二文之法取之，盜有所在矣！"二節可以合觀，皆已逗《莊子・胠篋》、《盜跖》兩篇議論。《詩・蕩》云："寇攘式內"，《巧言》云："盜言孔甘"，《困學紀聞》卷三說之曰："有民賊，則賊民興"；此之謂也。

三六　襄公二十一年（二）

　　“欒祁與其老州賓通幾無室矣”；《註》：“言亂甚。”按是矣而未貼切。《墨子·公孟》：“室以爲男女之別也”，《内則》：“爲宫室，别外内”；“無室”則外内不别，無所避忌。《史記·周文傳》：“於後宫秘戲”，《索隱》：“宜可秘也”；杜甫《宿昔》：“宫中行樂秘，少有外人知”。“無室”即不秘其事，外人盡知矣。參觀昭公二十八年，“祁勝與鄔臧通室”。

三七　襄公二十一年（三）

　　"初，叔向之母妒叔虎之母美，而不使，曰：'深山大澤，實生龍蛇；彼美，余懼其生龍蛇以禍女'"；《註》："不使見叔向父。"按《論衡·言毒篇》："叔虎之母美，叔向之母知之，不使視寢"，蓋述此事，"視寢"乃補申"使"字之意。昭公二十五年，季姒曰："公若欲使余，余不可而抶余"，即"而不使"之"使"，《註》、《正義》皆無釋，正當以《論衡》語解之。方以智《通雅》卷一八、黃生《義府》卷下皆引《韓詩外傳》牽合《水經》，說"使"爲"人道"，失于迂曲。又按叔向之母殆主張無貌即是有德者，既持此論以斥其夫之小婦，及爲子擇新婦，復申其說。昭公二十八年，初叔向欲取於申公巫臣氏，其母不可，曰："吾聞之，甚美必有甚惡。……且三代之亡，共子之廢，皆是物也。"《國語·周語》下太子晉諫靈王曰："禍不好不能爲禍"，《晉語》一史蘇論女戎曰："雖好色，必惡心"；《魏書·道武七王傳》清河王紹母"美而麗"，太祖見而悅之，告獻明后，請納，后曰："不可！此過美不善！"皆即叔向母識見。雖然，老生常談而出老婦之口，則易招物議，使人思及《荀子·君道》所云："語曰：'好女之色，惡者之孽也'"，又《史記·外戚世家》褚少

孫補所云："美女者惡女之仇。"故邱明逕書曰"妬美"，豈不能
諒叔向母之苦心耶？抑能察見其隱衷也？《戰國策・趙策》二樓
緩曰："母言之爲賢母，婦言之必不免爲妬婦"，其是之謂歟。王
若虛《滹南遺老集》卷一《五經辨惑》："使其言果當而知慮果及
於此，則可謂之賢而不可謂之妬；實出於妬，則言雖有驗，亦非
其情而不足稱矣。左氏既以爲妬，而又若著其賢者，何也？"雖
詞若疑而不決，實已如老吏斷獄矣。程敏政《新安文獻志》卷二
四程文《書〈春秋色鑑録〉後》："許君少淵取《左氏傳》凡女禍
類爲一編。"其書未覩，想勿外叔向母之旨，特不知於成公元年
申公巫臣之諫楚莊王及子反納夏姬，作何彌縫。沙張白《定峰樂
府》卷六《四美人詠》爲嫫母、無鹽、孟光、及諸葛亮婦"阿承
醜女"而作；蓋既臆斷有貌即無德，推之則以爲無貌即有德，更
進而昌言有德即有貌，故四婦皆被"美人"之號矣。"女禍"之
説亦所謂"使周姥制禮，決無此論"；蓋男尊女卑之世，口誅筆
伐之權爲丈夫所專也。寓言述一人與獅友暱，偶同觀名畫勇士搏
獅，獅曰："畫出人手故爾，倘獅操筆作圖，必不如是"；比物
此志①。

【增訂三】范君旭侖曰："喬叟詩中巴斯婦早以伊索之畫獅寓言
爲'女禍'解嘲。"是也。此婦與其夫爭，謂：男子操觚，於
婦人醜行，墨刑筆伐，亦固其然，"彼畫獅者誰乎？曷語我

---

① Cf.Johnson, *The Rambler*, no. 18: "As the faculty of writing has been chiefly a masculine endowment, the reproach of making the world miserable has always been thrown upon the women"; Richard Burton, *Thousand Nights and A Night*, vol. X, *Terminal Essay*, 192: "Women all the world over, are what men make them. It is the old ever-new fable: 'Who drew the lion vanquished?' Twas a man."

來!"苟女史記事，則男子之惡大書不盡也（Who painted the leon, tel me who? etc. —Chaucer, *The Canterbury Tales*, "The Wife of Bath's Prologue", 697 ff.）。

詞章中亦不乏平反之篇，如唐崔道融《西施灘》："宰嚭亡吳國，西施被惡名"，以至清張問陶《美人篇》："美人實無罪，溺者自亡身；佛罪逮花鳥，何獨憎美人?"參觀《全梁文》卷論江淹《麗色賦》。希臘最古詩歌早指名艷女爲"美麗之禍殃"（the beautiful evil）[1]，幾如太子晉語"禍好"之譯文，"好"、美好也；傾國傾城之說亦習見古希臘詩文中[2]；"無言哲人"答王問"女是底物?"（Quid est mulier?），尤肆口醜詆[3]，於中世紀僧侶之罵詈，如水之於冰矣。

【增訂四】文藝復興時意大利名著《君子論》言女色乃世間無量數禍患之因，怨仇、戰爭、死亡、毀滅常由於此；特洛伊之亡國，足爲鑑戒（spesso le bellezze di donne son causa che al mondo intervegon infiniti mali, inimizie, guerre, morti e distruzioni; di che pò far bon testimonio la ruina di Troia. —Castiglione, *Il Cortegiano*, IV, §56, Biblioteca Classica Hoepliana, 1928, p.418）。按希羅多德《史記》開卷即言特洛伊之戰起於掠奪美婦，希臘掠米蒂婭（Medea），而特洛伊

---

[1] Hesiod, *Theogony*, 585, *Hesiod, the Homeric Poems, and Homerica*, "Loeb", 123.

[2] Athenaeus, *The Deipnosophistes*, XIII.560, "Loeb", VI, 27; cf. Sterne, *Tristram Shandy*, Bk. VI, ch.33 (Helena a bitch for the destruction of the Greeks and the Trojans).

[3] B.E. Perry, *Secundus the Silent Philosopher*, 96.

掠海倫(Helen)，遂致兵連禍結(Herodotus，I.4，Loeb，Vol. I，p.7)。近日文士爲海倫翻案雪枉，乃撰劇本(W. Hildesheimer，*Das Opfer Helens*，1955)，謂兩國本欲構戎，此豸所適非耦，以渠餌儌子，藉啟釁端(E. Frenzel，*Stoff der Weltliteratur*，6th ed.，1983，p.305)。余讀《夷堅三志》己卷九《婆律山美女》云："政和中，南番舶來泉州，客與所善者言：'占城及真臘兩國交界，有大山曰婆律。比歲，一夜風雨震電，變怪百端。至天明乃止。石壁中裂，美女二人，姍姍而出，其貌傾城，占城人得之，以獻於王。真臘聞之，遣使求一，不遂所請，滋不平，至於興兵爭鬬，殺傷甚衆，經年未已。'"嘗謂此雖齊東野人語，固不啻周南太史書矣。吳慈鶴《鳳巢山樵求是錄》卷六《題寇白門小像》云："自古興亡家國事，个中偏要著嬋娟"；亦寄慨於"傾城傾國"也。

三八　襄公二十一年（四）

州綽曰："然二子者，譬於禽獸，臣食其肉而寢處其皮矣。"按此爲初見，語詳意豁。二十八年，盧蒲嫳曰："譬之如禽獸，吾寢處之矣"；再見語遂較簡而意亦不醒。昭公三年，子雅曰："其或寢處我乎！"；三見文愈省，若讀者心中無初見云云，將索解不得。一語數見，循紀載先後之序由詳而約，謂非有意爲文，得乎？又如襄公十年，子產曰："衆怒難犯，專欲難成"；昭公十三年，蔓成然曰："衆怒如水火焉，不可爲謀"；二十五年，子家子曰："衆怒不可蓄也"；二十六年，子車曰："衆可懼也，而不可怒也"；哀公二十五年，拳彌曰："衆怒難犯。"亦見作者之刻意避複，僅重出一次而已。

三九 襄公二十三年

　　"臧孫曰：'季孫之愛我，疾疢也；孟孫之惡我，藥石也。美疢不如惡石：夫石猶生我，疢之美，其毒滋多。孟孫死，吾亡無日矣！'""疾疢"何以曰"美"，註疏無説。《呂氏春秋·達鬱》篇："趙簡子曰：'厥也愛我，鐸也不愛我'"；高誘註引《左傳》此節作"疾疹也"，較易解會。"美"、"惡"均指形貌，"惡石"之"惡"乃謂醜惡，即昭公二十八年"艗蒻惡"之"惡"，非謂善惡之惡。皮疹紅腫，倘不顧病痛，僅論表狀，則色鮮肌豐，稱"美"亦可。文藝復興時意大利人談藝謂或贊騎士之雄猛，則稱其所斫之傷痕曰"美"（belle ferite），或贊僧侣之堅忍，則稱其創口及骨節錯脱曰"美"（belle scorticature e slogature）[1]。十九世紀英人談藝，亦謂醫生於疾患之徵象備具者，輒稱爲"美"，故曰"一個美麗的爛瘡"（a beautiful ulcer）[2]。近世蕭伯納至言，病人所謂"慘痛"（ghastly）之開刀，正外科醫生所謂"美麗

---

[1] ．Croce，*Estetica*，10ᵃed.，198（Campanella）.

[2]　De Quincey："On Murder Considered as One of the Fine Arts"，*Collected Writings*，ed. D. Masson，XIII，14-5.

之手術"（beautiful operations），亦如情人稱所歡曰"美"，而傍觀者則覺其了不動人（unattractive）①。"美疢"之説，已導夫先路，庶幾能以冷眼看熱病，如所謂"保持心理距離"（psychical distance）②者歟。

《全唐文》卷五八五柳宗元《敵戒》："皆知敵之仇，而不知爲益之尤；皆知敵之害，而不知爲益之大"，即引孟孫語及秦始皇事爲例。用意正同《左傳》成公十六年，范文子曰："自非聖人，外寧必有内憂，盍釋楚以爲外懼乎?"《國語·晉語》六記范文子語更詳盡。《孟子·告子》："無敵國外患者，國恒亡，然後知生於憂患，死於安樂也"；《春秋繁露·竹林》申言曰："深本頃公之所以大辱身、幾亡國、爲天下笑，其端乃從慴魯勝衛起"，與柳文舉秦始皇事甚合。陸游《劍南詩稿》卷八三《病起雜言》："國不可以無災眚，身不可以無疢疾"；楊萬里《誠齋集》卷六九《乙巳論對第一劄子》："天之於君，厭之者則驕之以嘉祥，愛之者則譴之以變異；絶之者則誤之以强盛，愛之者則懼之以災害"；皆孟孫、孟子等之旨也。參觀《老子》卷論第五八章。雖然，事有貌同而心異者。釋敵以爲外懼，固遠識謀國之忠也，養寇挾而自重，則老黠謀身之巧也；柳州言其一而未知其二。吳王夫差矢書射文種（《吳越春秋·夫差内傳》），武涉説韓信（《史記·淮陰侯傳》），臧衍説張勝（《史記·韓信、盧綰傳》），何穆説劉牢之（《晉書·劉牢之傳》），下至汪景祺戒年羹堯（《讀書堂西征隨筆·功臣不可爲》），莫不引《文子·上德》所謂兔死狗烹、鳥盡

---

① C. St. John, ed., *Ellen Terry and Bernard Shaw: A Correspondence*, p. x.
② E. Bullough, *Aesthetics*, 93 ff..

弓藏爲喻，即危詞動之，言留敵庶可自全，苟盡敵則己亦隨盡。《南史·賊臣傳》侯景爲慕容紹宗所敗，軍潰，收散卒才得八百人，"使謂紹宗曰：'景若就擒，公復何用?'紹宗乃縱之"；《北史·賀若弼傳》隋文帝曰："初欲平陳時，弼謂高熲曰：'陳叔寶可平，不作高鳥盡、良弓藏邪?'"鄭達《野史無文》卷三記左良玉大捷而不肯窮追，曰："留此殘賊，武官尚可爲人；若賊今日平，武臣明日即奴矣!"同是斯理。王建《射虎行》："惜留猛虎在深山，射殺恐畏終身閒"；范浚《香溪先生文集》卷八《讀王建〈射虎行〉》："有如邊將圖偷安，遵養時晦容其姦，翻愁努力盡高鳥，良弓掛壁無由彎。""留虎"、"容姦"，是亦以"敵"爲己"益之尤"、"益之大"也。《淮南子·説林訓》記柳下惠見飴，曰："可以養老"，盜跖見飴，曰："可以粘牡。"《敵戒》之言，而忠姦異見，惠、跖殊用，於柳州乎何咎焉。

　　古希臘文家論仇敵可爲己益，舉羅馬滅加太基，一老成人曰："外無畏忌，則邦國危殆"（Now is our position really dangerous，since we have left for ourselves none to make us either afraid or ashamed）[1]，正言"外寧必有内憂"。十六世紀意大利政論家亦謂安樂爲人之大敵，其難禦遠過於苦困（La buona fortuna degli uomini è spesso el maggiore inimico che abbino... Però è maggiore paragone di uno uomo el resistere a questa che alle diversità）[2]。死於安樂，眚疾有益，尤爲出世法慣語。《陰符經》

---

①　Plutarch，*Moralia*："How to Profit by one's Enemies"，§3，"Loeb"，II，15.

②　Guicciardini，*Ricordi*，§164，*Opere*，Riccardo Ricciardi，131.

下篇:"恩生於害,害生於恩",夏元鼎《水調歌頭》:"害裏卻生
恩"又"要知害裏卻生恩",本之;陳師道《後山詩集》卷五
《病起》:"災疾資千悟,冤親併一空";方以智《藥地炮莊》卷二
《養生主》引曹大文曰:"竹關題大士曰:'人只念救苦救難觀世
音,何不念救安救樂觀世音?'"又卷三《大宗師》引杖人曰:
"貧、病、死是三大恩人";足以概矣①。

【增訂三】古希臘辯士亦曰:"富貴使人愚昧恣肆,而貧賤使人
清明在躬、嗜欲有節"(riches and power are attended and
followed by folly, and folly in turn by licence; whereas pov-
erty and lowliness are attended by sobriety and modera-
tion—Isocrates, *Areopagitica*, v, "Loeb", II, 107)。故富
貴致禍而貧賤遠害也。

---

① Cf. Eckhard: "Das schnellste Tier, das dich trägt zur Vollkommenheit, ist
Leiden", quoted in Nietzsche, *Schopenhauer als Erzieher*, §4, *Werke*, hrsg. K.
Schlechta, I, 317; Jeremy Taylor, *Holy Dying*: "The soul by the helpe of Sicknesse
knocks off the fetters of pride and vainer complacencies", *The Golden Grove*, ed. L.
P. Smith, 88; Novalis, *Fragmente*, §984, hrsg. E. Kamnitzer, 344: "Krankheiten
zeichnen den Menschen vor den Tieren und Pflanzen aus. Zum Leiden ist der Mensch
geboren. Je hilfloser, desto empfänglicher für Moral und Religion"; Simone Weil, *La
Pesanteur et la Grâce*, 109: "La misère humaine contient le secret de la sagesse di-
vine, et non pas le plaisir".

四〇　襄公二十四年

然明論程鄭曰：“是將死矣！不然將亡”；《正義》：“善言非其常，所以知其死，非謂口出善言即當死。趙文子，賢人也，將死，其語偷；程鄭，小人也，將死，其言善。俱是失常。”按《論語·泰伯》：“人之將死，其言也善”，邢昺疏引魏顆、趙孟、孝伯及程鄭爲將死而言失常之例。《史記·滑稽列傳》褚先生補東方朔事，亦載：“帝曰：‘今顧東方朔多善言！’怪之。居無幾何，朔果死。”歌德小說云：“人亦有言，行事反常，其將死也”（Man sagt：“Er stirbt bald”，wenn einer etwas gegen seine Art und Weise tut）①。中西俗說頗類。

【增訂三】今世英美俚俗，見人所爲有異平日，如慳吝者忽慷慨（Someone has acted out of character，e.g. a mean man generously），亦曰：“此乃將死之變態”（It's the change before death—E. Par tridge，*A Dictionary of Catch Phrases*，127）。葡萄牙舊諺謂人之忽改宿習素行者云：“隱隱發死屍臭”（To change one's habits has a smell of death—W. H. Auden and L. Kronenberger，ed.，*The Faber Book of Aphorisms*，61）。亦此旨。

---

① *Die Wahlverwandtschaften*：“Ottilies Tagebuch”，*Gesam . Werk .*，“Tempel-klassiker”，III，*Spruchweisheit*，295.

四一　襄公二十五年（一）

　　"晏子門啓而入，枕屍股而哭"；《註》："以公屍枕己股。"按《傳》詞意當爲晏子"枕屍之股"，而《註》解爲晏子"枕屍於股"。僖公二十八年，衛侯知叔孫無罪，"枕之股而哭之"；襄公二十七年，"石惡衣其屍，枕之股而哭"，又三十年，"子產襚之股而哭之"；諸節詞意曉豁，不註自明。苟《傳》無此等文，祇載晏子"枕屍股"一事，則杜註未保不誤。此又所謂"一切解即一解"也。《三國志・魏書・陳泰傳》裴註引孫盛《魏氏春秋》："帝之崩也，太傅司馬孚、尚書右僕射陳泰枕帝屍於股，號哭盡哀"云云，而斥孫氏"記言"，每"自以意制，多不如舊。"竊疑孫記二人枕屍號哭，亦緣讀《左傳》太熟，記事仿古，未必二人行事師古，故裴註所引干寶《晉紀》即未道此。《武帝紀》建安五年，"公曰：'夫劉備、人傑也'"云云，裴註："凡孫盛製書，多用左氏，以易舊文"；記司馬孚、陳泰事，正"多用左氏"之一例矣。

　　鮮虞曰："一與一，誰能懼我？"按高郵王氏父子《讀書雜志・漢書》一、《經義述聞・左傳》中謂"與有戰"義，猶"敵也、當也"，舉例甚詳。聊補三事，皆本文幾若自釋而不勞闡解者。《管子·輕重戊》桓公患楚爲"强國"，其民"習戰鬭之道"，管子曰："即以戰鬭之道與之矣"；《公羊傳》莊公三十年："《春秋》敵者言'戰'，桓公之與戎狄，驅之爾"；《穀梁傳》成公十二年："中國與夷狄，不言'戰'，皆曰'敗之'"，又昭公十七年："中國與夷狄，亦曰'敗'"。《韓非子·初見秦》："秦之號令賞罰、地形利害，天下莫若也；以此與天下，天下不足兼而有也"；"與"正"當也、敵也"之義；註者或以下文曰"荆可舉"，遂謂"與"應作"舉"，不免輕舉而多事耳。《三國志·魏書·張遼傳》天柱山峻狹，纔通步徑，遼曰："此所謂'一與一'，勇者得前耳"，即用鮮虞語。夫"與"爲相好、相得，而復爲相敵、相拒，黑格爾所謂一字具正反二意者（參觀《周易正義》卷論《〈易〉之三名》），其類不乏。文公六年："敵惠敵怨"，杜預註："'敵'猶對也"；《魏書·文帝紀》裴註引《典論》："對家不知所出"；"對"謂相搏鬭。而《郭皇后傳》敕："諸親戚嫁娶，自當與鄉里門户匹敵者"，"敵"謂相偶儷。故男女好合曰"成雙作對"，而爲仇亦曰"作對"，怨家稱"對頭"，相鬭稱"放對"。《説文解字·非部》段玉裁註謂"靠"本訓"相違"而作"相依"解，《鬥》部段註謂"鬭"本訓"遇合"而通於"争競"之"鬥"。訓詁之兼容並蘊，亦見事物之反與正成、敵亦友尤爾。欲推而遠之，必逼而接之，庶可著力，韓愈《汴泗交流贈張僕射》："毬驚杖奮合且離"，寫景而兼明理。短兵肉搏，兩情乃仇，兩體則親；狀廝殺每曰"交手"，曰"火并"，曰"回合"，"交"若"并"若"合"乃親就之詞，而廝殺固仇拒之事也。如《金華子雜編》卷上記韓藩事云："而更學鬭脣合舌"；《敦煌掇瑣》之一五《齖䶗新婦文》："鬭脣閣舌，務在喧争"；謂吵嘴也，"鬭"即

是 "合"，互文一意，可資隅反。黑格爾書牘嘗謂 "非抱不能推"
("La vérité en la repoussant on l' embrasse" ist ein tiefsinniger
Jacobisches Motto) [1] ; 聖佩韋筆記嘗謂 "欲拒必相接"（On tou-
che encore à son temps，et très fort，même quand on le re-
pousse) [2] ; 不妨參印韓愈詩之 "合且離" 焉。

[1]　Hegel，*Briefe*，Nr. 271，an Niethammer，9 Juli 1816，*Ausgewählte Texte*，hrsg. R. O. Gropp，I，52.

[2]　Sainte-Beuve，*Mes Poisons*，ed. V. Giraud，197.

四二　襄公二十五年（二）

　　趙文子曰："若敬行其禮，道之以文辭，以靖諸侯，兵可以弭。"按昭公十三年，劉獻公對叔向曰："君苟有信，諸侯不貳，何患焉？告之以文辭，董之以武師。"兩"文辭"略當今語所謂"宣傳"。襄公二十五年，仲尼曰："言之無文，行而不遠；晉爲伯，鄭入陳，非文辭不爲功。慎辭哉！"此"文辭"則指宣傳而兼外交詞令。皆謂官方語言也。《戰國策・秦策》一蘇秦説秦惠王曰："繁稱文辭，天下不治"，當與《墨子・非命》篇中："凡出言談由文學之爲道也"，下："君子之爲文學出言談也"，《韓非子・難言》篇："殊釋文學"，《問辯》篇："此世之所以多文學也"，《六反》篇："離法之民也，而世尊之曰'文學之士'"等合觀。"文辭"、"文學"皆謂私人創説、處士橫議，異於公文官話者也。

四三　襄公二十五年（三）

　　"子産喜，以語子太叔，且曰：'他日吾見蔑之面而已，今吾見其心矣。'"按昭公二十八年"䵃蔑惡"，《註》："貌醜。"蓋子產"他日"以貌取人，失於皮相；特言"見面"，即謂其貌醜也。昭公二十八年，叔向執䵃蔑手曰："今子少不颺，子若無言，吾幾失子矣！"正亦子產之意。《太平御覽》卷三八二引束皙《發蒙記》云："醜男䵃蔑，醜女鍾離春。""惡"言形狀，非言品行，與"美"對而不與"善"對。襄公二十六年，"佐惡而婉，大子痤美而很"，哀公二十七年，"惡而無勇"，皆此"惡"字。《莊子·德充符》："衛有惡人"，《孟子·離婁》："雖有惡人"，均指醜人。《呂氏春秋·去尤》篇："魯有惡者，其父出而見商咄，反而告其鄰曰：'商咄不若吾子矣！'且其子至惡也，商咄至美也，彼以至美不如至惡，尤乎愛也。"尤足爲《大學》"人莫知其子之惡"箋釋。

四四　襄公二十六年

　　"棄長而美。……公見棄也，而視之尤"；《註》："尤，甚也。"按服虔註謂："尤，過也；意悦之，視之過久。"似皆未切。昭公二十八年，叔向母曰："夫有尤物，足以移人"；《註》："尤，異也"，則近是矣，兩"尤"字同義。《莊子·徐無鬼》曰："權勢不尤，則夸者悲"，又曰："夫子、物之尤也。"蓋出類異常之謂"尤"；"視之尤"者，古人所謂"異視"、今語所云"另眼相看"、"不等閒視之"也。然《三國志·魏書·陳思王植傳》裴註引《魏武故事》載手令斥植曰："私出開司馬門至金門，令吾異目視此兒矣！"乃不悦而不復重視，是貶非褒，與今語旨趣適反。

四五　襄公二十七年

　　向戌欲弭諸侯之兵以爲名，子罕曰："誰能去兵？兵之設久
矣，所以威不軌而昭文德也。聖人以興，亂人以廢，廢興存亡昏
明之術，皆兵之由也。"按《戰國策・趙策》三記趙王曰："寡人
不好兵"，鄭同因撫手仰天而笑之曰："今有强貪之國，臨王之
境，索王之地，告以理則不可，説以義則不聽，王非戰國守圉之
具，其將何以當之？王若無兵，鄰國得志矣！"《呂氏春秋・蕩
兵》篇發揮其旨尤詳，高誘註正引《左傳》此節釋之。《文子・
道原》及《莊子・庚桑楚》皆曰："兵莫憯於志，鏌鋣爲下"；
《呂氏春秋》實乃闡文、莊而言之酣暢爾。其詞曰："古聖王有義
兵，而無有偃兵。……察兵之微：在心而未發，兵也；疾視，兵
也；作色，兵也；傲言，兵也；援推，兵也；連反，兵也；侈
鬭，兵也；三軍攻戰，兵也。……今世之以偃兵疾説者，終身用
兵而不自知，悖！"直指本源，洞窺微眇。《韓非子・五蠹》："上
古競於道德，中世逐於智謀，當今争於氣力"；夫角智鬭力，世
所熟知，至"道德"亦即争競之具，韓子真能"察兵之微"者！

　　【增訂四】《韓非子・五蠹》語，可謂"知兵之微"矣。抑有進
　　者，三事得以並時齊出而合用，"上古"、"中世"與"當今"

三者一以貫之。角智、鬭力之用兵，必自稱 "以至仁伐至不
仁"、"仁義之師"、"弔民伐罪" 等名目，非即與敵家亦 "競於
道德" 歟？今日西方之强每假 "保衛人權" 爲攻心之機括，正
"競於道德" 之例耳。

霍柏士謂戰争非直兩軍厮殺，人之情性無時不欲争，即戰所寓也
（The nature of war consisteth not in actual fighting，but in the
known disposition thereto during all the time）[1]；曩日言心理者，
莫不以争鬭（pugnacity）列爲本能（instinct）之一[2]。吾國先秦諸子
早省殺機之伏於尋常言動矣。

---

① 　*Leviathan*，pt. I，ch. 8，*op. cit.*，p. 81.
② 　James，*Principles of Psychology*，II，409-10.

四六　襄公二十八年

　　"盧蒲癸曰：賦《詩》斷章，余取所求焉。"按癸強顏藉口，而道出春秋以來詞令一法。"賦《詩》"者，引《詩》也，如昭公元年，子皮"賦《野有死麕》之卒章"，趙孟"賦《常棣》"，即其一例。他若《中庸》引《大雅·旱麓》，孔穎達《正義》曰："此引斷章，故與《詩》義有異也"；《大學》引《商頌·玄鳥》，《正義》曰："此記斷章。"蓋"斷章"乃古人慣爲之事，經籍中習見。皆假借古之"章句"以道今之"情物"（二詞本《南齊書·文學傳》陸厥與沈約書），同作者之運化；初非徵援古語以證明今論，如學者之考信。何良俊《四友齋叢説》卷一論"孔門説《詩》"不以"文句泥"；曾異撰《紡授堂文集》卷五《復曾叔祈書》謂"左氏引《詩》，皆非《詩》人之旨"；盧文弨《抱經堂文集》卷三《校本〈韓詩外傳〉序》稱"《詩》無定形，讀《詩》亦無定解"，"援引各有取義，而不必盡符乎本旨"。

　　【增訂四】《後村詩話》卷二："晉將攻鄭，令叔向聘焉，視其有人與無人。子産爲之詩曰：'子惠思我，褰裳涉洧；子不我思，豈無他士？'叔向歸曰：'鄭有人焉，不可攻也。'按《涉洧》之章，乃男女恩怨相爾汝之詞，子産言：'晉不

我撫，豈無秦、荊可事乎？'古人舉詩，詞不迫切，而意已
獨至，皆類此。"按此事見《呂覽・求人》，尤"斷章"之佳
例。參觀《談藝錄》第二八則"禪人活參話頭"條補訂。

後世詞章之驅遣古語、成句，往往不特乖違本旨，抑且竄易原
文，巧取豪奪；如宋人四六及長短句所優爲，以至"集句"成文
之巧，政"賦《詩》斷章"之充類加厲，撏撦古人以供今我之用
耳[1]。羅泌《路史・發揮》卷五謂哀公十六年誄孔子集《詩・南
山》之"昊天不弔"、《十月之交》之"不憖遺一老"、《閔予小
子》之"嬛嬛在疚"，是"斷章"以成章之朔。《世說》取簡文引
"無小無大，從公於邁"及"某在斯"、韓康伯引"無可無不可"
等，入《言語》門；取鄭康成婢引"胡爲乎泥中"及"薄彼之
怒"等，入《文學》門。足徵"斷章"亦得列於筆舌妙品，善運
不亞善創，初無須詞盡己出也。說理參禪，每刺擷詩詞中言情寫
景之句，聊資津逮，如《五燈會元》卷一九昭覺克勤章次引"小
艷詩"及卷十九象耳圓覺章次引蘇、黃詩，《河南程氏外書・時
氏本拾遺》及《朱子語類》卷九七引石曼卿詩，以至《靜菴文
集》續編《文學小言》五引晏、柳、辛詞；莫非"孔門說《詩》"
之遺意。《東塾讀書記》卷三稱孟子"引《烝民》之詩，以證性
善，性理之學也，引'雨我公田'，以證周用助法，考據之學
也"；則發明《詩》之本旨，故曰"證"曰"考"，絕非"斷章"
以"取所求"，不得混爲一談也。

---

① E. Staiger："Entstellte Zitate"："Es wird in Wahrheit *angeeignet*"（*Die Kunst der Interpretation*，162）. Cf. M. de Wolfe Howe, ed., *The Pollock-Holmes Letters*，II，285："All is fair in quotation".

慶封"則以其內寶，遷于盧蒲嫳氏，易內而飲酒"；《註》："'內寶'、寶物妻妾也。"按昭公二十八年，"晉祁勝與鄔臧通室"，《註》："易妻"；"易內"亦"通室"之義，《魏書·閹宦傳》王顯彈抱老壽所謂"易室而姦"。《山歌》卷三《交易》、《拍案驚奇》初刻卷三二、鮑卡邱及拉芳旦小說中皆寫此類事①，即《共產黨宣言》第二節所斥"以互誘彼此妻室爲至樂"（finden ein Hauptvergnügen darin, ihre Ehefrauen wechselseitig zu verführen），西方今日頹風惡俗之一（swinging）也。初民婚姻有"夫妻互易"制（exchange marriage），則別是一事。

----

① Boccaccio, *Il Decamerone*, VIII.8, Hoepli, 519 ff.；La Fontaine, *Contes et Nouvelles*, IV.5 "Les Troqueurs", Garnier, 306 ff..

四七　昭公元年（一）

　　"伍舉知其有備也，請垂櫜而入"；《註》："示無弓。"按即
《國語·齊語》之"弢無弓"。《齊語》又記桓公輕諸侯之幣而重
其禮，"諸侯之使，垂櫜而入，稇載而歸"，韋昭註："'垂'言空
而來，'櫜'、囊也；重而歸，'稇'、縶也"；《晉語》："故輕致諸
侯而重遣之"，韋註："'輕'謂垂櫜而入，'重'謂稇載以歸。"
夫均謂空手上門耳，而一指不持兵刃，後世曰"赤手"，一指不
攜錢帛，後世曰"白手"，"垂櫜"蓋兼兩義；此又須斷以"詞之
始終"者。

　　"楚公子圍設服離衛"一節。按叔孫穆子、子皮、子家輩十
人指點議論，伯州犂窮於酬對，後世白話小說及院本賓白寫七嘴
八舌情景，庶有足嗣響者，如《長生殿》卷一第五折《禊遊》、
卷四第一折《彈詞》、《儒林外史》第二回范進中舉、衆人與胡屠
戶，《紅樓夢》第一七回賈寶玉擬聯額、衆清客與賈政，皆其例
也。《史記》、《漢書》記言似未辨此。

　　子羽謂子皮曰："齊、衛、陳大夫其不免乎！國子代人憂，
子招樂憂，齊子雖憂勿害……皆取憂之道也。憂必及之"；
《註》："國弱、齊惡當身各無患。"按《左傳》記知言者論祥

殃，莫不驗如影響，此獨變例。又《左傳》記夢皆驗，如哀公二十六年，樂得曰："余夢美，必立"；而昭公四年，穆子"召而見之，則所夢也，……遂使爲豎，有寵"；《註》："《傳》言從夢未必吉"，則又變例也。昭公十五年，叔向曰："王其不終乎！吾聞之，所樂必卒焉，今王樂憂"；二十五年，"飲酒樂，宋公使昭子右坐，語相泣也，樂祁佐，退而告人曰：'今茲君與叔孫其皆死乎！吾聞之，哀樂而樂哀，皆喪心也'"；《國語·晉語》二舅犯曰："以喪得國，則必樂喪，樂喪必哀生。"皆可與"子招樂憂"參觀。桓公九年，"享曹太子，初獻，樂奏而歎"，施父曰："曹太子其有憂乎？非歎所也"；《正義》："臨樂而歎，是父將死，而兆先見也。"竊謂曹太子或殷憂親病，不能自掩，故公讌失儀；施父之語，祇是此意，孔《疏》遽以凶兆解之，蓋迎合左氏之"巫"耳。"樂憂"、"樂哀"即柏拉圖論雜糅不純之樂趣（plaisirs mélangés）所言"亦甜亦苦"（douceur mêlée d'amertume），如怒亦挾喜、哀亦兼樂[1]；蒙田嘗以蘋果之酸而甘者（comme des pommes doucement aigres）喻之[2]。蘇軾稱柳宗元《南澗》詩"憂中有樂，樂中有憂"；常語亦曰"痛快"，若示痛與快並。

【增訂四】《論語·里仁》："子曰：'父母之年，不可不知也。一則以喜，一則以懼'"；孔或作包或作鄭註："見其壽考則喜，見其衰老則懼。"此亦"憂中有樂、樂中有憂"之古例。杜甫《姜楚公畫角鷹歌》："觀者貪愁掣臂飛"，正復類此，謂一則以

---

[1] *Philèbe*，46-48，*Oeuvres complètes*，"Bib. de la Pléiade"，II，603 ff..
[2] Montaigne，*Essais*，II.20，"Bib. de la Pléiade"，654.

"貪"，愛其俊鷙，一則以"愁"，憂其飛去也。

近人區別"雜糅情感"（das Mischgefühl）爲和静（ruhig）與激厲（prickelnd）二類①，一陰柔而一陽剛；"樂憂"、"樂哀"當屬前類也。蓋吾國古人於心性之學説，僅標"六情"、"七情"之目，千載未嘗有所增損（參觀黃式三《儆居集·經説》卷三《七情、六情説》）；而其於心性之體會，致曲鈎幽，談言微中，經、史、子、集、小説、戲曲中歷歷可徵，斷非《禮記》之《禮運》、《中庸》或《白虎通》之《性情》所能包舉。《左傳》言"樂憂"、"樂哀"，即已拈出雜糅情感；《太平御覽》卷二五五引《桓氏家傳》載桓範謝表云："喜於復見選擇，慚於不堪所職，悲於戀慕闕廷；三者交集，不知所裁"，又自省之古例焉。培根早謂研求情感（affections），不可忽詩歌小説，蓋此類作者於斯事省察最精密（the poets and writers of histories are the best doctors of this knowledge）②；康德《人性學》亦以劇本與小説（ja Schauspiele und Romane...ein Richardson oder Molière）爲佐證（Hilfsmittel）③；近世心析學及存在主義論師尤昌言詩人小説家等神解妙悟，遠在心理學專家之先④。持之不爲無故。如《三國志·魏書·武帝紀》裴註引《九州春秋》："時王欲還，出令曰：'雞肋'"，祇是曹操欲班師而出以隱語耳；而《三國演義》第七十二回："操

---

①　R. Müller-Freienfels，*Psychologie der Kunst*，I，140−1.

②　Bacon，*Advancement of Learning*，Bk. II，ed. A. Wright，209.

③　Kant，*Anthropologie*，"Vorrede"，*Werke*，hrsg. E. Cassirer，VIII，5.

④　Cf. L. Fraiberg，*Psychoanalysis and American Literary Criticism*，4，6，7；Simone de Beauvoir，*L'Existentialisme et la Sagesse des Nations*，119（Proust et Ribot）.

見碗中有雞肋，因而有感於懷。正沉吟間，夏侯惇入帳稟請夜間口號，操隨口曰：‘雞肋！雞肋！’”則操不自覺而流露“肺腑”之隱衷，心析學所謂“失口”（Versprechen）之佳例①。又如《水滸》第二五回：“原來這婦人往常時只是罵武大，百般的欺負他，近來〔與西門慶私通〕自知無禮，只當窩盤他”；婦初未知武大已聞鄆哥之發其“勾搭”，而自覺虧心，乃稍減悍潑，心析學所謂“反作用形成”（reaction formation）之佳例矣②。參觀《毛詩》卷論《伯兮》、《列子》卷論《周穆王》及《楊朱》篇。

【增訂三】“窩盤”亦作“窩伴”，《警世通言》第二四卷《玉堂春落難逢夫》：“沈洪……安頓了蘇三，自己却去窩伴皮氏。”今吾鄉等地口語尚云然。

【增訂四】潘金蓮通西門慶後，“自知無禮”，於武大不“欺負”而“窩盤”（《古今小説》卷六《葛令公》有“窩伴他”，而卷一六《柳七郎》有“窩盤三個”）。福樓拜亦洞矚此種心曲隱衷，《包法利夫人》寫愛瑪與萊昂偷情節中重言申明之，不似《水滸》之著墨無多也(D'ailleurs, Charles l'attendait; et déjà elle se sentait au coeur cette lâche docilité qui est, pour bien des femmes, comme le châtiment tout à la fois et la rançon de l'adultère. —Madame Bovary, III.ii, Conard, p.339; Elle était pour son mari plus charmante que jamais, lui faisait des crèmes à la pistache et jouait des valses après dîner. Il se trouvait donc le plus fortuné des mortels. —ib. III.v, p.373)。

---

① Freud, *Zur Psychopathologie des Alltagslebens*, 8. Aufl., 63, 114-8.
② J.G.Flugel. *Man*, *Morals and Society*, 69-70.

四八　昭公元年（二）

　　醫和曰：“疾不可爲也。是謂近女室，疾如蠱，非鬼非食，惑以喪志。”按黄生《義府》卷上釋此節最確，其謂當於“女”字斷句，四字成句，二句爲韻，《經義述聞·左傳》下記王念孫語暗與之合，而遠在其後。

四九　昭公五年

　　楚子欲辱晉，大夫莫對，薳啟彊曰："可！苟有其備，何故不可？……未有其備，使群臣往遺之禽，以逞君心，何不可之有？"《正義》："發首言'可'，此云'何不可之有'，言其可也，紹上'可'之言。"按説殊皮相。首言有備則可，中間以五百餘字敷陳事理，末言無備則必不可，而反言曰"何不可"，陽若語紹，陰則意違。此節文法，起結呼應銜接，如圓之周而復始。《中庸》"道之不行也，我知之矣"一節，結云"道其不行矣夫！"，首尾鈎連；以斷定語氣始，以疑歎語氣終，而若仍希冀於萬一者，兩端同而不同，彌饒姿致。若《大學》"故君子必慎其獨也"節，《鄉飲酒義》"吾觀於鄉而知王道之易易也"節，《公羊傳》桓公二年"孔父可謂義形於色矣"節、僖公十年"苟息可謂不食其言矣"節、莊公十二年"仇牧可謂不畏强禦矣"節、《戰國策·趙策》三"勝也何敢言事"節，首句尾句全同，重言申明，此類視《左傳》、《中庸》，便苦板鈍。如《檀弓》曾子怒曰："商，汝何無罪也！……而曰爾何無罪歟？"；《穀梁傳》僖公十年，"里克所爲殺者，爲重耳也。夷吾曰：'是又將殺我乎？'……故里克所爲弑式者，爲重耳也。夷吾曰：'是又將殺我也！'”；此類掉尾收合，稍出以變化，遂較跌宕。《孟子·梁惠王》章孟子對曰：“王何必曰利？亦有仁義而已矣。……王亦曰仁義而已矣，何必曰利！”；回環而顛倒之，順下而逆接焉，兼圓與又（見《毛詩》卷論《關雎》五），章法句法，尤爲緻密。試拈《楚策》三陳軫曰：“舍之，王勿據也；以韓侈之智，於此困矣。……舍之，王勿據也；韓侈之智，於此困矣”；順次呼應，與《孟子》相形，風神大減。蘇軾《東坡後集》卷一一《志林》一：“蘇子曰：'武王非聖人也！'……故曰：'武王非聖人也！'”；又二：“蘇子曰：'周之失計未有如東遷之繆者也！'……故曰：'周之失計未有如東遷之繆者也！'”古文家所胝沫摹擬，亦祇圓而未兼义也。包世臣《藝舟雙楫》卷一《文譜》似忽此製。古希臘人言修詞，早謂句法當具圓相(in an orb or circle)①,然限於句(period),不過似《莊子·在宥》篇之“意〔噫〕！甚矣哉其無愧而不知恥也甚矣！”，《公孫龍子·名實論》之“至矣哉，古之明王！審其名實，慎其所謂，至矣哉，古之明王！”或《列子·楊朱》篇之“其唯聖人乎，公天下之身，公天下之物，其唯至人矣”，未擴而及於一章、一節、一篇以至全書也。浪漫主義時期作者謂詩歌結構必作圓勢(Der Gang der modernen Poesie muss cyklisch d. h. cyklisierend sein)②,其形如環，自身回轉(die Form des Kreises，die unendlich in sich selbst zurückläuft)③。近人論

---

①　Demetrius，*On Style*，I，II，in *Aristotle*，*Longinus and Demetrius*，“Loeb”，305.

②　F. Schlegel，*Literary Notebooks*，ed. H. Eichner，p. 68，§548；cf. p. 70，§566.

③　F. Stritz. *Deutsche Klassik und Romantik*，S. 302-303.

小説、散文之善於謀篇者，線索皆近圓形(a circle or ellipse)，結
局與開場復合(the conclusion reuniting with the beginning)①。
或以端末鈎接，類蛇之自銜其尾(le serpent qui se remord la
queue)，名之曰"蟠蛇章法"(la composition-serpent)②。陳善
《捫蝨新話》卷二亦云："桓温見八陣圖，曰：'此常山蛇勢也。
擊其首則尾應，擊其尾則首應，擊其中則首尾俱應。'予謂此非
特兵法，亦文章法也。文章亦應宛轉回復，首尾俱應，乃爲盡
善。"《左傳》、《孟子》、《中庸》、《穀梁傳》諸節，殆如騰蛇之欲
化龍者矣。

① Vernon Lee, *The Handling of Words*, 9.

② L. Guichard, *L'Oeuvre et l'Âme de Jules Renard*, 329–330. Cf. Coleridge, *Collected Letters*, ed. E. L. Griggs, III, 545, to Cottle: "The common of *all narrative*, nay, of *all* poems is…to make those events…assume to our Understandings a *Circular* motion—the Snake with it's Tail in it's Mouth."

五○　昭公七年

　　子産論伯有爲鬼曰：“匹夫匹婦强死，其魂魄猶能馮依於人，以爲淫厲。”按《淮南子·俶真訓》云：“是故傷死者，其鬼嬈，時既者，其神漠，是皆不得形神俱没也”；高誘註：“嬈，煩嬈，善行病祟人。”可爲子産語作箋。蓋謂壽終者之鬼不厲，後世“枉死鬼”、“冤魂”之説始見於此。

五一 昭公十一年

申無宇曰："末大必折，尾大不掉，君所知也"；《正義》："末大以樹木喻也，尾大以畜獸喻也。……《楚語》云：'……譬之如牛馬，處暑之既至，虻蚤之既多，而不能掉其尾。'"按《韓非子·揚權》篇："爲人君者，數披其木，毋使枝大本小，枝大本小，將不勝春風"。西諺則謂狗不能掉尾而尾將掉狗（The tail wags the dog）。

五二　昭公十二年

　　南蒯將叛，枚筮之，以爲大吉，子服惠伯曰："吾嘗學此矣：忠信之事則可，不然必敗。……且夫《易》不可以占險。"按《困學紀聞》卷一引《正蒙·大易》篇："《易》爲君子謀，不爲小人謀"，以朱子語釋之："聖人作《易》，示人以吉凶，言'利貞'，不言'利不貞'，言'貞吉'，不言'不貞吉'，言'利禦寇'，不言'利爲寇'也。"翁元圻註即引《左傳》此節闡發，而誤爲僖公二十年。實則其意已見於《論語·子路》："'不恒其德，或承之羞'；子曰：'不占而已矣！'"鄭玄註："《易》所以占吉凶，無恒之人，《易》所不占"，正與子服惠伯語印可。王符《潛夫論·夢列》篇論"人位之夢"云："同事，貴人夢之即爲祥，賤人夢之即爲妖，君子夢之即爲榮，小人夢之即爲辱"；亦歸一揆，占夢固卜筮之類。鬼神之善善惡惡復即鬼神之炎涼勢利也。

五三　昭公十七年

　　梓慎曰："水、火之牡也";《正義》:"陰陽之書有五行嫁娶之法，火畏水，故以丁爲壬妃，是水爲火之雄。"按昭公九年，楚滅陳，裨竈曰："火、水妃也";《漢書·五行志》上:"陽奇爲牡，陰耦爲妃。故曰:'水、火之牡也'，'火、水妃也'。於《易》，坎爲水，爲中男;離爲火，爲中女";《易林·革》之《井》:"水爲火牡。"《書·洪範》:"水曰潤下，火曰炎上";《參同契》中篇:"男生而伏，女偃其軀，及其死也，亦復效之"，又蘇軾《志林》卷三:"男子之生也覆，女子之生也仰，其死於水也亦然"(《朱子語類》卷七六略同)，與西方傳説適反[1];水爲男而火爲女，疑出於二事之牽合，以覆下爲潤、仰上爲炎耳。《全唐文》卷三三四劉知古《進〈日月元樞論〉表》:"一陰一陽而爲水火，火以水爲夫，水以火爲妻";韓愈《陸渾山火》:"女丁婦壬傳世婚，一朝結讐奈後昆";皆沿古説。顧《禮記·表記》已

---

　　① Leonardo da Vinci，*The Notebooks*，tr. E. MacCurdy，I，210，212："A dead Woman lies face downwards in water，a man the opposite Way." Cf. Mark Twain，*Huckleberry Finn*，ch.3："I knowed mighty well that a drowned man don't float on his back，but on his face" etc. .

曰："母、親而不尊，父、尊而不親；水之於民也，親而不尊，
火、尊而不親";《白虎通·五行》篇曰："火者、陽也，尊，故
上；水者、陰也，卑，故下";邵雍《擊壤集》卷一六《治亂吟》
之四亦言："火能勝水；火不勝水，其火遂滅。水能從火；水不
從火，其水不熱。夫能制妻；夫不制妻，其夫遂絕。妻能從夫；
妻不從夫，其妻必孽";晁説之《嵩山集》卷九《和許嵩老江上
舟災》："丙穴烘天誰得及，丁翁奔日更難如。"唐宋以來方術及
小説家言亦以火爲男而水爲女。如《五燈會元》卷一○南唐僧清
勉曰："丙丁童子來求火"，玄則参釋曰："丙丁屬火而更求火，
如將自己求自己";張伯端《悟真篇》卷下《西江月》："更假丁
公煅煉";夏元鼎《蓬萊鼓吹·西江月》："要得丁公煅煉"，又
《水調歌頭》："感嬰兒，交姹女，愛丁公";《女仙外史》第九二
回寫火首毘耶與剎魔公主鬬法事。姚燧《牧菴集》卷三四《道中
即事》之一一："解使水男親火女，即爲木母嫁金翁"，以火爲女
而水爲男，仍用古説，其例不多見。孔疏曰："火畏水，故水雄
而火雌"，而《韓非子·備内》篇曰："今夫水之勝火亦明矣，然
釜鬵間之，水煎沸竭盡其上，而火得熾盛焚其下，水失其所以勝
者矣。"是水時復畏火，則方士之言爐火丹鼎者，如《西遊記》
第七三回所謂"千斤熬一杓，一杓煉三分"，宜稱火曰"公"矣。
爲虎爲鼠，一彼一此，趙孟不云乎："何常之有!"

五四　昭公十八年

　　"往者見周原伯魯焉，與之語，不説學。……閔子馬曰：'周其亂乎！夫必多有是説，而後及其大人；大人患失而惑，又曰：可以無學，無學不害'"；《註》："患有學而失道者，以惑其意"；《正義》："大人患其國内有多學而失其道者，而疑惑於此言，謂此言有道理也。"按孔疏誤甚。"惑"承"失"來，非謂大人爲此言所惑，乃謂大人患民有學則失正道而生惑亂，如《史記・秦始皇本紀》李斯所謂："不師今而學古，惑亂黔首。"愚民之説，已著於此。《老子》六五章："古之善爲道者，非以明民，將以愚之，民之難治，以其智多"，故《河南二程遺書》卷二五云："秦之愚黔首，其術蓋出於老子"；實則原伯魯輩主張無以大異。

　　【增訂一】《三國志・魏書・高堂隆傳》載明帝詔："故閔子譏原伯之不學，荀卿醜秦世之坑儒"；一若秦在始皇前已"坑儒"，而荀子早譏切之者。不識何本，裴亦未註。然其以原伯魯語與秦事連類儷詞，則大似知二者之同歸於"愚民"也。

《論語・泰伯》："民可使由之，不可使知之"，鄭玄註引《春秋繁露》"民、暝也"爲釋（參觀《全後漢文》卷四六崔寔《政論》："人［民］之爲言暝也"）；《莊子・胠箧》："絶聖棄智，大盜乃止”；《商君書》尤反復丁寧，如《墾令》：“民不貴學則愚”，《壹言》：“塞而不開則民渾。”蓋斯論早流行於周末，至始皇君臣乃布之方策耳。《孫子·九地》：“將軍之事，静以幽，正以治，能愚士卒之耳目，使之無知”；然則愚民者，一言以蔽之，治民如治軍，亦使由而不使知也。文章學問復可爲愚民之具，“明”即是“瞑”，見即爲蔽，則原伯魯、李斯之所未窺，宋晁説之始致慨焉。《嵩山文集》卷一三《儒言》：“秦焚《詩》、《書》，坑學士，欲愚其民，自謂其術善矣。蓋後世又有善焉者。其於《詩》、《書》則自爲一説，以授學者，觀其向背而寵辱之，因以尊其所能而增其氣焰，因其黨與而世其名位，使才者顓而拙、智者固而愚矣”；蓋爲王安石“新學”而發（參觀卷一《元符三年應詔言事》斥《三經義》“塗人耳目，窒人聰明”）。陳允衡《詩慰·萬茂先詩選·丙子述懷》：“笑殺坑儒癡獨絶，不將文字作長平！”；顧炎武《日知録》卷一六《擬題》：“八股之害，等於焚書，而敗壞人才，有甚於咸陽之郊所坑者但四百六十餘人也”；廖燕《二十七松堂文集》卷一《明太祖論》：“明太祖以制義取士，與秦焚書之術無異，特明巧而秦拙耳，其欲愚天下之心一也”；皆爲八股文而發，旨則與晁氏之詆“新學”同。明、清之交，言之者實繁有徒，如曾異撰《紡授堂詩集》卷二《癸酉春送周子立北上》又卷三《讀兩生藝》、李世熊《寒支初集》卷二《沙縣〔教〕諭謝魯〔生〕先生膺薦序》、曾燦《六松堂文集》卷一二《魏叔子文集序》、梁份《懷葛堂集》卷三《送孫效李歸桐城序》、傅山《霜紅龕全集》卷一五《書成弘文後》、黄宗羲《明文授讀》卷三〇傅占衡《吳、陳二子選文糊壁記》、董説《西遊補》第四回等。

【增訂三】明季持此論最痛切者爲趙南星，《味蘗齋文集》卷五

《周元合文集序》："［秦政］徒焚書坑儒，以愚天下之人。……後世師其意而反之，乃使天下之人各受經，習其師説，而取剿襲鄙淺之文。凡稍有才智欲富貴者，皆俯首肄習。命運利者，菽麥不辨，而已服官政。數奇，則日夜唔咿，皓首寒窗，老而後已。故秦以焚書坑儒，愚天下之人，而後世以讀書爲儒，愚天下之人，使天下之人漸漬於其中，日以迂腐趑趄，不能爲亂，亦不能爲治。……千百世而下，……必有痛哭流涕而切齒秦政者，賈生之《論》未盡其罪之萬一也。"

明之亡也，當時盛傳有人公揭紅帖云："謹具大明江山一座、崇禎夫婦二名，奉申贊敬。通家生文八股頓首拜"（鄭達《野史無文》卷四引王世德《崇禎遺録》、呂留良《東莊詩集·悵悵集·真進士歌贈黃九烟》、賀貽孫《水田居存詩》卷二《甲申寫怨》第三首、屈復《弱水集》卷九《春日雜興》第四首、周同谷《霜猿集》第八〇首等）；痛心疾首，發爲暴謔。清季國弱民貧，苞桑滋懼，勝朝舊話，遂若重提。馮桂芬《校邠廬抗議·改科舉議》記饒廷襄曰："明祖以時文取士，其事爲孔、孟明理載道之事，其術爲唐宗'英雄入彀'之術，其心爲始皇焚書坑儒之心"，林則徐舉酒相屬，歎爲"奇論!"。浸假而"奇論"亦成常談，如黃遵憲《人境廬詩草》卷一《雜感》第四首、王先謙《虛受堂文集》卷一《科舉論》之類，皆與明遺民之論闇合。有激而"論"，無"奇"不有，如元鄭玉《師山文集》自作《序》毒詈韓、柳、歐、蘇"塗天下之耳目，置斯民於無聞見之地；道之不明，文章障之，道之不行，文章尼之"；則八家"古文"之愚民，罪且浮於八股"時文"矣!《圓覺經》云："有照有覺，俱名障礙"；《陽明傳習録》卷下云："食了要消化，若徒蓄積在肚裏，便成痞了。

博聞多識，留滯胸中，皆傷食之病也。"夫苟忘本失中，覺照執着而生障，飲食滯結而成病，"文章"以及"明理載道"之事固無不足以自愚愚人。愚民之術亦可使愚民者並自愚耳。

【增訂四】莎士比亞《暴風雨》中半獸人(Caliban)恨見役於主翁(Prospero)，嗾轟醉諸水手焚其藏書，曰："毋忘首奪其書；彼失書則愚與我等。焚其書斯可矣"(Remember/ First to possess his books; for without them/He's but a sot，as I am.../Burn but his books. — *The*，*Tempest*，III，ii)。蓋"燔書"以"愚主"也；與夫燔書以愚民，如反覆手耳。較之勸讀書以窒民智，尚是火攻下策耳。

五五　昭公十九年

　　《經》："許世子止弑其君買"；《傳》："許悼公瘧，……飲大子止之藥卒。……書曰：'弑其君'。君子曰：'盡心力以事君，舍藥物可也'"；《正義》："輕果進藥，故罪同於弑，雖原其本心，而《春秋》不赦其罪。"按服虔註謂進藥而"不由醫"，故國史書"弑"。隱公元年《經》書"鄭伯克段"，《傳》曰"謂之鄭志"，是誅心之筆；此處《經》書"止弑其君"，《正義》言"原本心而不赦罪"，是誅迹之筆。倫理學有主意願（Gesinnungsethik）與主事效（Erfolgsethik）之別[1]，亦即《孟子・滕文公》答彭更所謂"志"與"功"。《穀梁傳》宣公二年以止與趙盾並舉爲忠與孝之"至"，是意願論也。晁説之《嵩山集》卷一七《趙懿簡〈春秋經解〉序》："有名世大儒爲矯枉之論曰：'隱非讓，盾、止實弑'，國中勇聞而嚮風，莫敢少異"，蓋述王安石語；錢謙益《牧齋初學集》卷二一《春秋論》五首亦專明盾、止之弑君；是事效論矣。

---

　　① 　Cf. M. Scheler, *Der Formalismus in der Ethik und die materiale Wertethik*, 4. Aufl. hrsg. Maria Scheler，131 ff. .

五六　昭公二十年

　　齊景公曰："和與同異乎?"晏子對曰："異! 和如羹焉，水火
醯醯鹽梅，以烹魚肉，燀之以薪，宰夫和之，齊之以味，濟其不
及，以泄其過。……君臣亦然。君所謂可，而有否焉，臣獻其否，
以成其可；君所謂否，而有可焉，臣獻其可，以去其否。……聲
亦如味，一氣、二體、三類、四物、五聲、六律、七音、八風、
九歌以相成也，清濁、大小、短長、疾徐、哀樂、剛柔、遲速、
高下、出入周疏以相濟也。……若以水濟水，誰能食之? 若琴瑟
之專壹，誰能聽之? 同之不可也如是!"按《國語·鄭語》史伯對
鄭桓公曰："夫和實生物，同則不繼。以他平他謂之和，故能豐長
而物歸之；若以同裨同，盡乃棄矣。……聲一無聽，物一無文，
味一無果，物一無講。"《論語·子路》章"君子和而不同"句，劉
寶楠《正義》引《左傳》、《國語》之文釋之，當矣。《管子·宙合》
篇論君臣之道如"五音不同聲而能調，五味不同物而能和"，已蘊
晏、史之旨。史不言"彼平此"、"異物相平"，而曰"他平他"，立
言深契思辨之理①。《孔叢子·抗志》篇："衛君言計是非，而羣臣

---

　　① Hegel, *Wissenschaft der Logik*，I. ii，Reclams "Universal-Bibliothek"，I,
137-8: "Wenn Wir ein Dasein A nennen, das andere aber B, so ist zunächst B als das
Andere bestimmt. Aber A ist ebensosehr, das Andere des B. Beide sind auf gleiche
Weise *Andere*".

和者如出一口。子思曰：……自是而戚之，猶卻衆謀，況和非以長乎?"子思之"和"，正晏、史之"同"也。《淮南子·説山訓》："事固有相待而成者：兩人俱溺，不能相拯，一人處陸則可矣。故同不可相治，必待異而後成"；高誘註全本晏子語。晏、史言"和"猶《樂記》云："禮者，殊事合敬者也，樂者，異文合愛者也"；"殊""異"而"合"，即"待異而後成"。古希臘哲人道此，亦喻謂音樂之和諧，乃五聲七音之輔濟，而非單調同聲之專壹。赫拉克利都斯反復言，無高下相反之音則樂不能和(There could be no attunement without the opposites high and low)，故同必至不和而諧出於不一(what agrees disagrees, the concordant is discordant)[1]。柏拉圖嘗引其語而發揮之，并取譬於愛情(la conciliation introduite par la musique eutreces opposés réalise amour)[2]。

【增訂一】按赫拉克利都斯所謂"和而不同,諧而不一",古羅馬詩篇中以爲常語。Horace, *Epist*., I.xii.19："rerum concordia discors"；Ovid, *Metam*., I. 433："discors concordia"；Manilius, *Astronom*., I.142："discordia concors."

蘇格拉底嘗謂國家愈統一愈佳，亞理士多德駁之曰：苟然，則國家將成個人，如和諧之斂爲獨音、節奏之約爲么拍(like harmony passing into unison, or rhythm which has been reduced to a single foot)[3]。

【增訂三】孟德斯鳩嘗論亞洲之專制一統(l'accord du despot-

---

① *Fragments*, §§43, 59; cf §§45, 46; in *Hippocrates and Heraclitus*, "Loeb", IV, 485, 489.

② *Le Banquet*, 187 a-c, *op. cit.*, I,713.

③ *Politics*, II.ii andv; *op. cit.*, 1146, 1152.

isme asiatique)不足爲訓，政體當如音樂，能使相異者協，相反者調，歸於和諧(la vraie〔union dans un corps politique〕est une union d'harmonie，qui fait que toutes les parties quelques opposées qu'elles nous paraissent concourent au bien général de la société，comme des dissonances de la musique concourent à l'accord total——Montesquieu，*Considérations sur les Causes de la Grandeur des Romains et de leur Décadence*，ch.9)。正晏子所言"和"非即"同"也。

文藝復興時最喜闡發相反相成之理(la coincidenza de contrarii)者，所見當推布魯諾(Bruno)①，謂專壹則無和諧(Non é armonia e concordia dove è unità)②；近世美學家亦論一致非即單調(Eintracht，nicht Einklang)③。其旨胥歸乎"和而不同"而已。晏子別"和"於"同"，古希臘詩人謂爭(strife)有二，一善而一惡，前者互利，後者交殘④；"善爭"與"和"亦騎驛可通者。

"飲酒樂。公曰：'古而無死，其樂若何!'晏子對曰：'古而無死，則古之樂也，君何得焉? ……古若無死，爽鳩氏之樂，非君所願也!'"按《全唐文》卷二六一李邕《諫鄭普思以方技得幸疏》云："陛下今若以普思有奇術，可致長生久視之道，則爽鳩氏久應得之，永有天下，非陛下今日可得而求"，下文復言仙方則秦皇、漢武永有天下，佛法則漢明、梁武永有天下，即本《左傳》此文而鋪演者。

---

① *Spaccio de la Bestia Trionfante*，Dialogo I，*op. cit.*，474.
② *De gli Eroici Furori*，Dialogo IV；*op. cit.*，616.
③ Croce，*Estetica*，10ᵃ ed.，415 (R. Zimmermann).
④ Hesiod，*Works and Days*，"Loeb"，3-5.

五七 昭公二十二年

"賓孟適郊，見雄雞自斷其尾，問之侍者，曰：'自憚其犧也。'"按陸佃《埤雅》卷四《狨》云："取其尾爲臥褥、鞍被、坐毯。狨甚愛其尾，中矢毒，即自囓斷其尾以抑之，惡其爲深患也。氂牛出西域，尾長而勁，中國以爲纓，人或射之，亦自斷其尾。左氏所謂'雄雞自斷其尾'。"夫中矢方自斷其尾，則二獸見事遲於此雞多多矣。故董逌《廣川畫跋》卷四《雄雞斷尾圖》云："余聞麝被逐則自抉其臍；猩猩被執則囓其膚；蚺蛇取膽者或不死，見人則示其創處；翠碧人網得之，不急取則斷其羽毛。凡物憚爲世用者，其慮皆知出此，然不若雄雞先患而預圖之。"此雞殆禽中之"新豐折臂翁"哉！西方傳說，海獺見逐，即自囓斷其外腎而逃，知人所欲得止此也①；《堂·吉訶德》中嘗取爲比喻②，亦可參觀。

【增訂四】古羅馬博物志謂，豪豬遭獵危急，輒遺溺，沾浹遍體；蓋知人欲得其身上棘毛，而著溺則皮腐毛損也（Pliny，*Natural History*，VIII，§134，Loeb，Vol. III，p.94）。亦雄雞斷尾、海獺囓腎、新豐翁折臂之類。

---

① Erasmus，*Adagia*："Ut vivat castor，sibi testes amputat ipse，"*Anatomy of Melancholy*，Part. II，Sect. III，Mem. VI，Bell，II，215.

② *Don Quijote*，I，cap. 21，"Clásicos Castellanos"，II，167.

五八　昭公二十八年（一）

魏子曰：“吾聞諸伯叔，諺曰：‘惟食忘憂。’”按此諺殊洞達情理。有待之身，口腹尤累，詩人名句“切身經濟是加餐”（張問陶《乙巳八月出都感事》之四），所以傳誦。憂心如焚不敵饑火如焚；“食不甘味”、“茶飯無心”則誠有之，然豈能以愁腸而盡廢食腸哉？李漁《凰求鳳》第二二齣呂哉生云：“長吁短歎、不言不語都做得來，那不茶不飯四個字卻有些難”，正謂是也。嵇康《養生論》稱述“曾子銜哀，七日不饑”；欲成己說，不惜過信古書，亦通人之蔽耳。儒者如葉適即疑其事之不實，《習學記言序目》卷八《禮記》：“曾子執親之喪，水漿不入於口者七日；自言之乎？”，又：“曾子既以七日不入水漿自言，而樂正子春又以五日不食爲悔；師弟子之學，矯情而求名若此，……其不然也必矣！”荷馬史詩中奧德修斯曰：“吾雖憂傷，然思晚食。吾心悲戚，而吾腹命吾飲食，亦可稍忘苦痛”（Even as I bear sorrow in my heart, but my belly ever bids me eat and drink, and brings forgetfulness of all that I have suffered)[1]。與魏子引諺契會。一古希臘小詩云：“居喪諒闇，而亦飲食；荷馬有言，哀悼

---

①　*Odyssey*, XII. 215 ff..

以心不以腹"（Eat and drink and keep silence in mourning; for
we should not, as Homer said, mourn the dead with our bel-
ly）[1]。維果不解荷馬載筆之家常親切、質而不綺，乃責怪其寫
奧德修斯等憂傷時唯酗酒以消塊壘（sono afflitissimi d'animo,
porre tutto il lor conforto in ubbriacarsi）[2]，未爲知言。許來格稱
荷馬敍述大事，而於飲食卧起等人生瑣屑（die weniger bedeu-
tenden, aber zum stetigen Fortgang notwendigen z. B. das Auf-
stehen, Zu-Bettgehen, Essen, Trinken usw.），未嘗抛置[3]。後世
小説家有悟於斯，故塞萬提斯寫吉訶德病危將死，其姪女餐飯
如常，其管家婦不停酒杯（pero, con todo, comía la Sobrina,
brindaba el Ama）[4]；

【增訂三】塞萬提斯書第二部第五五章引諺："肚子吃飽，痛苦
能熬"（楊絳譯本下册三九〇頁，原文爲"Todos los duelos con
pan son buenos"—ed. Marín, VIII, 11）尤貼切"惟食忘憂"。

伏爾泰寫一人失其所歡，又殺其所歡之弟，與僕逃，中途，僕請
進食，其人慨然曰："吾腸斷心疚，汝何爲欲吾食火腿乎!"
（Comment veux-tu que je mange du jambon?），且談且啖（En
parlant ainsi, il ne laissa pas de manger）[5]；斐爾丁亦寫悲深憂極
而終須飲食（yet the sublimest grief, not with standing what some

---

① 　*Greek Anthology*, X. 47, Palladas, "Loeb", IV, 27.

② 　*Scienza Nuova*, § 784, *op. cit.*, 731.

③ 　A. W. Schlegel: "Goethes 'Hermann und Dorothea'", *Kritische Schriften
und Briefe*, W. Kohlhammer, I, 47; cf. A. Huxley, *Music at Night*, 7（Tragedy and
the Whole Truth）.

④ 　*Don Quijote*, pt. II, cap. 74, "Clássicos Castellanos", VIII, 330.

⑤ 　*Candide*, ch. 16, *Romans et Contes*, "Bib. de la Pléiade", 179.

people may say to the contrary，will eat at last)①。《紅樓夢》"凡歇落處每用吃飯"，護花主人於卷首《讀法》中説之以爲"大道存焉"，著語迂腐，實則其意祇謂此雖日常小節，乃生命所須，飲食之欲更大於男女之欲耳。嘗見英國一大史家日記有云："好友病革。心甚悲痛。然吾晚餐如恒"（Poor Henry Hallam is dying. Much distressed. I dined，however)②；蓋自認不能憂而忘食也。費爾巴哈云，心中有情，首中有思，必先腹中有物（Die erste Bedingung，daβ du etwas in dein Herz und deinen Kopf bringst，ist：daβ du etwas in deinen Magen bringst)③。然則"唯食忘憂"祇道着一半；唯有食庶得以憂，無食則不暇他憂而唯食是憂矣。古希臘又一小詩云："患相思病者之對治無過饑餓，歲月亦爲靈藥"（Hunger puts an end to love，or if not hunger，time)；但丁名句："饑餓之力勝於悲痛"（Poscia，più che'l dolor，poté'l digiuno)④；皆道此也。

---

①　*Tom Jones*，Bk. XVI，ch.3，"Everyman's Lib."，II，290.

②　G. O. Trevelyan，*Life and Letters of Lord Macaulay*，Longmans，546.

③　Feuerbach："Die Naturwissenschaft und die Revolution," *Sämtl. Werke*，hrsg. W. Bolin und F. Jodl，X，14.

④　*Greek Anthology*，IX，497，Crates，*op. cit.*，III，275；*Inferno*，XXXIII. 75.

五九　昭公二十八年（二）

　　"昔賈大夫惡，娶妻而美，三年不言不笑。御以如皋，射雉獲之，其妻始笑而言。賈大夫曰：'才之不可以已！我不能射，女遂不言不笑夫！'"按《隋唐嘉話》中載薛萬徹尚丹陽公主，公主羞其村氣，不與同席；太宗聞而置酒，召對握槊，賭所佩刀子佯爲不勝，解刀以佩之，主大悦，同載而還。關漢卿《玉鏡臺》第四齣温太真赴水墨宴，以能作詩，倩英成婚已"兩個月方才唤了'丈夫'"。情事劇類。《聊齋志異》卷四《妾擊賊》則"異史氏曰：嗚呼！射雉既獲，内人展笑；握槊方勝，貴主同車。技之不可以已也，如是夫！"

六〇　昭公三十年

　　伍員論伐楚曰："若爲三師以肄焉。……彼出則歸，彼歸則出，楚必道敝。亟肄以疲之，多方以誤之，既罷而後以三軍繼之，必大克之。"按《隋書‧裴仁基傳》李密問破王世充之計，仁基獻策，引"兵法所謂"云云，實出《左傳》此節；《孫子‧計篇》："佚而勞之"，李筌及杜牧兩註亦皆引伍員語闡釋。杜註并舉《三國志‧魏書‧袁紹傳》田豐獻破曹操之計，卻未及裴仁基獻破王世充之計。袁紹、李密均不能用也。《聊齋志異》卷九《大鼠》則尤能與古爲新，即小見大："然後知貓之避，非怯也，待其惰也。彼出則歸，彼歸則復，用此智耳。噫！匹夫按劍，何異鼠乎？"

六一　定公三年

　　"邾子在門臺，臨廷，閽以瓶水沃廷，邾子望見之，怒。閽曰：'夷射姑旋焉。'命執之。"按閽報去歲爲夷射姑"杖敲"之辱，因舊事而誣之也。《漢書·張湯傳》記湯子安世爲光禄勳，"郎有醉小便殿上，主事白行法，安世曰：'何以知其不反水漿耶？如何以小過成罪！'"閽覆水以示溺，安世以溺爲覆水，二事相映成趣。

六二　定公四年

　　吳從楚，"又敗之。楚人爲食，吳人及之，奔，食而從之"。按省去兩主詞，申言之當曰："楚人奔，吳人食而從之"；"奔"前"食"後，分承"楚人"前而"吳人"後，層次井然，文不足而意足（understood）。《墨子·非儒》下："子路爲烹豚，孔某不問肉之所由來而食；褫人衣以沽酒，孔某不問酒之所由來而飲"，省去一主詞，申言之爲："子路褫人衣以沽酒"；竊謂倘如《左傳》此節，并省去第二"孔某"，逕作："不問酒之所由來而飲"，亦復條貫不紊，理順詞達也。雜舉古人意申不待詞備數例。《易·同人》："先號咷而後笑"，《象》曰："同人之先，以中直也"；即："同人之先號咷而後笑，以中直也"，後世約言之，可爲："同人如此，以……"，或爲"先號後笑，以……"。《詩·大雅·板》："天之牖民，如壎如篪，如璋如圭，如取如攜，攜無曰益，牖民孔易"；即"如取攜壎，如取攜篪，如取攜璋，如取攜圭，取攜無曰益"，後世約言之，可爲："天之牖民，如取壎篪，如攜璋圭。"《禮記·鄉飲酒義》："吾觀於鄉，而知王道之易易也"，鄭玄註："鄉、鄉飲酒也"，後世約言之，當爲："吾觀鄉飲"或"觀於鄉飲"，省"酒"字而必不省"飲"字。《曲禮》

下："國君去其國，止之，曰：'奈何去社稷也?'大夫曰：'奈何去宗廟也?'士曰：'奈何去墳墓也?'"即："大夫去其國，止之，曰……士去其國，止之，曰……"；後世約言之，可爲："止去國，於君曰：……，大夫曰……，士曰……"。《少儀》："始見君子者，辭曰：'某固願聞名於將命者'；敵者曰：'某固願見'；罕見曰：'聞名'；亟見曰：'朝夕'；瞽曰：'聞名'"；鄭註："曰：'某願朝夕見於將命者'"；即始見瞽之辭必同於始見君子之辭而略爲"聞名"二字，"敵者"前略"始見"，"瞽"前略"始見"、後略"者"，更不待拈出①。《韓非子·説難》："凡説之難，非吾知之，有以説之難也；又非吾辯之，能明吾意之難也；又非吾敢橫失，而能盡之難也"，即："非吾知之難……又非吾辯之難……又非吾敢橫失之難……"，"敢"者，"不敢"也(參觀前論僖公二十二年)；《史記·老、韓列傳》載此文"非吾辯之難"，雖臆增"難"字而足示意緒語脈焉。後世約言之，可爲："凡説，非吾知而有以説之難也，非吾辯而彼明吾意之難也，又非吾敢橫失而吾能盡之難也"；庶幾稍點煩而未至大損風調、窒意理歟。

---

① 　周君振甫嘗足其辭曰："聞始見敵者，辭曰：'某固願見於將命者'；聞罕見君子者，曰：'某固願聞名於將命者'；聞亟見君子者，曰：'某固願朝夕聞名於將命者'；聞亟見敵者，曰：'某固願朝夕見於將命者。'"

六三　定公十四年

　　戲陽速曰：“大子無道，使余殺其母，余不許，將戕於余。若殺夫人，將以余說。余是故許而弗爲，以紓余死。諺曰：‘民保於信’，吾以信義也”；《註》：“使義可信，不必信言。”按昭公十四年，叔向屍其弟叔魚於市，仲尼曰：“叔向，古之遺直也。……曰：‘義也夫！’可謂直矣！”；《註》：“於義未安，直則有之。”一則失“信”而“義”，一則“直”而不“義”。韓愈《原道》曰：“博愛之謂仁，行而宜之之謂義，由是而之焉之謂道，足乎己無待於外之謂德。仁與義爲定名，道與德爲虛位。”用之於此，則“信”與“直”爲“定名”，而“義”爲“虛位”；信、直而不“宜”，則於“義”未安矣。《穀梁傳》僖公二十二年論宋襄公云：“言之所以爲言者信也，言而不信，何以爲言？信之所以爲信者道也，信而不道，何以爲道？道之貴者，時其行勢也。”《論語・衛靈公》：“君子貞而不諒”；孔註：“正其道耳，言不必小信。”《孟子・離婁》：“大人者，言不必信，行不必果，唯義所在。”《呂氏春秋・當務篇》論“大亂天下者”有四，其一爲“信而不當理”。皆可與戲陽速語相發明。曰“當理”，曰“義所在”，曰“行而宜之”，即不“執一”也，參觀前論成公十五年。

柳宗元《四維論》謂“廉與恥，義之小節也，不得與義抗而爲
維”，亦相發明。莎士比亞劇中人云：“善事而不得當，則反其本
性，變成惡事。道德乖宜則轉爲罪過”（Nor aught so good but
strain'd from that fair use/Revolts from true birth, stumbling on
abuse. / Virtue itself turns vice, being misapplied)①。又一文家
云：“善德與過惡之區別，非如敵國之此疆彼圉間以墉垣關塞、
大海崇山，界畫分明，而每似村落之比連鄰接”（Virtues and
vices have not in all their instances a great landmark set between
them, like warlike nations separate by prodigious walls, vast
seas, and portentous hills; but they are oftentimes like the
bounds of a parish)②；尤罕譬而喻。硜硜之信，悻悻之直，方自
以爲守德拳拳勿稍失，初不知移踵舉趾，倏已度陌經阡，踰坊越
境。失“宜”倍“理”，則“德”轉爲忒矣。

---

① *Romeo and Juliet*, II. iii. 19-21 (Friar Laurence).

② Jeremy Taylor: "Righteousness Evangelical", L. P. Smith, ed., *The Golden Grove* 147.

六四　哀公三年

"富父槐至，曰：'無備而官辦也，猶拾瀋也。'"按"拾瀋"即"收覆水"也。《三國志·吳書·張昭傳》裴松之註引昭《駁應劭宜爲舊君諱論》："言聲一放，猶拾瀋也；過詞在前，悔其何追！";《宋書·索虜傳》載太祖詩："覆瀋不可拾，離機難復收。"《後漢書·光武帝紀》上馬武曰："反水不收，後悔無及"，又《何進傳》何苗曰："覆水不收，宜深思之";《宋書·范曄傳》載孔熙先獄中上書："但墜崖之木，事絕升隮，覆盤之水，理乖收汲";陶弘景《真誥·稽神樞》之二："遇至不爲，覆水始悔";駱賓王《豔情代郭氏》："情知覆水也難收"。觀諸例可知"拾覆瀋"與"收覆水"，語意一致同歸。蘇軾《芙蓉城》："一朝覆水不返瓶"，宋人王、施兩註引《後漢書》及《類林》載太公答馬氏詩："若能離再合，覆水豈難收";明胡侍《真珠船》卷一引李白《白頭吟》："覆水難收豈滿杯"，又《妾薄命》："水覆難再收"，清宋長白《柳亭詩話》卷一七、虞兆隆《天香樓偶得》考李白、劉禹錫詩及元曲中語，皆不過引《類林》及《後漢書》，未悟此意之出《左傳》。晚唐周曇有《詠史詩》卷一，中《子牙妻》云："歲寒焉在空垂涕，覆水如何欲再收！"詠太公夫婦用其語，似莫早於此。《漢書·楚元王傳》劉向上封事："《易》曰：
'渙汗其大號'。言號令如汗，汗出而不反者也；今出善令，未能
踰時而反，是反汗也"；《後漢書·胡廣傳》上疏："政令猶汗，
往而不反。"夫"汗"如"潘"，均"水"也；"反"猶"拾"，均
"收"也，事之不可能，等也。"拾潘"、"收水"戒莫誤時機，而
"反汗"戒莫背信誓，喻之同柄而異邊者也。《舊約全書》亦有水
潑於地，收拾不起（As water spilt upon the ground which cannot
be gathered up again）①之喻。

---

① 　II Samuel, 14: 14.

六五　哀公七年

　　季康子欲伐邾乃饗大夫以謀之一節中，"魯德如邾，而以眾加之，可乎?"兩句，杜預註謂是孟孫語，而服虔註則謂是諸大夫語；《正義》申杜折服云："《傳》於異人之言，更應加'曰'，今無'曰'者，作《傳》略之。《論語》之文，此類多矣。雖'魯'上無'曰'，要言與大夫相反，不得爲大夫之詞，故以爲孟孫忿答大夫也。"按錢謙益《牧齋初學集》卷八三《讀〈左傳〉隨筆》六謂杜註"文義違背"，此兩句既非諸大夫語，亦非孟孫語，而爲子服景伯語，"'對曰'以下，皆景伯之言也"。紛紜盍各，皆緣古文無標點符號，又每省去"曰"字。

　　【增訂一】《論語·先進》之"從我於陳、蔡者"二句與"德行顏淵、閔子騫"四句，是否均爲"子曰"，抑後四句爲"記者所錄"而別成一章，亦以無引號而游移兩可耳。

《史通》內篇《模擬》云："《左氏》、《論語》有敍人酬對，苟非煩詞積句，但是往復唯諾而已，則連續而説，去其'對曰''問曰'等字。如裴子野《宋略》云：李孝伯問張暢：'卿何姓?'曰：'姓張'。'張長史乎?'以此而擬《左氏》、《論語》，又所謂貌同而心異也。"古書無引語符號，著"曰"字則一人自爲問答而讀者誤爲兩人對話者有之，《讀書雜志·戰國策》三平都君説魏王節已舉其例；省“曰”字則兩人議論而讀者誤爲一人獨白者有之，如服虔之於《左傳》此節又俞樾《諸子平議》卷一六之誤以《列子·楊朱》篇中孟氏語爲楊朱語。梵典譯漢，省“曰”尤甚，如《妙法蓮華經·授學無學人品》第九：“‘……汝見是學、無學二千人不?’‘唯然! 已見。’‘阿難，是諸人等……’”，蓋連省兩“曰”字。敦煌變文乃佛書之支與流裔，若“歸”字多作“皈”，稱中國天神爲“上界帝釋”，皆蜕跡宛在，其每省去“曰”字，亦習而與化也；如《漢將王陵變》：“季布握刀：‘奉霸王當直!’‘既是當直，與寡人領三百將士，何不巡營一遭?’……季布答曰：‘我是季布!’‘緣甚事得到此間?’‘奉霸王命，巡一遭’。‘既是巡營，有號也無?’”《史通》所謂擬《論語》、《左傳》之製，亦偶見於白話小説，如《西遊記》第八〇回：“行者笑道：‘抱他〔金毛白鼠精所幻女子〕來，和你同騎着馬走罷’。三藏沉吟道：‘我那裏好和他同馬?’‘他怎生得去?’三藏道：‘教八戒馱他走罷’”；《封神演義》第一八回：“子牙寫了休書，拿在手中。‘娘子，書在我手中，夫妻還是團圓的；你接了此書，再不能完聚了。’馬氏伸手接書。”《李陵變文》且有記言而突如來如，省去“曰”字，觀下文方省爲阿誰語，如：“單于人從後放火。……‘大將軍! 後底火來，如何免死?’李陵問：‘火去此間近遠?’左右報言：‘火去此間一里!’‘有火石否?’”則呼“大將軍”者，即屬“左右”。《戰國策》每忽然破空而起，如“謂魏冉曰”、“謂穰侯曰”、“説張相國曰”，胥不道出何人之口，並不冠以“或”、“客”、“人”等字，顧尚不如《變文》之並削芟“謂”、“曰”等字也。吳偉業《梅村詩集》卷一下《閬州行》仿《焦仲

卿妻》，而記妻言、父言、客言，全憑語氣示別，盡除"府吏謂
新婦"、"新婦謂府吏"之類，與古爲新矣。西文有引語符號，記
言却未克擯"曰"、"云"、"問"、"答"等字而不用[1]；十八世紀
一小説家於此等字能應無盡無，遂自鳴匠心獨運焉[2]。

---

[1]　參觀《林紓的翻譯》。

[2]　G. Lanson，*L'Art de la Prose*，158："Marmontel se vante d'avoir，dans ses *Contes moraux*，supprimé les fastidieux *dit-il*，*répondit-elle*".

六六　哀公十一年

　　"子胥使於齊，屬其子於鮑氏，爲王孫氏。反役，王聞之，使賜之屬鏤以死"；《註》："私使人至齊屬其子，改姓爲王孫，欲以辟吳禍。"按杜説迂曲，一若子胥身自使齊而復別使人至齊屬子者。趙一清《東潛文稿》卷下《大夫出使、長子家老從行説》云："與杭二丈同觀梁辰魚所撰《浣紗記·伍員寄子》一劇。董浦曰：'子識之乎？此《儀禮》所謂大夫奉使，其長子家老從。故吳季札使於齊，長子死，葬於嬴博之間是也。子胥奉使，禮得挈子從行；迨反役而子不來，王怒其有二心也，因加之罪而殺之。杜預以爲私使人至齊屬其子，非也。'"杭世駿語本之《聘禮》："君弔介爲主人"；賈公彥疏："古者賓聘，家人適子皆從行；是以延陵季子聘於齊，其子死，葬於嬴、博之間。"此解最確；徒引《史記》、《説苑》等尚未足以折杜也。

六七　哀公十二年

　　"長木之斃，無不摽也；國狗之瘈，無不噬也"；《註》："摽，擊也"；《正義》："國狗猶言家狗。"按定公八年，"擊之，與一人俱斃"，《註》："斃，仆也"；哀公二年，"擊簡子中肩，斃於車中"，《註》："斃，踣也"。木"斃"亦即謂其倒仆，故有"摽"人之懼，非言桐死槐枯也。"國狗"猶言良狗，與"長木"對；《公羊傳》僖公十年，"驪姬者，國色也"，《解詁》："其顏色，一國之選也"，"國狗"之"國"，亦作此解。《莊子·徐無鬼》："是國馬也，而未若天下馬也"，"國狗"正如"國馬"；《秋水》："未得國能，又失其故行矣"，"國能"謂其國之絕技也。

史記會註考證

五八則

一　裴駰集解序

　　"又其是非頗謬於聖人"一節，瀧川資言《考證》引馮班云云。按瀧川此書，薈蕞之功不小，掛漏在所難免。涉獵所及，偶爲補益，匪吾思存也。裴氏語全本於《漢書‧司馬遷傳》。嚴可均輯《全晉文》卷四九傅玄《傅子》曰："吾觀班固《漢書》，論國體則飾主闕而抑忠臣，敍世教則貴取容而賤直節，述時務則謹詞章而略事實，非良史也！"（孫星衍輯楊泉《物理論》中一條全同，首增一句："班固《漢書》，因父得成，遂沒不言彪，殊異馬遷也"；茲據劉知幾《史通‧書事》："又傅玄之貶班固也：'論國體'"云云，斷歸傅而不歸楊）。隱然與固斥遷之言箭鋒相挂，若代遷不平而反唇者。馮班之説實發於朱熹，《朱文公集》卷七二《雜學辨》駁蘇轍《老子解》曰："然太史公列孔子於《世家》，而以老子與韓非同傳，豈不有微意焉？"馮氏同鄉陳祖范《陳司業文集》卷一《史述》亦曰："班氏謂子長'先黃老而後六經'，此司馬談《論六家要指》則然，子長則否。觀其《自序》，隱然父子之間，學術分途。《帝紀‧贊》首推《尚書》，《列傳》開端云：'載籍極博，猶考信於六藝'，可謂之'後六經'乎？若果'先黃老'，不應列老子於申、韓，而進孔子爲《世家》；稱老子

不過'古之隱者'，而稱孔子爲'至聖'，至今用爲廟號。《孟、
荀列傳》於諸子中詳敍荀、孟，又隱然以孟子爲主；退之'醇'
'疵'之辨，子長已有先覺。"

【增訂四】陳祖范同鄉好友王應奎《柳南文鈔》卷四《司馬遷
論》略云："當焚書發塚之後，得一人焉，震聾聳聵，極贊而
深美孔子，聖道尊，聖學著，司馬子長是也。目之爲'至聖'，
而兩字遂爲千古定評。於列國《世家》中備載孔子生卒，以見
孔子非徒爲魯國一人，實天下一人也。他如《五帝本紀》之不
載黃帝以前也，則以黃帝以前爲孔子所不道。"文後有陳氏評
云："我意亦爾，得作者指出，快甚！"

其持父子異尚之説，蓋遠在王鳴盛《十七史商榷》（《太史公自
序》瀧川《考證》所引）之前。後來浸成常論，曾紀澤使俄時賦
詩，復出以韻語，《歸樸齋詩鈔》巳集下《書太史公〈六家要指〉
後》曰："龍門書以謹嚴傳，李耳韓非共一篇。特立世家崇魯叟，
炳然儒教麗中天。《六家要指》尊黃老，兩代文心異軌躔。定有
寓言通妙契，休將譾識議前賢。"元盛如梓《庶齋老學叢談》卷
一則謂："武帝之世，表章儒術，罷黜百家，宜乎大治，而窮奢
極侈，海內凋敝，不若文景尚黃老清静，天下饒給，所以'先黃
老而後六經'。武帝用法深刻，臣下當誅，得以貨免；遷遭李陵
之禍，家貧無財自贖，交遊莫救，卒陷腐刑。其'進姦雄'者，
歎無朱家之倫，不能脱己於禍；其'羞貧賤'者，自傷以貧不能
免刑，故曰：'千金之子，不死於市'。固不察其心而驟譏之，過
矣！"辨前一事非也，辨後二事殊可節取，亦如張耒《張右史文
集》卷五六《司馬遷論》上謂《伯夷傳》寓被刑之怨、《晏子傳》
寄無援之慨耳。

二　五帝本紀

《考證》："林伯桐曰：'古來制作，自黃帝而定。……然則《史記》託始，自有深意。'"按不如周廣業之説，《蓬廬文鈔》卷二《〈史記〉首黃帝説》略云："《史記》之首黃帝，非其本意，觀《五帝本紀·論》及《自序》，再參之《封禪書》，可以知之。一再稱'堯以來'，'陶唐以來'，明乎删《書》斷自唐虞，前此宜置勿論。然漢自高帝起，有祠黃帝於沛庭；《外戚世家》言竇太后好黃老；孝景武帝皆讀其書，武帝用李少君説至有'吾誠得如黃帝，視妻子如脱躧'之歎；《封禪書》所載巡狩、改曆諸事，無一不託諸黃帝；公孫卿'黃帝且戰且學仙'一語，尤足爲武帝窮極兵力之緣飾。蓋當代天子祖述憲章之帝也。太史公之父自恨不得從封太山；作史之年適當太初元年明堂改建、諸神從祀之時，正用黃帝迎日推筴法。不首黃帝，失臣子將順之道，然而寓規於頌，文微義嚴矣。"周氏所謂"寓規"之旨則早發於李鄴嗣《杲堂文鈔》卷四《〈五帝本紀〉論》："蓋《黃帝本紀》實太史公之諫書也，當與《封禪書》並讀，即可見矣。"

"學者多稱五帝尚矣。然《尚書》獨載堯以來，而百家言黃帝，其文不雅馴，縉紳先生難言之。……軼事時見於他説，余擇其言尤雅者。"按《封禪書》："其語不經見，縉紳者不道"；《大宛列傳》："故言九州山川，《尚書》近之矣；至《禹本紀》、《山海經》所有怪物，余不敢言也。"此三則足徵馬遷載筆取材之旨，亦即爲後世史家立則發凡。黑格爾言東土惟中國古代撰史最夥，他邦有傳説而無史（Auch andre asiatische Völker haben uralte Traditionen，aber keine Geschichte）[1]。然有史書未遽即有史學，吾國之有史學，殆肇端於馬遷歟。《論語·述而》："子不語怪、力、亂、神"，《莊子·齊物論》："六合之外，聖人存而不論"；皆哲人之明理，用心異乎史家之徵事。屈原《天問》取古來"傳道"即馬遷"不敢言"之"軼事"、"怪物"，條詰而件詢之，劇類小兒聽説故事，追根窮底，有如李贄《焚書·童心説》所謂"至文出於童心"，乃出於好奇認真，非同汏虛課實。《左傳》宣公二年稱董狐曰："古之良史也，書法不隱"，襄公二十五年又特載南史氏之直筆無畏；蓋知作史當善善惡惡矣，而尚未識信信疑疑之更爲先務也。《孟子·盡心》論《武成》曰："盡信書則不如無書"，又《萬章》記咸丘蒙、萬章問事："有諸?""信乎?"，孟子答："齊東野人之語也"，"好事者爲之也"；《公羊傳》隱公元年、桓公二年論"遠"事，哀公十四年論《春秋》託始，屢稱"所見異辭，所聞異辭，所傳聞異辭"；《穀梁傳》桓公五年論《春秋》之義，謂"信以傳信，疑以傳疑"；史識已如雨中螢燄，明滅幾微。馬遷奮筆，乃以哲人析理之真通於史家求事之實，特書大號，言：前載之不可盡信，傳聞之必須裁擇，似史而非之"軼事"俗説（quasi-history）應溝而外之於史[2]，"野人"雖爲常"語"，而"縉紳"未許易"言"。孟子

---

① Hegel，*Philosophie der Geschichte*，I.i，Reclam，169；cf.I.ii，223-4.

② Cf.R.G.Collingwood，*The Idea of History*，14 ff..

開宗，至馬遷而明義焉。其曰"不敢言"者，小心也，亦謙詞也，實則大膽而敢於不言、置之不論爾。是以劉知幾《史通·採撰》目馬遷所採"皆當代雅言，事無邪僻"；李因篤《受祺堂文集》卷一《策》之六《史法》讚《史記》不"好奇輕信"。即就《五帝本紀》記黃帝事論之。《封禪書》："或曰：'黃帝得土德，黃龍地螾見'"，《本紀》祇曰："有土德之瑞，故號黃帝"；《封禪書》：申公曰："黃帝且戰且學仙，……百餘歲然後得與神通。……有龍垂胡髯，下迎黃帝，黃帝上騎"，《本紀》祇曰："黃帝崩，葬橋山"；李鄴嗣《〈五帝本紀〉論》言《本紀》於《封禪書》所述荒誕事"盡削不載"，是也。又如《刺客列傳》記趙襄子"使持衣與豫讓，豫讓拔劍三躍而擊之"；司馬貞《索隱》："《戰國策》曰：'衣盡出血，襄子迴車，車輪未周而亡'；此不言'衣出血'者，太史公恐涉怪妄，故略之耳"（《戰國策·趙策》一姚宏續註引《索隱》語，按曰："今本無此，乃後人所刪"）。此又言擇雅馴、筆削謹嚴之例也。《史記》於"怪事"、"軼聞"，固未能芟除淨盡，如劉媪交龍、武安謝鬼，時復一遭。《史通·書事》篇甚許可"江使返璧於秦皇，圯橋授書於漢相"，而《暗惑》篇譏彈《五帝本紀》舜穿井匿空傍事曰："向之所述，豈可謂'雅'耶？"三事之不經非"雅"，實相伯仲。洪邁《夷堅丁志·自序》至舉《史記》記秦穆公、趙簡子、長陵神君、圯下黃石等事，爲己之道聽塗說、"從事於神奇荒怪"解嘲，幾以太史公爲鬼董狐！馬遷蓋知而未能悉見之行者。雖然，其於乙部之學，不啻如判別清渾之疏鑿手，"史之稱通"，得不以斯人爲首出哉！

三　周　本　紀

　　《考證》："葉適曰：'遷極力收拾，然亦不過《詩》、《書》、《國語》所記而已。'按葉氏之所憾，正《史通·採撰》等篇之所許，適見馬遷載筆之慎也。朱鶴齡《愚菴小集》卷一三《讀〈周本紀〉》謂馬遷"記幽、平間事甚略，爲考訂之"；其文有足刺取者。

　　"流爲烏，其色赤，其聲魄云"；《集解》："魄然，安定意也"；《考證》："魄然，狀其聲也。"按《後漢書·五行志》一載桓帝初童謠："城上烏，尾畢逋"，即"魄"；與古樂府《兩頭纖纖》之"膈膈膊膊雞初鳴"皆一音之轉，狀鳥之振羽拍翼聲。

　　"褒姒不好笑，幽王欲其笑，萬方故不笑。"按貴主不笑，人君懸重賞，求啓顔之方，乃西方民間故事習用題材。如《五日談》中即三見(Zoza mai non si vedeva ridere；non c'era ricordo che fin allora［Vastolla］aveva mai riso；per lo spazio de sette anni continui［Milla］non si era più vedeta ridere)①；格林童話，

<hr/>

　　①　Basile，*Il Pentamerone*，Introduzione，I. 3，III. 5，tr. B. Croce，3，37，286.

亦有其事（eine Tochter，die war so ernsthaft，daβ sie niemand zum Lachen bringen konnte）①。祖構之作，故爲翻案，有謂女君善笑，觸事啞啞不能自已（Le seul défaut qu'elle eût était d'être la plus grande rieaneuse du siècle：tout la faisait rire）②，出榜徵能止笑之士。又按海涅喻勃倫太諾（Brentano）詩境，謂有中國公主，具奇癖，以撕裂繒帛爲至樂（Es war nämlich ihre höchste Wonne，wenn sie kostbare Seiden-/und Goldstoffe zerreissen konnte）③，正指褒姒或妹喜，即庾信《謝趙王賚絲布啓》："妻聞裂帛，方當含笑"，或李商隱《僧院牡丹》："傾城惟待笑，要裂幾多繒？"海涅或自英譯俗書《百美新詠》得知此典也④。

【增訂四】捪捪李商隱之《西崑酬唱集》卷上劉筠《宣曲》："方資裂繒笑"，又《無題》之二："枉裂霜繒幾千尺。"

---

①　Brüder Grimm，*Din Kinder- /und Hansmärchen*："Die goldene Gans".

②　Antoine Hamilton："Les Quatre Facardins"，*Oeuvres Complètes*，A. Belin，417.

③　*Die romantische Schule*，III.i，*Sämtliche Werke*，A. Weichert，VIII：211.

④　*The Germanic Review*，Feb. 1957，5-6.

四　秦始皇本紀

八年，“河魚大上”；附班固曰：“痛哉言乎！人頭畜鳴。”按陳際泰《太乙山房文集》卷七《陳昌基新藝序》：“李于鱗選古最刻，讀《秦紀》，獨得‘河魚大上’四字而已”；談遷《棗林雜俎》聖集引沈懋孝《長水集》：“殷正甫士儋有李于鱗所閱《史記》，於《始皇本紀》止圈‘河魚大上’、‘人頭畜鳴’八字。”明中葉言“古文”者分兩派，若尋寇仇而操戈矛，顧皆尊奉《史記》；馮班《鈍吟雜錄》卷四嘗嘲：“今人看《史記》，只看得太史公文集，不曾讀史。”同宗而非同道，則鬩牆之烈，有甚於鄰釁者。歸有光評點《史記》盛行於世，師弟授受，章學誠至惡聲厲色而詆斥之（《文史通義》內篇二《文理》）；蓋歸氏於遷書目注心賞之所在，固斑斑可考見矣。而李攀龍圈閱《史記》未傳；以沈、陳所記，合之《滄溟集》行文風格，揣摩其手眼，亦可想象而得彷彿。歸、李各爲一派渠率，其於《史記》，如諸侯之爭挾天子也。

九年，“長信侯作亂而覺。矯王御璽以發縣卒及衛卒、官騎、戎狄、君公、舍人，將欲攻蘄年宮爲亂，王知之。”按《史通》以《春秋》與《史記》爲“二體”。夫“本紀”實《史記》中之

體近《春秋》者，如此節第一句儼然《經》也，下三句又宛然
《傳》也，可謂《春秋》體之遺蛻矣。

　　"收天下兵，聚之咸陽，銷以爲鐘鐻、金人十二"；《考證》
引《考工記》、《左傳》、《國策》、《漢書・韓延壽傳》等，以見
"古代以銅鑄兵"，復引《韓非子》、《吕氏春秋》、《史記・范雎
傳》等以見"古代又未嘗不以鐵造兵"。按杭世駿《訂譌類編》
卷六，趙翼《陔餘叢考》卷二一考古人兵器用銅不用鐵，杭氏且
曰："前人詩云：'誰知十二金人外，猶有民間鐵未銷。'殊謬！"
皆不如瀧川之周匝。然瀧川考銅鑄兵，未引《漢書・食貨志》賈
誼諫除盜鑄錢令曰："上收銅勿令布，……以作兵器"；考鐵鑄
兵，未引《留侯世家》："得力士，爲鐵椎重百二十斤"；均失之
交臂。梁江淹《江文通集》卷三《銅劍讚・序》言"古時乃以銅
爲兵"，舉"證據甚多"，十二金人即其一例，實爲考索此事之
朔；宋黄伯思《東觀餘論》卷上《銅戈辯》亦引《左傳》、《史
記》、《山海經》、《越絶書》、《刀劍録》等以證"秦之金人及古鐘
皆用銅"，"古之兵器用銅蓋無疑"；黄不知有江，杭、趙、瀧川
不知有江、黄。杭氏引詩句，出元陳孚《博浪沙》（《元詩選》丙
集、《元詩百一鈔》卷八），"誰知"當作"如何"，正指《留侯世
家》中語，讀書得問。《史記》僅曰："收兵"；"兵"而衹謂銅
耶？"外"固有鐵在；兼包銅與鐵耶？"外"當遺鐵在；衹謂
"收"銅鐵之已鑄"兵"者耶？"外"仍有未鑄"兵"之銅鐵在；
故張良得以爲椎。陳氏修詞圓妥，於《史》原文不犯不粘，何
"謬"之有？清凌揚藻《海雅堂集》卷五《博浪椎》云："奮擊轟
天副車折，噫嘻尚有人間鐵！"亦無語病。若羅聘《秦始皇》：
"焚書早種咸陽火，收鐵偏遺博浪椎"，則難免"謬"之譏矣。觀

荷馬史詩，古希臘正復如江淹所謂銅爲兵而鐵爲器（Bronze is the metal of war；iron is for tools，not weapons）[①]；人工開物成務，梯轍大同耳。

　　"秦每破諸侯，寫放其宮室"；《考證》引葉昌熾《語石》謂"寫"字乃"象"字之駁文，舉北朝造象字體爲證。按《日知錄》卷三二舉《史記》此語，《韓非子》"有鼓新聲者，聽而寫之"，《國語·越語》"以良金寫范蠡之狀"等，而說之曰："今人以書爲'寫'，蓋以此本傳於彼本，猶之以此器傳於彼器也"；頗得要領。葉氏隅見眄視，知北朝石刻，而似未知有南北朝著述者，瀧川信從之，過矣。《晉書·輿服志》："及秦并國，……寫九王之廷於咸陽北坂"，即《史記》所載事，正作"寫"字。《日知錄》舉師涓"靜坐撫琴而寫之"，出《韓非子·十過》，而《外儲說》左上又有"卜子妻寫弊袴也"；一言仿效聲音，一言仿效形狀，先秦以來，此意沿用。南齊謝赫《畫品》論"六法"曰："六傳移，模寫是也"；蓋"寫"與"傳移"同意，移於彼而不異於此之謂。移物之貌曰"寫"，如《史記》此句，擬肖是也；移物之體亦然，如《史記》本篇下文"乃寫蜀荆地材皆至"，轉運是也。擬肖復分同材之複製（copy）與殊材之摹類（imitation）[②]，凡"象"者莫不可曰"寫"。

　　【增訂四】列奧巴爾迪亦論"殊材之摹類"與"同材之複製"有難易高下之別（Questo è imitare… non è copiare nè rifare…. Quella è operazione pregevole，anche per la

①　T. R. Glover，*Greek Byways*，61.

②　Coleridge，*Biographia Literaria*，ed. J. Shawcross，II，33，318.

difficoltà d'assimilare un oggetto in una materia di tutt'al-
tra natura；questa è bassa e triviale，per la molta facilità，
che toglie la meraviglia. —Leopardi，*Zibaldone*，ed. F.
Flora，Vol，II，p.130）。

移體之“寫”久淪，移貌之“寫”不絶，何必强附於趙之謙所謂
“六朝別字”哉？《初學記》卷二五引陸機與弟雲書：“仁壽殿前
有大方銅鏡，……向之便寫人形體了了”；潘岳《西征賦》：“乃
摹寫舊豐，製造新邑”；《梁書·太祖五王傳》：“廣營第宅，重齋
步櫚，模寫宮殿”；梁簡文帝《石橋》：“寫虹便欲飲，圖星逼似
真”；梁元帝《從軍行》：“山虛和鏡管，水净寫樓船”；沈約《新
安江水至清，深淺見底，貽京邑游好》：“千仞寫喬木，百丈見游
鱗”；江淹《水上神女賦》：“爾乃紅脣寫朱，真眉學月”；《水經
注》卷二六《淄水》：“至於燕鋒、代鍔、魏鋏、齊鋌，與今劍莫
殊，以密模寫”；《洛陽伽藍記·序》：“招提櫛比，寶塔駢羅，争
寫天上之姿，競模山中之影”；《王子年拾遺記》卷八：“能刺繡
作列國，方帛之上，寫以五岳河海城邑之形”；《北齊書·鄭述祖
傳》：“嘗夢人彈琴，寤而寫得”，又《外戚傳》：“世宗嘗令章永
興於馬上彈胡琵琶，奏十餘曲，試使爾朱文略寫之，遂得其八”；
《法華玄義》卷六上：“譬如圖畫，盡思竭力，終不似真，若明鏡
寫容，任運相似，名之爲妙”。諸若此類，豈得視爲“象”之
“駁文”乎？梁元帝詩中與“寫”相對之“和”，指空山之回聲答
響，可見水映影之肖本形，正如山答響之肖本聲。江淹賦以
“寫”對“學”，可見“寫”之爲肖，正如“學”之爲效。梁簡文
帝詩與智者《玄義》皆以“圖”與“鏡”互文，可見“寫”亦具
“象”之涵意而非必“象”之“駁文”。唐人用“寫”字，未失舊

貫。如《太平廣記》卷三六一《王惠照》（出《廣古今五行記》）："顧工匠刻木，妙寫形狀"；李白《憶舊遊贈譙郡元參軍》："百尺清池寫翠娥"；韓愈、孟郊《遣興聯句》："我心隨月光，寫君庭中央"；羊士諤《南館林塘》："清池如寫月"。宋楊萬里解斯意，《誠齋集》卷五《歲晚出城》："山刻霜餘骨，梅臨水底枝"，以平仄故，不用"寫"而用"臨摹"之"臨"；卷二七《宿蘭溪水驛》無聲韻拘忌，遂曰："奇哉一江水，寫此五更天。""寫真"、"寫生"、"寫照"之"寫"，皆"寫放"、"模寫"之"寫"，與《國語·越語》下"良金寫范蠡"、《戰國策·燕策》二"爲木人以寫寡人"、《韓非子·十過》"撫琴寫新聲"，脈絡相承，初非書寫之"寫"。周匡物《古鏡歌》："軒轅鑄鏡誰將去，曾被良工寫金取"，正本《國語》，《全唐詩》作"瀉金"，謬矣。

　　"齊人徐市等上書"；《考證》："'市'即'巿'字，與'韍'同，各本作'市井'之'市'，訛。《淮南王傳》作'徐福'，'福'、'巿'一聲之轉。"按元吾邱衍早屢辨此，《竹素山房集》卷一《失題》："徐巿（自註：音"弗"）樓船入紫烟"，又《周達可隨奉使過真臘》之二："神仙比徐韍，使者得王敖"，又《閒居錄》："'徐巿'又作'徐福'，非有兩名，'巿'乃古'韍'字"；吾氏精於篆刻，撰《三十五舉》，固宜烏焉不淆。《晚晴簃詩匯》卷一六八載黎庶昌至日本《訪徐福墓》："禮猶求野訂遺聞，'福'、'巿'同音契典墳；讀《史》乃知'徐市'誤，俗書偶脫草頭文"；蓋不知"巿"非俗書，而"市"則"俗"訛也。王禹偁《小畜集》卷一四《錄海人書》補"《史記》之闕"，即本《史記》載徐巿求仙事，而師陶潛《桃花源記》遺意耳。

　　"丞相李斯曰：五帝不相復，三代不相襲，各以治；非其相反，時變異也。"按《趙世家》武靈王語，《商君列傳》商鞅語與李斯主張全同。《史記》中尚有同聲和應諸節，如《禮書》："今上〔漢武帝〕制詔御史曰：'蓋受命而王，各有所由興，殊路而同歸。……議者咸稱太古，百姓何望'"；《樂書》："趙高曰：五帝、三王，樂各殊名，示不相襲，……亦各一時之化"；《平準書》："天子曰：朕聞五帝之教，不相復而治，禹湯之法，不同道而王；所由殊路，而建德一也"；《六國年表》："秦取天下多暴，然世異變，成功大；傳曰：'法後王'"；《高帝功臣侯者年表》："居今之世，志古之道，所以自鏡也，未必盡同。帝王者各殊禮而異務，要以成功爲統紀，豈可緄乎？"（瀧川以"未必盡同帝王者"爲一句，誤）；《酷吏列傳》："杜周曰：'當時爲是，何古之法乎？'"當捉置一處。《管子‧霸言》："夫摶國不在敦古，……霸王不在成典"（"典"原作"曲"，依俞樾《諸子平議》改）；《中庸》記孔子曰："生乎今之世，反〔返〕古之道，如此者栽及其身者也"，鄭玄註："謂曉一孔之人，不知今王之新政可從"（參觀張居正《太岳文集》卷二九《答楚學道金省吾》）；《文子‧道德》："老子曰：'執一世之法籍，以非傳代之俗，譬猶膠柱調瑟。聖人者，應時權變，見形施宜，……論世立法，隨時舉事。上古之王，法度不同，非故相反也，時務異也，是故不法其已成之法，而法其所以爲法者，與化推移'"（參觀《上義》："天下幾有常法哉"又"治國有常"二節）；《莊子‧天運》："古今非水陸與？周魯非舟車與？今蘄行周於魯，是猶推舟於陸也。……故夫三皇五帝之禮義法度，不矜於同，而矜於治。……故禮義法度，應時而變者也"；《呂氏春秋‧察今》："先王之法胡可得而法？雖可得，猶若不可法。……是故有天下七十一聖，其法皆不同，非務相反也，時勢異也"；《漢書·嚴安傳》安上書引鄒衍曰："政教文質者，所以云救也。當時則用，過則舍之，可易則易之，故守一而不變者，未覩治之至也"；《韓安國傳》王恢曰："臣聞五帝不相襲禮，三王不相復樂，非故相反也，各因世宜也。"祇此數例，已徵李斯因時變法之旨，早在先秦流行，主之不盡法家，傳者不限秦國；暨乎漢與秦代興，君臣詔令奏對，仍習爲常談。即馬遷一人之身，其《袁盎、鼂錯列傳》曰："語曰：'變古亂常，不死則亡'，豈錯等謂耶?"，大似博士淳于越諫始皇語："事不師古而能長久者，非所聞也"；而其《六國年表》、《功臣侯者年表》中抒見，又絕肖李斯之駁越。《漢書·張敞傳》記敞弟武拜爲梁相，敞使吏問其將以治梁，"應曰：'吏民凋敝，且當以柱後惠文彈治之耳。'秦時獄法吏冠柱後惠文，武意欲以刑法治梁"；《朱博傳》記博折"文學儒吏"曰："漢吏奉三尺律令以從事耳，亡奈生所言聖人道何也。且持此道歸，堯舜君出，爲陳説之。"《全後漢文》卷四六崔寔《政論》重申"遭時定制"，不必"牽古"，不援商鞅、李斯，而云："昔孝武皇帝策書：'三代不同法，所由殊路，而建德一也'"，即《平準書》所載"天子曰"云云。本朝祖訓既與勝國治本無異，自勿須遠徵秦人。《全三國文》卷三三蔣濟《萬機論》謂"漢之中滅，職由宣帝"之法秦始皇；歸咎不必中，而漢家法度之終以秦爲師，東漢末人已早察之。桓寬《鹽鐵論》全書中大夫、御史、丞相史等莫不賤儒非孔，而嚮往商君、始皇，最著明於《非鞅》、《論儒》、《論誹》、《利議》、《執務》、《世務》、《申韓》、《刑德》諸篇；又見漢廷卿士昌言師秦，其過秦、劇秦者，無氣力老生如賢良、文學輩耳。《朱文公集》卷四五《答潘叔昌》之五："建州有徐枏者，常言：'秦始皇

賢於湯、武，管仲賢於夫子’，朋友間每每傳以爲笑”；宋儒中有
此人，而後世無知者。張居正相業冠有明一代，《太岳文集》卷
一八《雜著》稱秦以法治，乃“反始之會”，“渾沌之再闢者也，
其創制立法，至今守之以爲利”，險語破膽之尤著者也。李斯因
時變古之論，謝肇淛《文海披沙》卷一謂本《商君書‧更法》，
徐昂發《畏壘筆記》卷四謂本商君、韓非子，謝章鋌《課餘偶
錄》卷一謂本《韓非子‧五蠹》；皆未識風會所趨，至始皇時而
造極。

　　【增訂四】賀貽孫《水田居文集》卷一《韓非論》一亦謂焚坑
　　之旨，皆韓非發之，“非之身雖不用於秦，而其言已大用於
　　秦。”按《韓非子‧亡徵》：“且夫世之愚學，皆不知治亂之情，
　　讟詙多誦先古之書，以亂當世之治”；李斯斥“道古害今”之
　　“愚儒”，即“愚學”也。

《孟子‧萬章》論“周室班爵祿”曰：“其詳不可得聞也！諸侯惡
其害己也，而皆去其籍”；則銷毀典籍，豈始於《韓非子‧和氏》
所載商君教秦孝公“燔詩書”哉？《左傳》哀公二十一年齊人歌
曰：“唯其儒書，以爲二國憂”；則厭薄“儒書”，豈待秦之君相
哉？《荀子‧彊國》記孫卿子入秦，讚歎不容口曰：“古之民也！
古之吏也！古之士大夫也！古之朝也！治之至也！”；則儒生豈不
以商君變法後之秦爲差能行“古”道於當世哉？抑有進者，匪特
商鞅、韓非之宗旨，至李斯請秦始皇禁儒而大張，復且始皇、李
斯之施措，至董仲舒請漢武帝崇儒而重申。李之議曰：“今天下
已定，法令出一。……人善其所私學，以非上所建立。今皇帝并
有天下，別黑白而定一尊。……人聞令下，則各以其學議
之。……禁之便。”董之對策曰：“春秋大一統者，天地之常經、

古今之通誼也。今師異道，人異論，百家殊方，指意不同，是以
上無以持一統，法制數變，下不知所守。臣愚以爲諸不在六藝之
科、孔子之術者，皆絶其道，勿使並進。"均欲"禁私學"，"絶
異道"，"持一統"，"定一尊"（Gleichschaltung）；東西背馳而遵
路同軌，左右易位而照影隨形（mirror image）。然則漢人之"過
秦"，非如共浴而譏裸裎，即如劫盜之傷事主耳。又按《李斯列
傳》趙高勸斯曰："蓋聞聖人遷徙無常，就變而從時，安有常法
哉？君何見之晚！"正以斯論治國者反脣以責斯之行己。殆斯識
施政制法之宜因世損益，而不省安身立命亦當與時消息乎？公私
二者理可相通而事每相違，煞耐思量，參觀下論《老子、韓非列
傳》。適時（temporeggiarsi；procedere con le qualità de tempi；
accomodarsi alla diversità de' temporali；si concordano col tem-
po）而毋倍時（si discordano e tempi；si discordano dai tempi）
亦馬基亞偉利所丁寧反復者①。

　　"制曰：'可！'"《考證》謂李斯殺韓非而用其燔《詩》、《書》
之教，又引胡三省語謂秦所焚乃天下之書，博士官所藏故在，至
項羽燒秦宮室，始併付一炬，蕭何不能早收，學者咎之。按《韓
非子・和氏》記商鞅教秦孝公"燔《詩》、《書》"，《五蠹》亦曰：
"明主之國，無書簡之文，以法爲教。"然所欲禁除之"書簡"，
非特儒家之《詩》、《書》，法家、兵家均在此列；故《五蠹》曰：

---

　　① 　Il Principe，cap. 2ᵉ 25；Discorsi sopra la prima Deca di Tito Livio，I. 18，33
e III，9，Opere，Ricciardi，5，81，142，163，344-5. Cf. Guicciardini，Ricordi，78
（tentate in tempo），Opere，Ricciardi，114；Voltaire，Dictionnaire philosophique，
art. "A Propos"，Oeuvres complètes，ed. I. Moland，XVII，338-9.

"藏商、管之法者，家有之，而國愈貧，……藏孫、吳之書者，家有之，而國愈弱"，則於燔書之商鞅亦咄咄相逼，欲以其道還治其人矣。夫在上者所以御民，盡見乎法家之書，而犯上者苟欲爲寇，可以師兵家之書；皆所謂"國之利器，不可以示人"，愚民者固宜不許流布。李斯欲燒"百家語"，則"孫、吳之書"與己所師承之"商、管之法"，都所不遑也。《樂書》記斯諫二世曰："放棄《詩》、《書》，極意聲色，祖伊所以懼也"；《考證》："李斯所焚止民間詩書，……而官府舊藏仍存。"光聰諧《有不爲齋隨筆》甲引《樂書》此節而論之曰："斯能爲此諫而又議燒《詩》、《書》者，燒天下之私藏耳，蓋猶有在官者"，瀧川與之暗合。皆不知《朱子語類》卷一三八已曰："秦焚書也只是教天下焚之，他朝廷依舊留得；如説：'非秦記及博士所掌者，盡焚之'，則《六經》之類，他依舊留得，但天下人無有。"光氏又謂：劉大櫆《焚書辨》殆得其實，宋蕭參《希通録》已發此意，而皆未據《樂書》爲説。蕭書猶見於《説郛》卷一七、《續百川學海》甲集等，於燒書僅引"前輩"之説；其"究極"而辨者，乃在坑儒，謂所坑乃"方技之流"，非"吾儒中人"，蓋未省"術士"指方士亦可指儒生，如《漢書·儒林傳》明曰："及至秦始皇，兼天下，燔詩、書，殺術士"，王符《潛夫論·賢難》亦曰："此亡秦之所以誅偶語而坑術士也。"劉文見《海峰文集》卷一，略謂："博士之所藏具在，未嘗燒也。……書之焚，非李斯之罪，而項籍之罪也。……蕭何、漢之功臣而《六經》之罪人也"；實本於《通鑑·秦紀》胡三省註，而刻意爲文字波瀾耳。劉師培《左盦集》卷三《六經殘於秦火考》謂"民間所存之經亡於秦火，而博士所藏又亡於項羽之火"，蕭何所收"圖書"，即《張蒼傳》

"明習天下圖書計籍"之"圖書",非"六藝"也。竊意劉氏言過。民間《詩》、《書》,未必能家摧而户燒之,燔餘爐遺,往往或有。《六國年表》明曰:"《詩》、《書》所以復見者,多藏人家";《漢書·藝文志》亦曰:"《詩》遭秦而全者,以其諷誦,不獨在竹帛故"。是以《史記·屈、賈列傳》稱賈誼年十八,"以能誦《詩》屬書,聞於郡中",而《漢書·賈誼傳》曰:"以能誦《詩》、《書》屬文,稱於郡中。"夫爾時《詩》、《書》未出,雒陽又非齊、魯,亦見人間初未絶流布也。《論衡·書解篇》云:"秦雖無道,不燔諸子,諸子尺書文篇具在";趙歧《孟子題辭》云:"逮至亡秦,焚滅經術,坑戮儒生,孟子徒黨盡矣;其書號爲諸子,故篇籍得不泯絶。"則與李斯所請"雜燒《詩》、《書》百家語",顯然鉏鋙,而後來《文心雕龍·諸子》篇、《鬻子》逢行珪《序》皆主此説。若王通《文中子·周公篇》:"《詩》《書》盛而秦世滅,非仲尼之罪也;虚玄長而晉室亂,非老、莊之罪也";一似秦并未焚《詩》、《書》者,更不曉所云,無從究詰。蕭立之《詠秦》云:"燔經初意欲民愚,民果俱愚國未墟;無奈有人愚不得,夜思黄石讀兵書"(韋居安《梅磵詩話》卷中引,《蕭冰崖詩集拾遺》失收;明陸容《菽園雜記》卷一引作"不知何人作焚書坑詩",字句小異);袁宏道《經下邳》云:"枉把六經灰火底,橋邊猶有未燒書";陳恭尹《讀〈秦紀〉》云:"夜半橋邊呼孺子,人間猶有未燒書。"果若王、趙以至劉、逢之説,則百家雜碎,初未從火,兵家言原在"不燔"之列,三詩爲無的放矢也。朱彝尊《曝書亭集》卷四六《周鼎銘跋》:"舉凡鋒矛刀劍,無不有銘。自秦銷金洛陽,厲禁所至,爲段冶改煎,殆不可勝數。世徒懲秦燔《詩》、《書》之禍,不知銷金爲禍之益烈也!"此意似未經人道。王充頗稱秦之"不燔諸子"，而深恨秦之"燔五經"，至持作惡降殃之說；《論衡·佚文》篇："始皇前歎韓非之書，後惑李斯之議，燔五經之文，設挾書之律。……珍賢聖之文，厥辜深重，嗣不及孫，李斯創議，身伏五刑。"迷信果報，絕類余兒時見吳中"勸善惜字會"招貼謂不敬惜書籍字紙，必遭雷擊、絕嗣、目盲、體癩等災，引據鑿鑿，不記亦道及秦始皇、李斯否。此論出於慎思明辯如王氏者，直是差事。王氏書斬關處有當風之快，而固昧處又有墮霧之悶；嘗欲以"東邊日出西邊雨"揣稱其文境，半邊之爽朗適相形而愈見餘半之陰晦爾。

【增訂四】《顏氏家訓·治家》："其故紙有《五經》辭義及賢達姓名，不敢穢用也"；言外足徵字紙無所惜，乃至"穢用"，亦事之常。敦煌變文《廬山遠公話》："於大內見諸官常將字紙穢用茅廁，悉嗔諸人，以爲偈曰"云云，殆爲言惜字果報之始。宋人遂樂道此。如《夷堅志·支乙》卷四《劉氏女》記其製履時，"用小兒學書紙爲襯托，雷神以爲媟慢"，擊之"以伸警戒"；《吹劍錄》外集記："王文正公之父見破舊文籍，必加整緝，片言一字，不敢委棄。一夕夢孔子曰：'汝敬吾書，吾遣曾參爲汝子。'因名曰'曾'。"明清稗說，附會愈多，如《不下帶編》卷三記陳封翁、《右台仙館筆記》卷五記布袋和尚是也。

"有人持璧遮使者曰：'爲吾遺鎬池君'"一節；《考證》引梁玉繩據《搜神記》考"今年祖龍死"當作"明年"。按閻若璩《潛邱劄記》卷二早據李白《古風》言此；劉延世《孫公談圃》卷中記一蓬頭小青衣送王安石以白楊木笏，"荆公惡甚，棄之牆下，曰：'明年祖龍死！'"可參印。《搜神記》卷四所記事亦見《水經注》卷一九《渭水》及《後漢書·襄楷傳》章懷註所引《春秋後傳》；使者至鄗池，見宮闕，授書謁者而待命，聞內"語聲言'祖龍死'"。與《史記》、《搜神記》情節不同，波折似勝也。

"始皇崩於沙丘平臺，丞相斯……秘之不發喪，棺載轀輬車中，故幸宦者參乘，所至上食，百官奏事如故。"按後世不乏此類，如《魏書·獻文六王傳》下高祖崩後奉遷宛城之事是也。

【增訂四】《後漢書·安帝紀》："幸葉。帝崩於乘輿，秘不敢宣。所在，上食、問起居如故。"

《紀錄彙編》卷一二七陳沂《蓄德錄》記明成祖親征阿魯台，"晏駕於榆木川，楊文敏公、金文靖公恐事洩，盡取軍中錫器，鎔爲殮具，覆以隆衣，日進膳如故，錫工盡除，以滅其跡。至京師，人未知也。"封閉錫椑中，故無須鮑魚亂臭；《史記》未道滅木工之口，豈楊、金作事周密於李斯耶？將無漢人記事疏略，不如千年後之明人也？

"趙高說二世曰：'……奈何與公卿廷決事？事即有誤，示羣臣短也。天子稱朕，固不聞聲。'……其後公卿希得朝見"；《考證》："《李斯傳》記高之言曰：'天子所以貴者，但以聞聲，羣臣莫見其面，故號曰朕'。"按《漢書·王莽傳》中："後常翳雲母屏面，非親近莫得見也"；《三國志·吳書·陸凱傳》："皓性不好人視己，羣臣侍見，皆莫敢迕。凱說皓曰：'夫君臣無不相識之道。'"可相參印。吾、我之"朕"，章炳麟《新方言》謂即俗語之"偺"，趙高乃遽以通合於幾、兆之"朕"，從而推斷君人之術。科以名辯之理，此等伎倆即所謂"字根謬論"（fallacy founded on etymology）①，

<hr />

① R. Whately, *Elements of Logic*, Longmans, 118. Cf. K. O. Erdmann, *Die Bedeutung des Wortes*, 162："Etymologie hat mit Definition nichts zu schaffen."

萊白尼茨所嘲"咕嚕嗶啐"(goropiser)①,亦即馬克思與恩格斯
所訶"以字源爲逋逃所"(sein Asyl in der Etymologie sucht)②。
陳澧《東塾讀書記》卷一二謂趙高語本於申、韓之術,秦亡由
此;殊中肯綮,尚未周匝。《始皇本紀》載高"嘗教胡亥書及獄
律令法事",《李斯列傳》亦記高自言"以刀筆之文進入秦宮",
則申、韓之術固所操本業。特其蓄心叵測、引據附會耳;若其指
歸,則固儒、道、法、縱橫諸家言君道所異口同詞者,二世脱非
昏主,未嘗不可節取而妙運之也。《秦始皇本紀》三十五年,"始
皇怒曰:'此中人泄吾語!'案問莫服。當是時,詔捕諸時在傍
者,皆殺之;自是後,莫知行之所在";非高説"朕"之意乎?
《李斯列傳》斯以書阿二世曰:"是以明君獨斷,……塞聰揜明,
内獨視聽";非亦高説"朕"之意乎?《禮記·禮運》孔子曰:
"故政者,君之所以藏身也",鄭玄註:"謂輝光於外而形體不
見";《春秋繁露·離合根》論人主"法天之行":"天高其位而下
其施,藏其形而見其光",《立元神》與《保位權》兩篇中語略
同。《管子·霸言》:"夫權者,神聖之所資也;獨明者,天下之
利器也;獨斷者,微密之營壘也",又《心術》:"人主者立於
陰";《鄧析子·無厚》:"爲君者,滅影匿形,羣下無私",又
《轉辭》:"明君之御民……故神而不可見,幽而不可見"(按二

---

①　Leibniz, *Nouveaux Essais sur l'Entendement*, Liv. III, ch. 2, *Die Philoso-phischen Schriften*, hrsg. C. J. Gerhardt, V, 264.

②　*Die deutsche Ideologie*, iii, Dietz, 230. Cf. W. Muschg, *Die Zerstörung der deutschen Literatur*, 3. Aufl., 221-2 (Heideggers Etymologisieren); J.-F. Revel, *Pourquoi des Philosophes et la Cabale des Dévots*, 206 (le tour de passe-passe étymologique à la manière de Heidegger).

"見"字之一或爲"知"字);《申子‧大體》:"故善爲主者,倚於愚,立於不盈,設於不敢,藏於無事,竄端匿疏","竄端"謂不露端倪,"匿疏"謂必掩疏隙;《鬼谷子‧謀篇》:"故聖人之道陰,而愚人之道陽。……聖人之制道,在隱與匿",又《摩篇》:"主事日成而人不知,主兵日勝而人不畏也;聖人謀之於陰,故曰神,成之於物,故曰明。"《文子‧精誠》:"聖人在上,懷道而不言。……夫召遠者使無爲焉,親近者官無事焉,惟夜行者能有之";《鶡冠子‧夜行》:"隨而不見其後,迎而不見其首,成功遂事,莫知其狀。……致信究情,復反無貌。……故聖人貴夜行";《關尹子‧一宇》:"吾道如處暗;夫處明者不見暗中一物,而處暗者能明中區事。"《韓非子》尤三致意焉。《主道》:"道在不可見,用在不可知。虛靜無事,以闇見疵。……掩其跡,匿其端,下不能原";《揚權》篇:"上固閉内扃,從室視庭";他如《二柄》篇論人主當"掩其情,匿其端",《外儲說》右上引申子語,皆可供趙高附會之資。下文二世曰:"吾聞之韓子"云云,《李斯列傳》載之尤詳,則韓非之書固又二世所熟習也。

【增訂四】韓非子學於荀子,而論"主道"則師弟鑿枘。《荀子‧正論篇》:"世俗之爲説者,曰:'主道利周。'是不然。……上周密則下疑玄矣,上陰險則下漸詐矣。……故主道明則下安,主道幽則下危。……故上易知則下親上矣,上難知則下畏上矣。下親上則上安,下畏上則上危。……故先王明之,豈特玄之耳哉";楊倞註:"周、密也,謂隱匿其情,不使下知也。"蓋與韓非"掩跡匿端"之教大異。當代社會人類學家謂人主"神詭""隱匿""不許近"(mystification, self-concealment, maintenance of social distance),舉挪威王及英后維多利亞兩例(Erving Goffman,

The Presentation of Self in Everyday Life，Penguin Books，1980，pp.74-6,122），均有當於趙高説“天子稱‘朕’”之義。荀子所謂“明”，即今語論政所謂“透明度”之“明”。蓋“主道”在乎“夜行”，深藏密運，使臣下莫能測度，乃九流之公言，非閹豎之私説。李翱《吏部侍郎韓公行狀》云：“凡令史皆不鎖，聽出入。或問公，公曰：‘人所以畏鬼，以其不能見也，鬼如可見，則人不畏矣。選人不得見令史，故令史勢重；聽其出入，則勢輕’”（《全唐文》卷六三九）。天子、令史，小大一理耳。莎士比亞劇中英王訓太子，謂無使臣民輕易瞻仰（lavish of presence），見稀（seldom seen），則偶出而衆皆驚悚（wondered at）①；柏克談藝，論晦幽（obscurity）能起畏怖（terror），亦舉君主深居九重（keep from the public eye）爲證②；波沃爾謂帝王尊威亦頗由於隱秘（Le secret fait une partie de leur autorité et de leur grandeur），故有以日藏雲後（un soleil couvert d'une nuée）爲紋章（une très belle devise）示意者③。用心異於趙高之蓄心，而命意則同乎趙高之陳意矣。又按《鄧析子》、《鬼谷子》皆以“陰”而不可見爲“神”，鄭玄註迻以天“神”相擬，殊具妙想。方士侈炫，正復如是。《封禪書》：“壽宫神君，最貴者太一，非可得見，聞其言”；《太平御覽》卷三八八引《太玄經》：“老子行則滅跡，立則隱形”（參觀同卷引《地鏡圖》等）；後世形容神道尊

---

① 　*I Henry IV*，III.ii.39 ff..

② 　Burke，*Inquiry into the Sublime and the Beautiful*，II.iii.cf.xiv.ed.J.T. Boulton，59，80.

③ 　D.Bouhours，*Les Entretiens d'Ariste et d'Eugéne*，III，Armand Colin，98，104.

嚴，如《事文類聚》卷二引《翼聖傳》："玉帝所居，常有紅雲擁
之，雖真仙亦不得見其面。"詩家應制，遂借天帝以頌人皇，如
沈括《開元樂詞》之四："一片紅雲閙處，外人遙認官家"（趙德
麟《侯鯖錄》卷七引），蘇軾《上元侍飲樓上呈同列》第一首：
"侍臣鵠立通明殿，一朵紅雲捧玉皇"，皆寓天顏不容瞻仰之意。
法國一詩家言拿破侖不預幾務，而若天神然，於日華煥炫中隱形
潛跡（Bonaparte avait besoin d'être absent des affaires. Il se
cacha dans la gloire comme un ange dans le soleil）①。直與《禮
運》鄭註造車合轍矣！西籍自《聖經》下及但丁、密爾敦、特萊
敦等名什寫上帝，均謂光裏雲繞，不許人逼視，但可聞聲
（dwelling in light unapproachable；e col suo lume se medesmo
cela；invisible amidst the glorious brightness，a voice from midst
a glorious cloud；a blaze of glory that forbids the sight）②；至寫
魔王鬼魁，亦稱其高據寶座，能矚拱服之諸么魔鬼子而不爲所覷
（round about him saw, but unseen）③。胥有當於滅形視庭之旨。
故曰：趙高之心陰欲二世"貴而無位，高而無民"，如"亢龍有
悔"也，而其言則陽勸二世"天德不可爲首"，如"羣龍無首吉"
爾；所言若勸二世靜如善刀而藏，動如矢來無鄉也，乃心固欲使
二世雖號"皇帝"而實爲"皇"不爲"帝"（參觀《漢書·高帝
紀》下"尊太公曰太上皇"句顏師古註、《三國志·魏書·王朗

① Alfred de Vigny, *Le Journal d'un Poète*, *Oeuvres Complètes*, "La Bibliothèque de la Plèiade", II, 898.
② I Timothy, 4.16; *Purgatorio*, XVII.57; *Paradise Lost*, III, 357 ff., VI. 25 ff., X.32f.; Dryden, *The Hind and the Panther*, I, 66 ff..
③ *Paradise Lost*, X, 447-8.

傳》王肅疏"漢總帝皇之號"節裴松之註），猶李輔國勸唐代宗"大家但內裏坐"爾（《舊唐書‧宦官傳》）。

"趙高欲爲亂，恐羣臣不聽，乃先設驗，持鹿獻於二世，曰：'馬也'"；《考證》引陸賈《新語》參證。按《韓非子‧外儲說》右上記衛嗣公曰："夫馬似鹿者，而題之千金"，蓋早傳二物之或相似。《禮記‧禮器》："或素或青，夏造殷因"；鄭玄《註》："變白黑言素青者，秦二世時，趙高欲作亂，或以青爲黑、黑爲黃，民言從之，至今語猶存也"；《正義》引《史記》指鹿爲馬事，申之曰："其以青爲黑，以黑爲黃，即鹿馬之類也。鄭去胡亥既近，相傳知之。"《戰國策‧楚策》三："粉白黛黑立於衢"，《淮南子‧脩務訓》兩言"粉白黛黑"，而《鹽鐵論‧國病》："傅白黛青者衆"，亦即鄭所謂"至今語猶存"也。《後漢書‧文苑傳》上崔琦答梁冀曰："將使玄黃改色、鹿馬易形乎？"；章懷註祇釋"鹿馬"，未及"玄黃"。潘岳《西征賦》："野蒲變而爲脯，苑鹿化以爲馬"，《文選》李善註引《風俗通》："秦相趙高指鹿爲馬，束蒲爲脯，二世不覺"；《金樓子‧箴戒》則云："秦二世即位，自幽深宮，以鹿爲馬，以蒲爲脯"，不言其由趙高。鹿馬雖異，皆爲畜獸，玄黃固殊，均屬顏色；若蒲與脯，物狀迥庭，豈二世駿愚，竟如黃葉之可止嬰啼乎？余嘗疑之。後讀《論衡‧是應》篇，有曰："儒者言'篦脯生於庖廚'者，言廚中自生肉脯，薄如篦形，搖鼓生風，寒涼食物，使之不臭"，若有所會。篦、扇也，《藝文類聚》卷六九陸機、傅咸《羽扇賦》有"蓋受則於篦甫"、"下等美於篦甫"等句，"甫"即"脯"也。以蒲作扇，想古已然；晉人賦扇雖無道者，而《世說‧輕詆》門"君乃復作裴氏學"句註引《續晉陽秋》云："嶺南凋敝，惟有五萬蒲葵扇。"二世時當有蒲扇而復流行"箑脯"俗信，故趙高得牽合以售奸欺耳。

【增訂三】《藝文類聚》卷一一《帝堯陶唐氏》節引《帝王世紀》："廚中自生肉脯，其薄如箑形，搖鼓自生風，使食物寒而不臭，名曰'箑脯'"；"箑"，扇也。又卷九八《祥瑞》節引《白虎通》："孝道至，即蓂蒲出庖廚，不搖自扇於飲食，清涼助供養也。"（引文出《白虎通·封禪》，詞句有異："則以蓂莆者，樹名也，其葉大於門扇，不搖自扇於飲食"云云）王充《論衡》泛舉此物爲儒者所稱"太平瑞應"，班固《白虎通》則定其爲"孝道"所致，皇甫謐《帝王世紀》又定其爲唐堯"盛德"所致。嘗試論之，趙高指蒲爲脯，殆亦寓意頌二世之大哉帝德，且善續乃父始皇之緒耶？是藉詔諛以恣其愚弄也。《十六國春秋·南燕錄》三記鞠仲頌慕容德爲"中興之聖君"，德曰："卿知調朕。"蓋諛君者，使君愚，媚君者，使君昧。史籍所載羣臣表慶雲、甘露、芝生、龍見等祥瑞，與趙高指蒲爲脯，"調"君伎倆，實無以異。英主哲王樂聞諛而甘被愚，受賀改元，與秦二世復如貉一邱耳。周君振甫曰："《白虎通》作'莆'，《類聚》引作'蒲'，《說文》亦曰：'蓂莆，瑞草也'，《論衡》則謂是'肉脯'。不知孰是，抑原有草與肉兩說耶？然以《論衡》拍合《風俗通》記趙高'束蒲爲脯'事，可謂俯拾即是矣。"

鹿馬事早成口實，崔琦答梁冀外，如《三國志·魏書·鮑勛傳》文帝詔："勛指鹿爲馬，收付廷尉。"洪邁《容齋續筆》卷一六以高德儒指鳥爲鸞與趙高事作對，猶未貼當；二人妄誕誠相類，而高乃校尉之詔媚君上，趙則丞相之威懾同列，區以別矣。

"子嬰遂刺殺高於齋宮，三族高家，以徇咸陽"；《考證》："吳裕垂曰：'司馬貞云：高本趙諸公子，痛其國爲秦所滅，誓欲報仇，乃自宮以進。……以句踐事吳之心，爲張良報仇之舉。'"

按俞樾《湖樓筆談》卷三據《蒙恬列傳》："趙高昆弟數人，皆生
隱宮，其母被刑僇，世世卑賤"，謂高非"趙公子"也。司馬貞
語，趙翼《陔餘叢考》卷四一亦稱述之；平步青《霞外攟屑》卷
八上謂今本《索隱》所無，不知趙何所據，是也。此説似在趙鄉
里人中流傳，如吕星垣《白雲草堂詩鈔》卷下《下邳謁留侯廟》
二首有序略謂："孫淵如示《史記索隱戔言》，知留侯博浪之逃，
趙高匿之也"；詩第一首有云："趙高趙國諸王孫，求爲秦賊支體
殘。……趙高名在《列仙傳》，何得仙家濫其選？《索隱戔言》頗
辨寃，鹿馬計勝長平戰"；第二首有云："日中白虹匿無跡，王孫
本是邯鄲客。頗死牧廢無英雄，山河西吞惜無策。顛覆咸陽志已
酬，組繫子嬰維爾力。"孫、吕與趙同邑交游也。譚獻《復堂日
記》卷四摘清泉歐陽軒《月到山房詩》有詠《趙高》："當年舉世
欲誅秦，那計爲名與殺身！先去扶蘇後胡亥，趙高功冠漢諸臣"；
又有《閱〈古逸史〉，趙高爲趙公子，抱忠義之性，自宮爲趙報
仇，張良大索時，即避高家》："大賈滅嬴憑女子，奇謀興漢詎蕭
曹？留侯椎鐵荆卿匕，不及秦宮一趙高！"

【增訂三】屈大均《翁山詩外》卷三《博浪行》："可憐百萬死
秦孤，祇有趙高能雪恥。趙高生長趙王家，淚灑長平作血花；
報趙盡傾秦郡縣，報韓祇得博浪沙。"早用司馬貞説入詩，即
"留侯椎鐵不及趙高"之意。

《史記索隱戔言》及《古逸史》皆不經見，自慚陋不之知，又疚
懶未之覓。繆荃孫《雲自在龕隨筆》卷一引《周禮折衷》云：
"趙高是病廢，非刑餘；張良擊始皇不中，大索十日不得，蓋匿
高所也"；豈亦及見司馬貞《索隱》逸文耶？張良匿趙高所，故
大索不得，未必爲事實。然始皇精騖八極、目游萬仞，而不知伏

寇在側，正如睫在眼前長不見也。西方童話言仙女與人賭捉迷藏，斯人魚潛三泉之下，鳶飛九天之上，豹隱萬山之中，女安坐一室，轉寶鏡即照見所在；渠乃穴地穿道，直達女座底而伏處焉，以彼身蓋掩己身，女遂遍照不得踪跡①。俗說趙高報仇爲閹豎、匿刺客等事，實亦此旨。《始皇本紀》方士奏錄圖書曰："亡秦者胡也"，始皇因大發兵北擊胡，不知其指宮中膝下之胡亥；故張衡《思玄賦》："嬴摘讖而戒胡兮，備諸外而發內"，又《北齊書·恩倖傳》記阿禿師呼"阿那瓌亡汝國！"顯祖因每歲伐茹茹，不知其指高阿那肱，"雖作'肱'字，世人皆稱爲'瓌'音，斯固'亡秦者胡。'"俗傳趙高諸節與圖讖貌異心同，皆《韓非子·用人》所謂："不謹蕭牆之患，而固金城於遠境"也。載籍所著讖書預言，如夏桀見"錄書云：'亡夏者桀'，於是大誅豪傑"（羅泌《路史·後紀》卷一四《疏仡紀》自註引《世紀》等）。

【增訂四】《宋書·索虜傳》："拓拔開暴虐好殺，民不堪命，先是有神巫誡開當有暴禍，惟誅清河、殺萬民乃可以免。開乃滅清河一郡，常手自殺人，欲令其殺滿萬。……夜恒變易寢處，人莫得知，惟愛妾萬人知處。萬人與開子清河王私通，慮事覺，……令萬人爲內應，伺開獨處，殺之。開臨死曰：'清河萬人之言，乃汝等也！'"此亦"亡夏者桀"、"亡秦者胡"之類。

司馬懿見《玄石圖》云："牛繼馬後"，於是深忌牛氏，酖殺牛金（《晉書·元帝紀》）；李世民聞太史占曰"女五昌"又民謠"女武

---

① *Die Wunderblume*, "Der Fischerssohn", Berlin: Verlag Kultur und Fortschritt, 99‑100; cf. Brüder Grimm, *Die Kinder- und Hausmärchen*, "Das Meerhäschen", Berlin: Der Kinderbuchverlag, 443‑5.

王”，以李君羨乃武安人、封武連郡公、爲左武衞將軍在玄武門，又小名“五娘子”，因故誅之（《舊唐書・李君羨傳》）；郭威“聞人間讖：‘趙氏當爲天子’”，因使人誣告防禦使趙童子，收而殺之（陶岳《五代史補》卷五）。莫非明在邇求遠、變出防外。視爲鬼神事先之詔告，聊以作弄凡夫，自屬無稽；而視爲草野事後之附會，聊以嘲訕君上，又殊有味，正古希臘悲劇所示世事人生之“諷刺”（irony）爾。苟作如是觀，則固無須斤斤究辨其爲信史抑讕語矣。司馬光《傳家集》卷六三《答范夢得》謂“實錄正史未必皆可據，野史小説未必皆無憑”，故其撰《通鑑》，采及“野史小説”。夫稗史小説、野語街談，即未可憑以考信人事，亦每足據以覘人情而徵人心，又光未申之義也。

【增訂三】王士禎《香祖筆記》卷一〇考論《警世通言・拗相公》，因曰：“故野史傳奇往往存三代之直，反勝穢史曲筆者倍蓰。……禮失而求諸野，惟史亦然。”紀昀《閱微草堂筆記》卷一五：“有州牧以貪橫伏誅。既死之後，州民喧傳其種種冥報，至不可殫書。余謂此怨毒未平，造作訛言耳。先兄晴湖曰：‘天地無心，視聽在民。民言如是，是亦可危也已！’”即余所謂野語雖未足據以定事實，而每可以徵人情，采及蕘菲，詢於芻蕘，固亦史家所不廢也。《蘇詩合註》卷一七《次韻王廷老退居見寄》：“上都新事常先到，老圃閒談未易欺”，查慎行極賞此聯。意謂廷老於朝事必早知，不爲野語所惑耶？抑謂野人自具識見，不爲朝報所惑耶？苟屬後解，則亦史失而求諸野之意，所謂“路上行人口似碑”也。《山谷外集》卷一〇《廖袁州次韻見答》：“史筆縱橫窺寶鉉”，自註：“干寶作《搜神記》，徐鉉作《稽神録》”；以“史筆”許短書小説，不特論史有會心，亦論文有先覺矣。

五 項羽本紀

"乃悉引兵渡河，皆沉船，破釜甑，持三日糧，以示士卒必死，無一還心。"按太公《六韜·必出》："先燔吾輜重，燒吾糧食"；又《太平御覽》卷四八二引太公《六韜》："武王伐殷，乘舟濟河，兵車出，壞船於河中。太公曰：'太子爲父報仇，今死無生。'所過津梁，皆悉燒之"；《孫子·九地》："帥與之期，如登高而去其梯，焚舟破釜，若驅羣羊而往"，杜牧註："使無退心，孟明焚舟是也"（見《左傳》文公三年，杜預註："示必死"）；《晉書·蔡謨傳》上疏："夫以白起、韓信、項籍之勇，猶發梁、焚舟、背水而陣。今欲停船水渚，引兵造城，前對堅敵，後臨歸路，此兵法之所戒也"，又《苻健載記》："起浮橋於盟津，……既濟焚橋"；《宋書·王鎮惡傳》率水軍自河直至渭橋，棄船登岸，諸艦悉逐急流去，乃撫士卒曰："去家萬里，而舫乘衣糧並已逐流，唯宜死戰"；《新五代史·梁臣傳》之九燕兵攻館陶門，葛從周"以五百騎出戰，曰：'大敵在前，何可返顧！'使閉門而後戰"。用意僉同。古羅馬大將（Fabius Maximus）行師，亦既濟而焚舟楫，使士卒知有進無退（ne qua fiducia navium, ad quas refugium erat, incendi eas iussit）[1]。又按

---

[1]　Frontinus，*The Strategems*，I. xi. 21，"Loeb"，80．

比喻貼而不粘，修詞之理。釋典每言“如筏喻”者，所謂“到岸捨筏”[①]；《大智度論·我聞一時釋義》第二敷陳其義，取譬正同太公之“兵濟壞船”、項羽之“渡河沉船”、王鎮惡之“登岸棄船”。禪人別擬，如《永樂大典》卷三〇〇三《人》字引《大慧語錄》：“過橋便拆橋，得路便塞路”，復同太公之“過津燒梁”、苻健之“既濟焚橋”。譬一而已：兵家以喻無退反之勇氣，禪家以喻無執著之活法。耶律楚材《湛然居士文集》卷九《戲陳秀玉·序》：“萬松師偈頌有和節度陳公一絕云：‘清溪居士陳秀玉，要結蓮宮香火緣；賺得梢翁搖艣棹，却云到岸不須船。’……湛然目清溪爲‘昧心居士’”；《元史·徹里帖木兒傳》譏許有壬出身科舉而贊廢科舉曰：“可謂過河拆橋者矣！”；高文秀《黑旋風》第三折：“你順水推船，我過河拔橋”。則棄船、焚梁又以喻無感惠之薄情負恩，與禪喻、兵喻更襃貶異柄矣（參觀《周易正義》卷論《歸妹》）。

【增訂四】《中阿含經》五五《阿梨吒經》記佛言“有人欲從此到彼岸，結筏乘之而度。至岸訖，作此念：‘此筏益我，不可捨，當担戴去。’於意云何？”比丘曰：“有益。”佛言：“彼人於岸邊捨去，云何？”比丘曰：“有益。”佛言：“如是！我爲汝等長夜説筏喻，法便欲棄捨，……況非法耶？”（參觀《增益阿含經》卷二三之六、卷三八之五）。鳩摩羅什譯《金剛經》：“汝等比丘，知我説法，如筏喻者，法尚應捨，何況非法”；《大智度論·我聞一時釋論》第二作“善法應棄，何況不善法。”大慧習聞吾國太公、苻健等故實，本地風光，遂易“登岸捨筏”爲“過橋拆橋”，而命意不殊，均戒執著膠固，免於

[①]　Cf. Plato, *Phaedo* 85 CD; P. Shorey, *What Plato Said* 530.

今語所譏"教條主義"爾。柏拉圖語録嘗言，至理而不可求，則涉世風波，唯有以人間顛撲不破之義諦爲筏；若夫天啓神示，譬則固舟也(if that〔the discovery of truth〕is impossible，he must take whatever human doctrine is best and hardest to disprove and，embarking upon it as upon a raft，sail upon it through life in the midst of dangers，unless he can sail upon some stronger vessel，some divine revelation.——Simmias，in *Phaedo*，85 CD，Loeb，p.295）。斯乃西方古"筏"喻，寓"捨"義於言外；蓋天道苟明，則如舟楫既具，無須以人道爲筏矣。喻之筏者，亦可以喻之車，喻之梯，事異功同。如趙貞吉《重刻陽明先生文粹序》："若行者抵家，則並車釋之矣，何有於策? 渡者抵岸，則並舟釋之矣，何有於柁? 學者而至於聖人之門，則並其名言喪矣!"（《明文海》卷二三七）；段玉裁《戴東原先生年譜》雍正四年下記戴震語："宋儒譏訓詁之學，輕語言文字，是猶渡江而棄舟楫，欲登高而無階梯也"；章學誠《文史通義》內篇三《辨似》："故記誦者，學問之舟車也。人有所適也，必資乎舟車，至其地，則捨舟車矣；一步不行者，則亦不用舟車矣。"當世哲人維德根斯坦謂："倘明吾旨，則由吾言而更上陟焉，吾言遂無復意義，亦猶緣梯而升，盡級登高，則必捨梯也"（Meine Sätze erläutern dadurch，dass sie，der，welcher mich versteht，am Ende als unsinnig erkennt，wenn er durch sie—auf ihnen—über sie hinausgestiegen ist）（Er muß sozusagen die Leiter wegwerfen，nachdem er auf ihr hinausgestiegen ist.——L. Wittgenstein，*Tractatus logico-philosophicus*，6. 54，Suhrkamp，1978，p.115）。乃類釋氏"登岸捨筏"、"過橋

拆橋"、"到岸不須船"等命意，亦猶道家"得兔忘蹄、得魚忘筌"
之旨。英諺"攀梯登後，蹴而去之"（to kick down the ladder
one rises by），則類《元史》或元曲所謂"過河拔橋"，以譬得
志忘恩。《孫子・九地篇》："帥與之期，如登高而去其梯"（梅
堯臣註："可進而不可退也"）；揚雄《太玄經》卷一《上之次
八》："升於高危，或斧之梯"；《三國志・蜀書・諸葛亮傳》記
劉琦將亮游園，"上樓去梯"；《世説・黜免》記殷浩恨晉簡文
帝曰："上人著百尺樓上，儋梯將去"；均謂處於絶地，登高而
喪其梯，非登高而捨其梯，與維德根斯坦之喻共邊而殊柄矣。
當世有寫中世紀偵探疑案名著，其主角亦引維德根斯坦此喻
（Er muoz gelîchesame die Leiter abewerfen，sô Er an ir uf-
getigen ist），且曰："此乃德國一神秘宗師（un mistico）之語，
出處則余忘之矣（non ricordo dove）"（U. Eco，*Il nome del-
la rosa*，Settimo giorno：notte，Bompiani，1986，p. 495；
cf. Postille，p. 532：... mascheravo citazioni di autori pos-
teriori［come Wittgenstein］facendole passare per citazioni
dell' epoca）。正與《鏡花緣》中所謂"未卜先知"諸例，機
杼相同（參觀 2037 頁）。

【增訂五】《大智度論》卷三五《釋習相應品》第三："譬喻爲
莊嚴論議，令人信著。故以五情所見，以喻意識，令其得悟。
譬如登樓，得梯則易上耳"；又卷八七《釋三次第學品》第七
五下："次第行法，故能得成就。譬如緣梯，從一初杬，漸上
上處；雖高雖難，亦能得至。"

　　"諸將皆從壁上觀，楚戰士無不一以當十，楚兵呼聲動天，
諸侯軍無不人人惴恐。於是已破秦軍。項羽召見諸侯將，入轅

門，無不膝行而前"；《考證》："陳仁錫曰：'疊用三無不字，有
精神'；《漢書》去其二，遂乏氣魄。"按陳氏評是，數語有如火
如荼之觀。貫華堂本《水滸》第四四回裴闍黎見石秀出來，"連
忙放茶"，"連忙問道"，"連忙道：'不敢！不敢！'"，"連忙出門
去了"，"連忙走"；殆得法於此而踵事增華者歟。馬遷行文，深
得累疊之妙，如本篇末寫項羽"自度不能脫"，一則曰："此天之
亡我，非戰之罪也"，再則曰："令諸君知天亡我，非戰之罪也"，
三則曰："天之亡我，我何渡爲！"心已死而意猶未平，認輸而不
服氣，故言之不足，再三言之也。又如《袁盎、鼂錯列傳》記錯
父曰："劉氏安矣！而鼂氏危矣！吾去公歸矣！"疊三"矣"字，
紙上如聞太息，斷爲三句，削去銜接之詞（asyndeton），頓挫而兼
急迅錯落之致。《漢書》却作："劉氏安矣而鼂氏危，吾去公歸
矣！"索然有底情味？王若虛《滹南遺老集》卷一五苛詆《史記》
文法最疏、虛字不妥，舉"諸侯軍無不人人惴恐"爲"字語冗
複"之一例。王氏譚藝，識力甚銳而見界不廣，當時友生已病其
"好平淡"而不"尚奇峭"，以"經義科舉法繩文"（劉祁《歸潛
志》卷八）。玩其月旦，偏主疏順清暢，飾微治細，至若瑰瑋奇
肆之格、幽深奧遠之境，皆所未識；又祇責字句之直白達意，於
聲調章法，度外恝置。是故彈射雖中，剟傷要害，匹似逼察江河
之挾泥沙以俱下，未嘗渾觀其一派之落九天而瀉千里也。即以
《史記》此句論之。局於本句，誠如王氏所譏。倘病其冗複而削
去"無不"，則三疊減一，聲勢隨殺；苟刪"人人"而存"無
不"，以保三疊，則它兩句皆六字，此句僅餘四字，失其平衡，
如鼎折足而將覆餗，別須拆補之詞，仍著塗附之跡。寧留小眚，
以全大體。經籍不避"重言"，《尚書》之"不遑暇食"，《左傳》

之"尚猶有臭"，孔穎達《正義》已道之。《漢書·項籍傳》作
"諸侯軍人人惴恐"、"膝行而前"；蓋知刪一"無不"，即壞却累
疊之勢，何若逕刪兩"無不"，勿復示此形之爲愈矣。《後漢書·
班彪傳》載其論《史記》曰："刊落不盡，尚有盈辭"，修詞不净
處，不知屬"盈辭"抑否耶？《史記》確多"字語冗複"而難爲
辨解者，如《平準書》："天下大抵毋慮皆鑄金錢矣"；《季布、欒
布列傳》："身屢典軍搴旗者數矣"；《袁盎、鼂錯列傳》："嘗有從
史嘗盜盎侍兒"；《魏其武安侯傳》："唯灌將軍獨不失故"，此類
皆可仿劉知幾之"以筆點其煩"上也。《漢書》唯"從史盜盎侍
兒"一語，潔適勝《史記》；至"有如萬分一假令愚民取長陵一
抔土"，"唯灌夫獨否"，雖省字而冗複之病依然。《史記·張丞相
列傳》："老，口中無齒"，《漢書》作"口中無齒"，省去"老"
字，無救語疵。《史通·點煩》篇舉史傳文之須"除字"者十四
例，《史記》居其九，《雜説》篇上又舉兩例，余皆略之；又《敍
事》篇："《漢書·張蒼傳》曰：'年老，口中無齒'，去'年'及
'口中'可矣"；當是記憶微誤。《淳南遺老集》卷一五已舉者，
余亦不再。《容齋隨筆》卷一謂《史記·衛青傳》"校尉李朔一節
五十八字，《漢書》省去二十三字，然不若《史記》爲樸贍可
喜"；虞兆隆《天香樓偶得》則駁《隨筆》謂"非定論"，又謂
《漢書》僅省去二十一字。周君振甫曰："洪、虞兩家計字衡文，
均摭華而未尋根也。馬之勝班，非以其行文之'樸贍'，乃以其
記事之翔實。馬歷舉'以千五百户封……''以千三百户封……'
等，班則悉刪封侯户數，而於'賜爵關内侯，食邑各三百户'，
獨仍馬之舊，削多存少，羌無義例。馬記諸將皆全具姓名，班則
有所謂'騎將軍賀'者、'中郎將緒'者，不知誰氏子矣。"殊足

平停洪、虞之争。《史記》："校尉李朔、校尉趙不虞、校尉公孫戎奴，各三從大將軍獲王，以千三百戶封朔爲涉軹侯，以千三百戶封不虞爲隨成侯，以千三百戶封戎奴爲從平侯"；《漢書》作"校尉李朔、趙不虞、公孫戎奴，……封朔爲涉軹侯、不虞爲隨成侯、戎奴爲從平侯"。《漢書》删去兩"校尉"，明净勝於《史記》原文，未可盡非；《史記》下文亦云："將軍李沮、李息"，而不云："將軍李沮、將軍李息"也。《漢書》删去三"以千三百戶封"，泂爲敗闕，當於"爲從平侯"下，增"食邑各千三百戶"，則點煩而不害事，猶《史記》下文言李沮、李息、豆如意云："賜爵關内侯，食邑各三百戶"也。

"范增起，出，召項莊謂曰：'君王爲人不忍'。"按《高祖本紀》王陵曰："陛下慢而侮人，項羽仁而愛人……妒賢疾能，有功者害之，賢者疑之"；《陳丞相世家》陳平曰："項王爲人恭敬愛人，士之廉節好禮者多歸之；至於行功爵邑重之，士亦以此不附"；《淮陰侯列傳》韓信曰："請言項王之爲人也。項王喑噁叱咤，千人皆廢；然不能任屬賢將，此特匹夫之勇耳。項王見人恭敬慈愛，言語嘔嘔，人有疾病，涕泣分食飲；至使人有功，當封爵者，印刓敝，忍不能予，此所謂婦人之仁也。"《項羽本紀》歷記羽拔襄城皆阬之；阬秦卒二十餘萬人，引兵西屠咸陽；《高祖本紀》："懷王諸老將皆曰：'項羽爲人僄悍猾賊，諸所過無不殘滅。'"《高祖本紀》於劉邦隆準龍顏等形貌外，并言其心性："仁而愛人，喜施，意豁如也，常有大度"。《項羽本紀》僅曰："長八尺餘，力能扛鼎，才氣過人"，至其性情氣質，都未直敍，當從范增等語中得之。"言語嘔嘔"與"喑噁叱咤"，"恭敬慈愛"與"僄悍猾賊"，"愛人禮士"與"妒賢嫉能"，"婦人之仁"與

"屠阬殘滅"，"分食推飲"與"刓印不予"，皆若相反相違；而既具在羽一人之身，有似兩手分書、一喉異曲，則又莫不同條共貫，科以心學性理，犁然有當。《史記》寫人物性格，無複綜如此者。談士每以"虞兮"之歌，謂羽風雲之氣而兼兒女之情，尚粗淺乎言之也。

　　"張良入謝曰：'沛公不勝桮杓，不能辭'"；《考證》："董份曰：必有禁衛之士，訶訊出入，沛公恐不能輒自逃酒。且疾出二十里，亦已移時，沛公、良、噲三人俱出良久，何爲竟不一問？……矧范增欲擊沛公，惟恐失之，豈容在外良久，而不亟召之耶？此皆可疑者，史固難盡信哉！"按董氏獻疑送難，入情合理。《本紀》言："沛公已出，項王使都尉陳平召沛公"，則項羽固未嘗"竟不一問"。然平如"趙老送燈臺，一去更不來"，一似未復命者，亦漏筆也。

　　【增訂一】"趙老"二句似始見歐陽修《歸田錄》卷二，後世常用之。《孤本元明雜劇》闕名《破風詩》第四折則作："恰便似趙藁送曾哀，因此上一去不回來。"均不知所言何事。

《三國志·蜀書·先主傳》裴註引《世語》曰："曾請備宴會，蒯越、蔡瑁欲因會取備，備覺之，僞如廁，潛遁出"；孫盛斥爲"世俗妄說，非事實。"疑即仿《史記》此節而附會者。"沛公起如廁"，劉備遂師乃祖故智；顧蒯、蔡欲師范增故智，豈不鑑前事之失，而仍疏於防範、懈於追踪耶？錢謙益《牧齋初學集》卷八三《書〈史記·項羽、高祖本紀〉後》兩首推馬之史筆勝班遠甚；如寫鴻門之事，馬備載沛公、張良、項羽、樊噲等對答之"家人絮語"、"娓娓情語"、"謏謏相屬語"、"惶駭偶語"之類，班胥略去，遂爾"不逮"。其論文筆之繪聲傳神，是也；苟衡量史筆之足徵可信，則尚未探本。此類語皆如見象骨而想生象，古史記言，太半出於想當然（參觀《左傳》卷論杜預《序》）①。馬善設身處地、代作喉舌而已，即劉知幾恐亦不敢遽謂當時有左、右史珥筆備録，供馬依據。然則班書删削，或識記言之爲增飾，不妨略馬所詳；謂之謹嚴，亦無傷耳。馬能曲傳口角，而記事破綻，爲董氏所糾，正如小説戲曲有對話栩栩欲活而情節布局未始盛水不漏。李漁《笠翁偶集》卷一《密針線》條嘗評元人院本作曲甚工而關目殊疏，即其類也。

【增訂四】《康熙起居註》五十六年八月初五日："朕又覽《史記》、《漢書》，亦僅文詞之工，記事亦有不實處。即如載項羽坑秦卒二十萬；二十萬卒，豈有束手待坑之理乎？"胡天游《石笥山房詩集‧續補遺》卷上《長平殺谷》："當時爲衆四十萬，縱敗不容甘自戮。死地置身争買首，顧使約驅如叱犢。乃知生氣先略盡，豈但輿屍羞笠轂"，即爲馬遷記坑卒事彌縫也。孫寶瑄《忘山廬日記》光緒三十二年二月三日論《史記》鴻門宴節，亦同董份之見，以爲"甚不合情理"。

"范增曰：'唉！豎子不足與謀！奪項王天下者，必沛公也。吾屬今爲之虜矣！'"按上文增召項莊曰："因擊沛公於坐殺之。不者，若屬且爲所虜。"始曰"若屬"，繼曰"吾屬"，層次映帶，神情語氣之分寸緩急，盍現字裏行間。不曰"將"，而曰"今"，極言其迫在目前。下文周苛罵曰："若不趣降漢，漢今虜若，若非漢敵也"；《淮南、衡山列傳》："上曰：'吾特苦之耳，今復

---

① Cf. V. Pareto, *A Treatise on General Sociology*, §1562, tr. A. Bongiorno and A. Livingstone, Dover Publications, II, 1013 (orations in ancient historians).

－452－

之'"（《漢書》作"令復之"；師古註："令其自悔，即追還也"）；
《汲鄭列傳》："上曰：'君薄淮陽耶？吾今召君矣'"（《漢書》同，
師古註："言後即召也"）；《戰國策・趙策》三：或謂建信君曰：
"君因言王而重責之，胥之軸今折矣"，時建信君尚未"入言於
王"也；《三國志・魏書・劉曄傳》裴註引《傅子》自記劉陶力
稱曹爽，已"以其言大惑，不復詳難也，謂之曰：'天下之質，
變無常也，今見卿窮！'"，謂將立見其言之失也。"今"者，未來
之最逼近而幾如現在；西語亦然，亞理斯多德《物理學》已早言
之（"Presently" or "just" refers to the part of future time which
is near the invisible present "now"）①。

　　"項王謂漢王曰：'天下匈匈數歲者，徒以吾兩人耳。願與漢
王挑戰決雌雄，毋徒苦天下之民父子爲也。'漢王笑謝曰：'吾寧
鬥智，不能鬥力'"；《集解》："李奇曰：'挑身獨戰，不復須衆
也'"；《考證》："李説是。"按杜甫《寄張山人彪》云："蕭索論
兵地，蒼茫鬥將辰"；"挑身獨戰"即"鬥將"，章回小説中之兩
馬相交、厮殺若干"回合"是也。趙翼《陔餘叢考》卷四〇嘗補
《池北偶談》引《劇談録》，援徵史傳中鬥將事。余觀《穀梁傳》
僖公元年，"公子友謂莒挐曰：'吾二人不相説，士卒何罪！'屏
去左右而相搏。"竊謂記鬥將事莫先於此，其言正與項羽同；後
世如《隋書・史萬歲傳》竇榮定謂突厥曰："士卒何罪過，令殺
之？但當遣一壯士決勝負耳"，莫非此意。西方中世紀，兩國攻
伐，亦每由君若帥"挑戰""鬥將"（single combat），以判勝負，
常曰"寧亡一人，毋覆全師"，"免兆民流血喪生"（Better for

---

　　① Physics，IV.xiii, op.cit.，297.

one to fall than the whole army; pour éviter effusion de sang chrestien et la destruction du peupte）①，即所謂"士卒何罪"，"毋徒苦天下之民父子爲也"。士卒則私言曰："吾曹蚩蚩，捨生冒鋒鏑，真何苦來？在上者欲一尊獨霸，則亦當匹馬單槍自決輸贏"（Pugnent singulariter qui regnare student singulariter）②。第一次世界大戰時，英國民間語曰："捉德國之君王將帥及英國之宰執，各置一戰壕中，使雙方對擲炸彈，則三分鐘內兩國必議和"③，其遺意也。

【增訂三】今世英美軍士亦常曰："當置交戰兩國之元首於疆場上，由其自決雌雄"（Put them〔the Heads of States〕in a field and let them fight it out！—Partridge, *op. cit.*, 178）。

"項王乃悲歌慷慨。……美人和之"。按周亮工《尺牘新鈔》三集卷二釋道盛《與某》："余獨謂垓下是何等時，虞姬死而子弟散，匹馬逃亡，身迷大澤，亦何暇更作歌詩！即有作，亦誰聞之而誰記之歟？吾謂此數語者，無論事之有無，應是太史公'筆補造化'，代爲傳神。"語雖過當，而引李賀"筆補造化"句，則頗窺"偉其事"、"詳其跡"（《文心雕龍·史傳》）之理，故取之。

"項王謝烏江亭長"云云。按參觀《左傳》卷僖公二十八年。

"吾聞之周生曰：'舜目蓋重瞳子'，又聞羽又重瞳子。羽豈其苗裔耶？何興之暴耶！"按舜之重瞳，何待"聞之周生"？故周生語少不能減於兩句也。《潯南遺老集》卷一二指斥《史記》議

---

① Huizinga，*Homo Ludens*，tr. F. C. Hull，92.

② *Chronicles of Henry of Huntington*，"Rolls Series"，81.

③ Robert Graves and Alan Hodge，*The Long Week-End*，15.

論之謬，有曰：“陋哉此論！人之容貌，偶有相似。商均、舜之親子，不聞其亦重瞳，而千餘年之遠，乃必重瞳耶？舜玄德升聞，豈專以異相之故而暴興？後世狀人君之相者，類以舜重瞳爲美談，皆遷啓之也。後梁朱友敬自恃重瞳當爲天子，作亂伏誅，亦本此之誤也。悲夫！”王若虛論文每苦拘墟，而說理多明允可取，此其一例。瀧川《引用書目》列王氏集，如《田敬仲完世家》、《商君列傳》等篇《考證》偶一徵引，採擷無幾，當是衞護馬遷，惡王氏之上門罵人而又取鬧有理爾。西方古説則謂重瞳者目有兇光，注視能使人物死亡[1]，畧同《抱朴子·金丹》所謂“染彩者惡惡目者見之，皆失美色”，而更危言駭聽也。

　　“身死東城，尚不覺悟，而不自責，過矣！乃引‘天亡我非用兵之罪也’，豈不謬哉？”按瀧川以“‘而不自責過矣’六字連作一句”，大誤，助詞不中律令矣。《法言·重黎》篇：“天不人不因，人不天不成。或問：楚敗垓下，方死曰：‘天也！’諒乎？曰：……楚憞羣策而自屈其力；屈人者克，自屈者負，天曷故焉？”即闡發《史記》此節。《論衡·命義》篇：“項羽且死，顧謂其徒曰：‘吾敗乃命，非用兵之過。’此言實也。實者，項羽用兵過於高祖，高祖之起，有天命焉。”偏宕之論也。

---

① Pliny, *Natural History*, VII. 16-18（pupillas binas in singulis oculis），“Loeb”, II, 516-8.

六　高祖本紀

　　"母曰劉媼"；《索隱》："今近有人云，母溫氏。貞時打得班固泗水亭長古石碑文，其字分明作'溫'字，云：'母溫氏'。貞與賈膺復、徐彥伯、魏奉古等執對反復，沉歎古人未聞。"按閻若璩《潛邱劄記》卷二論六朝人始以金石遺文於經史正訛補闕，舉《史記·儒林傳》張晏註引伏生碑以證其名"勝"等爲例；《顏氏家訓·書證》亦自記與李德林同以秦權銘證《史記·始皇本紀》之"隗林"當作"隗狀"。司馬貞正用此法。《後漢書·鄧、寇列傳》"遭元二之災"，章懷註引岐州石鼓文以證即"元元"，雖未確當（參觀趙明誠《金石録》卷一《跋楊厥開石門頌》、洪邁《容齋隨筆》卷五、王楙《野客叢書》卷二五），可以連類。入宋而金石之學大盛，王國維《靜菴文集》續編《宋代之金石學》至謂爲"宋人所創學術"；以石墨補訂史傳，遂成風會。即"不讀書"如歐陽修，撰《集古録跋尾》亦據碑誌以是正史傳之"闕謬"，所謂"黑鬼媚着，不爲無益"（《文忠全集》卷一四八《與劉侍讀》之二），"黑鬼"者，墨拓之諢語耳。

　　【增訂一】按呂祖謙《皇朝文鑑》卷八七有王回《〈故跡遺文〉序》，亦宋人金石學之一例，而其書似失傳，遂尟道者。

又按《太平廣記》卷三一○《三史王生》引《纂異記》，漢高祖之靈怒斥王生，有曰：「朕廟外《泗水亭長碑》昭然具載矣，曷以外族溫氏而妄稱‘烏老’乎？讀錯本書，且不見義！」即隱指司馬貞此註；「烏老」者，「媼」之切音也。

　　【增訂三】《容齋三筆》卷九謂司馬貞所見班固《泗水亭長碑》
　　當是「好事者」僞撰，使「固果有此明證，何不載之於漢紀？」
　　亦引《纂異記》王生事，且曰：「嘗在嶺外見康州龍媼廟碑，
　　亦云‘姓溫氏’，則指‘媼’爲‘溫’者不一也。」

　　「其先劉媼嘗息大澤之陂，夢與神遇。……太公往視，則見蛟龍於其上。」按宋人《昭靈夫人祠》詩云：「殺翁分我一杯羹，龍種由來事杳冥。安用生兒作劉季，暮年無骨葬昭靈！」（呂居仁《紫微詩話》引晁伯宇載之詩，《事文類聚》後集卷四引作可正平《漢高帝》，字句小異，此從《能改齋漫錄》卷六訂釋）。意謂漢高既號「龍種」，即非太公之子，宜於阿翁無骨肉情，運古頗能翻新。漢高即位後，招魂葬劉媼，追尊曰「昭靈夫人」，詳見《後漢書·章帝紀》章和元年「遣使者祀昭靈后」句章懷註。

　　「遂圍成皋，漢王跳。」按《漢書·高帝紀》上此句如淳註：「‘跳’言逃，謂走也」，晉灼註：「‘跳’，獨出意也」；似皆未盡。《漢書·陳勝、項籍傳》師古註：「輕身而急走也」，較爲得之。觀《史記·荊燕世家》及《漢書·荊、燕、吳傳》記劉澤「還兵備西，遂跳驅至長安」，則凡輕裝減從而疾走皆可曰「跳」，隻身脫逃特「跳」之一端。《北齊書·神武紀》上爾朱兆大敗，「將輕走」，即「跳」也。

　　「後高祖朝，太公擁彗迎門卻行」；《考證》引《孟荀列傳》：「昭王擁彗先驅。」按當兼引《刺客列傳》：「田光造焉，……太子

逢迎，卻行爲導”。“卻行”者，雖引進而不敢爲先，故倒退以
行，仍面對貴者而不背向之，所以示迎逢之至敬也。《楚辭·招
魂》：“魂兮歸來，入修門些；工祝招君，背行先些”；昭王太公
之“迎卻行”，即“背行先”矣。

　　【增訂三】朱國楨《湧幢小品》卷五《送親王》記明英宗送襄
　　憲王返國，至蘆溝橋，“車駕後王”，王辭謂不可“以臣先君”。
　　帝曰：“今日非以君送臣，乃以姪送叔。”王“不獲已，令舁人
　　倒其肩輿，示不敢背焉。”即舁人雖前行而王如“卻行”，以面
　　對英宗，“不敢背”對也。

西方舊以卻行爲辭君退朝之儀容，仕宦者必嫻習之。一劇寫財虜
入庫視藏金，將出，曰：“奉稟君臨萬國之至尊，吾不敢無禮轉
身、背向天顏，謹面對而磬折退走”（King of kings, / I'll not be
rude to thee, and turn my back / In going from thee, but go
backward out, / With my face toward thee, with humble courte-
sies）；一小説謂萬不可以臀尻汙皇帝尊目，故辭朝必卻行（On ne
retourne jamais le cul à ce grand Empereur, et on s'en va à recu-
lons de devant luy）[1]；語雖嘲戲，正道出儀節底蘊。哲學家休謨
肥戇，不善行此禮，幾致蹉跌焉[2]。

　　“行道病，病甚，呂后迎良醫。醫入見，高祖問醫，醫曰：

---

　　[1]　Ben Jonson, *The Case is Altered*, I. ii (Jaques); Cf. Sorel, *Histoire comique
de Francion*, Liv. IV, “Société des Textes Français Modernes”, II, 21.

　　[2]　*The Letters of David Hume*, ed. J. Y. T. Greig, I, 127. Cf. Fanny Burney,
Diary, “Everyman's”, 138, 141–2; Trollope, *An Autobiography*, ch. 3, “The Ox-
ford Trollope”, 49–50; Charles C. F. Greville, *Memoirs*, Oct. 16, 1843, ed. H.
Reeve, V, 208.

‘病可治。’”按《漢書‧高祖紀》下作：“上問醫曰疾可治不？醫曰可治”，宋祁謂舊本無“不醫曰可治”五字。竊意若句讀爲：“上問醫曰：‘病可治不？’醫曰：‘可治’”，則五字誠爲駢枝，可以點煩；然倘句讀爲：“上問，醫曰：‘疾可治！’——不醫曰‘可治’”，則五字乃班固穿插申意，明醫之畏詔至尊，不敢質言，又於世態洞悉曲傳矣。

【增訂一】程頤母侯氏，從夫珣官廣西，北歸道卒。《上谷郡君家傳》曰：“偶迎涼露寢，中瘴癘。及北歸，道中病革。召醫視脈，曰：‘可治。’謂二子曰：‘紿爾也。’”足爲“不醫曰‘可治’”之詮例。

【增訂三】《史記‧扁鵲、倉公列傳》：“即告其人曰：‘死！不治！’……此不當醫治”（舊讀於“醫”字絕句，以“治”字下屬“法曰”，茲從瀧川説）。枚乘《七發》：“雖令扁鵲治內，巫咸治外，尚何及哉！”《文選》李善註此句，引《韓非子‧喻老》而易其語曰：“司命不能醫也。”《道德指歸論‧其安易持篇》：“未疾之人，易爲醫也；未危之國，易爲謀也。”“不醫曰‘可治’”之“不醫”即“不當醫治”、“不能醫”之省文，亦猶“易爲醫”可省言爲“易醫”，所以避“‘不治’曰‘可治’”之複疊也。

【增訂四】元稹《酬翰林白學士代書一百韻》：“連陰蛙張王，瘴癘雪治醫”；猶言“醫治”也。

《周書‧藝術傳》高祖寢疾，柳昇私問姚僧垣曰：“至尊貶膳日久，脈候何如？”對曰：“天子上應天心，或當非愚所及；若凡庶如此，萬無一全！”《北齊書‧方伎傳》武成以己生年月託爲異人而問魏寧，寧曰：“極富貴，今年入墓！”武成驚曰：“是我！”寧變詞曰："若帝王自有法。"蓋醫、卜、星、相之徒於大富貴人休咎死生，恐觸諱攖怒，爲自全計而不肯直言。《左傳》成公十年、昭公元年秦先後使醫緩、醫和診視晉侯，皆面告曰："疾不可爲也！"豈二醫之質率，抑古道之敦樸歟？又豈本國之君威不足以慴鄰國之賓萌，而奉使以來之行人更可無避忌歟？《紅樓夢》一○回賈蓉妻秦氏病，請張先生治之，因問："還治得治不得？與性命終久有妨無妨？"張對："總是過了春分，就可望全愈了"。亦"不醫"之症而婉言曰"可治"也。

七　吕太后本紀

　　"太后遂斷戚夫人手足，去眼煇耳，飲瘖藥，使居廁中，命曰'人彘'"；《考證》引《漢書‧外戚傳》"居鞠域中"，師古註；"謂窟室也。"按此班書失檢，"人彘"之名，遂不可解矣。《論衡‧雷虛》亦云："呂后斷戚夫人手，去其眼，置於廁中，以爲人豕，呼人示之。"夫廁溷固豚笠豕圈也。《酷吏列傳》："賈姬如廁，野彘卒入廁"；《國語‧晉語》胥臣對文公曰："少溲於豕牢"，韋昭註："豕牢，廁也；溲，便也"；《漢書‧武五子傳》："廁中豕羣出"，師古註："廁，養豕圈也"；《全晉文》卷一五二苻朗《苻子》記朔人獻燕昭王大豕者，曰："非大圂不居，非人便不珍。"後世尚然，竹添光鴻《棧雲峽雨日記》五月三十一日云："又無圂圊，人皆矢於豚柵，豚常以矢爲食。"《太平廣記》卷三三三《刁緬》則引《紀聞》云："廁神形如大豬"，豈本地風光歟？戚夫人居廁中，故命曰"彘"曰"豕"耳。豕既食穢而字音又同"矢"，古人因以爲謔，如《太平廣記》卷二五四引《朝野僉載》張元一嘲武懿宗詩云："忽然逢著賊，騎豬向南竄"，自解之曰："騎豬者，夾豕走也"，即謂驚怖而矢溺俱下也。

八 禮 書

"自子夏，門人之高弟也。猶云：'出見紛華盛麗而説，入聞夫子之道而樂，二者心戰，未能自決'"；《考證》："子夏之言，未詳其所出。"按《韓非子·喻老》篇作子夏答曾子語，《韓詩外傳》卷二作閔子騫答子貢語，文皆小異。

九　律　書

　　"自是之後，名士迭興，晉用咎犯，而齊用王子，吳用孫武"。按"名士"非僅知名之謂。《禮記·月令·仲春之月》："勉諸侯，聘名士，禮賢者"；《註》："名士，不仕者"；《正義》："蔡氏云：'名士者，謂其德行貞絶，道術通明，王者不得臣而隱居不在位者也。賢者，名士之次，亦隱者也。名士優，故加束帛，賢者禮之而已'。""名士"居"賢者"之上，其德尊望重可見，不徒有令聞高名而已。《呂氏春秋·尊師》篇歷舉子張等六人，胥"刑戮死辱之人也"，以"善學"故，"由此爲天下名士顯人以終其壽，王公大人從而禮之"，則泛言聲名顯著而未掛仕籍之人，不必高於"賢者"一等；《審己》篇之"先王、名士、達師"亦然。處士亦有純盜虛聲者，故《鄧析子·無厚》篇論君有"三累"："以名取士，二累也"，即謂"聘名士"之須慎重，恐實之不傅盛名也。《史記》中舍《律書》外，如《李斯列傳》："諸侯名士可以下財者，厚遺賂之"；《張耳、陳餘列傳》："已聞兩人魏之名士也"；《魏其、武安侯列傳》："進名士家居者貴之"；《韓長孺列傳》："於梁舉壺遂、臧固、郅他，皆天下名士"；《酷吏列傳》："張湯收接天下名士、大夫。"僉謂有才名而尚無禄位者；曰"名士、大夫"，謂朝、野並接也。

他若《漢書・王莽傳》上："收贍名士"，《後漢書・方術列傳・論》："漢世之所謂名士者，其風流可知矣！"，亦沿此義。《禮記》之"名士"謂有名而不仕者，《史》、《漢》之"名士"則謂有名而猶未仕者；至魏晉則凡得名早於得官者，雖已仕宦貴達，亦仍稱"名士"，且浸假推及于諸餘著名之聞人，原意遂掩。《裴子語林》（《玉函山房輯佚書》本）卷上司馬懿美諸葛亮曰："可謂名士矣！"夫亮得君柄國，非隱淪幽仄，顧得此品藻，當是歎名下無虛，或贊其雖居廊廟而有山林襟度耳。觀《三國志》裴松之註所引《漢末名士録》，方牧如劉表與焉；《世説・文學》袁宏作《名士傳》，據劉峻註，山濤、王衍輩與焉；張輔撰《名士優劣論》（《全晉文》卷一〇五），校量管鮑、馬班、樂毅與諸葛亮、劉備與曹操，貴爲一國之君，亦被"名士"之目焉。《禮記》註所謂"隱居不在位"者，已如前塵舊蛻矣。《晉書・衛瓘傳》杜預聞瓘殺鄧艾，曰："伯玉其不免乎！身爲名士，位居總帥"；以"身"與"位"對舉，即得名先於得官、或得名非由於得官。瓘之孫玠，《晉書》本傳記王導曰："衛洗馬……風流名士"，又史官曰："中興名士，唯王承及玠爲第一云"，而《王承傳》則稱承"渡江名臣……爲中興第一"；蓋"名士"作官，即亦"名臣"，而作官得爲"名臣"，未必原是"名士"。聲名之起，乃緣才能，然才名不稱又復常事。《世説・賞譽》上王濟歎曰："家有名士三十年而不知！"，當成名士而未也；《任誕》王孝伯曰："名士不必須奇才"，欲成名士亦易也。降至後世，"名士"幾同輕薄爲文、標榜盜名之狂士、游士（參觀《明文授讀》卷一〇徐應雷《名士論》、《尺牘新鈔》卷八陳龍正《與友》），即莊子、淮南子所譏"賣名聲"、"買名譽"，王羲之所訶"噉名客"，李謐所斥"賣聲兒"（《天地》、《俶真訓》、《世説・排

調》、《魏書·逸士傳》)。董説《西遊補》第六回刻劃西楚霸王醜
態，樹幟署銜曰："先漢名士項羽"。律以張輔之《論》，項羽未
嘗不可稱"名士"，然插標自貨，揚己炫人，董氏所諷，意在於
斯。《板橋雜記》中"名士是何物？值幾文錢？"暴謔有由來也。

　　"故教笞不可廢於家，刑罰不可捐於國，誅伐不可偃於天
下"；《考證》謂語本《呂氏春秋·蕩兵》篇。按兵與刑乃一事之
內外異用，其爲暴力則同。故《商君書·修權》篇曰："刑者武
也"，又《畫策》篇曰："內行刀鋸，外用甲兵。"

　　【增訂三】《周禮·司寇》："三曰：刑亂國，用重典"，鄭玄註：
　　"'亂國'，篡弑叛逆之國；'用重典'者，以其化惡，伐滅之。"
　　孫詒讓《周禮正義》卷六六疏鄭註曰："謂兵刑同原，'重典'
　　即征伐之事"；復引吳廷華説謂鄭註"與經義不符"。蓋經言
　　"內行之刀鋸"，而註誤爲"外用之甲兵"也。然正緣習聞熟知
　　"兵刑同原"，遂不察而混同作註耳。

《荀子·正論》篇以"武王伐有商誅紂"爲"刑罰"之例。"刑罰"
之施於天下者，即"誅伐"也；"誅伐"之施於家、國者，即"刑
罰"也。《國語·魯語》臧文仲曰："大刑用甲兵，其次用斧鉞；中
刑用刀鋸，其次用鑽笮；薄刑用鞭扑。故大者陳之原野，小者致之
市朝"；《晉語》六范文子曰："君人者，刑其民成，而後振武於外。
今吾司寇之刀鋸日弊而斧鉞不行，內猶有不刑，而況外乎？夫戰，
刑也；細無怨而大不過，而後可以武刑外之不服者。"《尉繚子·天
官》篇曰："刑以伐之。"兵之與刑，二而一也。杜佑《通典》以兵
制附刑後，蓋本此意。杜牧《樊川文集》卷一〇《孫子註序》亦云：
"兵者，刑也。刑者，政事也。爲夫子之徒，實仲由、冉有之事也。
不知自何代何人，分爲二途，曰：文、武。"

一○　封　禪　書

　　《考證》引洪邁曰："東坡作《趙德麟字說》云：'漢武帝獲白麟，司馬遷、班固書曰：獲一角獸，蓋麟云；蓋之爲言，疑之也。'予觀《史》、《漢》所記事，或曰'若'，或曰'云'，或曰'焉'，或曰'蓋'，其語舒緩含深意。姑以《封禪書》、《郊祀志》考之，漫記於此。"按馬遷此篇用"云"字最多，如"其詳不可得而紀聞云"，"其牲用駠駒、黃牛、羝羊各一云"，"夜致王夫人及竈鬼之貌云"，"或曰郊上帝諸神祠所聚云"，"則若雄雞其聲殷殷云"，"風輒引去，終莫能至云"，"聞其言不見其人云"，"聞若有言'萬歲'云"，"三元以郊得一角獸曰'狩'云"，"東入海求其師云"，"因以祭云"，"乃遣望氣佐候其氣云"，"食羣神從者及北斗云"，"見大人跡云"。複出疊見，語氣皆含姑妄言而姑妄聽之意，使通篇有惚恍迷茫之致。然蘇軾語誠是矣，盡悝則猶未也。《封禪書》原文曰："郊雍，獲一角獸，若麟然；有司曰：'……上帝報享，錫一角獸，蓋麟'云。"一"若然"，一"蓋云"，字不苟下。《孔子世家》："俱適周問禮，蓋見老子云"；《伯夷列傳》："余登箕山，其上蓋有許由冢云"。合觀則辭旨益明。一角之獸，曾獲其物，而爲麟與否，有司迎合，不可必也；

孔子適周，嘗有其事，而果問禮老子與否，傳説渺悠，不得稽
也；箕山有冢，馬遷目擊，而真埋許由之骨與否，俗語相沿，不
能實也。"云"之爲言，信其事之有而疑其説之非爾。常談所謂
"語出有因，查無實據"也。明之"七子"規橅《史記》，酷好學
此。如李夢陽《空同子詩集自序》："李子曰：'曹縣蓋有王叔武
云。其言曰'"；宗臣《宗子相集》卷五《贈許簿之海寧叙》："予
少侍家君，家君每言鄉長者，必曰許先生云"；又《贈趙公叙》：
"余束髪出游外傅，蓋與子隆子同舍云"；又《游燕子磯記》："余
讀金陵諸記，其東北蓋有燕子磯云"；又卷六《游滴水巖記》：
"余讀汀記，歸化東北五里蓋有滴水巖云"；李攀龍《滄溟先生
集》弁以張佳胤序："蓋余嘉靖間爲滑令云，而濟南李先生守順
德"；王世貞《弇州山人四部稿》卷一二四《與汪正叔》："僕嘗
謂謝茂秦可作諸佛菩薩云"；王世懋《王奉常集》文部卷六《張
侍御詩集序》："某爲兒時，則聞家大人言督學御史張公云。"傳
誌之作，厥例更繁，如填匡格，徒成濫調。耳所親聞，口所自
道，身所親經，而胥作存疑腔吻，以爲風神搖曳，令人笑來。
《滄溟集》卷一六《送王元美序》推服李夢陽"視古修詞，寧失
之理"，即不惜以詞害意之謂，此類是矣。艾南英《天傭子全集》
卷五《再與周介生論文書》指斥"七子"剿襲之弊，有曰："如
太史公曰：'予登箕山，其上蓋有許由冢云'；蓋相去千年，疑其
人之有無也。每見空同、鳳洲爲人作誌銘，輒曰：'蓋聞嘉靖間
有某老先生云'，此豈千年後疑詞耶？"足資印證。

　　"而宋毋忌、正伯僑、充尚、羨門高最後皆燕人，爲方仙道，形
解銷化，依於鬼神之事。"按文廷式《純常子枝語》卷一八論此節
云："李少君之前言神仙者，不特不託之老子，并未嘗託之黃帝也。"

"使人入海求蓬萊、方丈、瀛洲，此三神山者，其傳在勃海中。"按參觀《毛詩》卷論《蒹葭》。明清詩文集中有説"三神山"者，殊益神智。或謂事雖不實，言却有因；非僅嗤方士之僞及秦始、漢武之愚，抑且道出方士何以能飾真售僞，而使君主起信受愚，頗合古希臘哲人所標"皮相影響，存照毋遺"（Save the appearances or phenomena）之旨①。王世貞《弇州山人四部稿》卷七二《海游記》："登故枕海。……雲氣驟變，峰巒盡改，或斷或續，或方或圓，或峻或衍，或英或坏，或陟或密，或墮或陳，或浸濡波浪，或斗插入漢，或爲鷗，或爲蛟虯、爲虎豹者不一。童子趨而前曰：'是其將市乎！'忽大風發，吹雲散，不果市。……於乎！此奇衰之士所得而影響其君爲始若武者哉！彼其驚幻變之熹微，歇光景之怳忽，以爲其下真若有神仙者焉，思竭天下之力以從之而竟不可得"；阮元《揅經室四集》卷一《登州雜詩》之五："桑田言本幻，日主祀無名。人到之罘島，雞鳴不夜城。秦碑湮舊跡，漢使失回程。當日求仙處，皆從蜃市行"，自註："凡《史記》載秦、漢求仙之處，今皆有蜃市，蓋方士所藉以惑人者。"蓋神山固出虛構，而蜃市則曾實見；李肇《國史補》卷下記："海上居人時見飛樓如締構之狀，甚壯麗。……《天官書》所説'氣'也"；蘇軾《登州海市》佳篇亦即自述目擊。

---

① J. Burnet, *Early Greek Philosophy*, 28. Cf. Locke, *Essay*, Bk. II, ch. 8, par. 5, ed. A. S. Pringle-Pattison, 64: "The picture of a shadow is a positive thing"; J. S. Mill, *Dissertations and Discussions*, I, 61: "Appearances too, like other things, must have a cause, and that which can cause anything, even an illusion, must be a reality."

【增訂三】相而曰 "幻"，驗物稽事，見其不實失真而云然也。
然其物雖非實有，而此相則人曾確覩。亞理士多德嘗言："見
有白色者當前，非錯覺；見白色者爲某物，則或是誤會"
(While the perception that there is white before us cannot
be false，the perception that what is white is this or that
may be false—*De Anima*，III.3，*op.cit.*，589)。馬第伯
《封禪儀記》言 "遥望"見 "白者"，非錯覺也，而 "以爲小白
石或冰雪"，則是誤會(參觀 1577－1579 頁)；足爲亞理士多德
補例。達文齊、歌德等謂 "感受不誤，誤出於推斷"(La spe-
rienza non falla mai，ma sol fallano i vostri giudizi—Leo-
nardo da Vinci，*Eine Auswahl aus seinem Schriften*，hrsg.
V.Macchi，61 e 62；Die Sinne trügen nicht，das Urteil
trügt—Goethe，*Spruchweisheit* in *sämtl.Werk.*，"Tempel-
Klassiker"，III，476.Cf. C.K.Ogden，*Bentham's Theory
of Fictions*，66；J.S.Mill，*A System of Logic*，Bk. V，ch.
1，§2，Longmans and Green，420－1)，正其旨也。《大智度
論》卷三三《釋初品中四緣義》："般若波羅蜜於一切法無所
捨，無所取。……譬如小兒見水中月，心生愛著，欲取而不能
得，心懷憂惱。智者教言：'雖可眼見，不可手捉。'但破可
取，不破可見。"分疏了當。王世貞、阮元知三神山之果無，
是 "破可取"、"無所取"，却亦識蜃市之或有，是 "不破可見"、
"無所捨"。"無所捨"即 "存照無遺"矣。史家於野老之荒唐
言（參觀 443 頁），醫家於精神病者之錯幻覺，過而存之，
若是班乎。又按錢泳《履園叢話》卷三記王曇論秦皇、漢武使
人 "入海求神仙"曰："此二君者，皆聰明絕世之人，胡乃爲

此捕風捉影、疑鬼疑神之事耶？後遊山東萊州，見海市，始恍然曰：‘秦皇、漢武俱爲所惑者，乃此耳！’”與王世貞、阮元樹義大同，皆謂見海市非誤，斷言海市爲三神山則惑矣。

【增訂四】黃宗羲《明文海》卷一四黃卿《海市賦》鋪陳景色，終之曰：“嗤方士之陋以誕兮，誘秦漢之求仙。侈金銀之宮闕兮，或緣此而謾謾”；亦即王世貞、阮元、王曇之意。又“海市”不僅見於登州，吳偉業《海市》所謂：“却笑燕齊迂怪士，祇知碣石有丹邱”，“誰知曼衍魚龍戲，翠蓋金支滿具區”（程穆衡《梅村詩箋》卷三）。

方士有所憑依，易於傅會；仿《封禪書》鑄詞道之，當曰：“遠望海上蜃氣，若市然，方士曰：‘蓋神山’云。”或以釋讖緯之法，痛下針砭，大似方士雖假作真而無爲有，而識者顧名思義，即察其真亦假而有還無。章學誠《文史通義》外篇二《書〈貫道堂文集〉後》稱引費錫璜論《封禪書》此節云：“方士之謬語。蓬萊者，蓬蒿草萊也；方壺、方丈者，棺之形也；圓嶠者，墓之象也；瀛洲、弱水者，黃泉也，至則溺矣，故曰：‘反居水下’；‘其物盡白’者，喪之儀也。蓋言世之好神仙者，必至於是而後甘心。其未至是，則可望而不可即也；及至是，則又與世人絕，是生人終不可至也。”章氏美之曰：“雖出附會，然可爲惑者解。”費氏文集，余未之見，斯言理惑發矇，詼詭滑稽，得淳于髡、東方朔之遺意焉。明人嘗嘲釋氏之六字真言“唵嘛呢叭囉吽”，謂“乃‘俺把你哄’也，人不之悟耳”（《紀錄彙編》卷一二八姚福《青溪暇筆》，佟世思《與梅堂遺集》附《耳書》作“蓋‘俺那裏把你哄’也”），亦猶此旨也。

“李少君能使物卻老。……言上曰：‘祠竈則致物’。”按上文又有"依物怪，欲以致諸侯"，下文又有"欲以下神，神未至而百鬼集矣"，"黃帝以上，封禪皆致怪物，與神通"，"震於怪物，欲至不敢。"合之《留侯世家》："太史公曰：'學者多言無鬼神，然言有物'，"則析言之，不僅鬼別於神，亦且"物"別於鬼神。舊註"物"爲"鬼神"，尚非確諦。"物"蓋指妖魅精怪，雖能通"神"，而與鬼神異類；《論衡·訂鬼》所謂"老物之精"，《楞嚴經》卷九所謂"年老成魔"。觀《太平廣記》分門即知；《西遊記》中捉唐僧者莫非"物"，《後西遊記》則亦有"鬼"。《漢書·效祀志》上："黃龍見成紀，……下詔曰：'有異物之神見於成紀'"；文義甚晰，"物"、龍也，"物之神"、龍精或龍怪也。《史記·齊悼惠王世家》："舍人怪之，以爲有物而伺之"，亦謂物妖。《陳涉世家》記吳廣"卜有鬼"，陳勝、吳廣"喜念鬼"；顧狐"嗚呼"作人言，當屬於"物"，殆用意如《左傳》昭公八年"石言"於晉之鬼實"憑焉"耶？《莊子·達生》篇桓公"見鬼"，問皇子曰："有鬼乎？"皇子曰："有！"而所舉罔象、委蛇之屬，皆怪也，又曰："其爲物也惡。"是則渾言之，"鬼"非特與"神"通用，亦與"物"通用耳。

【增訂三】"物怪"與鬼異類，《周禮·春官》"凡以神仕者"一節部居井然不紊："以冬日至，致天神、人鬼；以夏日至，致地祇、物魅"；孫詒讓《周禮正義》卷五三《疏》引《說文·鬼部》："魅、老精物也"，又引《廣雅·釋天》："物神謂之魅"，而申說曰："即物之老而能爲精怪者。"觀《漢書·藝文志》所錄《雜占十八家》中書名亦可知。其第六家爲《人鬼精物六畜變怪二十一卷》，"精物"、"變怪"即後世所謂妖精、妖怪，不同於死而爲厲作祟之"人鬼"者，第八家爲《執不祥劾鬼物八卷》，"鬼物"乃"人鬼精物"之略言耳。《説文》有"魅"字，解曰："鬼之神者也。"則非天神地祇之"神"，乃人死成神，如"閻羅王是鬼做"耳（參觀 306 頁），即范縝之所"不祀"也（參觀 2213 頁）。

李少君曰："益壽而海中蓬萊仙者乃可見，見之以封禪，則不死，黄帝是也"；《考證》："茅坤曰：'至是始以封禪爲不死之術'。"按茅言是也。秦始皇封禪，而不死之方術則别求之海上三山；《淮南、衡山列傳》中伍被述徐福"僞辭"，言之尤明，所謂"見海中大神，願求延年益壽藥"也。漢武乃二而一之，故下文公孫卿曰："封禪七十二王，唯黄帝得上泰山封；申公曰：'漢主亦當上封，上封則能登天矣'"，又丁公曰："封禪者，合不死之名也。"是泰岱之效，不减蓬瀛，東封即可，無須浮海。然以泰山爲治鬼之府，死者魂魄所歸，其説亦昉於漢。《後漢書·烏桓鮮卑傳》："中國人死者，云魂神歸岱山"；陸機《泰山吟》："幽塗延萬鬼，神房集百靈"；《博物志》卷一引《孝經援神契》曰："泰山，天帝孫也，主召人魂。東方，萬物之始，故知人生命之長短"（《文選》劉楨《贈五官中郎將》第三首："常恐游岱宗，不復見故人"，李善註亦引此）。《日知録》卷三〇、《陔餘叢考》卷三五、《茶香室叢鈔》卷一六考漢魏時泰山治鬼之説，已得涯略（吴錫麒《有正味齋駢體文》卷一五《游泰山記》全本《日知録》）。經來白馬，泰山更成地獄之别名，如吴支謙譯《八吉祥神咒經》即云"泰山地獄餓鬼畜生道"，隋費長房《歷代三寶記》卷九所謂"泰山"爲"梵言"而强以"泰方岱岳"譯之者。然則泰山之行，非長生登仙，乃趨死路而入鬼録耳。封神治鬼，説皆不經，彼此是非，無勞究詰，而一事歧意，於漢武帝之貪痴非分，不啻促狹戲弄，又費錫璜論《封禪書》所未道矣。

【增訂三】宋世流俗已傳地府由"十王分治"，歐陽修且嘗夢入冥而見之（參觀《佛祖統紀》卷三三《法門光顯志·十王供》），有"泰山王"，祇是十王之一而非其首。然仍偶沿魏晉舊説，逕以"泰山"爲即地獄所在，如蘇轍《欒城集》卷二五《丐者趙生傳》記生謂之曰："吾嘗至泰山下，所見與世説地獄同。君若見此，歸當不願仕矣。"

【增訂四】《佛祖統紀》記歐陽修夢入冥司事，實本葛立方《韻語陽秋》卷十二記其父聞陳與義述歐陽修孫恕所言。

公孫卿曰："黃帝且戰且學仙。……百餘歲然後得與神通"；《考證》："何焯曰：'恐其言不驗被誅，故遠其期於百餘歲。'"按即同《韓非子·内儲説》下宋人棘端削猴之譎智，此遠其期限，而彼嚴其禁忌耳。夫學仙所以求長壽，今乃謂長壽然後得學仙；漢武若非妄想顛倒，必能遁詞知其所窮。《趙飛燕外傳》夷人曰："學吾術者，要不淫與謾言"，樊嫕噓之曰："陽華李姑畜鬭鴨池下，苦獺嚙鴨，芮姥獻捕獺狸，語姑曰：'是狸不他食，當飯以鴨。'……今夷術真似此也！"公孫卿語洵可以芮姥之狸喻之。

"丁夫人、雒陽虞初等以方祠詛匈奴、大宛焉"。按蘇軾《仇池筆記》卷上論此曰："漢武帝惡巫蠱如仇讎，蓋夫婦、君臣、父子之間，嗷嗷然不聊生矣！然……己且爲巫蠱，何以責其卜？此最可笑。"甚有識力。馬遷載其事於《封禪書》，亦見祝此之壽考者即可詛彼之死亡，如反覆手之爲雲雨。堂皇施之郊祀，則爲封禪；密勿行於宮闈，則成巫蠱，要皆出於崇信方術之士。巫蠱之興起與封禪之提倡，同歸而殊途者歟。

一一 宋微子世家

"王偃盛血以韋囊，懸而射之，命曰'射天'。"按《呂氏春秋·過理》記："左右皆賀曰：'今王勝天！'"；《戰國策·宋、衛策》記康王"射天笞地"；李賀《梁臺古意》渲染爲："撞鐘飲酒行射天，金虎蹙裘噴血斑"，詩人用事而增華也。雨果有詩寫寧禄（譯名從《官話聖經》）雄圖大略，征服全球，乃欲佔領天界，因取挪亞方舟遺骸，改製飛車，駕四巨鷹，携一閽自侍，乘而騰舉，歷十二月，俯視茫茫，不見大地，而穹霄帝所仍極望無覩，怒而挽弓仰射，矢没雲中，下土聞遥空有霹靂聲（L'effrayant javelot disparut dans les cieux. /Et la terre entendait un long coup de tonnerre)①，懸囊代天以爲射招，相形遂見寒窘，蓋實事難奇，不似幻思易妙；遥空霹靂，則又彷彿李賀《榮華樂》："天長一矢貫雙虎，雲弢絶騁聒旱雷。"左思《吳都賦》寫傾藪搜巖，禽殲獸盡，繼之曰："思假道於豐隆，披雲霄而高狩；籠烏兔於日月，窮飛走之棲宿"；餘勇可賈，欲上天圍獵，豪情壯語。李

---

① *La Fin de Satan*，Liv. I，St. iv. "Avec le Bois de l'Arche"，5. "La Trappe d'en bas et la Trappe d'en haut".

白《大獵賦》："陽烏沮色於朝日，陰兔喪精於明月；思騰裝上獵
於太清，所恨穹昊於路絕而忽也"；則更進一解，謂金烏玉兔惴
惴恐獵人上天，爲所弋獲，王琦《太白集註》卷一未識其本左思
語而夸飾也。

一二　趙　世　家

"程嬰曰：'朔之婦有遺腹，若幸而男，吾奉之；即女也，吾徐死耳。'"按下文："祝曰：'趙宗滅乎，若號；即不滅，若無聲。'"兩"即"字皆同今語之"假如"、"若使"。

【增訂一】《後漢書・賈復傳》光武曰："聞其婦有孕，生女耶？我子娶之。生男耶？我女嫁之。"與程嬰語氣全同，"耶"爲不斷之疑詞，猶"趙宗滅乎"之"乎"，作用與"即"無異。

王念孫《讀書雜志・史記》六論《匈奴列傳》，引《漢書・西南夷傳》顏師古註："'即'猶'若'也"，甚允；更當引《史記》此節，"若幸而男"與"即女也"，對句互文，意義瞭然，無俟乎註釋矣。唐宋人文中"即"字尚偶用作"若"意，如歐陽修《五代史・閩世家》薛文傑教吳英曰："即上遣人問公疾，當言頭痛而已，無他苦也。"明之"七子"於馬、班學舌踐跡，每不言"若"、"如"、"脫"、"倘"而言"即"，如王世貞《弇州山人四部稿》卷六九《少保王公督府奏議序》："公獨嘔爲上言：'此奇貨可居。俺答即急之，因而爲市，諭以執送叛逆趙全等還我。……其次，俺答即不急之，我因而撫納，如漢質子法'"；又卷一三二《題王雅宜書雜詠帖》："以指畫腹曰：'祝京兆許我書狎主齊盟；

即死，何以見此老地下?'"又按程嬰、公孫杵臼保趙氏嫛事，後世唱歎。陶潛《讀史述九章》之四即曰："望義如歸，允介二子!"黃庭堅《題滎州祖元大師此君軒》亦曰："程嬰杵臼立孤難，伯夷叔齊采薇瘦"，紀君祥《趙氏孤兒》劇本且傳入歐洲，仿作紛如。宋神宗時，因吳處厚奏："國家傳祚至今，皆二人之力"，遂追封嬰爲成信侯，杵臼爲忠智侯，立廟致祭，詳見處厚《青箱雜記》卷九。

"夫人置兒絝中"；《考證》謂《新序·節士》作"袴"。喬松年《蘿藦亭札記》卷六、李枝青《西雲札記》卷二皆謂今所着合襠袴，漢謂之"褌"，而《內則》之"襦袴"，乃以邪幅纏脛，上覆以裳，即今之"衱袴"。喬氏因言，嬰兒雖細，難置袴、褌中，此"史公好奇之言，且'中'字或是中間之意。"《魏書·皇后列傳》記"昭成在襁褓時"，國有內難，平文皇后王氏"匿帝於袴中"，事絕相類，疑亦《史記》"好奇"之遺意耳。

"簡子疾，五日不知人。"按此一大節又見於《扁鵲、倉公列傳》，宜據別見則互有詳略之法，加以刪改。下文武靈王論變法復與《商君列傳》語太相似，蓋此取之《戰國策·趙策》二，彼取之《商君書·更法》篇，而未參稽稍異其詞。武靈王曰："夫有高世之名，必有遺俗之累"，又曰："夫有高世之功者，負遺俗之累"，數語之間，重複無謂；《趙策》祇有後二句，不識馬遷何故冗疊如此？全書失檢類是者不少，貽彈射者以口實，良有以夫。

一三　孔子世家

　　"余讀孔氏書，想見其爲人。……自天子王侯，中國言六藝者，折中於夫子。可謂至聖矣！"按馬遷值漢武帝崇儒之世，又私心嚮往，故暢言如此。然尊之而尚未親之也。讖緯説盛，號孔子曰"素王"，而實則牽挽爲漢之"素臣"，以邀人主之敬信而固結其恩禮，俾儒家得常定於一尊。孔子之於劉漢，遂似希伯來先知之於"彌賽亞"，一若凡所制作莫非預爲漢地而亦皆專爲漢地。《尚書考靈耀》所謂："丘生蒼際，觸期稽度爲赤制。"試以班較馬，區別灼然；遷推爲前代之聖師者，固乃引爲本朝之良弼焉。班固《典引》曰："天乃歸功元首，將授漢劉。……故先命玄聖，使綴學立制，宏亮洪業，表相祖宗，贊揚迪哲，備哉粲爛，真神明之式也！雖皋、夔、衡、旦密勿之輔，比兹褊矣！……蘊孔佐之弘陳云爾！……孔繇先命"；《文選》李善註："玄聖，孔子也；相，助也，言仲尼之作，亦顯助祖宗；兹，孔子也。能表相祖宗，故曰'佐'"。他如《後漢書·蘇、楊列傳》蘇竟與劉龔書曰："夫孔丘秘經，爲漢赤制"；《申屠、鮑、郅列傳》郅惲上王莽書曰："漢歷久長，孔爲赤制"；《全後漢文》卷九九闕名《魯相韓勑造孔廟禮器碑》曰："孔子近聖，爲漢定道"，又《孔廟置

百石卒史孔龢碑》曰："孔子大聖，……爲漢制作"；卷一〇一闕
名《魯相史晨祭祀孔子廟碑》曰："西狩獲麟，爲漢制作。……
主爲漢制"。《公羊傳》哀公十四年："孔子曰：'吾道窮
矣！'……制《春秋》之義，以俟後聖"；何休《解詁》遂以"後
聖"爲即指漢。歐陽修《集古録》卷二跋《後漢魯相晨孔子廟
碑》，歎："甚矣漢儒之狡陋也！"，正爲此發。以王充之特識獨
行，定浮辨虚，而《論衡·須頌》曰："是故《春秋》爲漢制法，
《論衡》爲漢平説"，《佚文》曰："文王之文傳在孔子，孔子爲漢
制，文傳在漢也"；則無異乎俗儒"狡陋"之見。蓋風會已成，
雖魁傑亦難自拔；馬遷生世早，尚未以河漢之言阿漢也。吳汝綸
昧於東漢人通習，乃力爲班固開脱。《桐城吳先生文集》卷一
《讀〈文選〉〈符命〉》謂班固必"不屑輕妄作文字諛人"，《典引》
之作，實"發憤而悠謬其詞"，以"讖識録之不經"，而"微見"
孔子佐漢等説之"怪誕無稽"。强詞武斷，持之無故。《典引》首
引詔書斥司馬遷"微文刺譏，非誼士"，因自言"刻誦聖論，昭
明好惡"，而作此文。吳氏置若無覩，一似固不顧上論"聖論"，
而甘效遷之爲"非誼士"者。吳氏稱固"悠謬其詞"，與固誦
"聖論"所斥遷"微文刺譏"，將無同乎？而謂固冒大不韙而明知
故犯乎？

一四　陳涉世家

"輟耕之壟上，悵恨久之，曰：'苟富貴，毋相忘！'"按《外戚世家》記薄姬"少時與管夫人、趙子兒相愛，約曰：'先貴毋相忘！'"，又記衛子夫"上車，平陽主拊其背曰：'行矣！彊飯，勉之！即富貴，毋相忘！'""即"可作"若"解（見前論《趙世家》），即"苟"義，而此處又無妨作"立即"解。蓋皆冀交游之能富貴，而更冀其富貴而不棄置貧賤之交也。《後漢書·宋弘傳》光武帝引諺曰："貴易交"；《唐摭言》卷二王冷然《與御史高昌宇書》曰："倘也貴人多忘，國士難期"；《全唐文》卷二一四陳子昂《爲蘇令本與岑內史啓》曰："然親貴盈朝，豈忘提獎？"蓋人既得志，又每棄置微時故舊之失意未遇者也。二事皆人情世道之常。然夥涉爲王，初未失故。同耕者遮道而呼，涉即載與偕歸；客自"妄言輕威"，致干罪譴，乃累涉亦被惡名。《西京雜記》卷二記公孫弘起家爲丞相，舊交高賀從之，怨相待之薄，曰："何用故人富貴爲！"揚言弘之矯飾，弘歎曰："寧逢惡賓，不逢故人！"是則微時舊交，正復難處，富貴而相忘易交，亦有以哉。

一五　外戚世家

　　"人能弘道，無如命何。甚哉妃匹之愛，君不能得之於臣，父不能得之於子，況卑下乎？既驩合矣，或不能成子姓；能成子姓矣，或不能要其終。豈非命也哉！孔子罕稱命，蓋難言之也。非通幽明之變，惡能識乎性命哉？"《考證》："沈欽韓曰：'《秦策》：父之於子也，令有必行者，必行者曰：去貴妻，賣愛妾，此令必行者也。因曰：毋敢思也，此令必不行者也。《後漢書》郅惲引此語。'愚按，言君父不能使臣子愛己如其妃匹，諸説未得。"按《索隱》、《正義》謂雖君父之尊，不能"奪臣子所好愛"，是也。觀《後漢書・郅惲傳》光武欲廢郭后，惲引《史記》語而申之曰："況臣欲得之於君乎？"；不能奪愛移意之旨瞭然，瀧川多事曲解，以不謬爲謬，悖矣！所録沈欽韓引《秦策》三莊謂王稽語，脱去一句，其語亦見《尹文子・大道》篇下。馬遷言男女匹配，忽牽引幽明性命，疑若小題大做，張皇其詞，如爲轍鮒而激西江之水；故《潯南遺老集》卷一二譏之曰："夫一婦人之遇否，亦不足道矣！"不識此正遷之深於閲歷、切於事情也。蓋婚姻之道，多出於倘來偶遇，智力每無所用之。重以父母之命、媒妁之言，幾於暗中摸索。《西遊記》第二三回豬八戒以手帕遮臉，伸手揪扯，"撞個天婚"，示象最切；若第九回、九三回之拋擲繡球，乃眼見心許，應手中的，而非如盲龜值浮木之孔、瞎兒射飛雀之目，適逢以成巧合也。好逑怨耦，同室方知，祇有以宿世姻緣、前生註定爲解。故切身遭際，使男女言"命"而或怨之、或安之者，匹配尤甚。雖貴居九重，富有四海，亦或不克強致，事與願違。如重色思得傾國，而"御宇多年求不得"者有之；復如生兒欲以傳國，而"不能成子姓"者有之；尚有如《北史·后妃傳》上魏孝文帝"時言於近臣，稱'婦人妬防，雖王者亦不能免，況士庶乎！'"，又下隋文帝"太息曰：'吾貴爲天子，不得自由！'"朱彝尊《曝書亭集》卷二《無題》六首之二云："織女牽牛匹，姮娥后羿妻；神人猶薄命，嫁娶不須啼"；天人一概，寄慨深矣。馬遷因夫婦而泛及天命，殊非迂闊。前賢唯龔自珍爲解人；《定盦文集》補編卷一《尊命》謂："《詩》屢稱命，皆言妃匹之際、帷房之故。……漢司馬遷引而申之，於其序外戚也，言命者四，言之皆累欷。"然龔氏謂佛法"因緣"、"宿生"之理，"詩人、司馬遷惜乎皆未聞之"，則又一言以爲不知。"因緣"、"宿生"不過巧立名目，善爲譬釋，苟窮根究柢，乃無奈何之飾詞、不可曉之遁詞，與"命"祇是唯阿之間爾。《宋書·顧覬之傳》載顧愿《定命論》謂"天竺遺文，……無忝鄙說"；徐陵《孝穆集》卷三《在吏部尚書答諸求官人書》言"内典謂之爲'業'，外書稱之爲'命'"；皆已知華梵"命"、"業"之名異而實同也。西土近世，男女侶偶，號得自專，顧實命不猶，古來共歎。荷馬史詩數言上帝按人命運，爲之擇偶[1]；莎士比亞劇中屢道婚姻有命（Marriage

---

[1] *Odyssey*，XVI.392；XX.74；XXI.162.

or wiving comes or goes by destiny)①；密爾敦曾出妻，詩中更痛言之(as some misfortune brings him)②。各國俗諺或謂婚姻天定，或謂配偶如扯籤拈鬮(Ehen werden in Himmel geschlossen；Marriage is a lottery)，多不勝舉③，殆非偶然矣。

　　"陳皇后挾婦人媚道，其事頗覺，於是廢陳皇后"；《考證》駁沈欽韓據《周禮》註疏釋"媚道"爲房中術曰："《漢・外戚傳》使有司賜皇后策曰：'皇后失序，惑於巫'，即'媚道'也，《周官》賈疏非也"。按《後漢書・崔琦傳》載《外戚箴》："陳后作巫"，即指此。本篇上文長公主讒栗姬，早曰："常使侍者祝唾其背，挾邪媚道"，沈氏誤解，皎然可識；《漢書・外戚傳》下："許皇后寵益衰，而後宮多新寵，后姊平安剛侯夫人等爲媚道，祝詛後宮有身者"，其詞益明。班固《漢孝武故事》雖出僞託，亦資疏證："然皇后寵益衰，嬌妒滋甚，女巫楚服，自言有術，能令上意回，晝夜祭祀，合藥服之。"所謂"媚道"，當略類《舊唐書・玄宗諸子傳》記棣王琰之"二孺人"爭寵，"孺人乃密求巫者書符，置於琰履中以求媚"；亦即小説如《聊齋志異》卷六《孫生》老尼所授術、《紅樓夢》第二五回趙姨娘賂馬道婆所爲、《綠野仙踪》第六七回何氏賂趙瞎子所爲。通觀中西舊傳巫蠱之術，粗分兩類。一者施法於類似之物(Magie der Ähnlichkeit)，如其人之畫圖、偶像；一者施法於附麗之物(Magie der Kontiguität)，如其人之髮爪、衣冠、姓名、生肖④，《平妖傳》

---

① *The Merchant of Venice*，II.ix.84；*All's Well That Ends Well*，I.iii.67.

② *Paradise Lost*，X.898 ff..

③ Cf. A. Arthaber，*Dizionario comparato di Proverbi*，388.

④ Freud，*Totem und Tabu*，2. Aufl.，105-111.

第九回鄷淨眼所謂“若没有生辰，須得本人貼身衣服一件及頭髮或爪甲”①。合用則效更神。施法亦分二途：曰“射刺”（le sagittaire），曰“厭魅”（l'envoûtement）②。“媚道”當屬“厭魅”，可以使人失寵遭殃，亦可以使己承恩致福。西方文學典籍如桓吉爾《牧歌》第八篇後半牧羊女所作法、亞勒諦諾《老妓談往》第一篇中老尼所作法、布魯諾喜劇中術士（Scaramuré）爲富人所作法、漢密爾敦小説中一婦長專英王愛幸所藉妖術（par sortilège et par magie）、梅里美小説中貴夫人所作法③、以至羅賽諦名歌（D. G. Rossetti：“Sister Helen”）中童子姊所作法，都歸“厭魅”，正“媚道”爾。“射刺”則如《全上古三代文》卷六引太公《六韜》、卷七引太公《金匱》皆記武王伐殷，丁侯不朝，太公乃畫丁侯於策，三箭射之，丁侯病困；即《封神演義》第四八、四九回紮草人爲趙公明而射以桑枝弓、桃枝箭事所昉也。《史記・封禪書》：“萇弘乃明鬼神事，設射狸首；狸首者，諸侯之不來者，依物怪欲以致諸侯”，疑即類此，向來註者未得其解。

　　【增訂一】《後漢書・宗室四王三侯列傳》王莽使“長安中官署及天下鄉亭畫伯升象於塾，旦起射之”。

---

　　①　E. Cassirer，*Philosophie der symbolischen Formen*，II，83：“Die Ganze ist der Teile … In den Haaren eines Menschen，in seinen abgesschnittenen Nägeln，in seinen Kleidern，in seinen Fussstapfen ist noch der ganze Menschen enthalten.”

　　②　M. Garçon et J. Vinchon，*Le Diable*，80.

　　③　Virgil，*Eclogues*，VIII，64 ff.，“Loeb”，I，60-2；Pietro Aretino，*I Ragionamenti*，I，*L'Oeuvre du Divin Arétin*，“Les Maîtres de l'Amour，”I，60-1；Bruno，*Candelaio*，III.iii，*Opere di G. Bruno e di T. Campanella*，Riccardo Ricciardi，92-3；Antoine Hamilton：“L'Enchanteur Faustus”，*op. cit.*，480；Mérimée，*Chronique du Règne de Charles IX*，ch.12. *Romans et Nouvelles*，“la Pléiade”，129.

《晉書・文苑傳》顧愷之"悦一鄰女，挑之弗從，乃圖其形於壁，以棘針釘其心，女遂患心痛"；

【增訂三】《全梁文》卷六七庾元威《論書》："繪事逾精，丹青轉妙，乃有釘女心痛。"指顧愷之事。

《宋書・文五王傳》宋太宗詔曰："遂圖畫朕躬，勒以名字，或加之矢刃，或烹之鼎鑊"；《太平廣記》卷一二八《公孫綽》（出《逸史》）記奴婢厭之，以桐爲其形狀，長尺餘，釘布其上，又卷二八三羅隱《廣陵妖亂志》記呂用之伏誅，有人發其中堂，得一石函，内有桐人一枚，長三尺許，身被桎，口貫長釘，背上疏高駢鄉貫、甲子、官品、姓名，爲厭勝之事。吾國厭勝，以桐爲人，猶西方古希臘、羅馬以還常作蠟像而施術也①。

【增訂四】《説文・人部》："偶、桐人也。"蓋吾國古木偶以桐爲之。他若《醒世姻緣傳》第七六回薛素姐之於狄希陳，《野叟曝言》第一一三回靳直之於東宫及文素臣，皆"射刺"之屬。西方詩文亦常及之②，一英人所撰小説尤工刻劃③。英國一舊劇以女巫爲主角，射刺、厭魅，兼運並施④。《漢書・武五子傳》江充至太子宫

---

① Pareto，*op. cit.*，§ 914–5，vol. I，pp. 533 ff.；M. Summers，*The Geography of Witchcraft*，9–12，67.

② E. g.，*La Celestina*，I，Aubier，156–7；J. Webster，*The Duchess of Malfi*，IV. i，*Plays by Webster and Ford*，"Everyman's"，151.

③ R. H. Barham："The Leech of Folkestone"，*The Ingoldsby Legends*，Grant Richards，540 ff..

④ Thomas Middleton，*The Witch*，I. ii (the heart of wax stuck full of needles，the pictures of the farmer and his wife laid down to the fire，snake skins with retentive knots and needles thrust into the pillows)，V. ii (Almachild's picture in wax molton in fire)，Lamb，*Specimens of English Dramatic Poets*，in *Works*，ed. E. V. Lucas，IV，137，139，142.

掘蠱得桐木人；《宋書·文五王傳》劉成上書曰："常疏陛下年紀姓諱，往巫鄭師憐家祝詛"，又《二凶傳》："以玉人爲上形像，埋於含章殿前"；《陳書·高宗二十九王傳》長沙王叔堅"左道求福，刻木偶，衣道士服，施機關，能拜跪，醮之而祝詛於上"；凡此皆不言上刺釘、針，當屬厭魅。《通鑑·梁紀》二一元帝承聖二年，"上聞武陵王紀東上，使方士畫版爲紀象，親釘支體以厭之"；《隋書·文四子傳》："太子陰作偶人，書上及漢王姓氏，縛手釘心，令人埋之華山下"；則的然射刺矣。《南史·恩倖傳》記齊東昏刀敕徐世檦謀篡位，"畫帝十餘形像；備爲刑斬刻射支解之狀"；《舊唐書·良吏傳》下記僧淨滿"爲弟子所謀，密畫女人居高樓，仍作淨滿引弓而射之，已而詣闕上言僧咒詛大逆不道"，"女人"即武則天像；不斬射偶像而衹畫斬射之狀，去射刺尚一間，似仍爲厭魅。《太平廣記》卷三六九《蘇丕女》（出《廣異記》）李寵婢"求術者行魘蠱之法，以符埋李氏宅糞土中，又縛綵婦人形七枚，長尺許，藏於牆東窟內而泥飾之"；《封神演義》第四四回姚天師縶草人象姜子牙，咒去魂魄；則未加鋒矢，專憑祝詛。《紅樓夢》第二五回馬道婆鉸了兩個紙人、五個紙鬼，命趙姨娘"併在一處，拿針釘了"；蓋累七紙而釘之，使聚不散，非施射刺，否則豈止叔嫂被釘刺，五鬼亦被釘刺矣。數者又小説中厭魅之著例也。

"薄姬曰：'昨暮夜妾夢蒼龍據吾腹'。高帝曰：'此貴徵也。吾爲女遂成之。'一幸生男。"按後世不乏葫蘆依樣者，如王明清《揮麈後録》記宋真宗章懿皇后爲宮女時，"上……與之言，后奏昨夕忽夢一羽衣之士跣足從空下云：'來爲汝子。'時上未有嗣，聞之大喜，曰：'當爲汝成之。'是夕召幸。"宮嬪之無心闇合，抑記事者之有意仿古，不得而知矣。

　　褚先生曰："臣爲郎時，問習漢家故事者"云云。按描敍佳處，風致不減馬遷，而議論三節（"丈夫龍變"云云、"浴不必江海"云云、"豈可謂非聖賢哉"云云），迂謬直狗曲儒口角。文才史識，兩不相蒙，有若是者。《梁孝王世家》、《滑稽列傳》、《日者列傳》皆有褚補，文筆亦善；《三王世家》、《龜策列傳》所補則平鈍矣。陳繼儒《太平清話》卷上："吾友徐孟孺欲删《史記》中褚先生所補，元美公曰：'漢人之語幾何！而足下忍去之也？'"；俞樾《湖樓筆談》卷三亦謂褚少孫"未易輕"。張裕釗《濂亭文集》卷一《書〈外戚世家〉後》稱少孫所附，"詞甚工"，"蓁次瑣事絶可喜"，而深薄其議論"卑陋鄙淺"，遂謂此等必非自爲而"取之"他人；蓋不知敍事之能與論事之識，二者未必兼也。

一六　齊悼惠王世家

　　"使使召責問魏勃，勃曰：'失火之家，豈暇先言大人而後救火乎?'"按《鹽鐵論·大論》："是猶遷延而拯溺，揖讓而救火也"；宋濂《宋文憲公全集》卷三七《燕書》中《趙成陽堪其宮火》一篇刻劃趙子胹假階於奔水氏："盛冠服，委蛇而往，……三揖而後升堂，默坐兩楹間。奔水氏命儓者設筵，……觴已，主人曰：'夫子辱臨敝廬，必有命我者，敢問?'胹方白曰：'天降禍於我家'"云云，即本此意而鋪張以成滑稽。《韓非子·說林》上："假人於越而救溺子，越人雖善游，子必不生矣。失火而取水於海，海水雖多，火必不滅矣；遠水不可救近火也"，《金樓子·立言》下全襲之；《周書·赫連達傳》賀拔岳死，軍中大擾，眾議莫決，達曰："此皆遠水不救近火，何足道哉!"言遠近正即言緩急，空間與時間相依待者也。

一七　蕭相國世家

　　“客有説相國曰：‘君滅族不久矣！……上所爲數問君者，畏君傾動關中，今君胡不多買田地、賤貰貸以自汙？上心乃安。’於是相國從其計，上乃大説。”按《戰國策·趙策》一：“腹擊爲室而鉅，荆敢言之。主謂腹子曰：‘何故爲室之鉅也？’腹擊曰：‘臣羈旅也，爵高而禄輕，宮室小而帑不衆。主雖任臣，百姓皆曰：國有大事，擊必不爲用。今擊之鉅宮，將以取信於百姓也。’主君曰：‘善！’”買田築室，作用相似。《白起、王翦列傳》王翦請美田宅園池甚衆，謂人曰：“秦王怚而不信人。今空秦國甲士而專委於我，我不多請田宅爲子孫業以自堅，顧令秦王坐而疑我耶？”，《考證》引黄震曰：“後有勸蕭何田宅自汙者，其計無乃出於此歟？”實則腹擊已先爲之矣。《廉頗藺相如列傳》趙括得“王所賜金帛，歸藏於家，而日視便利田宅可買者買之”，其母論此爲“不可使將”之證；則觀跡略同，用心處境迥殊。《北齊書·文襄六王傳》蘭陵武王“由芒山大捷，恐以威武見忌”，乃“貪殘”以“自穢”，然“反以速禍”；則師法王翦、蕭何而唐捐無益。或吹火欲使滅，或又吹火欲使燃；木以不材而全，雁又以不鳴而烹。世事初無固必也。

一八　留侯世家

"良説：'秦兵尚強，未可輕，臣聞其將屠者子，賈豎易動以利。'"按《高祖本紀》："聞陳豨將皆故賈人也。上曰：'吾知所以與之。'乃多以金啗豨將。"

"上曰：'子房雖病，強卧而傅太子'。"按《汲、鄭列傳》汲黯曰："臣常有狗馬病，力不能任郡事"，武帝曰："吾徒得君之重，卧而治之。"《戰國策·中山策》秦昭王謂白起曰："君雖病，強爲寡人卧而將之"；

【增訂一】《後漢書·景丹傳》："病瘳……帝以其舊將，欲令強起領郡事，乃夜召入，謂曰：'賊迫近京師，但得將軍威重，卧以鎮之，足矣。'"

《晉書·紀瞻傳》帝使謂瞻曰："卿雖病，但爲朕卧護六軍，所益多矣"；《南史·王曇首傳》彭城王義康曰："王公久疾不起，神州詎合卧臨?"；《隋書·獨孤楷傳》隋煬帝曰："公先朝舊臣，卧以鎮之，無勞躬親簿領也"，又《楊尚希傳》隋文帝曰："蒲州出美酒，定以養病，屈公卧臨之"；《唐文續拾》卷一高祖《賜東鄉同安勅》："勿以爲辭，稱疾不往，與朕卧將，其亦可焉。"後世唯習用"卧治"耳。

一九　陳丞相世家

　　“張負女孫五嫁而夫輒死，人莫敢娶。”按即《左傳》成公二年巫臣論夏姬所謂“是不祥人也！”又昭公二十八年叔向母論夏姬亦曰：“殺三夫一君。”

　　“嗟乎！使平得宰天下，亦如是肉矣！”按《張耳、陳餘列傳》：“項羽爲天下宰，不平。”

　　“始陳平曰：‘我多陰謀，是道家之所禁。吾世即廢，亦已矣。終不能復起，以吾多陰禍也。’”按馬遷持陰德陰禍之説。如《韓世家》：“太史公曰：‘韓厥之感晉景公，紹趙孤之子武，以成程嬰、公孫杵臼之義，此天下之陰德也。韓氏之功於晉，未覩其大者也。然與趙、魏終爲諸侯十餘世，宜乎哉！’”《白起、王翦列傳》：“客曰：不然！夫爲將者三世必敗，必敗者何也？必其所殺伐多矣，其後受其不祥。”此不及身之後報，所謂“果報”也。《李將軍列傳》：“王朔曰：‘禍莫大於殺已降，此乃將軍所以不得侯者也。’”又及身之現報，所謂“花報”也。雖或記陳平自言，或述望氣者語，然《韓世家》論贊乃馬遷自抒胸臆，指歸正爾一揆。勿信“天道”（見下論《伯夷列傳》），卻又主張“陰德”，説理固難自圓；而觸事感懷，乍彼乍此，亦彼亦此，渾置矛盾於不顧，又人之常情恒態耳。

二〇　絳侯周勃世家

　　"吾嘗將百萬軍，然安知獄吏之貴乎?"按《漢書·賈、鄒、枚、路傳》路溫舒上書詳陳漢高以來獄事之煩、吏人之酷，至曰："秦有十失，其一尚存，治獄之吏是也。"馬遷曾下於理，穿檻箠楚，目驗身經，《報任少卿書》痛乎言之，所謂"見獄吏則頭搶地，視徒隸則心惕息"者。然此篇記周勃繫獄事，僅曰"吏稍侵辱"，記周亞夫下吏事，僅曰"侵之益急"，《韓長孺列傳》亦祇曰："蒙獄吏田甲辱安國"。均未嘗本己遭受，稍事渲染，真節制之師也。將創鉅痛深，欲言而有餘怖耶? 抑以漢承秦失，積重效尤，"被刑之徒比肩而立"，獄吏之"深刻殘賊"，路人皆知，故不須敷說圜牆況味乎? 古人編年、紀傳之史，大多偏詳本事，忽略襯境，匹似劇臺之上，祇見角色，盡缺布景。夫記載缺略之故，初非一端，穢史曲筆姑置之。撰者己所不知，因付缺如; 此一人耳目有限，後世得以博稽當時著述，集思廣益者也。舉世衆所周知，可歸省略; 則同時著述亦必類其默爾而息，及乎星移物換，文獻遂難徵矣。小說家言摹敍人物情事，爲之安排場面，襯托背景，於是揮毫灑墨，涉及者廣，尋常瑣屑，每供采風論世之資。然一代之起居服食、好尚禁忌、朝野習俗、里巷慣舉，日用

而不知，熟狎而相忘；其列爲典章，頒諸法令，或見於好事多暇
者之偶録，鴻爪之印雪泥，千百中纔得什一，餘皆如長空過雁之
寒潭落影而已。陸游《渭南文集》卷二八《跋呂侍講〈歲時雜記〉》
曰："承平無事之日，故都節物及中州風俗，人人知之，若不必記。
自喪亂來七十年，遺老凋落無在者，然後知此書之不可缺。"過去
習常"不必記"之瑣屑輒成後來掌故"不可缺"之珍秘者，蓋緣
乎此①。曩日一法國史家所歎"歷史之緘默"②，是亦其一端也。

　　"軍門都尉曰：'將軍令曰：軍中聞將軍令，不聞天子之詔'"；
《考證》引《六韜》及《白虎通》。按《司馬穰苴列傳》："穰苴曰：
'將在軍，君令有所不受'"；《孫子、吳起列傳》："孫子曰：'臣既
受命爲將，將在軍，君命有所不受'"；《考證》皆引《孫子·九變
篇》。《九變篇》曰："城有所不攻，地有所不争，君命有所不受"；
又《地形篇》曰："故戰道必勝，主曰：'無戰'，必戰可也；戰道
不勝，主曰：'必戰'，無戰可也"，亦此意。《魏公子列傳》："侯生
曰：'將在外，王令有所不受，以便國家'，"語尤圓足。

　　【增訂四】《後漢書·段熲傳》上言："臣每奉詔書：'軍不内御。'願
　　　卒斯言，一以任臣"；章懷註："《淮南子》曰：'國不可從外理，軍不
　　　可從中御也。'""軍不内御"視"將在外，王令有所不受"詞更約鍊。
《荀子·議兵》篇論"爲將"有"不受命於主"者三，謂之"三至"，
亦可參印。

---

　　①　Cf. Gucciardini，*Ricordi*，§143："Parmi che tutti gli istorici abbino，non
eccettuando alcuno，errato in questo：che hanno lasciato di scrivere molte cose che a
tempo loro erano note，presupponendole come note" ecc.，*op. cit.*，126.

　　②　J. Michelet，*Journal*，ed. P. Viallaneix，I，378："... les silences de l'his-
toire，ces terribles points d'orgue，où elle ne dit plus rien..."

二一　五宗世家

　　"端爲人賊戾，又陰痿，一近婦人，病之數月，而有愛幸少年爲郎，爲郎頃之與後宮亂。"按此類醜事，勢所必然。《佞幸列傳》記韓嫣"出入永巷，不禁，以姦聞"；《趙飛燕外傳》："父馮萬金。江都王孫女姑蘇主嫁江都中尉趙曼，曼幸萬金，萬金得通趙主，一産二女"；《漢書·霍光傳》："初光幸監奴霍子都，及顯寡居，與子都亂"；《後漢書·梁冀傳》："冀愛監奴秦宮，得出入壽所，壽見宮，輒屏御者，託以言事，因與私焉。宮内外兼寵，威權大震"；《魏書·僭晉司馬叡傳》："奕少同閹人之疾，初在東海琅邪，親嬖人相龍、朱靈寶等，並侍卧内，而美人田氏、孟氏遂生三男，衆致疑惑"（《晉書·廢帝海西公紀》載"嬖人"尚有計好）；《南齊書·皇后傳》鬱林王何后"在後宮復通帝左右楊珉之，與同寢處如伉儷；珉之又與帝相愛褻，故帝恣之"；《新五代史·閩世家》："審知婢金鳳姓陳氏，鏻嬖之，遂立以爲后；初鏻有嬖吏歸守明者，以色見倖，號歸郎，鏻後得風疾，陳氏與歸郎姦。"國史野記所載，不一而足。《聊齋志異》卷二《俠女》則異史氏所謂"爾愛其艾豭，彼愛爾婁豬"，鄭燮《板橋詩鈔·秦宮詩、後長吉作》所謂"内寵外寵重復重"也。古羅馬諷刺詩文亦常及此①。

――――――――

①　　E. g. Juvenal, *Satires*, II. 60, "Loeb", 22; Petronius, *Satyricon*, cxiii, "Loeb", 236.

二二　伯夷列傳

《正義》："老子莊子，開元二十三年奉敕升爲《列傳》首，處夷、齊上"；《考證》引張文虎語，論《列傳》次序，諸本不同。按宋吳曾《能改齋漫錄》卷一三載政和八年詔《史記・老子傳》升於列傳之首，自爲一帙；元僧圓至《牧潛集》卷六《書宣和〈史記〉後》云："余居臨安，有持大板《史記》，而《列傳》老子爲首。心甚怪之，莫知其本所出。因閱《國朝會要》，見宣和某年有旨，升老子於《列傳》首。乃悟所見蓋宣和本，今不行矣。""宣和某年"當作"政和"。是宋之道君皇帝重修唐之玄宗故事也。

"及餓且死，作歌，其辭曰：'……以暴易暴兮，不知其非矣！'"；《考證》引《莊子・讓王》篇、《呂氏春秋・誠廉》篇夷、齊"相視而笑"，曰："是推亂以易暴也"（《呂氏春秋》作"是以亂易暴也"）。按《後漢書・宦者列傳》："雖袁紹龔行，芟夷無餘，以暴易亂，亦何云及"；章懷註引《史記》此歌曰："以暴易亂兮"，《文選》范蔚宗《宦者傳論》李善註亦同。是《史記》古本作"以暴易亂兮"也。"以亂易暴"，"以暴易亂"，"以暴易暴"，三者各明一義，言之皆可成理。今本之"以暴易暴"即易君而未革政；古羅馬寓言驢爲盜掠一則所謂雖更新主，未減舊役，以喻當時執政頻換而下民困苦不異於前，所變易僅在上者之姓名已耳(In principatu commutando ciuium/Nil praeter domini nomen mutant pauperes)①。

【增訂一】《穀梁傳》昭公四年論楚靈王與齊慶封事，亦曰："不以亂治亂也。"

【增訂四】所引古羅馬寓言謂"雖易新君，未減舊虐"，而比閱蘇聯流亡作家(A. I. Solzhenitsyn)所撰勞改營紀事(The Gulag Archipelago)，卷三有一章標題曰："統治者數更，勞改營長在"(Rulers Change, the Archipelago Remains)。洵如韓愈《祭田橫墓文》所歎"事有曠百世而相感者"矣。

"或曰：'天道無親，常與善人'。若伯夷、叔齊，可謂善人者，非邪？……天之報施善人，其何如哉！盜跖日殺不辜，……竟以壽終，是遵何德哉？……余甚惑焉！倘所謂天道是邪？非邪？"按《莊子·駢拇》以"伯夷死名"與"盜跖死利"相提並論，《楚辭·天問》謂"天命反側，何罰何佑？"，馬遷兼之。此篇記夷、齊行事甚少，感慨議論居其泰半，反論贊之賓，為傳記之主。馬遷牢愁孤憤，如喉鯁之快於一吐，有欲罷而不能者；紀傳之體，自彼作古，本無所謂破例也。陶潛《飲酒》詩之二："積善云有報，夷叔在西山，善惡苟不應，何事立空言！"正此傳命意。

【增訂四】錢秉鐙《藏山閣文存》卷四《伯夷論》力斥《史記》此傳。略謂："如遷所見，則將以孔光之生賢於龔勝之死，華歆之達賢於管寧之窮，宋留、李之靦顏賢於文、謝之殉節矣。

---

① Phaedrus, *Fabulae*, I. xv. 1-2.

此數君子者，其幽囚死辱，皆百計以求、久而後得之耶？亦可以爲有怨而歸過於天耶？遷重聲名而不知節義，故《史記》極稱季布而不爲鄭君立傳。……遷求夷、齊之死而不得其故，乃引賈生之言云云。……以夷、齊之死爲求名者，而曰：‘伯夷、叔齊得夫子而名益彰。’遷所知者，名而已！”意中蓋有失節事清之明臣在，頗中馬遷議論之偏宕，而似未窺馬遷懷抱之侘傺也。

馬遷唯不信“天道”（divine justice），故好言“天命”（blind fate）；蓋信有天命，即疑無天道，曰天命不可知者，乃謂天道無知爾。天道而有知，則報施不爽，人世之成虧榮悴，應各如其分，咸得所當，無復不平則鳴或飲恨吞聲矣。顧事乃大謬不然，理遂大惑不解。“善一惡均，而禍福異流”，劉峻《辯命論》所以問：“蕩蕩上帝，豈若是乎？”利鈍吉凶，每難人定，雖盡痒彈精，輒似擲金虛牝、求馬唐肆；然“不求而自得，不徼而自遇，不介而自親”（李康《運命論》），又比比皆是焉。倖得倖失，俏成俏敗，非理所喻，於心不懌，若勿委諸天命，何以稍解腸結而聊平胸魄哉？孔子因公伯寮之愬而曰“命何”（《論語·憲問》），孟子因臧氏子之沮而曰“天也”（《孟子·梁惠王》），與《史記·項羽本紀》羽之言“天亡我”，《伍子胥列傳》中包胥之言“天定亦能破人”，《外戚世家》之言“無如命何”，皆没奈何而諉諸莫須有爾。《李將軍列傳》之言“數奇”，《衛將軍、驃騎列傳》之言“天倖”，自王維《老將行》撮合儷屬，已成熟語。《魏世家》：“説者皆曰：‘魏以不用信陵君，故國削弱至於亡。’余以爲不然；天方令秦平海内，其業未成，魏雖得阿衡之佐，何益乎？”《田敬仲完世家》：“故周太史之卦田敬仲完，占至十世之後。及完奔齊，懿仲卜之，亦云。田乞及常所以比犯二君，專齊國之政，非必事勢之漸然也，蓋如遵厭兆祥云"。二節尤質直道之，不紆婉其詞。《論衡》之《逢遇》、《累害》、《命祿》、《幸偶》、《命義》諸篇所長言永歎者，勿外乎此。《游俠列傳》再以夷跖相較："伯夷醜周，餓死首陽山，而文、武不以其故貶王；蹠、蹻暴戾，其徒誦義無窮"，"鄙人之言所謂：'何知仁義！已饗其利爲有德。'"是匪僅天道莫憑，人間物論亦復無準矣。然馬遷既不信天道，而復持陰德報應之説（見前論《陳丞相世家》），既視天夢夢，而又復以爲冥冥之中尚有綱維主張在；圓枘方鑿，自語相違。蓋析理固疑天道之爲無，而慰情寧信陰騭之可有，東食西宿，取熊兼魚，殆人心兩歧之常歟。故疑無天者，猶每私冀其或有，而信有天者，則常竊怨其若無，參觀《毛詩》卷論《正月》、《左傳》卷論僖公五年。《全晉文》卷一三七戴逵《釋疑論》即爲《伯夷列傳》而發，以爲："餘慶餘殃之説，所以勸教耳；君子行己處心，何期報應乎？"越世高談，恐乏平矜息躁之用。劉峻《辯命論》曰："命也者，自天之命也；定於冥兆，終然不變，鬼神莫能預，聖哲不能謀，觸山之力無以抗，倒日之誠勿能感"，《文選》李善註引潘岳《西征賦》："生有修短之命，位有通塞之遇，鬼神莫能要，聖智莫能豫"；則類古希臘詩人詠命（moira），謂天神亦無如之何①。劉知幾《史通·雜説》上譏馬遷《魏世家》中"推命"、"委運"之"惑"，又譏班固"自相矛盾"，其論項羽，言"福善禍淫"，而作《幽通賦》，言"報施多爽"。於馬所見未周，遂未識班之"同理異説"，了不異馬；"自相矛盾"之謗，馬、班當平分耳。

---

① F.M.Cornford, *From Religion to Philosophy*, "Harper Torchbooks", 13 ff..

二三　管晏列傳

　　"管仲卒，……後百餘年而有晏子焉。"按明、清批尾家所謂
"搭天橋"法，馬遷習爲之。葉大慶《考古質疑》卷二、周密
《齊東野語》卷一〇皆更舉《孫子、吳起列傳》之"孫武死後百
餘年有孫臏"及《屈、賈列傳》之"自屈原沉汨羅後百有餘年，
漢有賈生"；葉氏又舉《滑稽列傳》之"其後百餘年，楚有優
孟"，斥其"顚倒錯謬"，謂當曰："其前百餘年"。均漏卻《刺客
列傳》："其後百六十有七年而吳有專諸之事。……其後七十餘年
而晉有豫讓之事。……其後四十餘年而軹有聶政之事。……其後
二百二十餘年秦又有荆軻之事"；略同《滑稽列傳》："其後百餘
年，楚有優孟。……其後二百餘年秦有優旃"。皆事隔百十載，
而捉置一處者也。亦有其事同時而地距千百里，乃映帶及之者，
如《春申君列傳》："盡滅春申君之家；而李園女弟初幸春申君，
有身而入之王，所生子者，遂立爲楚幽王。是歲也，秦始皇立九
年矣，嫪毐亦爲亂於秦，覺，夷其三族，而呂不韋廢。"此則全
用《戰國策·楚策》四之文，祇删一字（"覺，夷三族"）移一字
（"幽王也，是歲秦始皇立"）。記楚事而忽及秦事，一似節外生
枝。蓋呂不韋乃《法言·淵騫》所謂"穿窬之雄"，托樑換柱，

與黃歇行事不謀而合，身敗名裂，又適相同，載筆者矖高聚遠，以類相并，大有浮山越海而會羅山之觀，亦行文之佳致也。參觀《詩經》論《卷耳》。

"至其書世多有之，是以不論，論其軼事。"按《司馬穰苴列傳》："世既多《司馬兵法》，以故不論，著穰苴之列傳焉"；《孫子、吳起列傳》："世俗所稱師旅，皆道《孫子十三篇》、《吳起兵法》。世多有，故弗論，論其行事所施設者。"此可與前論《絳侯世家》參證，所謂世所周知，皆從省略。馬遷於老、莊、孟、荀之書亦然。然《司馬相如列傳》於相如著作"采其尤著公卿者"，似自違其例。夫賈誼、司馬相如詞賦，當時亦必"多有"，或緣近代詞章，行世未久，録之以示論定之意，許其江河萬古耶？韓非著書，明云"學者多有"，即《説難》戚戚焉於心，何須全録？屈原之書，想屬"多有"，既"與日月爭光"，是垂世行遠，已成定案，顧又不惜全篇累牘載之。此中義例，當得善於橫説豎説者披郤導窾，自慚未達也。

二四　老子韓非列傳

　　莊子"著書十餘萬言，大抵率寓言也。……以詆孔子之徒，以明老子之術；畏累虛、亢桑子之屬皆空語無事實。"按既知此而上文又本《莊子·天運》篇鋪張孔子見老子事，何哉？陸游《劍南詩稿》卷三四《讀老子傳》："但說周公曾入夢，甯於老氏歎'猶龍'？"；即本《論語》以駁馬遷也。參觀《全上古三代秦漢三國六朝文》卷論謝莊《月賦》。

　　"然善屬書離辭"；《正義》："猶分析其詞句也"；《考證》："'附離'之'離'，《正義》誤。"按《讀書雜志·史記》四謂："'離詞'、陳詞也。昭元年《左傳》'設服離衛'，杜註曰：'離、陳也'。枚乘《七發》：'比物屬事，離詞連類'，亦與此同。"似猶遺毫髮之憾。《禮記·曲禮》："離坐離立，毋往參焉"，鄭註："'離'、兩也"，《正義》："《易》象云：'明兩作離'"；《月令》："宿離不貸"，鄭註："'離'讀如'儷偶'之'儷'。"是"離詞"即排比儷偶之詞。《荀子·正名》篇："累而成文，名之麗也"；《文心雕龍·麗辭》篇說"麗"之意曰："支體必雙"，"事不孤立"；《太平廣記》卷一七三《王儉》則引《談藪》："嘗集才學之士，累物而麗之，謂之'麗事'，麗事自此始也。""離"、"麗"、

"儷"三字通；合此數節觀之，意義昭然，亦即《宋書·謝靈運傳·論》之"比響聯辭"。鋪"陳"之型式甚多，可以星羅，可以魚貫；成雙列隊衹"陳"之一道耳。

　　"非爲人口吃，不能道説，而善著書。"按《司馬相如列傳》："相如口吃而善著書"；《儒林列傳》兒寬"善著書，書奏敏於文，口不能發明也。"《漢書·揚雄傳》："口吃不能劇談，默而好深湛之思。"王嘉《拾遺記》卷六："何休木訥多智。……門徒有問者，則爲注記，而口不能説。"范曄《獄中與諸甥姪書》："往往有微辭，言乃不能自盡，口機不調利，以此無談功。"摯虞、潘岳、郭璞等亦皆筆勝於舌。李治《敬齋古今黈》卷三云："長卿、子雲皆蜀人，能文而吃。玉壘、銅梁之氣，於茲二人，獨厚之以游、夏之才，而又各於宰我、子貢之舌，何歟？"夫口吃而善著書，筆札脣舌，若相乘除，心理學謂之"補償反應"（hyper-compensation，compensatory reaction）[1]，如古之音樂師必以矇瞽爲之也。王褒《洞簫賦》云："於是乃使夫性昧之宕冥，生不覩天地之體勢，闇於白黑之貌形，憤伊鬱而酷䂀，愍眸子之喪精，寡所舒其思慮兮，專發憤於音聲"[2]；於"補償反應"之理，已有窺見。《陰符經》下篇："瞽者善聽，聾者善視，絕利一源。"；《文子·上德》："鼇無耳而目不可以蔽，精於明也；瞽無目而耳不可以蔽，精於聽也"；蓋早言之。西洋大手筆而口鈍舌結者，亦實繁有徒，如高乃伊（Corneille）自言："吾口枯瘠，吾

---

　　① 　A. Adler，*The Practice and Theory of Individual Psychology*，tr. P. Radin，80–1，313；J. A. C. Brown，*Freud and the Post-Freudians*，"Pelican Books"，38.

　　② 　Cf. *Odyssey*，VIII. 62–4.

筆豐沃"（J'ai la plume féconde et la bouche stérile）[1]。

"余獨悲韓子爲《説難》，而不能自脱耳。"按《孫子、吳起列傳》："語曰：'能行之者，未必能言；能言之者，未必能行。'孫子籌策龐涓明矣，然不能蚤救患於被刑。吳起説武侯以形勢不如德，然行之於楚，以刻暴少恩亡其軀。悲夫！"《白起、王翦列傳》："白起料敵合變，出奇無窮，聲震天下，然不能救患於應侯。"皆工於謀人，拙於衛己；馬遷反復致意於此，智不如葵之感深矣。參觀前論《始皇本紀》。

"老子所貴道，虛無因應，變化於無爲。"按"因應"者，因物而應之也。馬遷《自序》載乃翁論六家要指所謂："道家無爲，又曰無不爲。……其術以虛無爲本，以因循爲用，無成勢，無常形，故能究萬物之情。……有法無法，因時爲業；有度無度，因物與合。……虛者，道之常也；因者，君之綱也。"徵之老子之書，如二七章："善行無轍迹，善言無瑕讁，善數不用籌策，善閉無關楗而不可開，善結無繩約而不可解"（王弼註："順自然而行，不造不始。……順物之性，不別不析。……因物自然，不設不施"）；三七章："道常無爲而無不爲"（註："順自然也"）；四九章："聖人無常心，以百姓心爲心"（《註》："動常因也"）；五四章："善建者不拔，善抱者不脱"（《註》："固其根而後營其末"）。《莊子・齊物論》亦曰："是以聖人不由而照之於天，亦因是也"；又曰："無適焉，因是已"；又曰："聖人不從事于務"（郭象註："務自來而理自應耳，非從而事之也"）。非道家者流亦每標"因"爲要指。因時制宜之説，具詳前論《秦始皇本紀》。

---

① 　W. Muschg, *Tragische Literaturgeschichte*，3. Aufl.，409.

兵家言如：《孫子·虛實》篇："因形而錯勝於衆"（曹操註："因敵形而立勝"）；《史記·孫子、吳起列傳》孫臏曰："善戰者因其勢而利導之"；《呂氏春秋·決勝篇》："凡兵貴其因也。因也者，因敵之險以爲己固，因敵之謀以爲己事。能審而加，勝則不可窮矣。"因之時義大矣哉！《呂氏春秋·貴因》篇尤觸類而長之："故因則功，專則拙，因者無敵。"致知格物，蓋莫不然。培根名言曰："非服從自然，則不能使令自然"（Nature is only to be commanded by obeying her）①。夫服從，即順也、因也；《管子·心術》篇上："因也者，舍己而以物爲法者也。"《莊子·養生主》庖丁自道解牛曰："臣之所好者，道也，進乎技矣。……依乎天理，……因其固然"，又《達生》呂梁丈人自道蹈水曰："與齊俱入，與汨偕出，從水之道，而不爲私焉"；於"舍己法物"、"服從自然"之旨，罕譬而喻。呂梁丈人語復可通諸《孟子·離婁》："所惡於智者，爲其鑿也，……禹之行水也，行其所無事也"，又《告子》："禹之治水，水之道也。""行其所無事"更可印證《文子·自然》："所謂無爲者，……循理而擧事，因資而成功，推自然之勢。……若夫水用舟，沙用鳩，泥用輴，山用樏，夏瀆冬陂，因高爲山，因下爲池，非吾所爲也。"行其所無事即無爲之爲矣。

---

① Bacon，*Novum Organum*，Bk. I，Aphorism 129，*Physical and Metaphysical Works*，ed. J. Devey，447.

二五　孫子吳起列傳

　　"孫子與有力焉"；《考證》引姚鼐、梁玉繩等考《左傳》不載孫武事，《十三篇》乃戰國言兵者託名於武所爲。按全祖望《鮚埼亭集》卷二九《孫武子論》已謂孫武不知兵，而《十三篇》則出於知兵者之手，蓋縱橫家所僞爲。陳傅良《止齋先生文集》卷四一《跋徐薦伯詩集》："世多謂書生不知兵，猶言孫武不善屬文耳。今觀武書《十三篇》，蓋與《考工記》、《穀梁傳》相上下"；

　　【增訂四】《文心雕龍·程器》："孫武《兵經》辭如珠玉，豈以習武而不曉文也！"陳傅良之意早發於此。呂本中《童蒙詩訓》："《孫子十三篇》論戰守次第與山川險易、長短、小大之狀，皆曲盡其妙。摧高發隱，使物無遁情，此尤文章之妙處。"則傅良前輩語也。

張栻《南軒集》卷三四《跋〈孫子〉》："右唐中書舍人杜牧所註《孫子》三卷。……蓋君子於天下之事，無所不當究，況於兵者，世之興廢、生民之大本存焉，其可忽而不講哉？……余得其書於《集註》中而樂其説，因次第繕寫。……嗟乎！夷虜盜據神州，有年於兹，國家仇恥未雪，……然則于是書其又可以忽而不講哉？予故刻而傳之。”兩文頗有關繫，似爲述《孫子》舊聞者所未及，故舉似之。

　　“孫臏以此名顯天下，世傳其《兵法》”；《考證》輯《通典》、《御覽》等書所引孫臏《兵法》。按《御覽》卷二八二引《戰國策》載孫臏曰：“凡伐國之道，攻心爲上”云云，今本《戰國策》中未見，唯《韓策》三或謂鄭王曰：“爲名者攻其心，爲實者攻其形；夫攻形不如越，而攻心不如吳”；乃言外交，非言軍事。然理有可通；蓋國之相與，交即攻守之以口舌而不以干戈者，所謂折衝樽俎也。《三國志·蜀書·馬謖傳》裴註引《襄陽記》謖告諸葛亮曰：“夫用兵之道，攻心爲上，攻城爲下”；《梁書·武帝紀》高祖曰：“夫用兵之道，攻心爲上，攻城次之”；皆隱用孫臏語。《孫子·軍爭篇》：“將軍可奪心”，張預註引李靖曰：“攻者不攻其城，擊其陳而已，必有攻其心之術焉”，實以孫臏語解孫武也。

二六　蘇秦列傳

　　"蘇秦笑謂其嫂曰：'何前倨而後恭也！'嫂委蛇蒲服，以面掩地以謝。"按《高祖本紀》："太公擁篲迎門卻行"，而高祖曰："始大人常以臣無賴，今某之所業孰與仲多?"《南史・沈慶之傳》："慶之既通貴，鄉里老舊素輕慶之者，後見皆膝行而前，慶之歎曰：'故是昔時沈公！'"。正蘇秦所歎"此一人之身，富貴則親戚畏懼之，貧賤則輕易之"；而"故是昔時沈公"又即俗諺之"蘇秦還是舊蘇秦"也。世態炎涼，有如踐跡依樣；蓋事有此勢，人有此情，不必鑿鑿實有其事，一一真有其人。勢所應然，則事將無然。孔融言武王以妲己賜周公，蘇軾言舜三宥而皋陶三曰"殺！"，均以"想當然耳"自解。亞理士多德所謂"雖不實然，而或當然"（That is not true. But perhaps it ought to be）[1]；布魯諾所謂"即非情事，卻入情理"（Se non è vero, è molto ben trovato）[2]；皆斯意耳。故小説院本中嘲詼勢利翻覆，刻板落套（stock situation）。一英國舊劇寫酒店主偕妻以訟事赴官中，官

---

　①　*Poetics*，XX.11，"Loeb"，103.

　　②　Bruno，*De gli Eroici Furori*，Pte II，Dial. iv, *op. cit.*，630.

覿面相識，問曰："去歲以雙雞餽我者，非子也耶?"店主曰："小人將歲歲以爲例供也。"官呼堂下人曰："汝曹觀此夫婦皆朴實不欺，相其面誠篤之氣可掬，吾言然否?"（"See you this honest couple，...have they not/A pair of honest faces?"）對簿者嘔曰："家有二牛，不腆上奉。"官即呼酒店主曰："無賴子! 汝來前!"復謂衆曰："吾已審視此子，必爲大慝。相貌奸惡，汝曹亦曾覷其偶否? 明執法憑此容顏，雖無辜亦判絞耳"（Come near，nearer，rascal.／And now I view him better，did you e'er see/One look so like an archknave? his very countenance，/Should an understanding judge but look upon him，/Would hang him，though he were innocent）①。不特如《水滸》第九回滄州牢營差撥先斥林沖"賊配軍滿臉餓文"而後譽"林教頭這表人物"，或《儒林外史》第三回胡屠户先呵范進"也該撒尿自照"，而後稱"賢婿這等相貌"，抑且如《太平廣記》卷二九五《曲阿神》（出《神鬼傳》）："有一逸劫，官司十人追之，遙至廟，跪請求救，許上一豬。因不覺忽在牀下。追者至，覓不見，因請曰：'若得劫者，當上大牛。'少時劫形見，吏即縛將去。"即理所當然，事將無同也。

"蘇秦喟然歎曰：'……且使我有雒陽負郭田二頃，吾豈能佩六國相印乎?'"按《説郛》卷二〇鄭震《讀書愚見》以蘇秦語與孟子"無恒産者無恒心"對勘，謂各明一義。

【增訂三】劉克莊《後村大全集》卷一五《雜詠一百首·十

---

① Philip Massinger，*A New Way to Pay Old Debts*，IV.ii，*Plays*，ed.F.Cunningham，413.

辯・蘇秦》：“常産常心論，平生不謂然。晚知蘇季子，佩印爲
無田。”即鄭震之意。

《平原君、虞卿列傳》：“然虞卿非窮愁，亦不能著書以自見於後
云”；則建樹功名，從事著作，皆困窮之所激發也。然馬遷《報
任安書》末節，歷舉發憤著書諸例，未及虞卿，却道呂不韋；
《史通・雜説》上所以譏其“識有不該，思之未審”，謂“若要多
舉故事”，何不以虞易呂。桓譚《新論・求輔》謂賈誼不“失志”
則“文彩不發”，淮南王不富貴則不能“廣聘駿士”使著書，揚
雄不貧則不能“作玄言”云云；蓋著述之事固出於窮，而亦或出
於達，遷説不如桓説之周賅矣。

二七　樗里子甘茂列傳

　　"樗里子滑稽多智，秦人號曰‘智囊’"；《索隱》："鄒誕解云：‘滑、亂也，稽、同也。……謂能亂同異也’"；《考證》謂鄒解是，引《孟、荀列傳》及屈原《卜居》爲證，又曰："自史公録《滑稽傳》，遂轉爲俳諧義"。按《滑稽列傳》題下《索隱》與此同而較略，不言其解之出鄒誕；《正義》於此傳及《滑稽列傳》題下皆引顏師古説，則出《漢書‧公孫弘、卜式、兒寬傳》"滑稽則東方朔、枚皋"句註。顏之第一義："滑、亂也，稽、礙也，言其變亂無留礙也"，頗符鄒誕之解。"滑稽"二字雙聲，鄒誕望文生義，未必有當於"滑稽"之名稱，然而中肯入扣，殊能有見於滑稽之事理。夫異而不同，則區而有隔，礙而不通；淆而亂之，則界泯障除，爲無町畦矣。莊子辯才無礙，物論能齊，厲施茝楹，胡越肝膽，《逍遥遊》曰："將旁礴萬物以爲一"，司馬彪註："猶混同也"；故《孟子、荀卿列傳》以"滑稽亂俗"目之。《孔子世家》晏嬰曰："夫儒者滑稽而不可軌法"，瀧川漏引；"軌法"即"礙"，"滑稽"即"變亂"軌法也。《三國志‧魏書‧應璩傳》裴註引《文章敍録》："爲詩以諷焉，其言雖頗諧合"；"合"即"同"也，"諧合"者、"俳諧"出以"亂同異"，即"滑稽"也。"滑稽"訓"多智"，復訓"俳諧"，雖

"義"之"轉"乎，亦理之通耳。觀西語"wit"與"esprit"之兼二
義，"spiritoso"與"spirituale"及"Witz"與"Wissen"之出一根，
返而求之，不中不遠。蓋即異見同，以支離歸於易簡，非智力高
卓不能，而融會貫通之終事每發自混淆變亂之始事(the power of
fusing ideas depends on the power of confusing them)①。論創造
心理者謂之"兩事相聯"(bisociation)②。俳諧之設譬爲讔，機杼
莫二。譬如嘔噱之最凡近者爲雙關語(pun)，混異義於同音，亂兩
字爲一談，非直"稽"而"滑"之，有類謎語之"解鈴繫鈴"格
歟？墨憨齋定本《酒家傭》第二六折取古語打諢云："但聞道可盜，
須知姑不孤"；以"盜"、"姑"、"孤"字混於"道"、"觚"字，復
以"道可盜"、"姑不孤"句混於"道可道"、"觚不觚"句，且以道
經《老子》儷儒典《論語》，即"滑稽"、"諧合"之例焉。康德嘗
言，解頤趣語能撮合茫無聯繫之觀念，使千里來相會，得成配偶
(Der Witz *paart*〔assimiliert〕heterogene Vorstellungen，die oft
weit auseinander liegen)③；讓·保羅至喻之爲肯作周方、成人好
事而喬裝神父之主婚者(der Witz im engsten Sinn，der verklei-
dete Priester，der jedes Paar kopuliert)④。皆明其"亂同異"、
"無留礙"。然則鄒誕之釋"滑稽"，義蘊精深，一名之訓於心要已
具聖解矣。別見《楚辭》卷論《卜居》。

---

①　S. Butler, *Alps and Sanctuaries*, 43-4.

②　A. Koestler, *The Act of Creation*, 35; cf. 27, 45, 94.

③　Kant, *Anthropologie*, §54, *Werke*, hrsg. E. Cassirer, VIII, 109.

④　Jean Paul, *Vorschule der Ästhetik*, §44, *Werke*, Carl Hanser, V, 173.
Cf. Samuel Butler: "A Pimp": "He is a conjunction copulative", *Characters and Pas-
sages from Notebooks*, ed. A. R. Waller, 184.

二八　孟嘗君列傳

　　“孟嘗君太息歎曰：‘文常好客，……客見文一日廢，皆背文而去，莫顧文者。……’馮驩曰：‘……富貴多士，貧賤寡友，事之固然也。君獨不見夫朝趨市者乎？’”云云。按《廉頗、藺相如列傳》頗“失勢之時，故客盡去，及復用爲將，客又復至。廉頗曰：‘客退矣！’客曰：‘吁！君何見之晚也！夫天下以市道交：君有勢，我則從君；君無勢則去，此固其理也’”；又《汲、鄭列傳》：“太史公曰：‘夫以汲、鄭之賢，有勢則賓客十倍，無勢則否，況衆人乎！’”；又《平津侯、主父列傳》：“太史公曰：‘偃當路，諸公皆譽之，及名敗身誅，士争言其惡，悲夫！’”再三言此，感慨係之。劉峻《廣絶交論》曰：“素交盡，利交興”，又釋“利交”曰：“義同賈鬻，故桓譚譬之於闤闠”，《文選》李善註謂“譚集及《新論》無此譬，唯《戰國策·齊策》四譚拾子對孟嘗君語有之，“疑‘拾’誤爲‘桓’，遂居‘譚’上耳。”譚拾子語即《史記》此篇之馮驩語也。劉文歸宿於“總帳猶懸，門罕漬酒之彥，墳未宿草，野絶動輪之賓”，乃言生死見《隋書·盧思道傳·勞生論》：“結侶棄廉公之第，携手哭聖卿之門”云云一大節，淋漓盡致，則兼言盛衰見交態。《全唐文》卷七七六李商隱《別令狐拾遺書》：“必曰：‘吾惡

市道!'嗚呼!此輩真手搔鼻齆而喉謂人之灼痕爲癩者,市道何肯
如此邪?今一大賈……是何長者大人哉!……此豈可與此世交者
等耶?";"市道"語出《史記》,而命意則申《全唐文》卷五九二柳
宗元《宋清傳》。《傳》稱清"居市不爲市之道",故如此"市道交
豈可少邪?",於遷《書》、劉《論》,更進一解。後世立言相類者不
少,如杭世駿《道古堂文集》卷一〇《賈說》是也。

二九　春申君列傳

　　"乃上書説秦昭王曰：'……兩虎相與鬬，而駑犬受其弊。'"
按《廉頗、藺相如列傳》："今兩虎相鬬，其勢不俱生"；《魏豹、彭
越列傳》："兩龍方鬬，且待之"；《張儀列傳》儀説楚王："此所謂
兩虎相搏者也"，又陳軫對秦惠王述卞莊子事，言兩虎方鬬，"立
須"其一死一傷，刺其傷者，"一舉有雙虎之功"。《淮南子·詮言
訓》："兩人相鬬，一贏在側，助一人則勝，救一人則免。鬬者雖
強，必制一贏，非以勇也，以不鬬也"；用意相近。皆西語所謂
"第三者坐享其利"（tertius gaudens）。《戰國策·秦策》二記陳軫
語，作："無刺一虎之勞，而有刺兩虎之名"，修詞未當；夫刺傷
虎，是亦刺之勞也。相鬬者，或曰"龍"、或曰"虎"，指異而旨
無不同。變龍若虎爲鷸、蚌（《戰國策·燕策》二）若犬、兔
（《齊策》三），胥可忘言得意。如徐陵《孝穆集》卷一《爲護軍
長史王質移文》："刺虎之勢，時期卞生；拾蚌之機，彌驗蘇子"；
《周書·杜杲傳》杲謂徐陵曰："鷸蚌狗兔，勢不兩全，若使齊寇
乘之，則彼此危矣"；邵雍《伊川擊壤集》卷一三《利害吟》：
"兔犬俱斃，蚌鷸相持；田漁老父，坐而利之。"亦如《魏書·僭
晉司馬叡傳》溫嶠曰："今者騎虎之勢，可得下乎？"；《隋書·后

妃傳》獨孤后使李圓通謂文帝曰："騎獸〔虎〕之勢，必不得下，
勉之!"；《新五代史・唐臣傳》之一二故人子弟謂郭崇韜曰："俚
語曰：'騎虎者勢不得下'"；而《魏書・略陽氐呂光傳》呂超曰：
"今猶乘龍上天，豈得中下?"乘龍跨虎，取象異而命意同，齊物
論也可。

【增訂四】《後漢書・儒林列傳》上："孔僖歎曰：'若是所謂畫
　　龍不成反爲狗者'"；《馬援傳》書誡兄子曰："所謂畫虎不成反
　　類狗者也。"正如"騎虎"、"乘龍"之均喻"難下"也。

三〇　廉頗藺相如列傳

　　《考證》："《國策》記廉事頗略，而無一語及藺，此傳多載他書所不載。"按此亦《史記》中迥出之篇，有聲有色，或多本於馬遷之增飾渲染，未必信實有徵。寫相如"持璧卻立倚柱，怒髮上衝冠"，是何意態雄且傑！後世小說刻劃精能處無以過之。《晉書·王遜傳》："怒髮衝冠，冠爲之裂"，直類《史通》外篇《暗惑》所譏"文鴦侍講，殿瓦皆飛"，拾牙慧而復欲出頭地，反成笑柄。趙王與秦王會於澠池一節，歷世流傳，以爲美談，至譜入傳奇。使情節果若所寫，則樽俎折衝真同兒戲，抑豈人事原如逢場串劇耶？武億《授堂文鈔》卷四《藺相如澠池之會》深爲趙王危之，有曰："殆哉！此以其君爲試也！"又曰："乃匹夫能無懼者之所爲，適以成之，而後遂嘖然歎爲奇也！"其論事理甚當，然竊恐爲馬遷所弄而杜替古人擔憂耳。司馬光《涑水紀聞》卷六記澶淵之役，王欽若譖於宋真宗曰："寇準以陛下爲孤注與虜博耳！"武氏斥相如行險徼倖，即亦以其君爲"孤注"之意矣。

三一　田單列傳

"田單因宣言曰:'神來下教我!'乃令城中人曰:'當有神人爲我師。'有一卒曰:'臣可以爲師乎?'因反走。田單乃起,引還,東鄉坐,師事之。卒曰:'臣欺君,誠無能也。'田單曰:'子勿言也!'因師之,每出約束,必稱'神師'。"按古書載神道設教以愚民便用,無如此節之底蘊畢宣者,參觀《周易》卷論《觀》。連類殊多,如《隋書·王[世]充傳》:"乃假託鬼神,言夢見周公,乃立祠於洛水之上,遣巫宣言:'周公欲令僕射急討李密,當有大功,不則兵皆疫死'。充兵多楚人,俗信妖妄,故出此言以惑之。"蓋兵不厭詐,古兵法中初不廢妝神搗鬼以爲人定之佐也。《尉繚子·天官》:"黃帝曰:'先神先鬼,先稽我智';謂之天時,人事而已。"《唐太宗李衛公問對》卷下:"兵者、詭道也,託之以陰陽術數,則使貪使愚,茲不可廢也",舉例即有田單茲事。古希臘羅馬名將救危制勝,每乞靈於"陰術"①,或且以戲劇中之"情事危險,神道

---

① Plutarch, *Lives*, "Fabius Maximus", iv–v, "Loeb", III, 129–131; Frontinus, *Stratagems*, I. xi, "Loeb", 74–8.

出現”（deus ex machina）相擬焉①。

　　“田單乃收城中得千餘牛，爲絳繒衣，畫以五彩龍文，束兵
刃於其角，而灌脂束葦於其尾，燒其端。鑿城數十穴，夜縱牛，
壯士五千隨其後。牛尾熱，怒而奔燕軍。”按漢尼巴爾（Hanni-
bal）爲羅馬師所圍，悉索軍中牛，得二千頭，以乾柴爲火把，束
角上（fasten to each of their horns a torch consisting of a bundle
of withes or faggots），入夜燃之；牛駭且痛，狂奔，過處無不着
火。羅馬師驚潰，圍遂解②。額火與尻火孰優，必有能言之者。

　　【增訂一】　韓愈《納涼聯句》：“牛喘甚焚角”，暗合西故。王餘
　　　祐嘗據“莫笑田家老瓦盆”句，謂杜甫通拉丁文（見《四庫全
　　　書總目》卷一八一《五公山人集》提要）；使其知此事，不識
　　　於韓愈又將何説。

　　　　────────────

　　①　Plutarch，*op. cit.*，“Themistocles”，X. “Loeb”，II，27-29.

　　②　Plutarch，*op. cit.*，“Fabius Maximus”，vi，vol. III，pp. 137-9；cf. Fronti-
nus，*op. cit.*，I. v. 28，p. 50.

三二　魯仲連鄒陽列傳

　　"魯仲連曰：'吾始以君爲天下之賢公子也。吾乃今然後知君非天下之賢公子也！'"按全用《戰國策·趙策》三原文，倘因此得免於王若虛之指斥乎？不然，渠好與馬遷爲難，必點煩作："吾始以君爲天下賢公子，今知非也"。"乃今然後"四字乍視尤若堆疊重複，實則曲傳躊躇遲疑、非所願而不獲己之心思語氣；《水滸》第一二回："王倫自此方纔肯教林冲坐第四位"，適堪連類。苟省削爲"今乃知"、"纔肯教"之類，則祇記事跡而未宣情蘊。《國策》此篇下文新垣衍曰："始以先生爲庸人，吾乃今日而知先生爲天下士也"，《史記》亦用其語，而削去"而"字，詞氣遂不暢；《趙策》二蘇秦説趙王曰："雖然，奉陽君妬，大王不得任事。……今奉陽君捐館舍，大王乃今然後得與士民相親"，言待之已久，方能"得"也，俗語所謂"終算等到這一天"。《莊子·天運》寫孔子見老子歸曰："吾乃今於是乎見龍！"歎非常之人而得幸會也；《逍遥遊》寫鵬待風厚方能振翼曰："而後乃今培風，……而後乃今將圖南"，明遠大之事匪可輕舉也。均稠疊其詞，以表鄭重。遷本書《張釋之、馮唐列傳》釋之諫文帝曰："今盜宗廟器而族之，有如萬分之一假令愚民取長陵一抔土，陛下將何以加其法乎?"盜掘本朝先帝陵墓,大逆不敬,罪惡彌天,爲臣子者心不敢想而亦口不忍宣也,然而臣姑妄言之,君其妄聽之;故"有如"而累以"萬分之一",猶恐冒昧,復益以"假令",擬設之詞幾如屋上加屋,心之猶豫、口之囁嚅,即於語氣徵之,而無待摹狀矣。《舊唐書·狄仁傑傳》仁傑諫高宗曰:"古人云:'假使盜長陵一抔土,陛下何以加之?'",轉述釋之之諫,得心意而不必顧口角也。《魏書·楊播傳》楊椿誡子弟曰:"汝等脫若萬一蒙時主遇",疊詞以示語重心長,可相參印。《宋書·前廢帝紀》:"太后怒,語侍者:'將刀來剖我腹,那得生如此寧馨兒!'"郝懿行《晉宋書故·寧馨》條謂"寧馨"即"如此",沈約"不得其解,妄有增加,翻爲重複,《南史》'寧馨'上刪去'如此'二字,則得之矣。"夫"如此寧馨"亦正累疊同義之詞以增重語氣,猶白話小説中之言"如此這般",或今語"這種這樣的人真是少見少有"。

【增訂三】白話小説中撮述告語之委曲丁寧,每重言而變其文。如《金瓶梅》第三三回:"拉到僻静處,告他説:'你家中如此如此,這般這般'";《西遊記》第三七回:"這等這等,如此如此,將那夢中話一一的告訴行者。"

郝氏知訓詁而未解詞令,豈沈約當時并"不得"南朝"方言"之"解"哉!《全唐文》卷七三〇樊宗師《絳守居園池記》:"余退嘗吁後其能無果有不補建者";此《記》元三家註本中吳師道曰:"連用'其能無果乃不'六字爲疑詞,亦文之好奇也!"蓋原句即亦"後其能無補建者"或"後補建者果有不",樊兼收並使,以示疑慨之深,意過於通,用此法而不當爾。陸以湉《冷廬雜識》卷一稱"史公以一句縱,一句操",而於"一篇中屢見之者",如

此篇之"天下之賢公子也"、"有求於平原君者也"云云。殊非探
本之論。此節佳文，悉取之《趙策》三，句法操縱，一仍舊貫，
未可歸功馬遷。《晉書·張輔傳》載輔論馬、班優劣，有曰："又
遷爲蘇秦、張儀、范雎、蔡澤作傳，逞詞流麗，亦足以明其大才
也"；輔亦未察此數篇幾全采《國策》而成，贊歎之不啻代遷攘
善掠美。錦上添花，見逸勢冲天者借以羽翼，張、陸有焉。經傳
中句法操縱，所見無過《公羊傳》宣公十五年宋人及楚人平一
篇："吾軍亦有七日之糧爾，盡此不勝，將去而歸爾"，"雖然，
吾今取此，然後而歸爾"，"臣已告之矣，軍有七日之糧爾"、"雖
然，吾猶取此，然後歸爾"，"然則君請處於此，臣請歸爾"，"吾
孰與處於此，吾亦從子而歸爾"，左、馬書中無其倫比也。又按
元俞玉《書齋夜話》卷一論"經傳之文"每"兩聲合爲一聲，蓋
省文也"，舉例有"'耳'即'而已'，'爾'即'如是'"；阮元
《揅經室外集》卷三爲俞書提要，因曰："凡云'而已'者，急言
之曰'耳'，古音在第一部，凡云'如此'者，急言之曰'爾'，
古音在第十五部；如《世説》'聊復爾耳'，謂'且如此而已'
也。二字音義絕然不同，唐宋人至今每訛錯。"俞語平實，阮論
則失當逞臆矣。即如《公羊傳》此篇之"爾"，正復與"耳"何
別？阮引《世説》語，《晉書·阮咸傳》采之；而同卷《阮脩傳》
王敦曰："卿嘗無食，鴻臚差有禄，能作不？"脩答："亦復可爾
耳"，則謂"亦復可如此也"，猶云："也行"、"也不妨那樣"。若
易"也"爲"而已"，則猶云："姑且那樣罷！"、"也只能那樣
罷！"，詞氣悖而身分僭，不合事理。《世説·言語》"嵇中散既被
誅"一則註引《向秀別傳》"族人作《儒道論》，困於不行，乃告
秀欲假其名，笑曰：'何復爾耳！'"則謂"何必如此哉！"，若易

"哉"爲"而已"，意義全乖。《三國志·魏書·諸夏侯、曹傳》裴註引《魏略》許允被誅，門生走告其婦，"婦正在機，神色不變，曰：'早知爾耳'"（亦見《世説·賢媛》），則謂"早知如此也"；若易"也"爲"而已"，口角輕易而心情刺謬。古樂府《婦病行》寫婦擬想身死後遺孤之苦，傷悲淚下，結云："行復爾耳，棄置勿復道！"則謂"將亦如此也"，猶云："也會那樣受苦的，没奈何不去説它罷！"若易"而已"，又口角輕易而心情刺謬。"爾耳"亦常見六朝譯佛經中，如北魏譯《賢愚經·檀膩𩯳品》第四六："由汝邪心，於父母舍，更蓄傍婿；汝在夫家，念彼傍人，至彼小厭，還念正婿，是以爾耳"；北魏譯《雜寶藏經·老婆羅詣偈緣》第一一八："我出家人，憐愍一切，畏傷蟲蟻，是以爾耳"；又《法苑珠林》卷六一引《靈鬼志》術師乞擔人擔之，擔人"甚怪之，慮是狂人，便語云：'自可爾耳'"（《太平御覽》卷七三七引無"耳"字）；皆謂"是以如此也"，"可以如此也"，"也"字或略去，然斷不能著"而已"。《三國志·魏書·蔣濟傳》裴註引《列異傳》："其婦夢見亡兒涕泣，……明日以白濟，濟曰：'夢爲爾耳，不足怪也'"，又《王凌傳》裴註引《魏略》記單固繫廷尉，慚不敢視母，母曰："汝爲人吏，自當爾耳。此自門户衰，我無恨也"；則洵如阮氏所釋"如此而已"。是以不宜枯蝸粘壁，膠執字訓，而須究"詞之終始"也。

"鄒陽乃從獄中上書"云云；《考證》："真德秀曰：'此篇用事太多，而文亦浸趨於偶儷'"。按真氏語本《朱子語類》卷一三九："問：'吕舍人言古文衰自谷永'。曰：'何止谷永！鄒陽《獄中書》已自皆作對子了。'""偶儷"、"對子"即馬遷所謂："鄒陽辭雖不遜，然其比物連類，有足悲者。""比物連類"出《韓非

子·難言》：“多言繁稱，連類比物，則見以爲虛而無用”；枚乘
《七發》鋪展爲八字：“於是使博辨之士，原本山川，極命草木，
比物屬事，離辭連類。”《宋書·王微傳》微奉答始興王濬牋書，
“輒飾以詞采”，因與從弟僧綽書自解曰：“文詞不怨思抑揚，則
流澹無味；文好古貴能連類可悲，一往視之，如似多意”；“連類
可悲”正用馬遷此傳語，“連類”即“詞采”，偶儷之詞，緟於散
行，能使“意”寡而“視”之“如似多”也。《四庫提要》卷一
八九《四六法海》條亦云：“自李斯《諫逐客書》始點綴華詞，
自鄒陽《獄中上梁王書》始點綴故事，是駢體文之漸萌也。”餘
見《全漢文》卷論鄒陽《上書獄中自明》。

三三　吕不韋列傳

　　"因使其姊説華陽夫人曰：'吾聞之，以色事人者，色衰而愛弛'"。按《外戚世家》："及晚節色衰愛弛，而戚夫人有寵。"語本之《戰國策・楚策》一江乞説安陵君曰："以色交者，華落而愛渝"。又《楚策》四王曰："婦人所以事夫者，色也"；《韓非子・説難》："及彌子瑕色衰愛弛，得罪於君。……而前之所以見賢而後獲罪者，愛憎之變也。"；《詩・衛風・氓》小序亦云："華落色衰，復相棄背。"李白《妾薄命》："昔日芙蓉花，今成斷根草；以色事他人，能得幾時好！"即演"華落"爲十字耳。《佞幸列傳》："太史公曰：'甚哉愛憎之時！'"，"時"正言顏色盛衰之時。金屋貯嬌，長門買賦，一人之身，天淵殊況。余讀陸機《塘上行》："願君廣末光，照妾薄暮年"，歎其哀情苦語；尚非遲暮，祇乞餘末，望若不奢，而願或終虛也。《漢書・外戚傳》上李夫人病篤，武帝臨候，夫人蒙被轉嚮，不使見面，帝去，夫人語姊妹曰："夫以色事人者，色衰而愛弛，愛弛則恩絶，上所以攣攣顧念我者，乃以平生容貌也。今見我毀壞，顏色非故，必畏惡吐棄我。"發揮"色交"之猶利交，幾無賸義。晉謝芳姿《團扇歌》："白團扇，憔悴非昔容，羞與郎相見！"亦李夫人之心事也。

後來詩詠常申其意，如趙翼《甌北詩鈔》七言古之三《題周昉背面美人圖》："君不見李夫人，病態恐使君王見，君王臨問下羅幬，轉向牀陰不見面"（參觀五言古之二《題許松堂亡姬小像》，又錢大昕《潛研堂詩續集》卷八《真娘墓》、孫原湘《天真閣集》卷一一《牂柯悼玉歌》、魏源《古微堂詩集》卷四《怨歌行》之三）。

【增訂三】方文《嵞山續集·徐杭游草·題載花船短歌》："自古美人多不壽，壽則紅顏漸衰醜，不如年少化芳塵，蛾眉千載尚如新"，亦如趙翼、孫原湘等詩意。《西湖佳話》卷六《西泠韻蹟》託爲蘇小小甘早死，發揮兹旨甚暢，有曰："使灼灼紅顏，不至出白頭之醜；纍纍黄土，尚動人青髫之思。失者片時，得者千古。"意大利詩人曰："見心愛者死去，事雖慘酷，然又有甚焉者，則目覩其爲病所磨，體貌性情漸次衰敝，乃至非復故我也。蓋前事尚留空華幻想，後事乃索然意盡，無復餘思矣。"（Il veder morire una persona amata，è molto meno lacerante che il vederla deperire e trasformarsi nel corpo e nell'animo da malattia. Perchè nel primo caso le illusioni restano, nel secondo svaniscono——Leopardi, *Zibaldone*，ed. F. Flora，I，386）又一英國畫師嘗語人："大美人最可憐；其壽太長，色已衰耗而身仍健在"（I think a great beauty is most to be pitied. She completely outlives herself——W. Hazlitt, *Conversations of James Northcote*，in J. Thornton，ed.，*Table Talk*，"Everyman's Lib."，268）。

梁簡文帝《詠人棄妾》："常見歡成怨，非關醜易妍"；崔湜《婕妤怨》："容華尚春日，嬌愛已秋風"；白居易《太行路》："何況如今鸞鏡中，妾顏未變心先變"；張籍《白頭吟》："春天百草秋始衰，棄我不待白頭時，羅襦玉珥色未暗，今朝已道不相宜"；

曹鄴《棄婦》："見多自成醜，不待顏色衰"；李商隱《槿花》：
"未央宮裏三千女，但保紅顏莫保恩"；《陽春白雪》卷七鄭覺齋
《念奴嬌》："誰知薄倖，肯於長處尋短！舊日掌上芙蓉，新來成
刺，變盡風流眼。自信華年風度在，未怕香紅春晚。"均言男不
"念奴嬌"，而女猶"想夫憐"，愛升歡墜，真如轉燭翻餅。

　　【增訂三】"愛升歡墜"語出《後漢書·皇后紀》上郭后《論》。
　　此節議論最爲透切："物之興衰，情之起伏，理有固然矣。而
　　崇替去來之甚者，必唯寵惑乎！當其接牀第，承恩色，雖險情
　　贅行，莫不德焉。及至移意愛，析讒私，雖惠心妍狀，愈獻醜
　　焉。愛升，則天下不足容其高；歡墜，故九服無所逃其命。"
　　張衡《西京賦》寫後宮云："列爵十四，競媚取榮，盛衰無常，
　　唯愛所丁"；末八字亦此意，"丁"字簡鍊，後世尟用者。
張雲璈《簡松草堂集》卷六《相見詞》第一首："初見何窈窕，再見
猶婉孌，三見恐人老，不如不相見"，第三首："見多情易厭，見少
情易變；但得長相思，便是長相見。"最爲簡括圓賅。法國文家聖佩
韋有膩友（Sophie d'Arbouville）病革，渠數往省候，不得一見，
談者謂此正彼婦弄姿作態之極致，自知容貌衰敝，不願落情人眼
中耳（par un sentiment de suprême coquetterie et pour ne pas mon-
trer à son ami un visage ravagé）①。用心良苦，正與李夫人、謝芳
姿彷彿；女蓄深心，即徵男易薄情矣。陸游《南唐書·后妃諸王列
傳》記昭惠后"寢疾，小周后已入宮，后偶褰幔見之，驚曰：'汝何
日來？'……后恚，至死，面不外向"（馬令《南唐書·女憲傳》僅
云："昭惠惡之，反臥不復顧"）；則與李夫人臨歿時事貌同情異。

---

　　①　M. Allem, *Portrait de Sainte-Beuve*, 214.

三四　刺客列傳

"其友爲泣曰：'以子之才，委質而臣事襄子，襄子必近幸子，近幸子，乃爲所欲，顧不易耶？……'豫讓曰：'既已委質臣事人，而求殺之，是懷二心以事其君也'"云云。按蓋不肯詐降也。其嚴於名義，異於以屈節爲從權後圖者。李陵《答蘇武書》"報恩於國主耳"句，《文選》李善註引陵前與武書有"故且屈以求伸"語，與豫讓之言，如冰炭矣。

豫讓曰："范、中行氏皆衆人遇我，我故衆人報之；至於智伯，國士遇我，我故國士報之。"按《漢書·賈誼傳》誼上疏陳政事，即引豫讓此數語而申之曰："故主上遇其大臣如遇犬馬，彼將犬馬自爲也；如遇官徒，彼將官徒自爲也。……故見利則逝，見便則奪；主上有敗，則因而挺之矣；主上有患，則吾苟免而已，立而觀之耳。"因小見大，有關治體，匪特恩私之酬報矣。《尚書·泰誓》下："古人有言曰：'撫我則后，虐我則讎'。"《孟子·離婁》章孟子告齊宣王曰："君之視臣如手足，則臣視君如腹心；君之視臣如犬馬，則臣視君如國人；君之視臣如土芥，則臣視君如寇仇"；趙歧註："臣緣君恩以爲差等"。

【增訂一】江瀚《孔學發微》卷上引《論語》、《易》、《禮記》、

《左傳》而一言以蔽曰："人倫大都等待舉之，期於兩方交盡。"
即豫讓語意。李陵《答蘇武書》亦曰："陵雖孤恩，漢亦負德"，
正緣恩以爲差等耳。

《戰國策·燕策》一郭隗對燕昭王曰："帝者與師處，王者與友
處，霸者與臣處，亡國與役處。詘指而事之，北面而受學，則百
己者至；先趨而後息，先問而後默，則十己者至；人趨己趨，則
若己者至；馮几據杖，眄視指使，則廝役之人至；若恣睢奮擊，
呴籍叱咄，則徒隸之人至矣"（《説苑·君道》篇郭隗語、《鶡冠
子·博選》篇"五至爲本"節略同）。二節可與賈誼文相發明。
"如遇官徒"，則"至"者多"徒隸"；"自爲犬馬"，則"視"君
如"國人"。史籍所載，臣蒙國士之遇而爲眾人之報者固有之，
君遇以眾人、蓄等犬馬而責臣以國士之報者更多有之。《戰國
策·齊策》四田需答管燕曰："君不肯以所輕與士，而責士以所
重事君"；《魏書·路思令傳》上疏："夫恩可勸死士，今若捨上
所輕，求下所重"，又《良吏傳》明亮曰："官爵、陛下之所輕，
賤命、微臣之所重，陛下方收所重，何惜所輕?"；王明清《揮麈
三録》卷三記胡昉"以大言誇誕得官"，一日語人曰："朝廷官爵
是買吾曹之頭顱，豈不可畏!"；元曲鄭廷玉《楚昭公》第一折：
"閒時故把忠臣慢，差時不聽忠臣諫，危時却要忠臣幹"；皆相發
明。文藝復興時意大利史家亦謂君之於臣也，未嘗顧藉，爲己利
便，扇捐屍棄，初勿少假，乃憤歎其營私負主，是亦不思之甚矣
（Se e principi, quando viene loro bene, tengono poco contode'
servidori, per ogni suo pericolo interesse gli disprezzano o metto-
no da canto, che può sdegnarsi o lamentarsi uno padrone se e
ministri, pure che non manchino al debito della fede e dell'

onore，gli abandonano o pigliano quelli partiti che sieno più a loro beneficio?）①。

　　"聶政曰：'老母在，政身未敢以許人也'。"按此語全本《戰國策·韓策》二。《游俠列傳》言郭解"以軀借交，報仇藏命"，《貨殖列傳》亦言俠少"借交報仇"，則馬遷自鑄偉詞。《水滸》第一五回："阮小五和阮小七把手拍着頸項道：'這腔熱血只要賣與識貨的！'""許身"、"賣血"似皆不如"借軀"之語尤奇也。

三五　李斯列傳

　　“請一切逐客”；《索隱》：“‘一切’猶一例，言盡逐之也。言‘切’者，譬若利刀之割，一運斤無不斷者。解《漢書》者以‘一切’爲‘權時’義，亦未爲得也”；《考證》：“中井積德曰：‘譬如一刀切束芻’”云云。按《索隱》所駁“解《漢書》者”，指《漢書·平帝紀》“一切滿秩如真”句師古註：“一切者，權時之事，非經常也；猶如以刀切物，苟取整齊，不顧長短縱橫。”實則以刀截釋“切”，正發於師古，小司馬、中井未能立異。特師古曰“苟取”、“不顧”，又涵不揣其本而齊其末之意，謂鹵莽滅裂以求整肅淨盡，類後世語之“一筆抹摋”。

　　【增訂四】《莊子·徐無鬼》：“是以一人之斷制利天下，譬之猶一覕也”；郭象註：“覕，割也。萬物萬形，而以一劑割之，則有傷也”；《釋文》：“劑、子隨反。”按“一劑”通《秋水》之“一齊”，“萬物一齊，孰短孰長。”《漢書》師古註“一切”，曰“苟取”，曰“不顧”，正如《莊子》郭註“一覕”之謂“有傷”矣。

《全後漢文》卷四六崔寔《政論》：“安官樂職，圖累久長，而無苟且之政；吏民供奉，亦竭忠盡節，而無一切之計”；以“一切”與

"苟且"互文對稱，草率了事、敷衍塞責之義了然，即師古註之
"苟取"、"權時"矣。《貨殖列傳》："以武一切，以文守之"，諸家
無註，"一切"曰"武"，言外有下刀不顧之意在。《曹相國世家》
百姓歌曰："蕭何爲法，顜若畫一"；"畫一"亦是"一切"，皆《莊
子・秋水》所謂"一齊"而無"孰短孰長"也。釋典以"一切"
爲哲理術語，《法苑珠林》卷二八《述》曰："'一'者謂普及爲言，
'切'者謂盡際爲語"，即名辯之"普概"、"全舉"（universe，uni-
versality）。《漢書・趙廣漢傳》："盜賊以故不發，發又輒得一切治
理"，請無漏網，嚴密不遺；《循吏傳》龔遂對宣帝曰："唯緩之始
可治，……且無拘臣以文法，得一切便宜從事"，則謂因事從宜，
不拘一律。前之"一切"指概同之經，後之"一切"指各殊之權；
兩意相反。今語"一切"，惟存前意，括而無遺、全而無外，酷似
釋典之衹指周遍，不寓特殊。至於不守經之權，與夫不通權之經，
兩者又均"一切"之"苟且"義耳。

　　"斯乃上書曰：'臣聞吏議逐客，竊以爲過矣！……必秦國之
所生然後可，則是夜光之璧不飾朝廷，犀象之器不爲玩好，鄭、
衛之女不充後宮，而駿良駃騠不實外厩，江南金錫不爲用，西蜀
丹青不爲采。……然則是所重者，在乎色樂珠玉，而所輕者，在
乎人民也。'"按此書歷來傳誦，至其命意爲後世張本開宗，則似
未有道者。二西之學入華，儒者闢佛與夫守舊者斥新知，訶爲異
端，亦以其來自異域耳。爲二學作護法者，立論每與李斯之諫逐
客似響之應而符之契，其爲暗合耶？其爲陰承也？如柳宗元《送
僧浩初序》："果不信道而斥焉以夷，則將友惡來、盜跖而賤季
札、由余乎？"非即斯《書》援秦穆公取由余、百里奚等所謂
"此五子者，不產於秦"歟？茲復舉較不著者數例。《弘明集》卷

一牟融《理惑論》略云："昔孔子欲居九夷，由余産狄國而霸秦，漢地未必爲天中也"。《廣弘明集》卷一四李師政《內德論》略云："夫由余出於西戎，輔秦穆以開伯業；日磾出於北狄，侍漢武而除危害。臣既有之，師亦宜爾。何必取其同俗而含於異方乎？師以道大爲尊，無論於彼此；法以善高爲勝，不計於迂邇。豈得以生於異域而賤其道，出於遠方而棄其寶？夫絶羣之駿，非唯中邑之産；曠世之珍，不必諸華之物。漢求西域之名馬，魏收南海之明珠；貢犀象之牙角，採翡翠之毛羽。物生遠域，尚於此而爲珍；道出遐方，獨奈何而可棄？若藥物出於戎夷，禁咒起於胡越，苟可以蠲邪而去疾，豈以遠來而不用之哉？"釋契嵩《鐔津文集》卷一《原教》："苟以其人所出於夷而然也，若舜東夷之人、文王西夷之人，而其道相接紹，行於中國。可夷其人而拒其道乎？"《明文授讀》卷一二何喬遠《〈琴莊筆記〉序》云："余嘗作《佛論》，以爲世尊見仲尼，仲尼將與之乎？其拒之也？陽貨、季康、互鄉之徒皆可以進，世尊而見仲尼，仲尼與之矣。四夷衣服食用之具，其精且巧於中國者亦多，而中國率用之矣。至論學論文，則曰：'彼佛經也！''彼佛意也！'"焦竑《筆乘》續集卷二《支談》云："善乎曹德芳之語高叔嗣曰：'聖人之言道，如人之名天也。中國謂之天矣，匈奴則謂之撑犁，豈有二哉！'肅慎之矢、氐羌之鸞、卜人之丹砂、欋扶之玉石，中國之人世寶之。獨其微言妙論，乃掩耳不欲聽。性命、我之家寶也。我有無盡藏之寶，埋没已久，貧不自聊矣；得一賈胡焉，指而示之，豈以其非中國人也，拒其言哉？"趙銘《琴鶴山房遺稿》卷七《與李愛伯同年書》云："天算用彼術矣，砲火用彼法矣；吉貝出於異域，衣被寰中；巴菰植自南洋，咀含海表。苟求利濟，豈限方隅？刀

號'定秦'，弓銘'克敵'；雖謂張吾三軍，學在四夷，夫奚不可
也？以是發揚耳目，震耀威靈，本無嫌用楚之材，且有時盡羿之
道矣。"《譚嗣同全集》卷三《上歐陽瓣薑師書》之二斥"中國名
士"之痛詆"洋務"云："且凡詈洋務者，能不衣洋布、用洋物
乎？"焦氏"家寶"、"賈胡"之喻，即取諸釋典；《楞嚴經》卷
四："譬如有人，於自衣中繫如意珠，不自覺知，他方乞食馳走，
忽有智者指示其珠，所願從心，致大饒富。""衣服食用之具"，
皆形而下，所謂"文明事物"（die Zivilisationsgüter）；"文、學、
言、論"，則形而上，所謂"文化事物"（die Kulturgüter）；前者
見異易遷，後者積重難革，蓋事之常也①。若一以貫之：微言妙
論，既掩耳惡聞，服食器用，亦潔身恐浼，遂有如《官場現形
記》第四六回所嘲諷之童子良者，痛絕洋學，洋鐘、洋燈，"一
概不用"，納賄亦"祇愛銀子，不愛洋錢"（參觀《官場維新記》
第一回袁伯珍）。雖爲暴謔，亦正李斯《書》中"擊甕叩缶、彈
箏搏髀"之推類耳。古希臘一文家著《情書集》，殘膏賸馥，沾
丐不赇，有函致所悅一外國人云：好物多不能本地自給，雨降於
天，河流自海，織錦出諸大秦（the woven fabrics of the Chi-
nese），此類皆不以非土產而遭擯斥，人也亦然，故身雖異族，勝
於當方（Better too is the foreign lover）②。歌德名篇中寫諸生轟
飲，一人索香檳酒，放歌云：佳品每產於遠地，外域方物不能概
棄，故真正德國人憎法國之人而嗜法國之酒（Ein echter deutsc-

---

① M. Landmann："Kulturphilosophie"，*Die Philosophie im XX. Jahrhundert*，
hrsg. F. Heinemann，551−2.

② Philostratus，*Love Letters*，viii，in *Alciphron*，*Aelian*，*and Philostratus*，
"Loeb"，431−3.

her Mann mag keinen Franzen leiden，/Doch ihre Weine trinkt er gern)①。一則推愛屋上之烏，一則嚴擇肉邊之菜，均可參觀。

　　"於是趙高待二世方燕樂，婦女居前，使人告丞相：'上方閒，可奏事。'丞相至宮門上謁，如此者三。二世怒曰：'吾常多閒日，丞相不來。吾方燕私，丞相輒來請事。丞相豈少我哉！'"按《後漢書·劉玄傳》記更始"日夜與婦人飲讌後庭"、"韓夫人尤嗜酒，每侍飲，見常侍奏事，輒怒曰：'帝方對我飲，正用此時持事來乎?'起，抵破書案。"二事頗相似。韓愈《藍田縣丞廳壁記》："對樹二松，日哦其間，有問者，輒對曰：'余方有公事，子姑去！'"，則燕居而託言有公事以謝來者，豈如皎然《詩式》所謂"偷意"耶? 韓夫人語經黃庭堅《戲詠高節亭邊山礬花》第二首運用："北嶺山礬取次開，清風正用此時來"，遂成江西社裏人爛熟之典。如徐俯《饒守董尚書令畫史繪釋迦出山相及維摩居士作此寄之》："捷書正用此時來，開顏政爾難忘酒"（《聲畫集》卷三）；曾幾《失題》："自公退食入僧定，心與篆香俱寒灰；小兒了不解人意，正用此時持事來"（吳可《藏海詩話》稱引此詩而未具主名，茲據方回《瀛奎律髓》卷二五曾幾《張子公召飲靈感院》詩批語定爲曾作，今本《茶山集》未收）；陸游《秋晴欲出城以事不果》："一官底處不敗意，正用此時持事來"又《新津小宴之明日欲游修覺寺以雨不果》："不如意事十八九，正用此時風雨來"（《劍南詩稿》卷二、卷八）；范成大《海棠欲開雨作》："蒼茫不解東風意，政用此時吹雨來"（《石湖詩集》卷三〇）。二世故事却未見人驅使入詩。豈不以"正用此時"四字別致醒目，

————————

① *Faust*，I. 2270-73.

故更始事可以暗用，而二世事乏特色詞句，須道破"丞相"、"二世"，祇合明用耶？王銍《四六話》卷上論隸事有"伐山"與"伐材"之別，當行語也，然僅言事有"生"有"熟"，尚是修詞之粗。典實"生"、"熟"而外，猶判"明"、"暗"異宜焉。

"趙高治斯，榜掠千餘，不勝痛，自誣服"。按屈打成招、嚴刑逼供，見諸吾國記載始此。《張耳、陳餘列傳》貫高不肯供張敖反，"吏治榜笞數千，刺剟身無可擊者，終不復言"；蓋非盡人所能。《太平廣記》卷二六七《來俊臣》（出《御史臺記》）記武則天召見狄仁傑等，問曰："卿承反何也？"仁傑等對："向不承已死於枷棒矣！"

【增訂三】《尉繚子·將理》："笞人之背，灼人之脅，束人之指，而訊囚之情，雖國士有不勝其酷而自誣矣。"言"屈打成招"，更早於《史記》，亦已道拶刑。狄仁傑對武后語，即所謂"國士不勝其酷而自誣"也。

卷二六八《酷吏》（出《神異經》）記來俊臣與其黨造大枷凡十，各有名字，其四曰"著即承"，其六曰"實同反"，其七曰"反是實"。夫刑、定罪後之罰也；不鈎距而逕用枷棒，是先以非刑問罪也，如《水滸》第五二回高廉審問柴進所謂"不打如何肯招"，第五三回馬知府審問李逵所謂"快招了'妖人'，便不打你"。信"反是實"而逼囚吐實，知反非實而逼囚坐實，殊塗同歸；欲希上旨，必以判刑爲終事，斯不究下情，亦必以非刑爲始事矣。古羅馬修詞學書引語云："嚴刑之下，能忍痛者不吐實，而不能忍痛者吐不實"（Mentietur in tormentis, qui dolorem pati potest; mentietur, qui non potest）[1]；

---

[1]　Quintilian, *Institutio oratoria*, V.x.70, "Loeb", II, 238.

【增訂四】十八世紀意大利名著《罪惡與刑罰論》云："酷刑最能使作惡而身强者免咎，無辜而體弱者服罪"（la tortura èl il mezzo sicuro diassolvere i robusti scellerati e di condannare i deboli innocenti. —Cesare Beccaria, *Dei delitti e delle pene*, cap. xii, a cura di P. Cala mandrei/1945/p. 218）。即余原引羅馬古語之意。

蒙田亦云："刑訊不足考察真實，衹可測驗堪忍"（plutost un essay de patience que de vérité）①。酷吏輩豈盡昧此理哉！蓄成見而預定案耳。

"李斯乃從獄中上書：'臣爲丞相，治民三十餘年矣。……卒兼六國，虜其王，立秦爲天子，罪一矣'"云云；《考證》："凌稚隆曰：'按李斯所謂七罪，乃自侈其極忠，反言以激二世耳'"。按《滑稽列傳》褚先生補郭舍人爲漢武帝大乳母緩頰，"疾言罵之曰：'咄！老女子！何不疾行！陛下已壯矣，寧尚須汝乳而活耶？尚何還顧？'"亦"反言以激"也。《全唐文》卷四三二僕固懷恩《陳情書》："臣實不欺天地，不負神明，夙夜三思，臣罪有六"云云，全師李斯此書，假認罪以表功，所謂"反言"也②。

———————————

① Montaigne, *Essais*, II. 5, "la Pléiade", 350. Cf. *Don Quijote*, I. 22 (Confesar en el tormento), "Clásicos Castellanos", III, 203-4; La Bruyère, *Les Caractères*, XIV. 51 (la question), Hachette, 437.

② H. Lausberg, *Handbuch der literarischen Rhetorik*, I, 302: "Die Ironie ist der Ausdruck einer Sache durch ein deren Gegenteil bezeichnendes Wort".

三六　張耳陳餘列傳

　　"太史公曰：'……然張耳、陳餘始居約時，相然信以死，豈顧問哉？及據國爭權，卒相滅亡。何鄉者相慕用之誠，後相倍之戾也？豈非以利哉！'"；《索隱》引《廉頗列傳》"以市道交"云云。按小司馬之解未貼。《廉頗》、《孟嘗君》諸傳所言乃趨附富貴人門下之游客、食客，向火之乞兒而已。此傳所慨，則貧賤時刎頸之平交，以素心始而不免以市道隙末；相形愈下，故張、陳之事尤貽口實。《法言·重黎》篇："或問交，曰：'仁'。問餘、耳，曰：'光初'。"《漢書·張耳、陳餘傳·贊》全用《史記》語而改末句爲"勢利之交，古人羞之，蓋謂是矣！"指斥更明。《後漢書·王丹傳》丹歎"交道之難"，即曰："張、陳凶其終。""凶終"與"光初"語反而意一。《樊、酈、滕、灌列傳》酈寄與呂禄善而奉周勃命紿禄，"天下稱酈況賣交也"，此亦平交；《漢書·樊、酈、滕、灌、傅、靳、周傳·贊》力爲之辨，謂"誼存君親"，重於朋友。黃庭堅《豫章黃先生文集》卷二五《跋陷蕃王太尉家書》所謂："物固不一能，士固不一節。酈寄賣友而存君親，君子以爲可"。唐庚《眉山唐先生文集》卷七《正友論》亦云："酈況之説其友也，其言甚甘，而君子不以爲險"；然通篇力詆後世"相證"、"相告"、"相誣"以"賊害其友"之爲"至惡"，斯意至龔自珍《定盦續集》卷一《論私》而大暢矣。

三七　魏豹彭越列傳

　　"有司治，反形已具。"按《季布、欒布列傳》："而陛下疑以
爲反，反形未見"；《淮南、衡山列傳》："安罪重於將，謀反形已
定。"《戰國策》習用此字，如《齊策》五蘇秦説閔王曰："此亡
國之形也"；《楚策》一邯鄲之難，景舍謂楚王曰："趙有亡
形。……趙見亡形"；《燕策》一齊使人謂魏王曰："伐齊之形成
矣。"《三國志·吳書·諸葛恪傳》裴註引《漢晉春秋》李衡説姜
維曰："自曹操以來，彼之亡形未有如今者也"；《隋書·劉昉傳》
宇文忻臨刑，叩頭乞哀，昉曰："事形如此，何叩頭之有!"《全
唐文》卷六六七白居易《請罷兵第二狀》："請而後捨，模樣可
知"；《第三狀》："只使陛下威權轉銷，天下模樣更惡"；《論行營
狀》："若比向前模樣，用命百倍相懸。""模樣"即"形"，古近
語異耳，皆兼局勢與情跡而言之。陳師道《次韻春懷》云："老
形已具臂膝痛"，點化殊妙，足資解會；"臂膝痛"者，老之徵
象，"見"老之"形"，非老態"具"盡於"臂膝痛"也。

三八　黥布列傳

　　"隨何曰：'大王與項王俱列爲諸侯，北鄉而臣事之'"。按《田儋列傳》："謂其客曰：'橫始與漢王俱南面稱'孤'；今漢王爲天子，而橫乃爲亡虜，而北面事之，其恥固已甚矣！'"《容齋續筆》卷四以田橫語與呂布臨刑語相較，而引蘇軾《答范淳甫》詩云："猶勝白門窮呂布，欲將鞍馬事曹瞞！"獨深居點定本湯顯祖《玉茗堂集·詩》卷六《答淮撫李公》五律《序》："雅意殊厚，獨愧身與公等比肩事主，老而爲客，亦非予所能也！"則彷彿田橫語意。

　　"英布者，其先豈春秋所見楚滅英六皋陶之後哉？身被刑法，何其拔興之暴也！"按《項羽本紀》："舜目蓋重瞳子，又聞項羽亦重瞳子，羽豈其苗裔耶？何興之暴也！"；褚少孫補《三代世表》，曲學媚權貴，侈陳霍光爲霍叔苗裔，讚諛不容口，曰："豈不偉哉！"《漢書·霍光傳·贊》："死財三年，宗族誅滅，哀哉！昔霍叔封於晉，晉即河東，光豈其苗裔乎！"顯仿遷文，陰承褚説。班與馬貌同心異者：馬爲項羽、英布高攀華胄，意謂二人明德之後，猶叨餘慶，故能無藉而勃興；班采褚撰霍光譜牒，意謂霍叔犯上作亂，戾氣所遺，光遂作孽貽殃。後人遭際，遙定於累葉以前，兒孫否泰，陰本諸先祖所作；由《易》之"積善餘慶，積不善餘殃"、《老》之

"天網疎而不漏"等説，孳生馬、班此類史論，不啻爲釋氏"前因"、"現業"之教張本先容。慧皎《高僧傳》卷一康僧會答孫晧問報應，即曰："《易》稱'積善餘慶'，《詩》詠'求福不回'，雖儒典之格言，即佛教之明訓"；《弘明集》卷二宗炳《明佛論》引"積善"云云，謂："然則孔氏之訓，資釋氏而通"；卷三孫綽《喻道論》歷引史籍所載魏顆、齊襄等"古今禍福之證"，拍合佛説"報應"；卷一一李淼《與道高、法明二法師書》之三至據"積善"云云，謂"七經所陳，義兼未來"，無俟釋教；《隋書·隱逸傳》有客"不信佛家應報之義，以爲外典無聞"，李士謙"喻"以"積善"云云。佛法東來，就地不乏假借以爲緣飾之資，俾生疏而可託熟習，遂易入人心耳。吾國古説袛道先祖及於後人，非道前生即是後身，如項羽、英布、霍光乃舜、皋陶、霍叔之裔孫，而非三人之轉世。班固《幽通賦》："三樂同于一體兮，雖移易而不忒"，曹大家註："天命祐善災惡，非有差也，然其道廣大，雖父子百葉，猶若一體也"；"一體"言同一血統，非言同此一人，如霍光與霍叔乃一脈相傳，非一身輪迴。釋教則於當身之"花報"、"現報"而外，尚標身故之"果報"、"生報"、"後報"（《大般涅槃經·梵行品》第八之五、《優婆塞戒經》），亦猶古希臘人所謂"他生公道"（la divine formule Adrastée）或"太古科律"（the thrice ancient law）[1]。身異世遷，仍食前生宿因之果。名登《史記》之鼂錯、袁盎，歷七百年、轉十世爲僧，而猶怨對報復，釋志磐《佛祖統紀》卷四二言之鑿鑿云！

---

[1]　Plotin, *Énnéades*, III. ii. 13, tr. É. Bréhier, lll, 39-40 et note (*Phèdre*, 248c; *Lois*, 870e, 904e-905a); E. Rohde, *Psyche*, tr. W. B. Hillis, "International Library of Philosophy, Psychology and Scientifictional Method", 344.

三九　淮陰侯列傳

　　"信度：'何等已數言上，上不我用。'即亡。"按《田儋列傳》："高帝聞之，乃大驚。'以田橫之客皆賢，吾聞其餘尚五百人在海中。'使使召之。"一忖度，一驚思，遒以"吾"、"我"字述意中事。《蕭相國世家》："乃益封何二千户，以帝嘗繇咸陽，'何送我獨贏，奉錢二也'"；亦如聞其心口自語（le monologue intérieur）。《三國志·魏書·武帝紀》裴松之註引《魏略》載策魏公上書："口與心計，幸且待罪"；嵇康《家誠》："若志之所之，則口與心誓，守死無二"；《太平御覽》卷三六七《傅子·擬金人銘》："開闔之術，心與口謀"；《顏氏家訓·序致》："每嘗心與口敵，性與情競"；均狀此情。詩文中如白居易《聞庾七左降》："後心誚前意：'所見何迷蒙！'"韓愈《鄭羣贈簟》："手磨袖拂心語口：'慢膚多汗真相宜！'"；樊宗師《越王樓詩·序》："淚雨落不可掩，因口其心曰：'無害若！'"；高駢《寫懷》："如今暗與心相約：'不動征旗動酒旗'"。曰"相約"，曰"誚"，曰"心語口"，曰"口其心"，一人獨白而宛如兩人對語[1]。《木蘭詩》：

---

[1]　Cf. A. W. Schlegel："Ueber den dramatischen Dialog"："Sogar ein Monolog kann in hohem Grade dialogisch sein… Was man in gemeinen Leben nennt：'sich mit sich selbst besprechen'… man sich gleichsam in zwei Personen teilt"，*Kritische Schriften und Briefe*，W. Kohlhammer，I，109.

"可汗問所欲，木蘭不用尚書郎，願借明駝千里足，'送兒還故鄉'"；夫"兒"、女郎自稱詞也，而木蘭"見天子坐明堂"時，尚變貌現男子身，對揚應曰"送臣"，言"送兒"者，當場私動於中之女郎心語，非聲請於上之武夫口語也。用筆靈妙，真滅盡斧鑿痕與針線迹矣。後世小說家代述角色之隱衷，即傳角色之心聲(a direct quotation of the mind)①，習用此法，蔚爲巨觀。如《水滸》第四三回："李逵見了這塊大銀，心中忖道：'鐵牛留下銀子，背娘去那裏藏了？必是梁山泊有人和他來。我若趕去，倒喫他壞了性命'"；《紅樓夢》第三回："黛玉便忖度着：'因他有玉，所以纔問我的'。"《西遊記》謂之"自家計較，以心問心"，"以心問心，自家商量"，"心問口，口問心"（第三二、三七、四〇回）。以視《史記》諸例，似江海之於潢汙，然草創之功，不可不錄焉。

蕭何曰："王必欲長王漢中，無所事信；必欲爭天下，非信無所與計事者。"按"必"乃疑詞"如果"之"果"，非決詞"必果"之"果"。《廉頗、藺相如列傳》："王必無人，臣願奉璧往使"；《酈生、陸賈列傳》："必聚徒合義兵誅無道秦，不宜倨見長者"；"必"均訓"如"、"若"、"倘"、"脫"。《論語・公冶長》："十室之邑，必有忠信如丘者焉"，皇侃疏："一家云：'十室之邑若有忠信如丘者'"；《左傳》襄公二十三年，申豐對曰："其然，將具敝車而行"；杜預註："猶必爾"。"其然"即"若然"也。

項羽使武涉往説韓信曰："足下所以得須臾至今者，以項王

① L.E. Bowling, quoted in L. Leary, ed., *Contemporary Literary Scholarship*, 267.

尚存也。當今二王之事，權在足下；足下右投則漢王勝，左投則
項王勝。項王今日亡，則次取足下”；蒯通説韓信曰：“立功成
名，而身死亡；野獸已盡，而獵狗烹”；韓信曰：“果若人言：
‘狡兔死，良狗烹；高鳥盡，良弓藏；敵國破，謀臣亡’。天下已
定，我固當烹”。按《韓信、盧綰列傳》臧衍見張勝曰：“公所以
重於燕者，以習胡事也，燕所以久存者，以諸侯數反，兵連不決
也。……公何不令燕且緩陳豨，而與胡和。事寬，得長王燕”；
馬遷論曰：“内見疑强大，外倚蠻貊以爲援。”武、臧二人之意，
皆釋敵養寇，挾以自重也；説詳《左傳》卷襄公二十三年。“右
投”、“左投”兩語，可參觀《季布、欒布列傳》欒布曰：“當是
之時，彭王一顧，與楚則漢破，與漢而楚破。”韓信臨死語正如
李斯獄中上書云：“若斯之爲臣者，罪足以死固久矣”；即吴融
《閑書》所謂“回看帶礪山河者，濟得危時没舊勳”，或唐諺所謂
“太平本是將軍致，不使將軍見太平”，禪宗常用爲機鋒接引者也
（如《五燈會元》卷八保福清豁又卷一六天衣義懷章次）。古羅馬
史家論暴君（Tiberius）誅大將（Silius）云：“臣之功可酬者，則君
喜之；苟臣功之大，遠非君所能酬，則不喜而反恨矣”（Nam
beneficia eo usque laeta sunt，dum videntur exsolvi posse：ubi
multum antevenere，pro gratia odium redditur）[1]。

【增訂四】余所引古羅馬史家語，蒙田文中亦徵援及之，并稱
述法國史家（Phillippe de Commines）之言曰：“臣工爲主宣
勞，切忌功高至於無可酬庸”（Il se faut bien garder de faire
tant de service a son maistre，qu'on l'empesche d'en trouver

---

①　Tacitus，The Annals，IV.18，“Loeb”，III，34.

la juste recompense. —*Essais*，III. viii，Bib. de la Pléiade，
p. 904)。汪景祺《讀書堂西征隨筆》有《功臣不可爲》一則，
蓋戚戚同心焉。

此言視《隋書·梁士彦等傳·論》所謂功臣自貽伊戚，乃緣"貪
天之功，以爲己力，報者倦矣，施者未厭"（《北史》卷七三同），
似更鞭辟入裏。馬基亞偉利亦曰："苟爲權首，必受其咎，此理
顛撲不破"（una regola generale la quale mai o raro falla：che è
chi è cagione che uno diventi potenti，ruina)；又言爲君者遇功臣
必寡恩(è impossibili ch'egli usino gratitudine a quelli che con vit-
toria hanno fatto sotto le insegne loro grandi acquisti)，蓋出於疑
猜(nasce da il sospetto)云[1]。

【增訂四】《宋書·吴喜傳》太宗誅喜，與劉勔、張興世、齊王
詔曰："凡置官養士，本在利國。當其爲利，愛之如赤子；及
其爲害，畏之若仇讎。豈暇遠尋初功而應忍受終斃耳。將之爲
用，譬若餌藥；當人羸冷，資散石以全身，及熱勢發動，去堅
積以止患。豈憶始時之益，不計後日之損，存前者之賞，抑當
今之罰? 非忘其功，不得已耳。"人主現身説法，却如出馬基
亞偉利筆下；以"不得已"爲解，亦猶馬氏之好言"必須"、
"勢所必然"等，其論人主必狡如狐而猛如獅(la golpe e il li-
one)一章可以隅反(è necessario；uno principe necessitato；
obbediscono alle necessità；è bene necessario；non è cosa
più necessaria. —*Il Principe*，xviii，*Opere*，Ric cardo Ric-
ciardi，pp. 57−9)。密爾敦詩嘗以"必不得已"爲"暴君作惡

---

[1]　Machiavelli, *Il Principe*, cap. 3；*Discorsi*, I. 29；*op. cit.*, 14, 155−8.

之藉口"（So spake the Fiend；and with necessity，/The tyrant's plea，excus'd his devilish deeds.—*Paradise Lost*，IV，393-4），有以哉。

蒯通曰："跖之狗吠堯，堯非不仁，狗固吠非其主。"按《魯仲連、鄒陽列傳》鄒陽獄中上書曰："無愛於士，則桀之犬可使吠堯，跖之客可使刺由。"二人之喻本《戰國策·齊策》六貂勃對田單曰："跖之狗吠堯，非貴跖而賤堯也，狗固吠非其主也"；其意亦類《國語·齊語》及《管子·小匡》記齊桓公曰："夫管仲射寡人中鈎!"鮑叔對曰："彼爲其君動也；君若宥而反之，亦猶是也。"

【增訂三】《左傳》襄公二一年："樂王鮒謂范宣子曰：'盍反州綽、邢蒯？勇士也。'宣子曰：'彼欒氏之勇也，余何獲焉!'王鮒曰：'子爲彼欒氏，乃亦子之勇也'"。亦鮑叔、鄒陽語意。

《戰國策·秦策》一陳軫設"楚人有兩妻"之譬："居彼人之所，則欲其許我也；今爲我妻，則欲其爲我詈人也"；則欲望更奢。《梁書·馬仙琕傳》高祖勞之曰："射鈎斬袪，昔人所美，卿勿以殺使斷運自嫌"，仙琕謝曰："小人如失主犬，後主飼之，便復爲用"，高祖"笑而美之"。皆即鮑叔、鄒陽之旨。《舊唐書·史憲誠傳》陰欲爲亂，而"謂［宣尉使韋］文恪曰：'憲誠蕃人，猶狗也，唯能識主，雖被棒打，終不忍離。'其狡譎如此!"得飼則隨新主，棒打不離舊主，斯又狗喻之兩邊矣。《游俠列傳》引"鄙諺"："何知仁義？已享其利者爲有德"，張文虎《舒藝室隨筆》卷四謂"已"當作"己"，猶言"身"也；《列子·楊朱》："語有之曰：'……人不衣食，君臣道息'，"鍾

惺、譚元春《古詩歸》卷二選入逯作列子詩，譚評："則衣食
之外，別無君臣"，實抉此旨。《周書・文帝紀》上記侯景曰：
"我猶箭耳，隨人所射，安能自裁？"；《三朝北盟會編・靖康中
帙》卷五四引《遺史》記范瓊大呼曰："自家懣只是少個主人，
東也是吃飯，西也是吃飯；譬如營裏長行健兒，姓張的來管着
是張司空，姓李的來管着是李司空"；《宋元學案》卷八〇高載
爲狗所噬，作賦詈之曰："逐利不顧，則從跖而吠堯；爲養所
移，則事齊而背漢"；明朱健《蒼崖子・挈真篇》："以人仇我，
爲我則亦仇人；因我背人，因人則亦背我"；皆鑑於享利則推
有德，得食則事爲君之情事也。然尚有等而下焉者，跖犬而搖
尾於非主，楚妻而送睞於外人。如《史記・季布、欒布列傳》
記項羽將丁公逐窘高祖，事急，高祖顧曰："兩賢豈相阨哉！"
丁公遂私釋之；及項王滅，丁公來歸，高祖以徇軍中曰："丁
公爲項王臣不忠，使項王失天下者，丁公也！後世爲人臣者無
效丁公！"遂斬之。

【增訂四】錢謙益《國初羣雄事略》卷一四引黃佐《何真傳》：
"邑民王成……構亂，……築砦自守，真……募人能縛成者鈔
十千。未幾，成奴縛之以出，真釋之，引坐，謂曰'公奈何養
虎遺患？'成掩面慚謝曰：'始以爲貓，孰知其虎！'奴求賞，
真如數與之。使人具湯鑊烹奴，駕轉輪車，數人推之，使號於
衆曰：'四境毋如奴縛主以罹此刑也！'又使數人鳴鉦，督奴妻
炊火，奴一號則羣應之曰：'四境有如奴縛主者視此！'"即踵
漢高斬丁公事而增華者也。

蓋知其因我背人，將無亦因人背我也，居彼而許我，則亦未必爲
我而詈人也。古希臘大將（Antigonus）、羅馬大帝（Julius Caesar）

論敵之不忠其主而私與己通者，皆曰："其事可喜，其人可憎"
(he loved treachery but hated a traitor)①；正漢高於丁公之謂矣。
《漢書·蒯、伍、江、息夫傳》蒯通"見曹相國曰：'婦人有夫死
三日而嫁者，有幽居守寡，不出門者；足下即欲求婦，何取？'
曰：'取不嫁者。'通曰：'然則求臣亦猶是也'"；《宋書·王玄謨
傳》報南郡王義宣書曰："夫挑妾者愛其易，求妻則敬其難，若
承命如響，將焉用之？"均相發明。

---

① Plutarch，*Lives*，"Romulus"，XVII.3-4（Tatius and Tarpeia），"Loeb"，I，
141. Cf. Sacchetti，*Il Trecentonovelle*，v，Castruccio Castracane："Il tradimento mi
piace，ma il traditore no"，*Opere*，Rizzoli，57.

四〇　田儋列傳

　　"田橫之高節，賓客慕義而從橫死，豈非至賢！余因而列焉。不無善畫者，莫能圖，何哉？"《索隱》："言天下非無善畫之人，而不知圖畫田橫及其黨慕義死節之事"；《考證》引顧炎武語，斥小司馬"憒憒"。按《索隱》誤以"畫"策、"圖"謀爲繪畫圖像，亦猶《穆天子傳》卷二："封膜畫於河水之陽，以爲殷人主"，而張彥遠讀誤書破句，遂憑空添一上古畫師，《歷代名畫記》卷四："封膜，周時人，善畫，見《穆天子傳》"（《四庫總目》卷一一三《繪畫備考》、孫志祖《讀書脞錄》卷五、沈濤《交翠軒筆記》卷四等）。皆頗可覘唐人之重丹青也。

四一　酈生陸賈列傳

　　陸賈“時時前説稱《詩》、《書》，高祖駡之曰：‘乃公居馬上而得之，安事《詩》、《書》?’陸生曰：‘居馬上得之，安可以馬上治之乎?’”按《劉敬、叔孫通列傳》通謂弟子曰：“漢王方蒙矢石，争天下，諸生寧能鬭乎?……諸生且待我，我不忘矣”；後説高祖曰：“夫儒者難與進取，可與守成。”二節印可，“寧能鬭”、“難與進取”即“居馬上安事《詩》、《書》”也。“一歲中往來過他、客，率不過再三過。數見不鮮，無久慁公爲也!”；《索隱》：“謂時時來見汝也，必令鮮美作食，莫令見不鮮之物也；‘公’、賈自謂也”；《考證》：“劉攽曰：‘人情頻見則不美，故毋久溷汝’；稱子曰‘公’，當時常語，説見《鼂錯傳》。”按《漢書·酈、陸、朱、劉、叔孫傳》作“數擊鮮，無久溷汝爲也”，師古註：“謂：‘我至之時，汝宜數數擊殺牲牢，與我鮮食，我不久住亂累汝也’。”顧炎武《日知録》卷二七、杭世駿《訂訛類編》卷一、胡鳴玉《訂譌雜録》卷四等皆本《漢書》“擊鮮”以釋《史記》“不鮮”之“鮮”爲新鮮之食，謂《史記》語意乃“數見不煩擊鮮”，顧氏并參俗語“常來之客不殺雞”。黄生《義府》卷下解《史記》語爲頻煩則生厭，父子間亦宜少過往；姚範

《援鶉堂筆記》卷一六載方苞釋爲"凡物數見則不見鮮好";則均同劉攽。竊疑都不允愜。《史》、《漢》意異,更未可相說以解。《禮記·文王世子》:"命膳宰曰:'末有原'";《註》:"'末'猶'勿'也,'原'、再也,勿有所再進";《正義》:"在後進食之時皆須新好,無得使前進之物而有再進。"可以移釋。"鮮"者,"新好"之食也;"不鮮"者,"原"也,宿饌再進也。"不鮮"自指食不指人,而食之"不鮮"又由於人之"不鮮",頻來長住,則召慢取怠;《漢書·楚元王傳》穆生所云:"醴酒不設,王之意怠",俗諺所云:"人無千日好,花無百日紅。"陸賈知"數見"、"久溷"必致禮衰敬殺,人之常情,父子間亦不能免;特不言己之將成老厭物,而祗言供食之將非新好物,舉跡則不待道本,示果則無須說因,猶葉落而可知風,烟生而可知火。賈初非謂己之"不見新鮮",亦非囑子"不煩擊鮮",乃言客常來則主懶作東道,言外即已"不過再三過",故子當盛饌厚款,客稀來、宜殺雞耳。《漢書》語意大異。《爾雅·釋詁》:"數、疾也";《禮記·曾子問》:"不知己之遲數",《樂記》:"衛音趨數煩志",《祭義》:"其行以趨,趨以數",鄭玄皆註"數"爲"速"。"數擊鮮"者,"速擊鮮"也;賈乃命其子速治新好之食,己亦不勾留惹厭,客即去、快殺雞耳。周君振甫曰:"陸賈有五子,'十日而更',則每子一歲當番七次,而賈乃曰:'不過再三過';賈之'過',必'安車駟馬',携侍者十人,命子'給人馬酒食極欲',一子每歲如是供養賈者七十日,而賈乃曰:'無久溷'。在上者不自覺其責望之奢,而言之輕易,一若體恤下情、所求無多,陸賈之'約',足以示例。史遷直書其語,亦有助於洞明人情世故矣。"得間發微之論,前人所未道也。又按王次回《疑雨集》卷四《舊事》之

一：“一回經眼一回妍，數見何曾慮不鮮！”，語出《史記》，本劉
攽“頻見則不美”之解，命意則同陸機《日出東隅》：“綺態隨顏
變，沈姿無乏源”，劉緩《敬酬劉長史詠〈名士悅傾城〉》：“夜夜
言嬌盡，日日態還新”，盧思道《後園宴》：“日日相看轉難厭，
千嬌萬態不知窮”①。《疑雨集》卷一《和孝儀看燈詞》之九：
“舊曲蔫來不耐聽”；“蔫”乃“鮮”之反，李商隱《壬申七夕》：
“月薄不嫣花”，而蘇軾《臥病彌月垂雲花開》詩施元之註引作
“日薄不蔫花”，即此“蔫”字。

---

① Cf. Shakespeare，*Antony and Cleopatra*，II. ii：“Age cannot wither her，
nor custom stale her infinite variety”；Racine，*Bérénice*，I. ii：“Chaque jour je la vois，
/ Et croit toujours la voir la première fois.”；Laclos，*Les Liaisons dangereuses*，lettre
10，“Bib. de la Pléiade”，54：“En effet，ses hommages réitérés，quoique toujours reçus
par la même femme，le furent toujours par une Maîtresse nouvelle”（cf. lettre 127，
p. 373）.

四二　扁鵲倉公列傳

　　"扁鵲以其言，飲藥三十日，視見垣一方人；以此視病，盡見五藏癥結。"按安世高譯《柰女耆婆經》記耆婆於宮門前逢一擔樵小兒，遙視悉見此兒五藏腸胃分明，"心念《本草經》説有藥王樹，從外照内，見人腹藏，此兒樵中，得無有藥王耶?"《西京雜記》卷三記秦咸陽宮中有方鏡，"以手捫心而來，則見腸胃五臟，則知病之所在。"《太平廣記》卷四〇四《靈光豆》（出《杜陽雜編》）記日林國有怪石，"光明澄澈，可鑒人五臟六腑，亦謂之'仙人鏡'，國人有疾，輒照之，使知起於某臟某腑。"秦宮鏡、藥王樹、仙人石、上池水四者，皆人之虛願而發爲異想，即後世醫學透視之造因矣。神話、魔術什九可作如是觀，胥力不從心之慰情寄意也。

　　淳于意師陽慶，"慶年七十餘無子。……意有五女，隨而泣，意怒罵曰：'生子不生男，緩急無可使者!'"按《四庫總目》卷一〇五論明李濂《醫史》有云："唯其論倉公神醫乃生五女而不男，其師公乘陽慶亦年七十餘無子，以證醫家無種子之術。其理爲千古所未發，有足取焉。"

　　"濟北王侍者韓女病。……臣意診脈曰：'……病得之欲男子而不可得也’”。按《日知録》卷二七引此以解《漢書·匈奴傳》“孤債之君”，俞正燮《積精篇》（見《國粹學報》辛亥年第四、五號）引此以説《抱朴子·釋滯》篇“壅閼之病”。《漢書·眭、兩夏侯、京、翼、李傳》翼奉對曰：“未央、建章、甘泉宮才人各以百數，皆不得天性”，正此之謂。

又按馬遷於敍扁鵲事後，插入議論一段，言“病有六不治”，其六曰：“信巫不信醫”。夫初民之巫，即醫（shaman）耳。《公羊傳》隱公四年“於鍾巫之祭焉”，何休《解詁》：“巫者，事鬼神禱解，以治病請福者也”；《吕氏春秋·勿躬》歷舉“聖人”治天下之二十官，“巫彭作醫”與焉。蓋醫始出巫，巫本行醫。故《論語·子路》引“南人有言”，以“巫醫”連類合稱。醫藥既興，未能盡取巫祝而代之。當孔子之身，有康子之“饋藥”，亦有子路之“請禱”；《列子·力命》季梁得病，楊朱歌曰：“醫乎？巫乎？其知之乎？”；《參同契》中篇：“扁鵲操鍼，巫咸叩鼓，安能令蘇？”；《太玄經·常》之上九：“疾其疾，巫醫不失”，又《失》之次七：“疾則藥，巫則酌”；《後漢書·方術傳》上許楊“變姓名爲巫醫”；枚乘《七發》論楚太子病曰：“雖令扁鵲治内，巫咸治外，尚何及哉！”；顏延之《陶徵士誄》述陶潛病痁曰：“藥劑勿嘗，禱祀非恤”；《舊唐書·職官志》四記“尚藥局”於“主藥”十二人、“司醫”四人等外，有“咒禁師”四人，“太醫署”有“咒禁博士”二人、“咒禁師”二人、“咒禁工”八人、“咒禁生”一人，以“除邪魅之爲厲者”；韓愈《譴瘧鬼》並舉“醫師”、“灸師”、“詛師”、“符師”各有施爲。可考見舊俗於巫與醫之兼收並用也。巫祝甚且僭取醫藥而代之，不許後來者居上。陸賈《新語·資質》即記扁鵲至衛，衛人有病將死，扁鵲往

欲治之，病者父曰："非子所能治也！"使靈巫求福，對扁鵲而
咒，病者卒死；《史記》本傳未載此事。他如王符《潛夫論·浮
侈》："疾病之家，……或棄醫藥，更往事神，故至於死亡。不自
知爲巫所欺誤，乃反恨事巫之晚"；《抱扑子》内篇《道意》："不
務藥石之救，唯專祭祝之謬，偶有自差，便謂受神之賜，如其死
亡，便謂鬼不見捨"；陸龜蒙《奉酬襲美先輩吴中苦雨一百韻》：
"江南多事鬼，巫覡連甌粤，可口是妖訛，恣情專賞罰；良醫只
備位，藥肆或虛設"；《皇朝文鑑》卷一二八龔鼎臣《述醫》："巴
楚之地，俗信巫鬼。……或致癘疫之苦，率以謂……非醫藥所能
攻，故請禱鬼神無少暇。……如是以死者，未嘗不十八九。……
其患非他，艴覡師之勝醫師耳"；曾敏行《獨醒雜誌》卷二、卷
三記江西、廣南好巫尚鬼，"疾病未嘗親藥餌"，施藥無人求者；
蕭立之《冰崖詩集》卷上《贈龍張泉醫爲灼艾》："藥石不入市賈
箱，利專巫祝司禱禳"，又《贈醫士》："桂山藥石不入市，土風
割牲詔非鬼，巫師懷肉飫妻孥，醫師衡門冷如水"。

【增訂三】《山谷内集》卷二《次韻王定國聞蘇子由卧病績溪》：
"巫師司民命，藥石不入市。"揭傒斯《揭文安公全集》卷五
《贈醫氏湯伯高序》："楚俗信巫不信醫。……凡疾不計久近淺
深，藥一入口，不效，即屏去。至於巫，反復十數不效，不
悔，且引咎痛自責。殫其財，竭其力，卒不效，且死；乃交責
之曰：'是醫之誤而用巫之晚也！'終不一語咎巫。故功恒歸於
巫，敗恒歸於醫。效不效，巫恒受上賞，而醫輒後焉。故醫之
稍欲急於利、信於人，又必假邪魅之候以爲容。"蓋醫以不見
信，乃至自託巫之容、以售醫之術。所覯古書寫醫絀於巫之
狀，無劇切如是者。

【增訂四】唐李嘉祐《夜聞江南人家賽神，因題即事》："月隱回塘猶自舞，一門依倚神之祐。韓康靈藥不復求，扁鵲醫方曾莫覘。"陸游《劍南詩稿》卷一《病中作》："豫章瀕大江，氣候頗不令。……俗巫醫不藝，嗚呼安託命！"；"不藝"字法如《論語·子罕》之"故藝"，謂不習、無能也。

曩日有"祝由科"，專以禁咒療疾，醫而純乎巫，余兒時尚及覘其釘雄雞作法也。馬遷乃以"巫"與"醫"分背如水火冰炭，斷言"信巫"爲"不治"之由，識卓空前。《宋書·周朗傳》上書"讜言"，深慨"民因是益徵於鬼，遂棄於醫"，欲請提倡"習太醫之教"，以矯"媚神之愚"；《南史·循吏傳》郭祖深輿櫬上封事，謂"療病當去巫鬼，尋華扁"；庶幾嗣音焉。《漢書·藝文志》、《隋書·經籍志》三言醫之"拙者"、"鄙者"反本傷生，皆引諺曰："有病不治，常（恆）得中醫"；"不治"謂不求醫人治病。劉克莊《後村大全集》卷二《問友人病》："術庸難靠醫求效，俗陋多依鬼乞憐"；蓋庸醫誤事，不亞妖巫，流俗乞靈鬼神，正復以醫藥每殺人如虎狼耳。人不信醫，亦因醫多不足信也。

四三 魏其武安列傳

　　景帝曰："魏其者、沾沾自喜耳；多易，難以爲相持重"；《集解》："多輕易之行也。"按"輕"則"易"，"重"則"遲"，以遲重爲宰輔風度，説始著此。《南齊書·褚淵傳》："宋明帝嘗欷曰：'褚淵能遲行緩步，便持此得宰相矣!'"劉祁《歸潛志》卷七記金"南渡"之後，"在位者臨事，往往不肯分明可否，相習低言緩語，互推讓，號'養相體'"；魏禧《魏叔子文集》卷一《相臣論》："最可笑也，舒行緩步，輕咳微聲，以養相度，竟同木偶兒戲。"亞理士多德推心意弘廣（megalopsychia）之"大人"爲羣倫表率，其形於外者，行遲緩、聲沉着、語從容（a slow step，a deep voice and a level utterance）也[1]。

　　"灌夫有服，過丞相"云云。按此一大節中馬遷敍事稱武安曰"丞相"，魏其與灌夫語稱武安曰"丞相"，而怨"望"武安又曰"將軍雖貴"；灌夫面稱武安始終曰"將軍"，而謝魏其又曰"得過丞相"。稱謂不一，非漫與也。武安固自"以爲漢相尊"，

---

　　[1]　*Nicomachean Ethics*，IV. iii，*Basic Works of Aristotle*，The Random House，994.

乃至"負貴"而驕己之兄者。灌夫與人語，亦從而"丞相"武安，及武安對面，則恃舊而不改口，未以其新貴而生新敬，若不知其已進位爲相者。魏其達官諳世故，失勢而肯自下，然憤激時衝口而"將軍"武安，若言其不次暴擢而忘却本來者。馬遷行所無事，名從主人，以頭銜之一映襯稱謂之不一焉。夫私家尋常酬答，局外事後祇傳聞大略而已，烏能口角語脈以至稱呼致曲入細如是？貌似"記言"，實出史家之心摹意匠。此等處皆當與小説、院本中對白等類耳，參觀《左傳》卷論杜預《序》。

灌夫曰："請語魏其侯帳具，將軍旦日早幸臨。"武安"許諾。……至日中丞相不來"云云。按王符《潛夫論·交際》篇舉"世有可患者"三事，以"懷不來而外克期"爲其三，非偶然也。

武安曰："不如魏其、灌夫，日夜招聚天下豪傑壯士相與論議，腹誹而心謗，不仰視天而俯畫地。"按《秦始皇本紀》李斯曰："入則心非，出則巷議，……如此勿禁，則主勢降乎上，黨與成乎下"；《後漢書·黨錮傳》王甫鞫詰范滂等曰："共造部黨，自相褒舉，評論朝廷，虛構無端，諸所謀結"；以至蘇洵《辨奸論》："收好名之士、不得志之人，相與造作言語，私上名字"；不出武安此數語之意。蓋好交游而多往還，則雖不結黨而黨將自結，徒黨之形既成，即不犯上而爲亂黨，亦必罔上而爲朋黨。故武安此言最足以聳動主聽；《戰國策·楚策》一江乙早以之説楚王："下比周則上危，下分爭則上安。"《衛將軍、驃騎列傳》衛青謝蘇建曰："自魏其、武安之厚賓客，天子常切齒。……人臣奉法遵職而已，何與招士！"道之猶有餘悸。唐庚《眉山集》卷二《白鷺》："説與門前白鷺羣，也宜從此斷知聞；諸君有意除鈎黨，甲乙推求恐到君！"談虎色變，從來遠矣。

"於是上問朝臣：‘兩人孰是？’御史大夫韓安國曰：‘……魏其言是也。……丞相言亦是。唯明主裁之！’……武安怒曰：‘與長孺共一老禿翁，何爲首鼠兩端？’"按《易·隨》之六二："弗兼與也"，《困學紀聞》卷一説之曰："里克之中立，鄧析之兩可，終於邪而已！"《易》之"兼與"即武安所斥"首鼠兩端"也。《舊唐書·蘇味道傳》記蘇勸人處事時，"不欲決斷明白，但摸稜以持兩端可矣"。人詗曰"首鼠"，自狀曰"摸稜"，其爲"兩端"也同。《匈奴列傳》："冒頓問羣臣，羣臣或曰：‘此棄地，予之亦可，勿予亦可。’於是冒頓大怒，……諸言‘予之’者皆斬之"；則或言可，或言不可，非一人而依違兩可。《論語·微子》章孔子論柳下惠與伯夷相反，而曰："我則異於是，無可無不可"，乃立"異"自別，更端之語也。《世説新語·言語》篇習鑿齒與伏玄度論青、楚人物，韓康伯默不詰難，曰："無可無不可"，又屬兩端之語，囫圇和事，與孔子作用迥殊。禪宗更以之爲心印，六祖惠能《法寶壇經·付囑》第十誨其徒衆曰："忽有人問汝法，出語盡雙，皆取對法。"如《全唐文》卷五一二李吉甫《杭州徑山寺大覺禪師碑》："嘗有設問於大師曰：‘今傳舍有二使，郵吏爲刲一羊；二使既聞，一人救，一人不救，罪福異之乎？’大師曰：‘救者慈悲，不救者解脱’"；錢易《南部新書》卷己："江西廉使問馬祖云：‘弟子吃酒肉即是？不吃即是？’師云：‘若吃是中丞禄，不吃是中丞福’"（亦見《傳燈録》卷六、《五燈會元》卷三）；如惺《高僧集》四集卷一《若訥傳》宋高宗幸上竺寺，問曰："朕於大士合拜不合拜？"訥對："不拜則各自稱尊，拜則遞相恭敬。"禪人之"出語盡雙"，與仕宦之依違"兩端"（double-think, doubletalk），乃語言眷屬也。蘇軾《東坡集》卷三六

《司馬溫公行狀》記司馬光與王安石廷辯救災節用，神宗質之王
珪，珪曰："司馬光言是也，王安石言亦是，惟明主裁擇!"與韓
安國之對不啻印板。蓋吾國往日仕途，以持"兩端"爲事上保身
之世傳秘要，觀《官場現形記》第二六回《摸稜人慣説摸稜話》
可見，彼徐大軍機者即韓、王之法嗣矣①。陸深《金臺紀聞》載
明太祖嘗欲戮一人，皇太子懇恕之，太祖召袁凱問之，凱曰：
"陛下刑之者，法之正；東宮釋之者，心之慈"，太祖怒，"以爲
持兩端"，下之獄（《紀録彙編》卷一三二，亦見卷一三〇徐禎卿
《剪勝紀聞》）；袁沾丐禪語，措詞彌巧，施非所宜，薄言逢怒。
王懋竑《白田草堂存稿》卷六《恭記聖祖仁皇帝兩事》："嘗問翰
林侍讀崔蔚林曰：'朱子之格物、王陽明之格物，二者孰是？'對
曰：'朱子不是，王陽明亦不是。'聖祖作色曰：'然則汝説轉是
耶？'未幾罷職。"崔以兩不可，袁以兩可，均嬰逆鱗，此荀卿、
韓非師弟子所以同慨"凡説之難"歟。雖然，觀過知仁，未容因
噎廢食。執其兩端，可得乎中，思辯之道，固所不廢②，歌德談
藝即以此教人也③。

―――――

① Cf. Addison, *The Spectator*, No. 122 ("Much might be said on both sides"); Molière, *Le Bourgeois Gentilhomme*, I. ii ("Vous avez raison tous deux"); Peacock, *Headlong Hall*, ch. 2 (Mr Jenkison); George Eliot, *Silas Marner*, Pt. I, ch. 6 (Mr Snell).

② J. Cohn, *Theorie der Dialektik*, 284 (die gegenseitige Anerkennung). Cf. Johnson, *Rasselas*, ch. 8, ed. G. B. Hill, 56: "Inconsistencies cannot both be right, but, imputed to man, they may both be true."

③ C. F. Senior and C. V. Bock, ed., *Goethe the Critic*, 18: "... durch Gegensätze zu operieren, die Frage von zwei Seiten zu beantworten und so gleichsam die Sache in die Mitte zu fassen."

【增訂四】原引王懋竑記崔蔚林獲咎事，率皆失實。《康熙起居註》十八年十月十六日，載康熙與崔問答甚長，末云："上曰：'據爾言，兩人〔朱熹、王守仁〕之説俱非。'蔚林奏：'原與臣意不合。'上曰：'朱子所解《四書》何如?'蔚林奏：'所解《四書》，大概皆是，不合者唯有數段。'上頷之，曰：'性理深微，俟再細看。'"初無王氏所言"作色"反詰之事。崔至康熙二十二年十一月，尚任起居注官，亦非"未幾罷職"也。然觀二十一年六月初六日《注》，則浸潤之譖，已使聖眷大衰："吏部題補內閣學士缺。……上曰：'崔蔚林何如?'大學士李霨奏曰：'爲人老成。'上曰：'朕觀其爲人不甚優。伊以道學自居，然所謂道學未必是實。聞其居鄉又不甚好。……王國安著補學士。'"二十三年二月初一日《注》："詹事府少詹崔蔚林請解任調理。上曰：'崔蔚林自來入署之日少，曠官之日多。其胸中或有異才偉抱，但觀其節概及所作文章，亦屬平常，無大勝人處。……著汝衙門學士等觀其病勢來奏'"；初三日《注》："上曰：'崔蔚林乃直隸極惡之人，在地方好生事端，干預詞訟；近聞以草場地土，縱其家人肆行控告。又動輒以道學自居，焉有道學之人而妄行興訟者乎? 此皆虛名耳。又詆先賢所釋經傳爲差謬，自撰講章，甚屬謬戾。彼之引疾，乃是託詞。此等人不行懲治，則漢官孰知畏懼? 爾等可將此等事商酌來奏。'"二十四年四月初二日，崔獲嚴譴已一年，康熙尚未釋於懷，是日《注》："上曰：'從來道德文章原非二事。……至近世則空疎不學之人借理學以自文其陋。如崔蔚林本無知識，文義荒謬，岸然自負爲儒者，究其意解，不出庸夫之見，真可鄙也!'"其屢斥崔之"講章"、"意解"，則王氏所記君臣論學不契，大體得之。李光地《榕村語錄・續編》卷七欣然言"皇上近來大信朱子"，崔氏違《説難》之教，摘朱子之失，自不爲康熙所樂，然未嘗緣此遘致貶辱也。雷霆之怒，蓄久而發，倘待惡貫漸盈，加罪有詞耶？王氏尊奉朱子，其記崔事也，或不無樂禍之幸心焉。

"武安侯病，專呼服謝罪，使巫視鬼者視之，見魏其、灌夫共守欲殺之。"按《漢書・竇、田、灌、韓傳》："蚡疾，一身盡痛，謕服謝罪。上使視鬼者眂之，曰：'魏其侯與灌夫共守，笞欲殺之'"；《論衡・死僞》篇："其後田蚡病甚，號曰：'諾！諾！'使人視之，見灌夫、竇嬰俱坐其側。"班、王所記，皆於《史記》稍有增飾，蓋行文時涉筆成趣。若遽謂其別有文獻據依，足補《史記》之所未詳，則刻舟求劍矣。

四四　韓長孺列傳

　　"治天下終不以私亂公。語曰：'雖有親父，安知其不爲虎？雖有親兄，安知其不爲狼？'"按言政治中無骨肉情也。《國語·晉語》一驪姬譖申生於獻公曰："故長民者無親"；《鄧析子·無厚》篇曰："父於子無厚，兄於弟無厚"；即以利害斷恩私，如小拿破侖所謂"政治不具肝腸"（La politique n'a pas d'entrailles）。貝瓊《行路難》："我以爲父，安知非虎？我以爲兄，安知非狼？"朱琰《明人詩鈔》正集卷二極賞之，以爲"從'緜緜葛藟'化出"，不知其竄易漢人語爾。

　　建元六年，"匈奴來請和親，天子下議。大行王恢……曰：'……不如勿許，興兵擊之。'安國曰：'……擊之不便，不如和親。'"按《史記》於此記王、韓兩造各申己見。明年元光元年王恢請攻匈奴，《史記》未載有持異議者；《漢書·竇、田、灌、韓傳》則詳著恢又與安國廷辯之詞。恢以爲"擊之便"，安國以爲"勿擊便"，皆持之有故，回環往復者三。前乎此唯《戰國策·趙策》三秦索六城，趙王與樓緩、虞卿計，一言"予"，一言"勿予"，亦往復者三。《楚策》一齊索東地，楚襄王諮之朝臣，子良曰："不可不予"，昭常曰："不可予"，景鯉曰："不可予"，而慎

子勸王合采"三子之計"，正反相成，古書所載集思綜斷之佳例，
此爲朔矣。《國策》中蘇秦説合從，張儀説連橫以破合從（《齊
策》一、《楚策》一、《趙策》二、《魏策》一、《韓策》一、《燕
策》一），各自成篇，苟合觀之，亦不啻廷辯之往復也。

四五　李將軍列傳

　　"文帝曰：'惜乎！子不遇時，如令子當高帝時，萬户侯豈足道哉！'"按後世稱道爲佳話，詞章中亦屢驅使，如陸游《贈劉改之》："李廣不生楚漢間，封侯萬户宜其難"，又劉克莊《沁園春·夢孚若》："使李將軍，遇高皇帝，萬户侯何足道哉！"（參觀《齊東野語》卷八、《有不爲齋隨筆》乙）。以此語爲口實而嗤文帝者亦有之，如《舊唐書·魏元忠傳》上封事謂文帝"不知李廣之才而不能用之。……爾時胡騎憑陵，足伸其用，文帝不能大任，反歎其生不逢時；近不知魏尚、李廣之賢，而乃遠想廉頗、李牧。……從此言之，疏斥賈誼，復何怪哉！"；唐崔道融《讀〈李將軍傳〉》："漢文自與封侯得，何必傷嗟不遇時？"；宋張耒《張右史文集》卷二八《李廣》："李廣才非衛霍儔，孝文能鑑不能收；君王未是忘征戰，何待高皇萬户侯！"《張釋之、馮唐列傳》記漢文帝"搏髀"曰："嗟乎！吾獨不得廉頗、李牧時爲吾將，吾豈憂匈奴哉？"馮唐曰："主臣！陛下雖得廉頗、李牧，弗能用也"；《三國志·蜀書·諸葛亮傳》裴註引《漢晉春秋》："晉武帝問亮之治國於樊建，建以對，帝曰：'善哉！使我得此人以自輔，豈有今日之勞乎？'建稽首曰：'臣竊聞天下之論，皆謂鄧艾爲枉，陛下知而不理，皆豈馮唐之所謂"得頗、牧而不能用"者乎?'"楊萬里隱同魏元忠，亦以文帝惜李廣與思頗、牧兩事，捉置一處。《誠齋集》卷八八《論將》下雖譏廣"心翹然以無人視天下"，故師出無功，而《論將》上曰："後之君臣狃於治而謂天下不復亂也，則曰：'汝不逢高帝時，萬戶侯何足道哉！'"卷九〇《文帝曷不用頗、牧論》尤彈射文帝，有曰："士患不遇主，廣之受知於帝，尚可諉曰'不遇主'耶? 遇主而又云云若爾，是高帝不生，廣終不用也！有李廣則捨之於今焉，無頗、牧則思之於古焉。"揚雄《法言・重黎》稱文帝："親屈帝尊，信亞夫之軍，至頗、牧，曷不用哉?"萬里《論》題出此。

　　"見草中石，以爲虎而射之，中石没鏃，視之石也；因復更射之，終不能復入石矣。"按頗契事理。《列子・黃帝》記商丘開自高臺下躍、入水火均無傷損，范氏之黨以其爲"有道"，叩之，開曰："吾無道！……以子黨之言皆實也，唯恐誠之之不至，行之之不及，不知形體之所措、利害之所存也，心一而已。物無迕者，如斯而已。今昉知子黨之誕我，我內藏猜慮，外矜觀聽，追幸昔日之不焦溺，怛然內熱，惕然震悸矣。水火豈復可近哉！"皆謂敢作能行或生於無知不思①；

　　【增訂三】《唐語林・言語》記唐太宗征遼，作飛梯臨城，有人應募先登，城中矢射如雨，不少却。"英公指謂中書舍人許敬宗曰：'此人豈不大健?'敬宗曰：'健即大健，要是未解思量。'"正謂敢作爲每出於不思索也。蒙田亦嘗論勇決或由冥頑來(la

────────────

①　Cf. *Anatomy of Melancholy*，Part. I，Sect. II，Mem. III，Subs. II，Bell，I，295（a Jew in France）.

faute d'appréhension et la bétise)，因述一意大利人言意人怯而西、德、瑞人勇，蓋意人黠而三國人鈍耳（*Essais*，II. xi，*op. cit.*，406）。

【增訂四】《增訂三》引《唐語林·言語》一節，其文實本諸劉餗《隋唐嘉話》卷中。

猶患睡遊或夢行症者睡時履險如夷，西語至取睡遊以喻萬無一失（mit schlafwandlerischer Sicherheit），而及其醒則畏謝不敏矣。瀧川《考證》引何焯謂《呂氏春秋·精通》篇記射石爲養由基事。《韓詩外傳》卷六、《新序·雜事》四亦記楚熊渠子事；吳曾《能改齋漫録》卷一四《類對》、戴埴《鼠璞·虎石、蛇杯》均以熊渠子與李廣連類；劉昌詩《蘆浦筆記》卷一則怪《能改齋漫録》未及李萬歲事，萬歲、李遠字也。《周書·李遠傳》遠見石於叢蒲中，以爲伏兔，射之而中，鏃入寸餘，太祖賜書曰："昔李將軍廣親有此事，公今復爾，可謂世載其德；雖熊渠之名，不能獨擅其美"；《日知録》卷二五引之，謂其"二事並用"。

四六　匈奴列傳

中行説"不欲行，漢彊使之，説曰：'必我行也，爲漢患者'"；《考證》："張文虎曰：'也、邪古通用。……必欲我行邪？則當教匈奴擾漢。者、語絶之詞。俗乃以爲倒句法，……文不成義，且行字爲贅。'按與《汲黯傳》'必湯也……'同一句法，'我行'、我此行也。張説非是。"按張氏與瀧川之解皆非是。"也"不須通"邪"；"必"乃"如"、"若"之義，已詳前論《淮陰侯列傳》。

【增訂三】張君觀教曰："'必'作'如'、'若'解，是矣。然語氣有强弱之别。其弱者即今語'如果'，其强者即今語'果真要……的話'、'一定要……的話'。"分疏甚諦。

"若我行，則將爲漢患"；"若湯爲公卿，則將殘民以逞"；當如是解。《太平廣記》卷四八八元稹《鶯鶯傳》："徐謂張曰：'始亂之，終棄之，固其宜矣！愚不敢恨。必也君亂之，君終之，君之惠也'"，司馬光《獨樂園記》："況叟之所樂者，薄陋鄙野，皆世之所棄也，雖推以與人，人且不取，豈得强之乎？必也有人肯同此樂，則再拜而獻之矣，安敢專之哉？""必也"猶"必……也"，即"如"、"若"、"脱"、"苟"之義，中唐、北宋人尚知沿《史》、

《漢》舊訓。張氏譏"俗以爲倒句法"，如陸以湉《冷廬雜識》卷四舉《漢書》倒句，即舉此例，顧其説早見於宋世。陳造《江湖長翁文集》卷二九《文法》云："文有順而健，有逆而彌健，遷、固多得此法。'必我也爲漢患者'，'必湯也令天下重足而立、側目而視'；'必我也''必湯也'置之於上，其語彌健而法，作文至此妙矣！"；"逆"、"倒"也；亦徵南宋文家已失"必"字之解。錢謙益《初學集》卷三七《陳孟儒七十敍》先記歐陽修有謝、尹兩友爲知己，因云："先生獨稱余文不去口。……居嘗語余：'必我也爲子謝、尹者！'"套《史》、《漢》句法而不解"必"字，與其所誚"七子"於遷、固一知半解而應聲學舌，直無以異。瀧川引張文虎語，出《舒藝室隨筆》卷四，説"者"爲"語絶詞"下，尚有"今文牘猶用之"一句，瀧川削去。如《西遊記》第六八回朱紫國招醫榜、第八七回鳳仙郡祈雨榜皆有"須至榜者"，《儒林外史》第五〇回通緝萬中書牌票有"須至牌者"，即所謂"文牘猶用"。然亦由來已久，初見於君上傳諭，如《舊唐書・禮儀志》四會昌元年十二月中書門下奏："準天寶三年十月六日敕：'九宮貴神，實司水旱，……令中書門下往攝祭者。'……臣等十一月二十五日已於延英面奏，伏奉聖旨：令檢儀注進來者"，又《禮儀志》六會昌五年八月中書門下奏："伏奉今月七日敕：'此禮至重，須遵典故，宜令禮官學官同議聞奏者'"，又《顏真卿傳》上疏："奉進止：'緣諸司官奏事頗多，……自今論事者，諸司官皆須先白長官，長官白宰相，宰相定可否，然後奏聞者'"；李德裕《會昌一品集》卷一八《進上尊號玉册文狀》："奉宣：令臣撰文者"，《再讓仲武寄信物狀》："奉宣聖旨：緣河朔體大，令臣即受者"，又卷一九《謝恩不許讓官表狀》："奉宣聖旨：'卿太尉官是朕意與，不是他們僥求而得，不要更引故事辭讓者’”，《謝恩不許讓官表狀》：“奉宣聖旨：‘豈政理有失，風俗有乖，何遽退辭？一二年分憂，不用進表者’”，《謝恩問疾狀》：“奉宣聖旨：‘卿小有違裕……宜善頤養，當就痊平。所要内庫食物及藥物，無致嫌疑，但具數奏來，即令宣賜者’”；又《李衛公集補遺·停進士宴會題名疏》：“奉宣旨：不欲令及第進士呼有司爲‘座主’，趨附其門，兼題名局席等；條疏進來者”；《皇朝文鑑》卷四五富弼《辭樞密副使》：“差降中使傳宣云：‘此命是朝廷大用，並不因人，特出聖恩精選，令臣須受者’”，卷六五司馬光《進〈資治通鑑〉表》：“又奉聖旨，賜名《資治通鑑》，今已了畢者。”漸布及官司文告，如歐陽修《文忠全集》卷一一五《免晉、絳等州人遠請蠶鹽牒》：“不管遲延住滯者”，同前：“回報當所者”，《相度并縣牒》：“無致鹵莽者”，《相度銅利牒》：“無至張皇誤事者”，他如卷一一七《保明張景伯》、《五保牒》、《乞推究李昭亮》等亦有此類句。皆命令詞氣，以“者”爲“語絶”。蓋唐宋早成程式矣。

四七　衛將軍驃騎列傳

　　“天子嘗教之［霍去病］孫、吳兵法，對曰：‘顧方略何如耳，不至學古兵法’”。按高適《送渾將軍出塞》：“李廣從來先將士，衛青未肯學孫吳”；牽於對仗聲調，遂强以霍去病事爲衛青事，《日知錄》卷二一嘗摘曹植、趙至、謝靈運、李白、杜甫等竄改典故，此亦其類。《廉頗、藺相如列傳》相如論趙括曰：“王以名使括，若膠柱而鼓瑟耳！括徒能讀其父書傳，不知合變也”；“讀書不知合變”即《趙世家》引諺曰：“以書御者，不盡馬之情。”《三國志·魏書·夏侯淵傳》裴註引《世語》記淵子稱兒戲好爲軍陣之事，父奇之使讀《項羽傳》及兵書，稱不肯，曰：“能則自爲耳，安能學人！”稱十八歲即死，未克成器，顧其抱負則與霍去病相似。《北史·來護兒傳》：“行軍用兵，特多謀算，每見兵法，曰：‘此亦豈異人意也？’”《宋史·岳飛傳》飛“尤好《左氏春秋》、孫吳兵法”，喜“野戰”，宗澤授以陣圖，飛曰：“陣而後戰，兵家之常，運用之妙，存乎一心。”趙括學古法而墨守前規，霍去病不屑學古法而心兵意匠，來護兒我用我法而後徵驗於古法，岳飛既學古法而出奇通變不爲所囿；造藝、治學皆有此四種性行，不特兵家者流爲然也。岳飛好《左傳》，當亦是爲學兵法。《三國志・吳書・呂蒙傳》裴註引《江表傳》記孫權自言："至統事以來，省三史、諸家兵書，自以爲大有所益"，因勸蒙："宜急讀《孫子》、《六韜》、《左傳》、《國語》及三史"；早以《左傳》及《左氏外傳》屬"兵書"。《新五代史・敬翔傳》梁太祖問："《春秋》所記何等事？"翔答："諸侯戰爭之事耳"，又問："其用兵之法，可以爲吾用乎？"答："兵者、應變出奇以取勝，《春秋》古法不可以用於今"；觀《舊五代史・敬翔傳》末附註言其"應《三傳》數舉不第，發憤"投筆，則其對梁祖語，或猶存餘憤，乃己噎而勸人廢食歟？後世言兵者稱述左氏不衰；明顏季亨《九十九籌》卷一〇《戰律〈春秋〉》歎"《春秋》兵法之聖也"，即以孫、吳等兵法詮《左傳》；陳禹謨撰《左氏兵略》；清魏禧《魏叔子文集》卷二有《春秋戰論》一〇首，謂"左氏之兵"爲"謀三十有二"、"法二十有二"焉。

【增訂三】古之"名將"而"精通《左氏傳》者"，梁章鉅《退菴隨筆》卷一三嘗標舉之，關羽、渾瑊、狄青等與焉。

四八　平津侯主父列傳

　　公孫弘"爲布被"，"食一肉，脱粟之飯"。按閻若璩《潛邱劄記》卷二謂"廉易而恥難"，如公孫弘布被脱粟，不可謂不廉，而曲學阿世，何無恥也！馮道刻苦儉約，不可謂不廉，而更事四姓十君，何無恥之甚也！"蓋廉乃立身之一節，而恥實心之大德，故廉尚可矯，而恥不容僞。"析理入微。《鹽鐵論》之《刺復》、《褒賢》、《救匱》諸篇譏弘之"無益於治"，顧亦未嘗不許其儉約也。

　　"主父偃曰：'我阨日久矣！且丈夫生不五鼎食，死即五鼎烹耳！'"按《左傳》哀公十六年，石乞曰："此事克則爲卿，不克則烹，固其所也。何害！"《南齊書·荀伯玉傳》："善相墓者見伯玉家墓，謂其父曰：'當出暴貴而不久也。'伯玉後聞之，曰：'朝聞道，夕死可矣！'"《全唐文》卷八九七羅隱《廣陵妖亂志》諸葛殷曰："男子患於不得遂志，既得之，當須富貴自處，人生寧有兩邊死者！"可合觀。皆東方朔羨木槿之意也。

　　主父偃"遍召昆弟賓客，散五百金予之，數之曰：'始吾貧時，昆弟不我衣食，賓客不我内門。今吾相齊，諸君迎我，或千里。吾與諸君絶矣！'"按《蘇秦列傳》刻劃"一人之身，富貴則親戚畏懼，貧賤則輕易之"；《司馬相如列傳》寫相如奉使歸蜀，"於是卓王孫、臨邛諸公皆因門下獻牛酒以交驩，卓王孫喟然而歎，自以得使女尚司馬長卿晚"。餘見前論《蘇秦列傳》。馬遷於炎涼世態，如言之不足，故重言之者，殆別有懷抱而陳古刺今、借澆塊壘歟。卓王孫事酷肖《儒林外史》中胡屠戶之於"賢婿老爺"；此當出馬遷渲染之筆，不類相如《自敍》詞氣也。

四九　司馬相如列傳

　　《考證》：“劉知幾曰：‘司馬相如爲《自敍傳》，具在其集中，子長因録斯篇’”。按相如有《自敍》，始見於《隋書·劉炫傳·自贊》：“通人司馬相如、揚子雲、馬季長、鄭康成皆自敍風徽，傳芳來葉。”《漢書·司馬遷傳》：“遷之《自敍》云爾”，顏師古註：“自此以前，皆其《自敍》之辭也，自此以後，乃班氏作傳語耳”；《揚雄傳·贊》曰：“雄之《自敍》云爾”，師古註謂此傳即取雄《自敍》爲之，觀《贊》備述雄之行事，以補《傳》所缺載，則“班氏作傳語”，別見《贊》中，師古非臆測也。兩傳均特書“《自敍》云爾”，因全録馬、揚原文，未加裁割挪移。猶《晉書·隱逸傳》於陶潛曰：“其自敍如此”，乃全録《五柳先生傳》而祇略去其《贊》也。《漢書·東方朔傳》則《史通·雜記》上云：“尋其傳體，必曼倩之《自敍》也，但班氏脱略，故世莫之知”；《後漢書·馬融傳》不及其《自敍》，然按《世説新語·文學》門劉峻註引融《自敍》，則傳中語有逕取其文者；《梁書·文學傳》於劉峻曰：“嘗爲《自敍》，其略曰……”，《文選》峻《重答劉秣陵沼書》李善註引峻《自序》語即在“略”去之列，傳中他處必有逕取其文者。夫其人苟有自傳，作史者爲之傳而採擷焉，事之必然，理所當然，脱非通録全篇或整段，自毋庸片言隻句聲明來歷。馬遷爲相如傳，必非照載原文而不予竄易，故未著“《自序》云爾”。劉峻《自敍》，比跡馮衍，《文心雕龍·才略》稱衍“坎壈盛世，而《顯志》、《自敍》，亦蚌病成珠”；則衍有《自敍》，其文當有摭攟入《後漢書·馮衍傳》者，而范曄未嘗表白，即遷此傳之類也。

【增訂四】“自敍”不必皆爲“傳”體，如鄭玄“自敍”即《後漢書》本傳所録《戒子益恩書》是也。

《史通·序傳》又云：“相如《自敍》乃記其客遊臨邛，竊妻卓氏，以《春秋》所譏，持爲美談。雖事或非虛，而理無可取，載之於傳，不其愧乎！”相如文既失傳，不知此事如何載筆，竊意或以一二語括該之，不同《史記》之渲染點綴。正如馮衍《自敍》已全佚，劉峻踵作雖缺有間，而妻悍之文固在；然即馮敍猶存，劉敍仍完，其記悍妻凶虐，必不及衍《與婦弟任武達書》之詳悉。此無他，文尚體要，言各有宜耳。是以《史通》謂馬遷“因録斯篇”，乃粗舉大略，不可刻舟抱柱。瀧川引王鳴盛輩讀至下文譏《上林賦》“侈靡過實”，方悟非“長卿自作傳”；未參活句，見事遂遲。雖然，相如於己之“竊妻”，縱未津津描畫，而肯夫子自道，不諱不作，則不特創域中自傳之例，抑足爲天下《懺悔録》之開山焉①。人生百爲，有行之坦然悍然，而言之則色報報然而口呐呐然者。既有名位則於

---

① 　Cf. G. Gusdorf：“Conditions et Limites de l'Autobiographie”, in *Formen der Selbstdarstellung*，hrsg. G. Reichenkron und E. Haase，111（l'héroïsme de tout dire）.

未達時之無藉無賴，更隱飾多端；中冓之事，古代尤以爲不可言之醜。相如却奮筆大書，"禮法豈爲我輩設"，"爲文身大不及膽"，當二語而無愧。嵇康作《聖賢高士傳》，以相如與其數，贊曰："長卿慢世，越禮自放"，此其一端矣。余見無名氏《大唐故范氏夫人墓誌銘》（《全唐文》卷九九五）稱"始以色事"厥夫，"送深目逆，調切琴心"，嘗笑詼墓而驅遣相如、文君故事，非魯鈍不通文理，即戇莽不通世故。然范氏死者無知，相如撰《自敍》時，文君縱退爲房老，而遂以其少年遺行襮布丹青，毋乃太不爲之地乎？此又後世撰《懺悔錄》者之所慣爲。相如《自敍》與文君《白頭吟》孰先孰後，亦殊耐思量也。

　　"卓王孫有女文君，新寡好音，故相如繆與令相重，而以琴心挑之。……文君竊從户窺之，心悦而好之，恐不得當也。……夜亡奔相如。"按"繆"也、"竊"也、"心悦"也、"恐不得當"也，望而知出於馬遷之揣摩，不類《自序》詞氣。阮籍《獼猴賦》取相如好色以擬猴之淫欲，當指此事；參觀《焦氏易林》卷論《坤》之《剥》。《全唐文》卷三九六鄭少微《憫相如賦》深斥其背禮傷風，有曰："搢紳先生，而爲此歟！涼德汙行，既不勝誅；閭閻烈女，世未乏諸"；幾恨不能肆諸市朝或勒令休妻焉。李贄《藏書》卷三七云："使當其時，卓氏如孟光，必請於王孫，吾知王孫必不聽也。嗟夫！斗筲小人何足計事！徒失佳耦，空負良緣，不如早自抉擇，忍小恥而就大計。《易》不云乎：'同聲相應，同氣相求'。同明相照，同類相招；'雲從龍，風從虎'，歸鳳求凰；何可負也！"《古詩歸》卷二譚友夏評《紫玉歌》云："被愚拗父母板住，不能成對，齎情而死；讀《紫玉歌》，益悟文君奔相如是上上妙策，非膽到識到人不能用。"王闓運《湘綺樓日記》光緒四年十二月四日云："偶談司馬長卿、卓文君事。念司馬良史而載奔女，何以垂教？此乃史公欲爲古今女子開一奇局，使皆能自拔耳"；王氏弟子陳銳《抱碧齋集‧詩話》云："《琴歌》一篇，王湘綺作，爲余書扇，附記云：'讀史傳，竊疑相如、文君事不可入國史，推司馬意，蓋取其開擇婿一法耳。'目光如炬，侈談'自由婚姻'者蓋亦知所本。"時在清季，李贄之書尚未出幽遷喬，宜師弟子皆不知其論；竟陵《詩歸》卻王氏所不廢，《日記》同年六月十一日記執友"縱談詩法"曰："《詩歸》爲世所訾議，非吾輩不能用之有效也"，然則"目光如炬"，毋乃亦借明傳火於譚評乎？《琴歌》："廝養娶才人，天孫嫁河鼓，一配忽忽終百年，粉淚蔫花不能語"，即前論《外戚世家》引朱彝尊《無題》之意。《西京雜記》卷三記相如欲納茂陵女爲妾，卓文君賦《白頭吟》以自絕；其事未保有無，而殊屬尋常，孟郊《古薄命妾》以十字蔽之曰："將新變故易，持故爲新難。"亦見"一配"而"終百年"，談何容易，"奇局"新"開"，未必長局久持；此又李、王未識者。"《長門》解爲他人賦，卻惹閨中怨《白頭》"；"相如解作《長門賦》，竟遣文君怨《白頭》"（《晚晴簃詩匯》卷六三葉舒璐《論古》、卷一一七吕兆麒《讀書有感》）；後世詩人所以訕笑也。

　　武帝曰："朕獨不得與此人同時哉！"按《張釋之、馮唐列傳》文帝曰："吾獨不得廉頗、李牧時"；"獨不"如沈佺期《古意》："誰謂含愁獨不見"，今語所謂"偏偏不"。杜甫《詠懷古跡》："蕭條異代不同時"，曰"不同時"而復曰"蕭條異代",重言以申明望古遥集之恨也。《三國志·蜀書·許靖傳》裴註引《魏略》載王朗書曰:"眇眇異處,與異世無以異也";頗具名理,以"無以異"和同兩"異",亦善於修詞者。

《游獵賦》:"其石則赤玉、玫瑰、琳珉、琨珸、瑊玏、玄厲、瑌石、武夫。"按他如禽獸、卉植,亦莫不連類繁舉,《文心雕龍·詮賦》所謂"相如《上林》繁類以成艷"也。自漢以還,遂成窠臼。艾南英《天傭子集》卷二《王子鞏〈觀生草〉序》譏漢賦不過"排比類書",即指此;閻若璩《潛邱劄記》卷五《與戴唐器書》之三八至斥艾氏"此等說話,罪不容誅,⋯⋯均宜服上刑"。顧景星論文,甚薄"豫章之艾、陳"(《白茅堂集》卷三三《藕灣文鈔序》),而其子昌《耳提録》述阿翁庭訓,有云:"左太沖一賦何以遲至十年?蓋古人書籍難得,不似今時易購,非其才思之鈍。"陸次雲《北墅緒言》卷四《與友論賦書》亦云:"漢當秦火之餘,典墳殘缺,故博雅之儒,輯其山川名物,著而爲賦,以代乘志。⋯⋯使孟堅、平子生於漢後,⋯⋯亦必不爲曩日之製。"皆類艾論。蓋此爭早在袁枚、章學誠辯論《兩京》、《三都》之前(《隨園詩話》卷一,《文史通義》内篇二《文理》、五《書坊刻〈詩話〉後》)。夫排數件,有同簿籍類函,亦修詞之一道[1]。然相如所爲,"繁"則有之,"艷"實未也,雖品題出自劉勰,談藝者不必效應聲蟲。能化堆垜爲烟雲,枚乘《七發》其庶幾乎。他人板重悶塞,

---

[1] H. Lausberg, *Handbuch der literarischen Rhetorik*, I, 337 (enumeratio oder Häufung im Kontakt). Cf. F. Schlegel, *Literary Notebooks*, ed. H. Eichner, 157, § 1555 (ein Chaos von Substantiven zu häufen); N. Frye, *Anatomy of Criticism*, 336 (the verbal tempest, the tremendous outpouring of words in catalogues).

堪作睡媒，即詞才清拔如周邦彥，撰《汴都賦》（吕祖謙《皇朝文鑑》卷七），"其草"、"其魚"、"其鳥"、"其木"聯篇累牘，大似《文心雕龍·練字》所嘲"其字林乎"！高文雅製中此類鋪張排比，真元好問《論詩絕句》所謂"斌斌"耳。然小説、劇本以游戲之筆出之，多文爲富而機趣洋溢，如李光弼入郭子儀軍中，旌旗壁壘一新。董説《西遊補》每喜鋪比，第一回各色百家衣、第三回武器、第四回萬鏡又看榜人、第七回梳洗用具、第八回派起鬼判及使者，皆稠疊而不冗滯。復舉二例。《百花亭》第三折王焕叫賣云："查梨條賣也！賣也！賣也！這菓是家園製造道地收來也！有福州府甜津津、香噴噴、紅馥馥、帶漿兒新剥的圓眼荔枝也！有平江路酸溜溜、涼陰陰、美甘甘連葉兒整下的黄橙緑橘也！有松陽縣軟柔柔、白璞璞、帶粉兒壓匾的凝霜柿餅也！有婺州府脆鬆鬆、鮮潤潤、明晃晃、拌糖兒捏就的纏棗頭也！有蜜和成、糖製就、細切的新建薑絲也！有日晒皺、風吹乾、去殼的高郵菱米也！有黑的黑、紅的紅、魏郡收來的指頭大瓜子也！有酸不酸、甜不甜、宣城販到的得法軟梨條也！"云云。《醒世姻緣》第五〇回孫蘭姬"將出高郵鴨蛋、金華火腿、湖廣糟魚、寧波淡菜、天津螃蟹、福建龍虱、杭州醉蝦、陝西瑣瑣葡萄、青州蜜餞棠球、天目山筍鮝、登州淡蝦米、大同穌花、杭州鹹木樨、雲南馬金囊、北京琥珀糖，擺了一個十五格精致攢盒"（參觀第七九回寄姐想吃"四川的蜜唧、福建的蝌蚪"等十四物）。盡俗之言，初非爾雅，亦非賦體，而"繁類"鋪比，妙契賦心（參觀《毛詩》卷《河廣》則論《閑居賦》與《紅樓夢》第五回），抑且神明變化，前賢馬、揚、班、張當畏後生也。西方大家用此法者，首推拉伯雷（Rabelais），評者每稱其"饞涎津津之飲食品料連類"（les énumérations succulentes)①，蓋彷彿《百花亭》、《醒世姻緣》兩節者。然渠儂苦下筆不能自休，讓·保羅嘗譏其連舉游戲都二一六各色，斐沙德（Fischart）踵事而增至五八六種，歷數之使人煩倦（mit vieler Eile und Langweile）②，則又"動人嫌處只緣多"矣。

《游獵賦》："弓不虛發，中必決眥，洞胸達腋，絕乎心係"；《集解》："韋昭曰：'在目所指，中必決於眼眥也'"；《考證》："顏師古曰：'決獸之目眥'；中井積德曰：'洞胸達腋，共承必字。'"按《考證》引兩家説俱是。《後漢書·中山簡王焉傳》載明帝書亦云："皆北軍胡騎，便兵善射，弓不空發，中必決眥"。"決眥"即鮑照《擬古》第一首所謂"驚雀無全目"；"決"、裂也，眥裂則目不全矣。曹植《冬獵篇》之"張目決眥"，則與杜甫《望嶽》之"決眥入歸鳥"同意，皆言遠眺凝視，"決"、絕也，如"絕頂"、"絕域"之"絕"，"決眥"即窮極目力也。此又文同而不害意異之例。"洞胸"二句，可參觀《北齊書·斛律羨傳》："光所獲或少，必麗龜達腋；羨雖獲多，非要害之所"。"決眥"、"洞胸"，皆中"要害"矣。

《游獵賦》："雙鶬下。"按《文選》李善註："'下'、落也。"班固《西都賦》："矢不單發，中必疊雙"；傅毅《洛都賦》："連軒翥之雙鶬"（《文選》陸機《齊謳行》註引）；張衡《南都賦》：

① R. Garapon, *La Fantaisie verbale et le Comique dans le Théâtre français du Moyen Âge à la Fin du XVIIᵉ Siècle*, 74, 85, 113, Cf. Christina Rossetti："Goblin Market"："Come buy, come buy: /Apples and Quinces, /Lemons and oranges, /Plump unpecked cherries, /Melons and raspberries"etc. .

② *Vorschule der Aesthetik*, §35, *op. cit.*, 142.

"仰落雙鷦"，又《西京賦》："磻不特絓，往必加雙"；曹植《名
都篇》："左挽因右發，一縱兩禽連"；《列子·湯問》："蒲且子之
弋也，弱弓纖繳，乘風振之，連雙鷦於青雲之際"；徐陵《紫騮
馬》："角弓連兩兔，珠彈落雙鴻"；李白《行行且游獵》："弓彎
滿月不虛發，雙鷦迸落連飛髇"，又《贈宣城太守兼呈崔侍御》：
"閑騎駿馬獵，一射兩虎穿；回旋若流光，轉背落雙鳶"；杜甫
《哀江頭》："翻身向天仰射雲，一箭正墜雙飛翼"；白居易《雜
興》："東風二月天，春雁正離離，美人挾銀鏑，一發疊雙飛"；
李賀《榮華樂》："天長一矢貫雙虎，雲弛絕骋聒旱雷。"

【增訂四】《藝文類聚》卷九二《鴟》門引劉楨《射鳶詩》："發
　　機如驚焱，三發兩鳶連"；卷九五《麇》門引魏文帝詩："彎弓
　　忽高馳，一發連雙麕。"

比美效顰，侈夸成習，略似《召南·騶虞》之"一發五豝"。長
孫晟、高駢發一矢而貫二雕，李克用仰中雙鳧，乃至李波小妹射
人亦"左右必疊雙"，史傳中大書特書者，詞章中常見慣見。《左
傳》昭公二十八年賈大夫"射雉獲之，其妻始笑言"；而《水經
注》卷六《汾水》祁縣云："賈辛邑也。辛貌醜，妻不爲言，與
之如皋射雉，雙中之，則笑也。"蓋俗傳亦增飾而加雙連兩焉。
《樂府雅詞》卷中葉夢得《水調歌頭·九月望日，與客習射西
園。……將領岳德弓强二石五斗，連發三中的。……》："何似當
筵虎士，揮手弦聲響處，雙雁落遥空！"詞所詠與題所記，絕然
兩事，恬不爲意，亦緣知依樣落套之語，讀者不至如痴人之聞説
夢、鈍根之參死句耳。詩人寫景賦物，雖每如鍾嶸《詩品》所謂
本諸"即目"，然復往往踵文而非踐實（nicht in der Sache，son-
dern in der Sprache），陽若目擊今事而陰乃心摹前構。匹似歐陽

修《采桑子》："垂下簾櫳，雙燕歸來細雨中"，名句傳誦。其爲真景直尋耶？抑以謝朓《和王主簿怨情》有"風簾入雙燕"，陸龜蒙《病中秋懷寄襲美》有"雙燕歸來始下簾"，馮延巳《采桑子》有"日暮疏鐘，雙燕歸栖畫閣中"，而遂華詞補假，以與古爲新也？修之詞中洵有燕歸，修之目中殆不保實見燕歸乎？史傳載筆，尚有準古飾今，因模擬而成捏造，況詞章哉？不特此也。《宋書·范曄傳》曄獄中與諸甥姪書，早以"韻移其意"爲"文士"一患，又曰："手筆差易，文不拘韻故也。"張耒《明道雜志》記蘇軾評韓愈詩："子瞻説吏部古詩，凡七言者則覺上六字爲韻設，五言則上四字爲韻設，不若老杜語……無牽强之迹"；楊萬里《誠齋集》卷七九《陳晞顔〈和簡齋詩集〉序》亦歎："意流而韻止，韻所有，意所無也，焉得而不困！"後世小家薄相，才窘力屢，因僞爲恭，謝榛《四溟山人全集》卷二二、二四《詩家直説》至教人以"意隨韻生"，"因字得句"；

【增訂一】但丁自負能如意押韻而未嘗以意就韻（參觀 A. M. Clark, *Studies in Literary Modes*，176），即未嘗如范曄所謂"韻移其意"也。法國十六世紀談藝者(J. Peletier)有謂，詩人爲韻脚所窘，每因難見巧，異想開而新意出(la contrainte de la rime favorise l'invention et la création)（H. Weber, *La Création poétique au 16e Siècle en France*，I，155），則如謝榛所言"意隨韻生"也。

又湯賓尹《睡菴文集》卷一《〈蒹葭館詩集〉序》言：情之所不必至，而屬對須之；景之所不必有，而押韻又須之"（參觀錢秉鐙《田間文集》卷一六《兩園和詩引》："詩言志，志動而有韻；今和詩因韻生志，是以志從韻也"）。按言盡信，或被眼謾。《説

郛》卷七呂居仁《軒渠録》記王彦齡好唱《望江南》詞，庭參
時，上官責之，彦齡向前應聲曰：「居下位，常恐被人讒，只是
曾塡《青玉案》，何曾敢作《望江南》?……」，下句不屬，回顧
適見馬姓兵官，乃曰：「請問馬都監!」既退，馬詰彦齡曰：「某
實不知，子乃以某爲證何也!」彦齡笑曰：「且借公趁韻，幸勿多
怪!」(參觀《夷堅三志》壬卷七)。即「押韻須之」也。

【增訂一】評詩文而出以韻語，亦有「請問馬都監」之類。如陳
　　師道《次韻蘇公西湖觀月聽琴》末韻曰：「後世無高學，末俗愛
　　許渾」，儼若《丁卯》一集成風貽患者。殊乏徵驗。胡應麟《少
　　室山房筆叢》卷二三：「無己學杜，與許渾絕不同，言自應爾。
　　然亦趁‘渾’字韻;不然，區區一丁卯，何苦發此機耶?」洵
　　識曲聽真也。方回乃奉趁韻之片言，爲指迷之大覺，張皇幽眇
　　(參觀《瀛奎律髓》卷一〇許渾《春日題韋曲野老村舍》評語、
　　《桐江集》卷五《劉元暉詩評》)。夫唐詩人名字不乏屬《眞》、
　　《文》、《元》三部者，苟蘇詩原用「綸」、「文」、「元」爲韻，則
　　陳氏步韻或且曰：「末俗愛盧綸(仲文、士元)」，而方氏將集
　　矢於大歷十才子乎! 倘原押「倫」字，則戴叔倫復危哉殆矣!
《説郛》卷三二范正敏《遯齋閑覽》記李廷彦獻百韻排律於上官，
中有聯云：「舍弟江南没，家兄塞北亡!」上官讀而惻然傷之，謂
曰：「不意君家凶禍重併如此!」廷彦亟起自解曰：「實無此事，但
圖對屬親切耳」(亦見《續墨客揮犀》卷八，孔齊《至正直記》卷
四載續之者曰：「只求詩對好，不怕兩重喪」)。即「屬對須之」也。

【增訂四】劉攽《中山詩話》記王丞相云：「‘馬子山騎山子馬’
　　(馬給事字子山，穆王八駿有山子馬之名)，久之，有人對曰：
　　‘錢衡水盜水衡錢。’錢某爲衡水令，人謝之曰：‘正欲作對爾，

實非有盜也。'"亦"屬對須之"之古謔。

二例雖發一笑，足資三反。學者觀詩文，常未免於鼃斯踢，好課虛坐實，推案無證之詞，附會難驗之事，不可不知此理①。然苟操之太過，若扶醉漢之起自東而倒向西，盡信書則不如無書，而盡不信書則如無書，又楚固失而齊亦未爲得矣。

《游獵賦》："蕩蕩乎八川"云云。按此一大節非徒開左思《吳都賦》，且亦木、郭《海賦》、《江賦》之先河也。

《游獵賦》："芒芒恍忽，視之無端，察之無崖。"按下又云："被山緣谷，循阪下隰，視之無端，究之無窮。"他如乍云猨蜼"牢落陸離，爛漫遠遷"，即復云車騎"先後陸離，離散別追"；子虛言"於是楚王乃弭節徘徊，翱翔容與"，而亡是亦言天子"於是乘輿弭節徘徊，翱翔往來"；子虛曰："觀壯士之暴怒，殫覩衆物之變態"，而亡是亦曰："眂部曲之進退，覩衆帥之變態"；子虛曰："弋白鵠"，而亡是亦曰："弋玄鶴"；子虛曰："桂椒木蘭"，"騰遠射干"，而亡是亦曰："槀本射干"，"欑檀木蘭"。此類重犯處不少，斷未能強釋爲有意對稱；非失檢，即才竭耳。漢魏、六朝之賦常一味鋪比，同篇複出，幾成通疵。庾信詞賦，允推大家，而一首之中，凌亂複疊，議其後者不乏，却未見有上責相如者。靳榮藩《綠溪語》卷上："漢文疏而厚，如《大人賦》兩押'浮'韻，《子虛賦》'衡蘭''射干'皆再見，今人必以爲複矣。"似榮古而爲曲諱，欲蓋彌彰矣！

---

① Cf. G. Picon, *La Littérature du XXe Siècle*, in R. Quéneau, ed., *Histoire des Littératures*，III，1320："Rhétorique? C'est dire que la poésie est fondée sur le langage，non sur une expérience".

"侈靡過其實，且非義理所尚"；《考證》引梁玉繩言左思、劉勰"並稱相如此賦濫詭不實，余謂上林地本廣大，且天子以天下為家，故所敍山谷水泉，統形勝而言之。……況相如明著其指曰'子虛'、'烏有'、'亡是'，是特主文譎諫之義爾"。按程大昌早發此意而言之更暢，《演繁露》卷一一云："亡是公賦上林，蓋該四海言之。……言環四海皆天子園囿，使齊、楚所誇，俱在包籠中。彼於日月所照，霜露所墜，凡土毛川珍，孰非園囿中物？敍而置之，何一非實？後世顧以長安上林覈其有無，所謂癡人前不得說夢者也！秦皇作離宮，關內三百，關外四百，立石東海上朐界中，為秦東門，此即相如《上林》所從祖效，以該括齊、楚者也。自班固已不能曉，……後世何責焉！"殊具文心，然班固之"不曉"，實承馬遷來耳。張衡《西京賦》："有憑虛公子者，……言於安處先生"，薛綜註："'憑'，依託也，'虛'，無也；'安處'猶'烏處'，若言'何處'"；《明文授讀》卷五二蔣冕《太學丘君行狀》謂丘名敦，嘗作《發家說》，"託名於'兀該拙卜古溫'，胡語謂'無是人'也"。師古而愈出奇，此類名氏亦如荷馬史詩中角色之詭稱己名"無人"矣①。

"是時天子方好自擊熊羆，馳逐野獸，相如上疏諫之。其辭曰：'……卒然遇軼材之獸，駭不存之地，犯屬車之清塵。輿不及還轅，人不暇施巧，雖有烏獲、逢蒙之技，力不得用。枯木朽株，盡為害矣！'"按《魯仲連、鄒陽列傳》陽獄中上梁孝王書曰："蟠木根柢，輪囷離詭，而為萬乘器者，何則？以左右先為

之容也。……故有人先談，則枯木朽株，樹功而不忘。……欲盡
忠當世之君，而素無根柢之容，……則人主必有按劍相眄之跡，
是使布衣不得爲枯木朽株之資也。"皆用"枯木朽株"，而用意迥
異。相如謂微物不可忽，無用者足爲害；《晉書·石勒載記》下
程琅諫勒出獵曰："且枯木朽株，盡能爲害，馳騁之敝，古今戒
之"，勒不聽，"是日逐獸，馬觸木而死，勒亦幾殆"，堪爲箋證。
鄒陽謂下材不可棄，無用者或有裨，即《後漢書·班超傳》超上
疏所謂"鉛刀一割之用"。此又一喻兩邊之例也。

　　《大人賦》："下崢嶸而無地兮，上寥廓而無天。"按《漢書·
司馬相如傳》下載此賦，師古註："崢嶸，深遠貌也"；《傳》上
載《游獵賦》："刻削崢嶸"，師古無註，則"崢嶸"爲高峻之意；
《西域傳》上杜欽説王鳳云："臨崢嶸不測之深"，師古註："崢
嶸，深險之貌也"，與《大人賦》同而與《游獵賦》異。《大人
賦》此數語全襲《楚辭·遠遊》，故洪興祖《楚辭補註》即取
《漢書·相如傳》師古註以釋"崢嶸"。《晉書·束皙傳》皙作
《玄居釋》有云："朝游巍峨之宮，夕墜崢嶸之壑"，亦用深義。
"崢嶸"指上高，而并能反指下深者，深與高一事之俯仰殊觀耳。
《莊子·逍遙遊》不云乎："天之蒼蒼，其正色耶？其遠而無所至
極耶？其視下也亦若是，則已矣。"古希臘文 bathos 訓深，而亦
可訓高，郎吉納斯談藝名篇《崇高論》即以爲高（hypsos）之同義
字[1]；拉丁文 altus 訓高，而亦訓深[2]；頗足參證。德語"山深"

---

　　[1]　*On the Sublime*，II. i，in *Aristotle*，*Longinus*，*and Demetrius*，"Loeb"，
127. Cf. A. Preminger, ed. , *Encyclopedia of Poetry and Poetics*，71.

　　[2]　S. Ullmann，*Semantics*，168.

（bergetief）尤爲“下崢嶸”、“臨崢嶸”、“墜崢嶸”之的解。華言
“山深”，乃“庭院深深深幾許”之深，謂一重一掩，平面之進深
也。德語則謂沉淵墜谷之深正如陟嶺登峯之高，以上比下，通降
於升，即莊子云“亦若是”也。

　　《封禪文》。按張裕釗《濂亭遺文》卷一《辨司馬相如〈封禪
文〉》力辨此文非“從諛”而爲“譎諷”、“忠諫”，特以詞“隱
詭”、意“深遠”，故“難識”、“鮮知”。張與吳汝綸同門齊稱，
二人爲文，每若韓、柳之“三六九比勢”（《牡丹亭》第六齣）；
吳有《讀〈文選·符命〉》，張則有此篇，均好事立異，徒失據敗
績耳。“隱詭”、“深遠”如此，漢武安能“識”、“知”其爲諷而
非勸乎？蓋有心翻案而不能自圓厥説者。

　　“相如雖多虛辭濫説，然其要歸引之節儉，此與《詩》之風
諫何異？”按《漢書·司馬相如傳·贊》引之，而復述揚雄譏相
如“勸百而風一，曲終而奏雅”。張衡《東京賦》：“故相如壯上
林之觀，揚雄騁羽獵之辭。雖系以‘隤牆填塹’，亂以‘收置落
網’，卒無補於風規，祇以昭其愆尤”；即以雄與相如連類，取雄
譏相如者，并還施於雄也。左思《魏都賦》：“末上林之隤牆，本
前修以作系”，《文選》載劉淵林註引張衡此數語；《北齊書·陽
斐傳》斐答陸士佩書中評相如、雄，亦全襲張衡此數語。

五〇　汲鄭列傳

　　"大將軍青侍中，上踞廁而見之"；《集解》："廁謂牀邊，一云溷廁也"；《考證》："廁當作廁，厠、側通。"按程大昌《演繁露》卷五、周密《齊東野語》卷一〇、徐昂發《畏壘筆記》卷二等皆考《史記》中"廁"有數義；程氏至云："今武帝之見青也，臨斬絶之岸，而使青蒲伏於絶岸之下，仰視威顏，如在天上"，其説迂謬，渾忘"侍中"兩字矣。謝肇淛《五雜組》卷三論武帝見青事，亦主溷廁，謂"解者必曲爲之説，殊可笑！"是也。竊謂此傳與《項羽本紀》中"廁"，皆指溷廁；《張釋之、馮唐傳》中"廁"，則指邊涯。"踞廁"接見大臣，亦西方帝皇舊習，蒙田所謂據廁牏爲寶座，處理機要（des princes，qui pour depescher les plus importants［*sic*.］affaires，font leur throne de leur chaire percée）①；并有入廁面君特許狀（le brevet d'affaires），頒予重臣，俾於溷圊得便宜如宣室之覿。吾國古代似無此典制。

　　【增訂四】聖西門《回憶録》於法國路易十四宫廷掌故，如山藏海涵，記當時王公常以廁牏爲内室之公座（un trône in-

---

　　①　*Essais*，I. iii，"la Pléiade"，37.

time），據而會客。臣工奏事，路易十四則奏溷，每晨輒半小時；凡爾塞宮中置官楡（chaîses percées officielles）凡二百七十四具云（Jean de la Varende，*M. le duc de Saint-Simon et sa comédie humaine*，1983，p.113）。

"忿發罵曰：'天下謂刀筆吏不可以爲公卿，果然！'"按《張釋之、馮唐列傳》釋之亦諫文帝"秦以任刀筆之吏"，陵遲土崩。然《蕭相國世家》："太史公曰：'蕭相國何於秦時爲刀筆吏'"；汲黯之罵，誠爲黯於漢家故事矣。

"太史公曰：'下邽翟公有言'"云云。按《漢書·張、馮、汲、鄭傳》以翟公署門一節綴鄭當時傳尾，逕接以總《贊》。此節乃馬遷感歎之比事屬詞，固乃溝而外之於作者議論，贅而著之於傳中人本事，謀篇全失倫脊。立異無當，不如照鈔，依樣葫蘆，猶勝畫蛇添足也。

五一　儒林列傳

"黃生曰：'湯武非受命，乃弒也。……'轅固生曰：'不然！必若所云，是高祖代秦，即天子之位，非耶?'"按《韓非子·忠孝》云："湯、武人臣而弒其主，刑其尸，而天下譽之，此天下所以至今不治者也。……人主雖不肖，臣不敢侵也。……孔子本未知孝悌忠順之道者也。……忠臣不危其君，孝子不非其親。"黃生雖儒，而持論則同法家之韓非。《酈生、陸賈列傳》賈對高帝曰："且湯、武逆取而順守之"，語意本《商君書·開塞》："武王逆取而貴順，……其取之以力，持之以義"；"逆取"即"弒"爾。班固《東都賦》："攻有橫而當天，討有逆而順民"，則謂：主苟無道失德，則臣之弒僭，名分雖乖，而事理殊允，不忠不順，却天與民歸（When lawful's awful，treason's reason）；《後漢書》固本傳章懷註引"逆取順守"釋之，尚隔一塵。《後漢書·袁紹傳》下劉表諫袁譚書曰："昔三王、伍伯，下及戰國，君臣相弒，父子相殺，兄弟相殘，親戚相滅，蓋時有之。然或欲以定王業，或欲以定霸功，皆所謂'逆取順守'"（《三國志·袁紹傳》裴註引此書無末句）；《晉書·段灼傳》還鄉臨去上表曰："世之論者以爲亂臣賊子無道之甚者，莫過於莽，此亦猶'紂之不善，不若是之甚也'。……昔湯武之興，亦逆取而順守之耳。
向莽深惟殷、周取守之術，崇道德，務仁義，……宜未滅
也。……非取之過，而守之非道也。"蓋凡取雖逆而守能長者，
胥可當此語，不限於湯、武，即所謂"成敗論人"也①。然習鑿
齒《晉承漢統論》以還，斤斤辨正統者有之；《朱子語類》卷八
三斥《左傳》之病"是以成敗論是非，而不本於義理之正"，左
邱明乃"滑頭熟事、趨炎附勢之人"；上自劉知幾《史通》外篇
《疑古》疑湯之飾僞而桀紂之"惡不至是"，下至李慈銘《越縵堂
文集》卷一《紂之不善論》等，胥不肯遽以得喪興廢定美刺予奪
(the cult of success)，有韓子、黃生之遺意焉。歐陽修《五代
史·梁本紀》二自言"本《春秋》之旨"，故"不偽梁"而亦
"不獎篡"，欲兼顧而不免持兩端矣。《孟子·梁惠王》齊宣王問
"湯放桀、武王伐紂"，孟子對曰："殘賊之人，謂之一夫，聞誅
一夫紂矣，未聞弑君也"；韓非嘗師孫卿，而《荀子·正論篇》
曰："故桀紂無天下，而湯武不弑君。……今世俗之爲説者，以
桀紂爲君，而以湯武爲弑，然則是誅民之父母而師民之怨賊也，
不祥莫大焉！"是則儒家者流於"受命、放殺"，早有定論，董仲
舒《春秋繁露》第二五篇《堯舜不擅移，湯武不專殺》即演其
旨。據趙歧《孟子題辭》，文帝世《孟子》已置博士，而轅固生
不知引以張目，當時陋儒老生之專固可想。《全梁文》卷一梁武
帝《淨業賦·序》極口爲已分疏，有曰："朕不得比湯、武，湯、

<hr>

① Schiller："Die Resignation"："Die Weltgeschichte ist das Weltgericht"
(*Werke*，hrsg. L. Bellermann，I，75)；Vigny，*Journal d'un Poète*："La *moralité de la
victoire* est la raison du plus fort"(*Oeuv. comp.*，"la Pléiade"，II，999)．

武亦不得以比朕。湯、武是聖人，朕是凡人。湯、武君臣義未
絕，而有南巢、白旗之事；朕君臣義已絕，然後掃定獨夫。"蓋
儒家既嚴樹綱常名教，而復曲意回護"湯、武革命"，説終難圓，
義不免墮，故敢行湯、武之事如蕭老公者，尚不願以"南巢、白
旗之事"比於己之誅東昏侯也。不然，"掃定獨夫"豈非正孟子
所謂"誅一夫"歟？何必從而別爲之詞哉！

　　黃生曰："冠雖敝，必加於首；履雖新，必關於足。何者，
上下之分也。桀、紂雖失道，然君上也；湯、武雖聖，臣下也。"
按《漢書·賈誼傳》上疏陳事云："臣聞之：履雖鮮，不加於枕；
冠雖敝，不以苴履。夫嘗已在貴寵之位，……今而有過，……束
縛之，係紲之，……司寇小吏詈罵而榜笞之，殆非所以令衆庶見
也。"兩生取譬一也，黃欲臣"厲節於君"，賈則欲君"禮貌於
臣"，疑若相背然；實乃喻之柄同而邊亦同者。賈生以履指"小
吏"，黃生以履指"臣下"，吏卑而陵"貴寵"，猶臣卑而犯"君
上"，均如"履"不"關於足"而"加於枕"爾。

　　竇太后"召轅固生問《老子》書，固曰：'此是家人言耳！'"
《考證》："中井積德曰：'家人謂庶人。……'俞正燮曰：'宮中
名家人者，蓋宮人無位號，如言宮中女子、宮婢。……竇太后始
爲家人，故怒其干犯。'"按中井言是，俞説似深文也。《季布欒
布列傳》："始梁王彭越爲家人時"，《索隱》："謂家居之人，無官
職也"（《漢書·季布、欒布、田叔傳》師古註："猶編戶之人
也"）；《漢書·外戚傳》上："雖欲爲家人亦不可得"，師古註：
"言凡庶匹夫"；訓義昭晰。《漢書·酈、陸、朱、劉、叔孫傳》、
《佞幸傳》等皆道"家人子"，註意亦同。《外戚傳》上："皇孫妻
妾無號位，皆稱家人子"，師古無註，蓋以《傳》首"上家人子、

中家人子”句下已明註“入宮未有號位”也;《宣元六王傳》:斥
胸臑爲“家人子”,師古註:“黜其秩位”,即“皇孫妻妾無號位”
也。故“家人”非可遽混於“家人子”;“家人”謂匹夫、庶民,
而“家人子”則或謂無位號姬妾(“家人子”),或謂凡庶係嗣
(“'家人'子”)。俞氏誤通爲一。《三國志·吳書·韋曜傳》曜答
孫晧問瑞應曰:“此人家筐篋中物耳!”,魏收《魏書·崔浩傳》
浩論《老子》曰:“袁生所謂家人筐篋中物,不可揚於王庭也!”
崔浩正引轅固生語而以韋曜語併附之,“家人”之即“人家”,與
“王庭”當對,皎然可識,亦見其爲“匹夫”、“庶人”之意矣。
《曹相國世家》記蓋公以黃老爲“治道”,傳授之於曹參;轅固
生言外謂《老子》非“治道”耳。歐陽修《新五代史》有《家人列
傳》,以概漢、唐之《外戚》、《后妃》、《宗室》諸傳,斯又“家
人”孳甲之新意也。

五二　酷吏列傳

張湯"始爲小吏乾没"；《集解》："徐廣曰：'隨勢沉浮也'"；《正義》："謂無潤而取及他人也"；《考證》引顧炎武、洪頤煊説，謂是"取利"、"逐利"之意，而引張文虎等解爲"陸沉"、"沉溺下僚"，以"備考"。按黃生《義府》、吕種玉《言鯖》等早以"乾没"作"陸沉"解，即《莊子·則陽》郭象註"譬無水而沉"，亦即俗語所謂"埋没"也；顧炎武《日知録》卷三二、翟灝《通俗編》卷二、郝懿行《晉宋書故》皆謂是取利鑽營，與此傳不甚帖合。下文明曰："湯至於大吏，内行脩也"；又曰："湯死，家産直不過五百金，皆所得奉賜，無他業。"則湯固酷而尚不貪，"小吏乾没"者，謂埋没於小吏中，非謂小吏黷貨取利。"與長安富賈田甲、魚翁叔之屬交私"，乃言其"爲小吏"時所交游，與"列九卿"時之"收接天下名士大夫，……陽浮慕之"相對；"湯之客田甲賈人有賢操，始湯爲小吏時與錢通"，不過言朋友通財，通緩急，瀧川《考證》不顧"有賢操"之品目，遂深文附會云："與上文'始爲小吏乾没'相應"，一若吏賈勾結爲奸利者。《通俗編》又謂唐以來始以吞没他人財物爲"乾没"，舊義遂淪，亦不盡然。如黃庭堅《再和答爲之》："金馬事陸沉，市門逐乾没”，非即用徐廣註義，以互文同意作對仗耶？明之“七子”
體，爲文捃撦《史》、《漢》，而鹵莽滅裂，不究詁訓，如朱國楨
《湧幢小品》卷一二所譏以“殊”字代“死”字、以“妣”字代
“母”字，每貽笑枋。然抗志希古，遣詞命意，矯俗避熟，往往
復初返本，自有依據。如歸有光《送同年丁聘之之任平湖序》
云：“軍府之乾没，動至百萬”；此唐、宋以來沿用之義也。汪道
昆《太函集》卷九七《與方景武》云：“不佞婚嫁未畢，未遑五
嶽之游，捎捎然乾没里社父老間”；卷一一〇《贈國子先生歐楨
伯》之一云：“混世從乾没，談天破寂寥”；則用《酷吏列傳》語
徐廣註義也。明人贗古，亦偶讀書得間，未可概非耳。

五三　大宛列傳

匈奴留張騫"十餘歲，與妻有子，然騫持漢節不失"。按《漢書·張騫、李廣利傳》同。《史記·匈奴列傳》記蘇武事僅云："漢遣蘇武厚賂單于，單于益驕"；而《法言·淵騫》始云："張騫、蘇武之奉使也，執節没身"，《漢書·李廣、蘇建傳》詳載武留北庭，"杖漢節牧羊，臥起操持"，篇終因"上問左右，武在匈奴久，豈有子乎"？復補出其娶胡婦生子事。蘇、張行事全同。

"昆莫生棄於野，烏嗛肉飛其上，狼往乳之。"按《周書·異域傳》上記突厥"爲鄰國所破，盡滅其族。有一兒，年且十歲，兵人見其小，不忍殺之，乃刖其足，棄草澤中，有牝狼以肉飼之"。此等傳説古已早有。如《詩·大雅·生民》言后稷"誕置之隘巷，牛羊腓字之，……誕置之寒冰，鳥覆翼之"，馬遷取以入《周本紀》；《左傳》宣公四年記邳夫人生子文，"使棄之夢中，虎乳之"。西域載籍如三國康僧會譯《六度集經》之四五記"昔者菩薩"爲貧家棄嬰，四姓拾養數月，復抛"着洴中，家羊日就而乳"。又有言棄嬰爲牝犬乳者，爲牝鹿、牝獅乳者，長大皆主一國①。古羅

---

① 　James Frazer，*Folklore in the Old Testament*，II，443-50（Cyrus，Telephus）.

馬人始祖（Romulus）兄弟棄於野，狼往乳之，羣鳥嗛食飼之（Then a she-wolf visited the babes and gave them suck，while all sorts of birds brought morsels of food and put them into their mouths）[1]，與昆莫事尤類。

① Plutarch，*Lives*，"Romulus"，ii，*op. cit.*，II 95.

五四　游俠列傳

"不愛其軀，赴士之阸困，既已存亡死生矣"；《考證》引李笠謂"當作'存亡生死'，謂亡者存之，死者生之也，《左傳》襄公二十二年'生死而肉骨也'，與此同"，而駁之曰："出入存亡死生間也，自游俠言之，李説非。"按李説多事，瀧川亦未得的解。觀本傳記郭解"身所殺甚衆"，即"死生"也，殺生人使之死也；又記解"既振人之命"，即"存亡"也，拯垂亡者俾得存也。二事相反相成，而游俠鋤强助弱之道不外乎此。如仿《左傳》以改《史記》語，則重言拯命，即病堆疊，漏置殺衆，又患偏枯，一舉而兩失矣。《後漢書·鄭太傳》："孔公緒高談清論，嘘枯吹生"（《三國志·魏書·武帝紀》裴註又《鄭渾傳》裴註均引張璠《漢紀》作"能高談清論"），章懷註："枯者嘘之使生，生者吹之使枯。""存亡死生"與"嘘枯吹生"句法正等。

【增訂四】史公所謂"不愛其軀"，即常語所謂"輕生"。唐姚合《贈劉叉》："避時曾變姓，救難似嫌身"，下句不啻約"不愛其軀，赴士之阸困"爲五字，"嫌"字工於鍛鍊。

五五　佞幸列傳

　　“諺言：‘力田不如逢年，善仕不如遇合’，固無虛言。非獨女以色媚，而士宦亦有之。”按此傳亦徵馬遷創識，別詳《毛詩》卷論《駟驖》。特拈出“士宦”者，蓋以害於其政，故著之史策。《漢書・佞幸傳・贊》始曰：“柔曼之傾意，非獨女德，蓋亦有男色焉”，終曰：“王者不私人以官，殆爲此也”；即馬遷之旨。若徒比周頑童，則事不勝書，而亦不足書，何勞玷穢簡編乎？李世熊《寒支初集》卷二《弄臣傳序》：“人主弄臣，又豈知爲臣所弄乎哉！”泂片言居要矣。然《漢書》所增石顯、淳于長輩，雖被寵信，要非如董賢之以色得君，已與《史記》之“佞幸”，指意不符。南北朝史家如魏收、沈約，皆特爲《恩倖》立傳，用心更別；所登錄者，能邀主眷，似多出於“巧言令色”之“色”，而不出於“如好好色”之“色”，乃尚效《史》、《漢》作套語。《魏書》猶曰：“男女性態，其揆斯一”，《宋書》亦曰：“紛惑牀笫”。張冠李戴，大可不必。

　　“李延年坐法腐。……與上臥起，甚貴幸，埒如韓嫣也。久之，寖與中人亂”；《集解》：“徐廣曰：一作‘坐弟季與中人亂’”；《考證》：“《漢書》作‘久之延年弟季與中人亂’；徐一本可據，不然，下文‘誅昆弟’三字不可解。”按《癸巳類稿》卷一一深非《漢書》妄改《史記》,謂若延年"不腐不能與中人亂",歷舉《後漢書‧樂巴傳》以至唐、宋、明宦者娶婦事爲例;論據粗疏。本傳上文明曰:"士人則韓王孫嫣,宦者則李延年。……嫣侍上,出入永巷不禁,以姦聞皇太后";嫣初未腐,豈得謂"不腐不能與中人亂"乎?《後漢書‧宦者列傳‧論》:"然亦引用士人,以參其選。……中興之初,宦者悉用閹人,不復雜調他士";具徵西漢後宮給事者,初不盡遭熏腐。《後漢書‧周舉傳》對策:"豎宦之人,亦復虛有形勢,威逼良家,取女閉之",以爲"内積怨女"之例;具徵"虛有形勢",亦多"取女",初無須盡如樂巴之復形。《洛陽伽藍記》卷一《昭儀尼寺》節引蕭忻語:"高軒斗升者,盡是閹官之嫠婦,胡馬鳴珂者,莫非黃門之養息也";分疏明白,"閹官"、"黃門"祇能養義子而未嘗無遺蒦,六朝、兩漢,可相參驗。《後漢書‧宦者列傳‧論》又謂"嬪媛侍兒,充備綺室",《劉瑜傳》封事亦謂"常侍黃門亦廣妻娶",皆指別置私家,非與"中人"亂。宦者與"中人"侶好,如明宮禁所稱"菜戶"、"對兒"者,想漢宮當亦有,此復未可以樂巴概例者。《詩‧小雅‧巷伯》有"萋斐貝錦"之歎,毛《傳》:"是必有因也,自謂辟嫌之不審也",因以顏叔子、魯男子爲例;鄭《箋》:"此寺人被譖在宮中不謹";孔《正義》:"事有嫌疑,故讒者因之而爲罪。……《傳》言此者,證辟嫌之事耳;此寺人、奄者也,非能身有奸淫,其所嫌者,不必即男女是非之事。"蓋毛《傳》舉例大似其事類"與中人亂",故《正義》曲爲彌縫,亦徵奄者遭此"嫌疑",漢人不少見多怪也。《平妖傳》第一五回雷太監娶胡媚兒,即引唐之高力士、李輔國自解;《紀錄彙編》卷一八八田藝蘅《留青日札摘》、沈德符《野獲編》卷六、談遷《棗

林雜俎》義集卷上、趙吉士《寄園寄所寄》卷七《人物門》、趙
翼《陔餘叢考》卷四二等舉奄人事，有足補《癸巳類稿》者。

　　"太史公曰：'甚哉愛憎之時，彌子瑕之行足以觀後人佞幸矣。
雖百世可知也。'"按即"色衰愛弛"之意。"時"者，劉禹錫《秋
扇詞》所謂"當時初入君懷袖，豈念寒爐有死灰！"李夫人之蒙被
轉向，蓋知"愛憎之時"矣。萬事莫不有"時"，男女愛憎特其一
例。馬遷反復致意於此。如《滑稽列傳》記優孟諫楚莊王事，按
論曰："此知可以言時矣！"《貨殖列傳》曰："故善治生者，能擇人
而任時"，又曰："白圭樂觀時變。……趨時若猛獸摯鳥之發。"
《易・隨》："彖曰：隨，剛來而下柔，動而說隨。……隨時之義大矣
哉！"斯旨在周末秦初大明於天下。《國語・越語》下范蠡曰："臣聞
從時者，猶救火追亡人也，蹶而趨之，唯恐勿及"；《戰國策・秦策》
三秦客卿造訪穰侯曰："聖人不能爲時，時至而弗失。……此君之大
時也"；《莊子》逸文："鵲上城之垝，巢於高榆之顛，城壞巢折，陵
風而起；故君子之居時也，得時則義行，失時則鵲起"（《文選》謝
朓《和伏武昌登孫權故城》詩李善註引，《藝文類聚》卷九二引文小
異）；《呂氏春秋・首時》篇發揮尤詳，有曰："聖人之於事，似緩而
急，似遲而速，以待時"，又曰："聖人之見時，若步之與影不可
離。"以孟子之誦古法先，"稱堯舜"而"承三聖"（《滕文公》），
《鹽鐵論・論儒》篇所謂"孟軻守舊術，不知世務，孔子能方不能
圓"，而亦曰："雖有智慧，不如乘勢，雖有鎡基，不如待時；今時
則易然也"（《公孫丑》），又以"聖之時者也"爲極口贊美孔子之詞
（《萬章》）。足徵風氣物論矣。"時"、時機也，亦時宜也；在於人
者，動則謂之"乘"，靜則謂之"待"，陽動而陰靜謂之"隨"，要
之不離乎當機與應宜者是。別見論《秦始皇本紀》。

五六　滑稽列傳

　　"談言微中，亦可以解紛"。按下文言齊威王"國且危亡，在於旦暮，左右莫敢諫"，楚莊王欲以棺椁大夫禮葬馬，下令曰："有敢以馬諫者，罪至死！"而淳于髡、優孟之流冒主威之不測，言廷臣所不敢，譎諫匡正。《國語·晉語》二優施謂里克曰："我優也，言無郵"，韋昭註："郵，過也"；《荀子·正論》篇："今俳優侏儒狎徒詈侮而不鬬者，是豈鉅知見侮之爲不辱哉？然而不鬬者，不惡故也。"蓋人言之有罪，而優言之能無罪，所謂"無郵"、"不惡"者是，亦即莎士比亞所謂"無避忌之俳諧弄臣"（all-licens'd fool）[1]。意大利古時正稱此類宮廷狎弄之臣曰"優"（istrione）[2]也。　"肆無忌憚"又與《韓非子·八姦》謂："優笑侏儒，左右近習，此人主未命而唯唯，未使而諾諾"，兩義相輔；《新五代史》所以有《伶官傳》以戒"困於所溺"歟。

　　【增訂三】宋耐得翁《都城紀勝》及吴自牧《夢粱錄》卷二

---

[1]　*King Lear*，I. iv. 220.

[2]　Enid Welsford，*The Fool：His Social and Literary History*，14.

○《妓樂》條載供應雜劇每“滑稽”以寓“諫諍”，皆妝演故事，“隱其情而諫，上亦無怒”，“謂之‘無過蟲’”。此即“優無郵”、“不惡”之的詁。“無過蟲”之稱初不承襲經、史，而意則通貫古今中外；析理論世，可以三反也。

“優孟曰：‘馬者，王之所愛也。以楚國堂堂之大，何求不得，而以大夫禮葬之，薄！請以人君禮葬之’”云云。按此即名學之“歸謬法”（apagoge, reductio ad absurdum），充類至盡以明其誤妄也。孟子“好辯”，每用此法，如《滕文公》章駁許行“必種粟而後食”，則問曰“必織布而後衣乎?”、“許子冠乎？自織之與?”、“許子以釜甑爨，以鐵耕乎？自爲之與?”又斥陳仲子之“廉”，則曰：“充仲子之操，則蚓而後可者也”。以“大夫禮葬”進而至“以人君禮葬”，所謂“充”耳。

“優孟曰：‘請爲大王六畜葬之。以壠竈爲椁，銅歷爲棺，齎以薑棗，薦以木蘭，祭以糧稻，衣以火光，葬之於人腹腸’”。按優孟諫葬馬，猶《晏子春秋》内篇《諫》下之二三晏子諫葬狗，特此爲譎諫，彼爲莊論；“葬之於人腹腸”與“趣庖治狗，以會朝屬”，至竟無異也。

【增訂三】優孟諫葬馬、晏子諫葬狗事，與《左傳》昭公一九年所記一事酷類：“衛侯來獻其乘馬曰‘啓服’。塹而死，公將爲之櫝。子家子曰：‘從者病矣，請以食之。’乃以幃裹之”；《正義》：“《史記·滑稽傳》優孟諫楚王亦此類。”三節合觀，足爲一事孳生增飾之佳例。

《楚辭·漁父》亦云：“寧赴湘流，葬於江魚腹中。”後世作者踵其意而爲新險之語，如李覯《盱江全集》卷三六《論文》之一：“若見江魚須慟哭，腹中曾有屈原墳”；惠洪《禪林僧寶傳》卷一九載端獅子作祭死雞文："維靈生有鷹鸇之厄，死有湯鑊之災；奉爲轉化檀越，施肚與汝作棺材"；方回《桐江續集》卷三二《孔端卿〈東征集〉序》摘其《至日本、高麗覆舟》詩中"千生萬命魚爲椁"，歎"此句奇絶"；王守仁《陽明全書》卷二五《瘞旅文》："縱不爾瘞，陰崖之狐成羣，陰壑之虺如車輪，亦必能葬爾於腹，不致久暴露爾"；曾異撰《紡授堂二集》卷九《出都僅百里，見餓殍三，愴然感賦》之三："饞犬却能知掩骼，好將人葬腹腸中"；李漁《一家言》卷五《活虎行》："豢以死肉不屑食，欲食生物屠心肝；是畜投之若固有，天生肚腹爲衾棺。"古希臘文家以兀鷹食人屍，呼爲"活動墳墓"（living sepulchres）[1]；古羅馬詩祖亦稱兀鷹（vulturus）爲埋葬肢體之殘忍墳墓（Heu! Quam crudeli condebat membra sepulchro!）[2]。各國詩文連類紛繁：或用之於魚（Let one fish destroy us, that even in the fish, we may have a common tomb; What tomb moved about with its contents? The whale which took down the Prophet Jonah into its belly）[3]；或用之於狼（Elegome en sepultura / Ventre de lupo en voratura; né chi sepolcro dia/se forse in ventre lor non me lo danno/i lupi）[4]；或用之於人（He hath a fair sepulchre in the grateful stomach of the judicious epicure; Et, morne enterre-

---

① *On the Sublime* III. i (Gorgias of Leontini), *op. cit.*, 129.

② Ennius, *Annals*, fr. 141-2, E. H. Warmington, *Remains of Old Latin*, "Loeb", I, 50.

③ Achilles Tatius, *Leucippe and Clitophon*, III, 5; *The Thousand Nights and One Night*, tr. P. Mathers, II, 229.

④ Jacopone da Todi: "Lauda delle Malattie" (L. R. Lind, *Lyric Poetry of the Italian Renaissance*, 64); *Orlando Furioso*, X. 28 (*op. cit.*, 84).

ment，l'huître glisse vivante/Au sépulcre de l'abdomen)①；最 奇
者，烈士暮年，歎已身爲活動墳墓，又嬰未育而死，母身爲其活
動墳墓（Myself my sepulchre，a moving grave；And the lan-
guished mother's womb/Was not long a living tomb)②。覩記所
及，毋慮二十許事，然皆喻於墓之葬而不及棺之殮。唯《五日
談》言"以鼎爲棺，以腹爲墓"（ti sarà cataletto una padella e
sepoltura un ventre)③，與優孟語尤類。

　　"昔者齊王使淳于髡獻鵠於楚，出邑門，道飛其鵠，徒揭空
籠，造詐成辭，往見楚王"云云。按此褚少孫所補"故事滑稽之
語六章"之四，其事亦見《説苑·奉使》篇、《韓詩外傳》卷一
〇等，司馬貞、梁玉繩皆已言之。《初學記》卷二〇、《太平御
覽》卷九一六引《魯連子》載魯君使展無所遺齊襄君鴻，中道失
鴻，不肯"隱君蔽罪"；《尹文子·大道》篇上記楚人誤以山雉爲
鳳凰，欲獻楚王而鳥死，即《太平廣記》卷四六一引《笑林》一
則所本；情節均類，實一事而異其傳爾。徐渭《路史》載雲南土
官緬氏遣緬伯高貢天鵝過沔陽，浴之，鵝飛去，墮一翎，因拾取
而上於朝，并作口號云："將鵝貢唐朝，山高路遥遥；沔陽湖失
去，倒地哭號號。上覆唐天子：可饒緬伯高！禮輕人意重，千里
送鵝毛。"不知徐氏何本。竊疑五季以來有"千里鵝毛"俗諺，

---

　　①　C. Lamb："A Dissertation upon Roast Pig"（*Essays of Elia*，"Everyman's
Lib."，146)；É. Goudeau："La Revanche des Bêtes"（P. Mille，*Anthologie des Hu-
moristes français contemporains*，272).

　　②　Milton，*Samson Agonistes*，102；*An Epitaph on The Marchioness of Win-
chester*，33.

　　③　*Il Pentamerone*，V.9（*op. cit.*，525).

歐陽修《梅聖俞寄銀杏》五古始摭取入詩，蘇、黃繼之；黃伯思《東觀餘論》卷上《法帖刊誤》三《晉、宋、齊人書》："紀瞻帖中有云：'貧家無以將意，所謂物微意全也。'觀此語，不待見筆迹，可判其僞矣！"則此語宋前已入僞帖矣。徐氏逞狡獪，追造故實，以當出典，猶鄭昂《東坡事實》、伊世珍《嫏嬛記》中伎倆。然其爲淳于髡獻鵠事之增華，則望而可知也。

"褚先生曰：'臣幸得以經術爲郎，而好讀外家傳語。'"《考證》引顧炎武、姚範説謂以《六經》爲"內"而史爲"外"。按《日知録》卷一八又謂"東漢以《七緯》爲'內學'，《六經》爲'外學'"，似未全允。東漢亦以道家言爲"內"，非止緯也。如《三國志·魏書·袁、張、涼、國、田、王、邴、管傳》裴註引《魏略》稱石德林"始精《詩》、《書》，後好內事，於衆輩中最爲玄默。……常讀《老子》五千文及諸內書"，與"玄默"連屬，則"內事"、"內書"乃老子之學；又《和、常、楊、杜、趙、裴傳》裴註引《魏略》記吉茂，"先是科禁內學及兵書，而茂皆有，匿不送官"，遭禁之"內學"，即讖緯。夫以《老子》爲"內書"，則《詩》、《書》之爲"外書"可知；後世道流，尚沿此稱，如賈嵩《華陽陶隱居內傳》卷上記陶少時"常嫌讀書未滿萬卷，乃以內書兼之"，即指道家典籍。南北朝又以佛書爲"內"而儒書爲"外"，如《魏書·裴延儁傳》上疏曰："伏願經、書互覽，孔、釋兼存，則內、外俱周，真俗斯暢"；《顏氏家訓·歸心》篇言"內外兩教"、"內外典"；《廣弘明集》卷八釋道安《二教論》更以"外教"包兼道家："釋教爲內，儒教爲外。……教惟有二，寧得有三？……老氏之旨，……既扶《易》之一謙，更是儒之一派。……道屬儒宗。"阮孝緒奉佛，而本"方內"、"方外"之辨，

以儒爲"内"，佛道爲外；《廣弘明集》卷三載其《七録·序》
云："其方内經、史至於術伎，合爲五録，謂之《内篇》；方外
佛、道，各爲一録，謂之《外篇》。……王［儉《七志》］則先道
而後佛，今則先佛而後道，蓋所宗有不同，亦由其教有淺深也。"

【增訂三】劉攽《彭城集》卷三八《處士龍泉何君墓誌銘》：
"以讀書爲娱，自經史諸子傳説以及佛氏外典，多手自寫録。"
稱釋書曰"外典"，蓋遥承阮孝緒舊説。二劉兄弟文中用字每
矯時希古，自異於歐、蘇焉。

五七　貨殖列傳

　　按自班彪論《史記》"序貨殖，則輕仁義而羞貧窮"（《後漢書·班彪傳》），其子固《漢書·司馬遷傳·贊》亦譏此篇"崇勢利而羞賤貧"；李覯《盱江全集》卷三四《讀史》即謂馬遷"聞道寡"、"猖狂"，而稱班固之"駁議何洋洋"！後來衛護馬遷，大指不外《考證》所引諸家之意。斯《傳》文筆騰驤，固勿待言，而卓識鉅膽，洞達世情，敢質言而不爲高論，尤非常殊衆也。夫知之往往非難，行之亦或不大艱，而如實言之最不易[1]；故每有舉世成風、終身爲經，而肯拈出道破者尠矣。蓋義之當然未渠即事之固然或勢之必然，人之所作所行常判別於人之應作應行。誨人以所應行者，如設招使射也；示人之所實行者，如懸鏡俾照也。馬遷傳貨殖，論人事似格物理然，著其固然、必然而已。其云："道之所符、自然之驗"，又《平準書》云："事勢之流，相激使然"，正同《商君書·畫策》篇所謂："見本然之政，知必然

---

　　[1]　Cf. Leopardi, *Pensieri*, 1: "Colpa non perdonata dal genere umano, il quale non odia mai tanto chi fa male, né il male stesso, quanto chi lo nomina" (*Opere*, Ricciardi, I, 697).

之理。"①《游俠列傳》引"鄙諺":"何知仁義?已享其利者爲有德";《漢書·貢禹傳》上書引"俗皆曰":"何以孝弟爲?財多而光榮";馬遷傳貨殖,乃爲此"鄙"、"俗"寫真爾。道家之教:"絕巧棄利"(《老子》一九章);儒家之教:"何必曰利"(《孟子·梁惠王》)。遷據事而不越世,切近而不騖遠,既斥老子之"塗民耳目",難"行於""近世",復言:"天下熙熙,皆爲利來,天下壤壤,皆爲利往。"是則"崇勢利"者,"天下人"也,遷奮其直筆,著"自然之驗",載"事勢之流",初非以"崇勢利"爲"天下人"倡。《韓非子·觀行》曰:"鏡無見疵之罪";彪、固父子以此《傳》爲遷詬病,無乃以映見嫫母之媸容而移怒於明鏡也!雖然,初無倡之心,却每有倡之效;傳失其正,趣倍其宗,變出無妄,事乖本願,世法多然,文詞尤甚②。故作賦以諷,或不免勸(《法言·吾子篇》),樹義爲藥,乃還成病(《大乘本生心地觀經·發菩提心品》第一一),此又"自然之驗"、"事勢之流"也。遷自可以不任其咎矣,彪、固懲沸羹則吹冷韲,亦非盡無稽輕詆焉。又按當世法國史家深非史之爲"大事記"體者(l'histoire événementielle),專載朝政軍事,而忽民生日用;馬遷傳《游俠》,已屬破格,然尚以傳人爲主,此篇則全非"大事記"、"人物志",於新史學不啻手闢鴻濛矣。

———————

①　馬基亞偉利論政理,自言示事之實然,非抒想所當然(andare drieto alla verità effettuale della cosa che alla imaginazione di essa— *Il Principe*,cap. 15, *Opere*,Ricciardi,49-50);其書寥寥短章二十有六,而道"必然"(necessità, necessario,ecc.)至七十六次。

②　De Sanctis, *Storia della Letteratura italiana*,a cura di B. Croce e riveduta da A. Parente,I,162 (si ha a distinguere il mondo intenzionale e il mondo effettivo);*Saggi critici*,a cura di L. Russo,II,159 (Leopardi),183(Ariosto).

"各勸其業，樂其事，若水之趨下，日夜無休時。"按本《商君書‧君臣》："民之於利也，若水於下也，四旁無擇也。"漢初已成慣語，如《漢書‧食貨志》上鼂錯上書："民者，在上所以牧之，趨利如水走下，四方無擇也"，又《董仲舒傳》對策："萬民之從利也，如水之走下，不以教化隄防之，不能止也。"《荀子》之《富國》、《議兵》兩篇皆有"人（民）歸之如流水"，則謂善政，非僅貨財也。

【增訂三】《管子‧形勢解》亦曰："民之從利也，如水之走下，於四方無擇也。"《左傳》昭公三年晏嬰語叔向曰："民人痛疾而或燠休之，其愛之如父母，而歸之如流水"；《晏子春秋》內篇《問》上第五、第八晏子對齊景公問亦曰："海內歸之若流水"，"國人負其子而歸之，若水之流下也"。又意同《荀子》。《商君書‧賞刑》："三軍之士，止之如斬足，行之如流水"，則喻刑賞既"壹"，令出必從；後世對仗，當曰："行之如鞭後"或"行之如傅翼"矣。《周禮‧冬官‧考工記‧弓人》："弓有六材焉。維幹强之，張如流水"，亦謂調順應手，隨所張弛，猶《商君書》之旨，而取譬更出意外。

"財幣欲其行如流水。"按《平準書》："太史公曰：'虞夏之幣，……或錢、或布、或刀'"；如淳、司馬貞等註："布於民間也；名錢爲刀者，以其利於民也；錢本名泉，言貨之流如泉也；布者，言貨流布；刀者，錢也，以其形如刀，故曰刀，以其利於人也。"《漢書‧食貨志》下："錢圜函方。……利於刀，流於泉，布於布，束於帛"；孟康、李奇等註："外圜而內孔方也；束，聚也。"《全晉文》卷一一三魯褒《錢神論》："錢之爲體，有乾有坤，內則其方，外則其圜，其積如山，其流如川。……錢之爲言泉也，其源不匱，無遠不往，無深不至."皆"財幣欲其行如流水"之旨，《金瓶梅》第五六回西門慶論財所謂"兀那東西是好動不好静的".亞當·斯密《原富》喻錢之流通爲圓轉如輪（the great wheel of circulation）①；德國哲學家亦言錢之體用在乎流動不居，其形圓，即長轉之象（Die Rundheit der Münzen，infolge deren sie "rollen müssen"，symbolisiert den Rhythmus der Bewegung. Die Bedeutung des Geldes liegt darin，daβ es fortgehen wird；es ist sozusagen *actus purus*）②。錢圓故轉，各國諺都有，而法國諺獨面面具到："錢形圓所以轉動也，而錢形又匾所以累積也"（L'argent est rond pour rouler，mais il est plat pour l'amasser）③，蓋兼明"流行"與"束聚"之相反相成矣。魯褒知錢之"内則其方，外則其圓"，而承之曰"其積如山，其流如川"，亦謂圓行方止，圓緣宜轉而方孔便串，"流行"於外與"束聚"於内交互爲用也。錢本刀形，"故曰刀"；"利民"之説，乃望文生義。《太平御覽》卷八三六引《風俗通》亦云："'錢刀'、俗説害中有利.'利'傍有'刀'，言人治生率多得錢財者，必有刀劍之禍也."後世益妙於引申，如陳繼儒《巖栖幽事》云："李之彦嘗玩'錢'字傍，上着一'戈'字，下着一'戈'字，真殺人之物而不悟也。然則兩'戈'爭'貝'，豈非'賤'乎?"；《虞初新志》卷二〇汪价《三儂贅人廣自序》云："余與漢陽李雲田偶過汴市，見有爭錢而相搏者。雲田曰：'古人名錢曰刀，以其

①　Adam Smith，*The Wealth of Nations*，Bk.II，ch.2.

②　G.Simmel，*Philosophie des Geldes*，5.Aufl，578，583.

③　A. Arthaber，*Dizionario Comparato di Proverbi*，185.

銛利能殺人也;執兩戈以求金謂之錢,亦以示凶害也。'余曰:'……執兩戈以求貝謂之賤,執十戈以求貝,則謂之賊而已矣!執戈者,貪必濟以酷也。'"又漢人緯字、王安石《字説》之所未窺矣。

白圭曰:"吾治生産,猶伊尹、呂尚之謀、孫吳用兵、商鞅行法是也。……仁不能以取予,……雖欲學吾術,終不告之矣。"按兼操術之嚴密與用心之嚴峻言之。前者無差忒,言計學者所謂"鐵律"(das eiserne Gesetz)也;後者無寬假,治貨殖者所謂"錢財事務中着不得情誼"(In Geldsachen hört die Gemütlichkeit auf)也;"仁"而曰"以取予"者,以取故予,將欲取之,則姑予之;《後漢書·桓譚傳》所謂:"天下皆知取之爲取,而莫知與之爲取",是也,非慈愛施與之意。

【增訂五】《管子·牧民》:"故知予之爲取者,政之寶也。"《韓非子·説林上》記智伯索地於韓宣子,任章謂宣子曰:"君予之地。……《周書》曰:'……將欲取之,必姑予之。'"即白圭、桓譚所祖述也。

"而白圭樂觀時變,故人棄我取,人取我與。……趨時若猛獸摯鳥之發。"按徐積《徐節孝先生文集》附江端禮所記《語錄》有云:"某少讀《貨殖傳》,見所謂'人棄我取,人取我與',遂悟爲學之法。蓋學能知人所不能知,爲文能用人所不能用,斯爲善矣。人所共知,可略也";又云:"嘗見一俗書云:'作文用字必用新意,如論友使管、鮑,則不新矣。'昔卓王孫云:'人棄我取,人取我與,故能致富'與俗書正合,故學者宜取法焉。"積有"道學"之名,而不諱用"貨殖"之法。馬遷言:"蓋天下言治生者祖白圭",尚不知作文爲學之走冷門、投熱機,於白圭之操術，猶禪人所謂"教外別傳"；而積明詔大號，以此教弟子，又所謂"分明漏洩"矣。"趨時若猛獸摯鳥之發"，可參觀《國語‧越語》下范蠡曰："臣聞從時者，猶救火追亡人也，蹶而趨之，唯恐勿及。"

"由此觀之，賢人深謀於廊廟，論議朝廷，守信死節，隱居巖穴之士設爲名高者，安歸乎？歸於富厚也。是以廉吏久，久更富，廉賈歸富。富者，人之情性所不學而俱欲者也。"按下承以一大節，舉在軍壯士、任俠少年、趙女鄭姬、游閑公子、漁夫、獵人、博徒、吏士、農、工、商賈，莫不求財致富，即前文"天下熙熙，皆爲利來"四句之敷説。後文"富者必以奇勝"一大節復歷數"姦事"、"惡業"、"賤行"、"辱處"等例，以見姦惡賤辱亦堪發身起家，更見富而可求，雖姦惡賤辱，人且勇爲而甘受也。西方詩文稱錢曰"皇后"、曰"大人"（Regina pecunia；Poderoso caballero/es don Dinero）①；尊之則頌爲"全能母子"（Io credo nella Zecca omnipotente/e nel figliuolo suo detto Zecchino），"無事不辦、無物不知、無施不宜"（l'omnipotence，l'omniscience，l'omniconvenance de l'argent）②；憎之則訶爲"倒黑爲白、轉惡爲美、移非爲是、變老爲少、改怯爲勇之黄奴"（will make black white；foul，fair；/Wrong，right；base，noble；

---

① Horace，*Epist*.，I. vi. 37；F. G. de Quevedo："Letrilla". Cf. Burton，*Anatomy of Melancholy*，"Democritus to the Reader"："we adore *Dea Moneta*" etc.，Bell，I，69 f..

② G. Giusti，Gingillino，III. xxxii；Balzac，*La Maison Nucingen*，*Oeuv. comp*.，Conard，XIV，348（cf. *Gobseck*："L' or est le spiritualisme de nos sociétés actuelles"，V，398）.

old，young；coward，valiant/.../This yellow slave)①。《巨人世
家》中有論世間萬事百業莫非爲糊口充腸（Et tout pour la
trippe)②，文瀾浩瀚，與《史記》此數節及魯褒《錢神論》詞旨
相近。"廉吏久，久更富"，瀧川誤作一句："廉吏久久更富"，遂
全失事之關捩、語之脈絡。吏廉則不至以貪墨敗而能久於其位，
久於其位則雖廉而亦自能富，《戰國策·趙策》三平原君述公子
牟語所謂"貴不與富期而富至"，《儒林外史》第八回王太守所謂
"三年清知府，十萬雪花銀"也。《淮南子·道應訓》説《老子》
"後其身而身先，外其身而身存"，舉公儀休嗜魚，相魯時，國人
獻魚勿受，"夫受魚而免於相，雖嗜魚不能自給魚，毋受魚而不
免於相，則能長自給魚"；柳宗元《河東集》卷二〇《吏商》：
"吏而商也，汙吏之爲商，不若廉吏之商，其爲利也博"；均《史
記》此二語之之解。"廉賈歸富"，諸家註亦未得要領。爲賈者廉
其索價，則得利雖薄而貨可速售，貨速售則周轉靈（Small profits
and quick returns)，故雖廉而歸宿在富，下文所謂"貪賈三之，
廉賈五之"也。吏與賈皆操廉之術，以收貪所不能致之效，正如
白圭"治生"之言"仁"，"以取予"耳。

　　"夫用貧求富，農不如工，工不如商，刺繡文不如倚市門。"
按《漢書·貨殖傳》以此爲諺語。張衡《西京賦》："爾乃商賈百
族，裨販夫婦，鬻良雜苦，蚩眩邊鄙，何必昏於勞邪？贏儓而足
恃"，亦斯意。

---

①　Shakespeare，*Timon of Athens*，IV.iii.28 ff..

②　*Le Quart Livre*，ch.57. *Oeuv. comp.*，éd. J. Plattard，IV，205‑7. Cf. Ch.
Sorel，*Histoire comique de Francion*，éd. É. Roy，I，123‑4.

　　"故曰：'寧爵毋刁。'"按《集解》、《索隱》、《考證》所釋皆
苦糾繞而不中肯綮。"免去"非"免去求官爵"，乃"去"而
"免"受役，言奴寧捨去官爵之主，毋捨去刁閒。足言之，即：
"寧不事爵，毋不事刁"也。

　　"家貧親老，妻子軟弱，歲時無以祭祀、進酒釀飲食，被服
不足以自通，如此不慚恥，則無所比矣！無巖處奇士之行，而長
貧賤，好語仁義，亦足羞也！"按焦循《易餘籥録》卷一〇引此
數語而附記汪中之言曰："儒者固不可得非義之利，然養父母，
蓄妻子，詎可不講生財之計。譬如老母病，須服人參，得則生，
不得則死；爲人子者，遂心安而忍之乎？"孫星衍《五松園文
稿・汪中傳》："然中能鑑別彝器書畫，得之售數十百倍，家漸豐
裕"，殆即所謂"講生財之計"也。《鹽鐵論・毀學》篇大夫引
"司馬子"言天下攘攘，"皆爲利禄"，又曰："今内無以養，外無
以稱，貧賤而好義，雖言仁義，亦不足貴者也"，全本馬遷之説。
《古詩十九首》云："人生寄一世，奄忽若飆塵；何不策高足，先
據要路津？無爲守貧賤，轗軻常苦辛！"《世説新語・汰侈》篇石
崇入學見顏回、原憲像，曰："士當令身名俱泰，何至以甕牖語
人？"《醒世姻緣傳》第三三回尤暢言之："聖賢千言萬語，叫那
讀書人樂道安貧。……我想，説這樣話的聖賢畢竟自己處的地位
也還挨的過的日子。……連稀粥湯也没得一口呷在肚裏，那討
'蔬食簞瓢'？……孔夫子在陳剛絶得兩三日糧，……我想那時的
光景一定也没有甚麽'樂'處。倒還是後來的人説得平易，道是
'學必先於治生。'""後來的人"指元儒許衡；王守仁《傳習録》
卷上曰："許魯齋謂'儒者以治生爲先'之説，亦誤人"，蓋忘
《史記》已早持此論矣。

　　《法言·淵騫》篇："或問貨殖。曰：'蚊！'"此傳所寫熙攘
往來、趨死如騖、嗜利殉財諸情狀，揚雄以隻字該之，以么麼象
之，兼要言不煩與罕譬而喻之妙。《楞嚴經》卷五月光童子言：
"如是乃至三千大千世界內所有眾生，如一器中儲蚊蚋，啾啾亂
鳴，於分寸中，鼓發狂鬧"；宋人詩文多喜徵使（秦觀《淮海集》
卷二《送張和叔》、張耒《張右史集》卷二九《自遣》之一、朱
熹《文公集》卷三九《答楊子順》之三、方岳《秋崖小稿》卷一
五《再用潘令君韻》又卷二九《新晴》，參觀朱翌《猗覺寮雜記》
卷上、光聰諧《有不為齋隨筆》卷壬），乃指無聊擾攘，非言貪
得競逐，着眼處異於《法言》。西方文家有謂世人一生闒亂忙碌，
無殊羣蠅於玻璃瓶中飛動（dans cette vie où nous tourbillons sur
nous-mêmes "comme des mouches dans une carafe"）①；却與《楞
嚴》相契，易"蚊"為"蠅"而已。又一哲學家謂吾人心智遭文
字語言蠱惑，不易擺脱，如蠅處玻璃瓶中，哲學乃所以除蠱破
惑，示癡蠅以出瓶之道（Philosophy is a battle against the be-
witchment of our intelligence by means of language. What is
your aim in philosophy? —To shew the fly the way out of the
fly-bottle）②；雖指治學而非指處世，然瓶中蠅與器中蚊立喻同柄
同邊。示蠅出瓶又類《五燈會元》卷四神贊覿"蜂子投窗紙求
出"，作偈："空門不肯出，投窗也大痴；百年鑽故紙，何日出頭

---

　　①　P. Neveux, quoted in J. Thoraval, *L'Art de Maupassant d'après ses vari-
antes*, 161.

　　②　L. Wittgenstein, *Philosophical Investigations*, tr. G. E. M. Anscombe, I,
§ 109, § 309, pp. 47e, 103e.

時！"（參觀卷四陸亙問南泉："瓶中養一鵝，作麼生出得？"）惠洪《林間錄》卷下白雲端禪師作蠅子透窗偈："爲愛尋光紙上鑽，不能透處幾多難！忽然撞着來時路，始覺平生被眼謾。"均謂須脫迷網，得大自在；特各有其所謂網，其解網也，遂復我用我法、卿用卿法耳。

【增訂四】當世英國小説家以不信奉基督教者之靈魂比於闇室中飛旋之鳥，撲窗求出，渾不知有門洞開，戶外風清日朗（[The pagan soul can be compared] Better, to a bird fluttering about in the gloom, beating against the windows when all the time the doors are open to the air and sun. —Evelyn Waugh, *Diaries*, ed. M. Davie, 1976, p.783）。又當世法國文論師嘗判別"愉情快意之文"（texte de plaisir）與"移神盪魄之文"（texte de jouissance）二類，謂誦讀前類文，輒"如蠅在室中，營營四飛，觸突不能出"（Nous lisons un texte [de plaisir] comme une mouche vole dans le volume d'une chambre: par des coudes brusques, faussement définitifs, affairés et inutiles. —Roland Barthes, *Le plaisir du texte*, Éditions du Seuil, 1973, p.52）。取譬均同禪人之言"蜂子"或"蠅子"之投窗紙。原引維德根斯坦自言哲學旨在"示玻璃瓶中蠅子以出路"（Was ist dein Ziel in der Philosophie? —Der Fliege den Ausweg aus dem Fliegenglas zeigen），則其遺書於1953年行世以來，斯語膾炙衆口已久，而未見有舉禪宗話頭相與參印者。

五八　太史公自序

論六家之要指曰："《易大傳》：'天下一致而百慮，同歸而殊塗。'夫陰陽、儒、墨、名、法、道德，此務爲治者也。直所從言之異路，有省不省耳。"按司馬談此篇以前，於一世學術能概觀而綜論者，荀況《非十二子》篇與莊周《天下》篇而已。荀門戶見深，伐異而不存同，舍仲尼、子弓外，無不斥爲"欺惑愚衆"，雖子思、孟軻亦勿免於"非"、"罪"之訶焉。莊固推關尹、老聃者，而豁達大度，能見異量之美，故未嘗非"鄒魯之士"，稱墨子曰"才士"，許彭蒙、田駢、慎到曰"概乎皆嘗有聞"；推一本以貫萬殊，明異流之出同源，高矚遍包，司馬談殆聞其風而説者歟。即如此節，正《天下篇》所謂："天下之治方術者多矣，皆以其有爲不可加矣。古之所謂道術者果惡乎在？曰：無乎不在。……天下多得一察焉以自好，譬如耳目鼻口皆有所明，不能相通。……道術將爲天下裂。"兩者皆言術之相非者各有其是，道之已分者原可以合。《全晉文》卷四九傅玄《傅子》曰："聖人之道如天地，諸子之異如四時，四時相反，天地合而通焉"；其遺意也。是以談主道家，而不嗜甘忌辛、好丹擯素，於陰陽家曰："不可失"，於名家曰："不可不察"，於儒家曰："雖百家勿能易", 於墨家曰:"雖百家勿能廢", 於法家曰:"雖百家勿能改"。蓋有偏重而無偏廢, 莊周而爲廣大教化主, 談其升堂入室矣。王通《中説·周公篇》美之曰:"史談善述九流, 知其不可廢而各有弊也, 安得長者之言哉!"葉適《習學紀言序目》卷三三刺之曰:"王褒戒諸子:'……既崇周、孔之教, 兼循老、釋之談……', 不自知其可笑,《六家要指》司馬父子之故意也。使佛學已出於是時, 則太史公亦更增上一家, 譬如區種草木, 不知天地正性竟復何在。"葉氏所訶王褒《幼訓》, 附見《梁書·王規傳》;其貶談也, 猶王通之褒談, 均能知談者也, 中肯之譏彈固勝於隔膜之譽讚耳。西方千五百年前舊説亦有以爲大道裂而學術分歧, 然各派相争亦復相輔, 如樂之和乃生於音之不同(Truth is one; just as the Bacchantes tore asunder the limbs of Pentheus, so the sects both of barbarian and Hellcnic philosophy have done with truth. The dogmas held by different sects coincide in one, either as a part, or a species, or a genus. For instance, though the highest note is different from the lowest note, yet both compose one harmony)[1]。即"無乎不在"、"一察自好"、"一致百慮"、"有省不省"之旨也。

"道家……其爲術也, 因陰陽之大順, 采儒、墨之善, 撮名、法之要。"按言道家并包備具五家之長, 集其大成。蕭子顯《南齊書·高逸傳·論》詳舉儒、陰陽、墨、雜、從横、農、道諸家之"教", 而推佛曰:"大士之立言也, 以大苞小, 無所不容";

---

[1]　St. Clement of Alexandria, *The Miscellanies*, *or Stromata*, Bk. I, ch.13, tr. W. Wilson, "Ante-Nicene Christian Library", IV, 389.

釋志磐《佛祖統紀》卷四一曰："至於佛道廣大，則凡世間九流，悉爲所容，未有一法出乎佛道之外"；龔自珍《集外未刻詩·題梵册》曰："儒但九流一，魁儒安足爲？西方大聖書，亦掃亦包之"；即皆以司馬談推尊道家者移施於釋氏耳。釋書誠不足以當此，然"亦掃亦包"四字可以借詁黑格爾所謂"奧伏赫變"（參觀《周易》卷論《易有三名》）；其《哲學史》中論學派之相非（Widerlegung）相續，亦同斯旨①。

　　"至於大道之要，去健羨，絀聰明"；《集解》："如淳曰：'知雄守雌，是去健也；不見可欲使心不亂，是去羨也；不尚賢，絕聖棄智也。'"按此解其確，《漢書·司馬遷傳》服虔、晉灼等註以"健"爲"楗"，迂鑿極矣。"健"是一事，"羨"又是一事，猶耳之"聰"、目之"明"各爲一事。"去羨"者，老子所謂"少私寡欲"、"不欲以靜"、"常無欲"也；"去健"者，老子所謂"專氣致柔"、"果而勿強"、"柔弱勝剛強"、"強梁者不得其死"、"守柔曰強"、"堅強者死之徒，柔弱者生之徒"、"弱之勝強，柔之勝剛"也。"絀聰明"亦即《貨殖列傳》所駁老子之"塗民耳目"。後世誤以"健"屬"羨"，等諸"艷羨"，如呂種玉《言鯖》所糾"今人書札"中用爲"勇往欣羨"。晁迥於老、釋之書深造有得，而《法藏碎金錄》卷一論此二語曰："予嘗三復其言，深以爲然。夫'去健羨'則無貪欲，'黜聰明'則反其素"；亦沿俗解，更不必苛求詞章之士矣。

　　"夫儒者以六藝爲法，六藝經傳以千萬數，累世不能通其學，當年不能究其禮"；《考證》謂"六藝"指《六經》，"累世"二句

---

　　①　*Geschichte der Philosophie*，"Einleitung"，Felix Meiner，I，126-9.

本之《晏子春秋》及《墨子》。按"累世"二語已見《孔子世家》引晏子。《法言・寡見》篇："司馬子長有言曰：'《五經》不如《老子》之約也，當年不能極其變，終身不能究其業。'"未識揚雄何本，竊意即援引談此數語而誤其主名耳。遷録談之《論》入《自序》，別具首尾，界畫井然，初非如水乳之難分而有待於鵝王也。乃歷年無幾，論者已混父子而等同之，嫁談之言於遷，且從而督過焉。彪、固父子先後譏遷"崇黄老而薄《五經》"，"先黄老而後《六經》"，一若不知其説之出於談之《論》者。可謂班氏之子助父傳訛，而司馬氏之子代父受咎矣。劉昭《後漢書注補志序》"遷承考"、"固資父"之語，又得新解！揚雄之言，與彪、固所云，同爲厚誣。《論六家要指》末《考證》引王鳴盛《商榷》所未及也。迨乎南宋，永嘉之學推尊《史記》，"至與《六經》比隆"，而"躋遷於聖賢之列"；朱熹發聲微色而斥之，謂遷不得爲儒者。《朱文公集》卷四八《答吕子約》之四二即引"儒者博而寡要"數語而反詰曰："然則彼所謂儒者，其意果何如耶？"蓋亦猶揚、班之不別父子矣。

　　"春秋之中，弑君三十六，亡國五十二，諸侯奔走不得保其社稷者，不可勝數"；《考證》引《春秋繁露》及劉向《封事》。按《淮南子・主術訓》亦云。然此特亡、弑之數耳；欲明馬遷之意，當求之《韓非子・備内》篇引《桃左春秋》曰："人主之疾死者，不能處半"，又《姦劫弑臣》篇曰："諺曰：'厲憐王'，此不恭之言也。雖然，古無虚諺，不可不察也，此謂劫殺死亡之主言也。……厲雖癰腫疕瘍，上比於春秋，未至於絞頸射股也，下比於近世，未至於餓死擢筋也。……由此觀之，雖'厲憐王'可也"（《戰國策・楚策》四、《韓詩外傳》卷四載孫子語略同）。莎士比亞劇中英王坐地上而歎古來君主鮮善終：或被廢篡，或死刀兵，或竊國而故君之鬼索命，或爲后妃所毒，或睡夢中遭刺，莫不橫死（For God's sake let us sit upon the ground/And tell sad stories of the death of kings! etc.）[1]。法國一詩人至曰："世人於君主之生爲正宮嫡出、死爲正寢壽終，皆蓄疑而不願輕信"（Il y a deux choses que l'on conteste bien souvent aux rois：leur naissance et leur mort. On ne veut pas que l'une soit légitime，ni l'autre naturelle）[2]。均相發明。

"太史公曰：'唯唯！否否！不然！'"《集解》："晉灼曰：'唯唯，謙應也；否否，不通者也。'"按晉解是也。主意爲"否"，故接以"不然"。德語"Ja nein！"是其的譯，英語則祇可云"Well，no"耳。《升菴全集》卷四八："子曰：'賜也以予爲多學而識之者與？'對曰：'然！非與？'蓋辭讓而對，事師之理。

【增訂三】《難經》卷一："一難曰：'……獨取寸口以決五藏六府死生吉凶之法，何謂也？''然！寸口者，脈之大會，手太陰之脈動也。'"唐楊玄操註："'難曰'至此，越人引經設問，'然'字以下，是解釋其義。"八十一難莫不問"何謂也？""奈何？""何以……耶？""何……也？"等，而解答語一律以"然！"始。則又非"辭讓而對"，乃是首肯所問，略比《論語·顏淵》之"善哉問！"，或劉宋譯《楞伽經·一切佛語心品》第一之一之"善哉善哉問！"猶今語答問每以"是啊！""可不！""對啦！"等爲冒耳。

鬻子對文王、武王、成王，皆曰：'唯！疑'，太史公曰：'唯唯！

---

① *Richard* II，III. ii. 155 ff. .

② A. de Vigny，*Journal d'Un poète*，*op. cit.*，II，1222.

否否！'皆可證。"即晉灼所謂"謙應"，蓋不欲遽"否"其説，
姑以"唯"先之，聊減峻拒之語氣。《莊子・胠篋》篇聖人利天
下少而害天下多一節，郭象註："信哉斯言！斯言雖信而不可無
聖者"云云，亦欲非其言而先是之也。《儒林外史》第四五回余
大先生謂陰宅風水不足信，其兩嫡堂兄弟皆地師，先後與之辯，
各曰："然而不然！"不可其言而終駁之，故曰"不然"，尊其爲
"大哥"而先讓之，故曰"然"，正"唯唯"而接以"否否"矣。
偶覩《邏輯指要》二四二頁略云："蕭《選》中賓主問答各篇，
答語輒冠以'唯唯否否'四字，正反並用。蓋篇中所問，遽以一
面之詞作答，大抵不能罄意。'唯唯否否'亦謂是者'唯'之，
非者'否'之，從而區以別焉爾。唯吾文有之，大可寶貴！"立
説甚巧，而失據不根；面牆向壁，二者兼病。四字始出《史記》，
《文選》"問答各篇"並無此語，不知作者何見。《史記》明是反
意，絕非"正反並用"，觀"不然"可知。英語常以"亦唯亦否"
（yes and no）爲"綜合答問"（synthetic answer），或有約成一字
（nes, yo）[1]，則真"正反並用"，足爲"奧伏赫變"示例者。豈得
曰"惟吾文有之"哉？況"吾文"初未"有之"乎！

　　【增訂一】心析學以"正反並用"之"綜合答問"爲"兩歧情
　　境"（Ambivalence）之一例（une opposition du type oui-non，
　　où l'affirmation et la négation sont simultanées et indissocia-
　　bles）（J.-B. Pontalis, *Vocabulaire de la psychanalyse*, 19）。

---

　　[1]　James Joyce, *Ulysses*, The Odyssey Press, 536: "The Fan: 'Have you for-
gotten me?' Bloom: 'Nes. Yo. '"; cf. Evelyn Waugh, *Sword of Honour*, 687: "Uncle
Peregrine: 'Yes and no. More no than yes perhaps... Yes and no. More yes than
no'".

"爲《太史公書》";《考證》:"錢大昕曰:'案《太史公》以官名書,桓譚、《漢·志》、《後漢·范升傳》、《楊終傳》俱稱《太史公》,無稱《史記》者。'"按光聰諧《有不爲齋隨筆》卷甲謂錢氏漏引《法言·問神》及《君子》篇、《晉書·劉殷傳》、《魏書·崔鴻傳》等,《後漢書·班彪傳》"司馬遷著史記"是泛言作史,故下文又云"《太史公書》"。光氏復引《周本紀》、《陳杞世家》、《十二諸侯年表》、《老、韓列傳》及《漢書·五行志》以駁《史通》言"遷因舊目,名之《史記》",謂其"上句是而下句失考"。光氏書甚瞻核,而知者無幾,聊發其幽潛云爾。

司馬遷《報任少卿書》載於《漢書》本傳者,與《文選》所録,字句微異,如《文選》中首句"太史公牛馬走司馬遷再拜言"即不見於《漢書》。朱珔《文選集釋》引宋吳仁傑云:"'牛'當作'先',字之誤也;《淮南書》曰:'越王勾踐親執戈爲吳王先馬走。'"是也。程大昌《演繁露》卷一〇、卷一五皆據《莊子》、《荀子》考古之天子出,則諸侯爲"先馬",後世太子儀衞之"洗馬",即"先馬"也;顧炎武《日知錄》卷二四亦考"前馬"、"先馬"、"洗馬"、"馬洗"之爲一事。《舊唐書·齊映傳》:"興元初,從幸梁州,每過險,映常執轡。……還京,令映侍左右,或令前馬";"前馬"非職衞而是舉動,正與"執轡"、"侍左右"連類。"先馬走"猶後世所謂"馬前走卒",即同書札中自謙之稱"下走"、"僕"耳。古羅馬貴者出門,亦有役使爲之開道,名曰"先走"(anteambulo),浸假而成罵人語,詩文中數見之①。

---

① Suetonius, *The Lives of the Caesars*, VIII. 2: "per contumeliam anteambulonem fratris appellat", "Loeb", II, 284, note (Horace, *Epist.*, I. 17. 43; Martial, II, 18. 5).

“太史公”爲馬遷官銜，“先馬走”爲馬遷謙稱，俞正燮《癸巳類稿》卷一一謂以官銜置謙稱前，如泰山刻石之“丞相臣斯”，殊爲得間，足正李善註之曲解。

【增訂三】元曲如高文秀《好酒趙元遇上皇》第二折：“小人是個驢前馬後之人，怎敢認義那壁秀才也！”《精忠説岳傳》第二五回寫岳飛呼貼身二將曰：“馬前張保、馬後王横。”均資馬遷所謂“先馬走”之傍參。

餘見《全漢文》卷論司馬遷《報任少卿書》。